工业和信息化普通高等教育
"十三五"规划教材立项项目

高等院
电子商

ELECTRONIC
COMMERCE

# 电子商务数据分析
## 理论、方法、案例

### 微课版

陈晴光 龚秀芳 文燕平 ◎ 编著

人民邮电出版社
北京

## 图书在版编目（CIP）数据

电子商务数据分析：理论、方法、案例：微课版 /
陈晴光，龚秀芳，文燕平编著. -- 北京：人民邮电出版
社，2020.7（2023.2重印）
高等院校"十三五"电子商务系列规划教材
ISBN 978-7-115-53026-4

Ⅰ. ①电… Ⅱ. ①陈… ②龚… ③文… Ⅲ. ①电子商
务－数据处理－高等学校－教材 Ⅳ. ①F713.36
②TP274

中国版本图书馆CIP数据核字(2019)第300260号

## 内 容 提 要

本书以数据分析方法为主线，以数据分析师的能力培养为目标，系统地介绍了电子商务数据分析的主要
业务内容和常用方法。全书共 8 章，内容包括电子商务数据分析导论、电子商务数据分析的统计基础、网店
运营数据分析、电子商务网站访问数据统计分析、电子商务网站数据挖掘分析、电子商务大数据分析、电子
商务数据可视化、电子商务数据分析实验指导等。

本书既可作为电子商务、信息管理与信息系统等相关专业的教材，也可作为企事业单位电子商务培训用
书，还可作为网店创业人员、企业管理人员和相关业务人员学习和参考用书。

◆ 编　著　陈晴光　龚秀芳　文燕平
责任编辑　孙燕燕
责任印制　周昇亮

◆ 人民邮电出版社出版发行　北京市丰台区成寿寺路 11 号
邮编　100164　电子邮件　315@ptpress.com.cn
网址　https://www.ptpress.com.cn
北京盛通印刷股份有限公司印刷

◆ 开本：787×1092　1/16
印张：16.5　　　　　　　　　　　2020 年 7 月第 1 版
字数：477 千字　　　　　　　　2023 年 2 月北京第 7 次印刷

定价：52.00 元

读者服务热线：(010)81055256　印装质量热线：(010)81055316
反盗版热线：(010)81055315
广告经营许可证：京东市监广登字 20170147 号

# 前言 Preface

随着互联网的发展以及数据分析在商务活动中的广泛应用，以往简单依靠直觉和经验进行商业决策的时代已经一去不复返。在当前的电子商务业务中，不论是在产品层面、技术层面、运营层面，还是在营销层面，都需要通过数据分析去发现数据的价值、发挥数据的作用，数据分析已无处不在。

电子商务数据分析可以是对企业某个部门运营数据的分析，也可以是对某个具体业务模块数据的分析。电子商务数据分析可以在局部应用中发挥作用，也可以为全局的宏观规划提供决策支持。目前，电子商务数据分析师已成为炙手可热的职业岗位之一。

本书根据目前电子商务市场对数据分析职业岗位的知识技能要求，以及高等院校相关课程教学在认知领域的能力培养目标编写而成。通过学习本书的应用实例，读者可以学会利用免费或付费的网站分析工具，初步认知和发掘数据背后的含义及价值；也可以通过系统学习电子商务数据分析的理论方法，在深刻理解应用场景业务内涵的基础上进行相应的实例分析训练，逐步培养自己的专业数据分析能力。

本书具有以下特点。

（1）知识体系完整。本书从工具、方法、技术、实践4个不同维度，系统地介绍了电子商务数据分析的主要业务内容和常用方法，知识体系完整且具有较强的逻辑性。

（2）注重实践应用。本书以数据分析师的能力培养为目标，从实际应用出发，通过大量经典的应用案例（包括章前引例、应用实例、微型案例等），详细讲解了不同的数据分析工具与方法在具体场景中的操作应用。

（3）提供实验指导。本书针对主要的数据分析工具或方法，设计了一些相应的实验操作项目，便于教师组织安排实验教学。

（4）巧用"知识卡片"。本书对一些专业性较强、在书中首次出现又不会专门介绍的关键术语或重要概念，以"知识卡片"的形式插在正文相关处。这样既能帮助读者快速拓展相关知识，又能教会读者一种知识积累的方法。

（5）兼顾教学改革需求。本书体例灵活、内容丰富，各章设置了学习目标、引例、主体知识阐述、应用实例（除第 1 章和第 8 章外）、本章小结、复习思考题（含适合小组研讨完成的"应用分析题"）等部分，能够满足教师进行案例教学、研讨式教学等课堂教学改革以及建设"金课"的需求。

本书由陈晴光、龚秀芳、文燕平编著。各章的编写分工如下：第 1 章、第 5 章，以及部分第 3 章、第 6 章、第 7 章的内容由陈晴光编写；第 2 章和第 8 章，以及部分第 3 章的内容由龚秀芳编写；第 4 章，以及部分第 6 章、第 7 章的内容由文燕平编写。

在本书的编写过程中，上海师范大学研究生孙峥、蒋凤姣、韩璐、冯琪玫、乔杨，浙江万里学院项米红等参与了相关资料的收集、整理工作；浙江树人大学吕晓敏老师、浙江万里学院李旭帅老师，以及相关网店和企业人员为本书提供了部分案例资料，在此特表示感谢！此外，本书还参考了国内外同行的大量著作和文献，在此向诸位作者表示敬意和感谢！

我们为使用本书的教师提供了教学资源，包括 PPT、教学大纲、参考答案等，如有需要，请登录人邮教育社区（www.ryjiaoyu.com）免费下载。在使用本书的过程中，读者如有任何问题，都可以通过电子邮件与我们交流，我们一定会给予答复。E-mail 地址如下：

chenqingg2002@hotmail.com

由于编者水平有限，书中难免存在疏漏之处，敬请各位读者批评指正，并提出建设性意见。

编　者
2020 年 1 月

# 目录 Contents

# 电子商务数据分析导论 | 第1章

 **本章学习目标**

- ☞ 理解电子商务数据分析的基本含义、特点和作用。
- ☞ 熟悉电子商务数据分析的主要内容。
- ☞ 了解电子商务数据分析的主要方法和常用工具。
- ☞ 了解电子商务数据分析师的成长规划。

 **引例**

## 亚马逊公司利用大数据练就"读心术"

亚马逊公司二十几年来一直扮演电子商务界领航灯的角色，归功于其大数据系统的"读心术"预测功能。亚马逊公司利用近20亿用户账户的大数据，通过预测分析140万余台服务器上约10亿GB的数据促进销量增长，并据此保持对用户行为的追踪，为用户提供良好的个性化购物体验。

（1）灵活利用Hadoop技术。Hadoop是一个分布式系统基础架构，亚马逊公司灵活的MapReduce程序建立在Hadoop框架的顶端，帮助零售商高效地管理和利用分析平台。具体来说，零售商店15亿条的商品目录数据，能通过200个运营中心在全球传播并储存在亚马逊公司的S3界面中，每周更新近5亿次。同时，S3界面上数据的商品目录每30分钟都要进行分析并发到不同的数据库。

（2）个性化推荐。亚马逊公司利用其先进的数据分析技术向用户提供个性化推荐服务。通过向用户提供合理化建议和好的购物体验，亚马逊公司获得了10%～30%的附加利润，拥有200万家销售商，为近20亿客户服务。亚马逊公司还利用推荐算法为特定销售商分析销售量和库存量，帮助其解决库存管理问题，提出预期商品需求建议，以便销售商及时补充库存。

（3）动态价格优化。价格优化在零售市场是一个重要的因素，因为零售商们都会想尽办法给每一件商品制定最合适的价格。价格的管理在亚马逊公司会被严密地监控，以达到吸引客户、打败其他竞争者和增加利润的目的。通过分析不同来源的数据，亚马逊可实时调控商品价格。动态的价格浮动推动亚马逊公司的盈利平均增长25%，而且亚马逊公司通过每时每刻的监控可保持自身的竞争力。

（4）供应链优化。亚马逊公司运用大数据系统，权衡供应商间的邻近度和客户间的邻近度，挑选出最合适的配送仓库，从而最大化地降低配送成本。大数据系统帮助亚马逊公司预测所需的配送仓库数目和每个仓库应有的容量。同时，亚马逊公司还运用图论的方式选择最佳配送时间、路线和商品分类，将配送成本降到最低。

（5）预测式购物——下单之前就发货。亚马逊公司利用2016年3月获得的一项"预测式购物"新专利，使其预见性分析系统变得非常精确，可以预测客户什么时候将购买什么商品，从而将个性化推荐提高到更高层次。通过这项专利，亚马逊公司可根据消费者的购物偏好，提前将消费者可能购买的商品配送到距离最近的快递仓库，降低货物运输时间。

不过，如果大数据算法在预测上出错，亚马逊公司可能面临承受来回运送商品的费用，从而增加物流成本的问题。未来关于预测式购物的问题还会很多，亚马逊公司到底如何在保持自身竞争力的同时解决这些棘手的问题，我们将拭目以待。

（资料来源：根据网络资料改编）

**【案例思考】**
1. 电子商务数据分析有什么作用？
2. 在亚马逊公司电子商务蓬勃发展的过程中，数据分析充当了怎样的角色？
3. 案例说明了什么问题？

当用户在电子商务网站有了购买行为之后，其就从潜在客户变成了网站的价值客户。电子商务网站一般会将客户的交易信息（购买时间、购买商品、购买数量、支付金额等信息）保存在其数据库中，并据此分析客户的交易行为特征，进而估计每位客户的价值或预测对其实施扩展营销的可能性等。这个过程需要运用数据分析方法，把隐藏在海量电子商务数据背后的信息集中和提炼出来，帮助经营管理者正确判断和决策。那么，如何分析电子商务数据呢？本书从介绍电子商务数据分析的主要内容、基本方法、常用分析工具以及从事电子商务数据分析工作所需的知识和能力素质要求入手，逐步引领读者步入电子商务数据分析的殿堂。

# 1.1 | 电子商务数据分析概述

## 1.1.1 电子商务数据分析的含义

扫一扫：

视频 1-1

**数据**（Data）是已知的用于进行推理或估算的基础性事实，是对客观事物的逻辑归纳。数据可以是用符号或字母等方式对客观事物进行的直观描述，也可以是表达知识的字符集或信息的各种表现形式。数据的类型很多，从不同的角度可以划分为不同的类型。

（1）按照由个体到整体的数据范畴划分，电子商务数据可以分为网站数据、运营数据、业务数据、企业数据（见图 1-1）。网站数据以网站为数据生产环境，主要是与站内流量相关的数据。运营数据是指围绕电子商务运营形成的数据环境，除站内流量数据外，还包括营销数据、用户体验数据、在线销售数据、商品关联数据等。业务数据是围绕整个业务体系形成的数据环境，是企业所有业务类数据的总称，除运营数据外，还包括运营的上下游业务部门的数据。企业数据包括企业产生的所有业务数据、财务数据、职能数据等。这些数据构成了企业的大数据集合。

图 1-1 电子商务数据范畴

（2）按数据的表现形式划分，电子商务数据主要有两大类，即数值型数据和分类型数据。数值型数据是可以用来计算的数值或者观测值，包括离散型和连续型两类。离散型数据是指可以进行计算的、有差别且相互分开的、可直接使用自然数或度量衡单位进行计量的具体数值，通常表现为由多个单独的数字组成的一串数据，如一组数字编码。连续型数据是指在有限的或无限的区间范围内都可以找出的一个数值或观测值，如网店连续 24 小时的销售记录。

分类型数据是可以进行分组或者分类的反映事物类别的数值或观测值，包括定类和定序两种数据类型。定类数据与其所在的分类之间没有本质上的顺序之分，如商品类型、品牌类型等；定序数据则存在明确的顺序，如用户按年龄顺序可划分为老年、中年和青年 3 类。

**数据分析**（Data Analysis）是对原始数据进行排序和组织的过程，是用于帮助解释过去和预测未来的一系列方法，是进行测量、评估和预测的基础。

**电子商务数据分析**（Data Analysis in E-Commerce）是指用适当的数理统计、数据挖掘以及大数据分析等方法对收集的大量电子商务数据进行分析与挖掘，为提取有用信息和形成结论而对数据加以详细研究和概括总结的过程。在实际应用中，电子商务数据分析可帮助人们正确判断市场，从而为进一步采取适当的商业行动提供决策依据。

## 1.1.2 电子商务数据分析的基本特点

电子商务数据分析的基本特点如下。

### 1. 涉及多个学科领域知识

电子商务数据分析涉及计算机科学、人工智能和机器学习、数学和统计学、专业领域知识等多个领域，具有跨学科、综合性等特点。

计算机科学为电子商务数据分析提供工具。大规模的电子商务数据的产生使计算分析变得至关重要，对编程、数据库管理、网络管理、高性能计算的需求层次也逐渐提高。

人工智能（Artificial Intelligence，AI）研究可以模拟智能行为的算法。在电子商务数据分析中，人们可以应用人工智能来实施那些需要推理、相似性搜索或无监督分类的智能活动。机器学习（Machine Learning，ML）是人工智能的核心，专门研究计算机怎样模拟或实现人类的学习行为，以获取新的知识或技能，重新组织已有的知识结构，不断改善自身的性能，其应用遍及人工智能各个领域。

数学为电子商务数据分析提供了诸多数学技术，如线性代数、数值法和条件概念算法等；统计学则是通过搜索、整理、分析、描述数据等手段，推断所测对象的本质，甚至预测对象未来的一门综合性科学。

专业领域知识是电子商务数据分析中不可或缺的重要基础。由于电子商务的应用已经渗透社会、经济、文化、生活的各个领域，人们必须具备相应的专业领域知识，才能从专业的角度提出问题、设置相关分析指标，并进而对数据分析的结果进行合理的诠释和有效的利用。

### 2. 对象大多为半结构化数据和非结构化数据

半结构化数据是指介于完全结构化数据（可以用数据库二维逻辑表来表现的数据，如关系型数据库、面向对象数据库中的数据）和完全非结构化数据之间的数据。它一般是自描述的，数据的结构和内容混在一起，没有明显区分，如 XML 文档就属于半结构化数据。

非结构化数据是指不方便用数据库二维逻辑表表现的数据，包括所有格式的全文文本、图像、声音、影视、超媒体信息等。

处理非结构化的电子商务数据通常需要利用非结构化 Web 数据库。非结构化 Web 数据库主要是针对非结构化数据产生的。与以往流行的关系型数据库相比，其最大的区别在于它突破了关系型数据库结构定义不易改变和数据定长的限制，支持重复字段、子字段以及变长字段并实现了对变长数据和重复字段进行处理以及对数据项的变长存储管理，在处理非结构化电子商务信息中有着传统关系型数据库无法比拟的优势。

### 3. 需要借助大数据处理模式进行分析

随着电子商务的高速发展，线上交易产生的数据量是线下无法比拟的，因而产生了处理大数据的迫切需求。大数据（Big Data）是一种规模大到在获取、存储、管理、分析方面超出传统数据库工具能力范围的数据集合，大数据无法在一定时间范围内用常规软件工具进行捕捉、管理和处理。大数据是需要新的处理模式才能具有更强的决策力、洞察发现力和流程优化能力的海量、高增长率和多样化的信息资产。

在电子商务领域，大批量处理的信息如果是以 PB、EB、ZB 为计量单位，这些信息就构成了大数据。传统的处理模式（如数据库集群模式），已很难高效率地处理大数据，因此对大数据时代的计算机处理模式进行革新是获得电子商务行业整体突破的基本保证。大数据处理模式的基本要求是建构云计算处理体系，使之能分解处理信息和合并结果。

### 1.1.3 电子商务数据分析的主要作用

电子商务数据分析的主要作用如下。

1. 评价、诊断作用

扫一扫：

视频 1-2

电子商务数据分析具有评价、诊断作用，能够帮助电子商务企业或电子商务经营者评价经营绩效，找出问题的来源并为设计解决方案提供依据。例如，通过分析用户访问路径报表的统计结果，可以判断访问者是否是按照预先设想的流程访问网页，进而诊断网站的设计是否存在问题；通过分析商品名称搜索量，可以判断网站对引擎的友好性，即网站是否有利于搜索引擎对信息的检索；通过分析网店访问者浏览时间的长短，可以判断网店是否有利于浏览、是否能给浏览者提供美好的交流体验；通过分析用户对电子邮件信息接收过程的开信率、阅读率、删除率等指标，可以评价电子邮件营销的效果等。

2. 预测作用

电子商务数据分析可通过预测分析和假设情况分析，帮助用户评审和权衡潜在决策的影响力；也可通过分析历史模式和概率，预测企业未来业绩并采取预防措施。预测分析是一种统计或数据挖掘解决方案，包含可在结构化和非结构化数据中使用以确定未来结果的算法和技术。

（1）分析某些指标异常变化的原因，预测市场变化趋势。网站某些指标的异常变化往往是外界市场变化的客观反映，网站的数据分析人员一定要高度重视。例如，PV（页面浏览量）减少（异常），就要分析用户是搜索来源减少还是直接访问量减少，如果是搜索来源减少，就要观察用户搜索的关键字、搜索引擎等内容是否有问题。对于一些数据的异常增加或减少，一定要分析其产生的原因与市场时机，这对平台以后的发展及政策导向非常有借鉴意义。

【微型案例1-1】

有一天，linkedin（一个社区网站）忽然发现来自雷曼兄弟的来访者多了起来，但是并没有深究原因。第二天，雷曼兄弟就宣布倒闭了。原因何在？雷曼兄弟的人到linkedin找工作来了。在谷歌宣布退出中国的前一个月，有人在linkedin上发现了异常：一些平时很少见的谷歌商品经理长时间在线，这也是相同的道理。试想，如果linkedin分析某家上市公司的某些数据，是不是很有商业价值？

（2）分析客户访问企业网站的行为数据，预测库存与消费需求。电子商务企业每天都面临着海量、瞬时、多样化的客户访问行为数据，诸如客户在网上的任何一次点击行为和购买行为等。对这些访问行为数据进行分析，企业可以判断客户的消费行为和消费心理等极具价值的信息，了解卖家的销售与库存情况，并进一步预测客户的消费需求，进而推出相应的商品或服务。

【微型案例1-2】

沃尔玛开发了一个叫作Retail Link的数据工具，其功能在于可以让供应商预先知道每家店铺的销售和库存情况。通过Retail Link，各供应商可以在沃尔玛发出指令前自行补货，从而极大地减少了断货情况，提高了供应商整体对缺货的处理速度；同时，供应商还可以更多、更好地控制商品在店内的陈设，以此降低库存成本，减少店内商品陈设的投入。

## 1.1.4 电子商务数据分析的流程

电子商务数据分析的流程主要由识别商务需求、数据采集、数据预处理、数据分析、数据可视化展现、数据分析报告的撰写与应用等活动组成（见图1-2）。

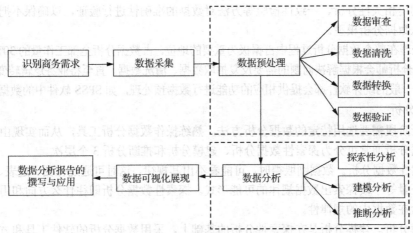

图 1-2 电子商务数据分析的一般流程

### 1. 识别商务需求

识别商务需求是确保电子商务数据分析过程有效性的首要条件，可以为数据采集、数据分析提供清晰的目标。数据分析师在进行数据分析之前，必须与企业提出数据分析需求的部门和相关人员反复沟通，明确数据分析的商业目的和需要解决的商务问题。只有深刻理解了数据分析的商务需求，才能整理出完整的数据分析框架和分析思路。当然，有时候数据分析的商务需求不是很清晰，但肯定会有一个大致的方向，此时就需要数据分析师与需求方反复沟通、总结。

### 2. 数据采集

电子商务数据采集是一个按照确定的数据分析需求和框架内容，有目的地收集、整合相关数据的过程，是确保数据分析过程有效的基础。在电子商务数据分析中，数据采集一般是直接到网络数据库中获取数据。数据分析师通常需要使用数据库工具——SQL访问相关数据库，采集所需数据，因此，熟练掌握 SQL 的查询语法，是电子商务数据分析师必须具备的基本技能之一。

采集数据前，数据分析师需要对收集数据的内容、渠道、方法进行策划。策划时，应考虑：①将识别的商务需求转化为具体的数据要求；②明确由谁在何时何处，通过何种渠道和方法采集数据；③记录表应便于使用；④采取有效措施，防止数据丢失和虚假数据对系统的干扰。

### 3. 数据预处理

数据预处理是指对采集到的数据进行加工、整理，以便进一步开展数据分析的过程，它是数据分析前必不可少的阶段。数据预处理一般包括数据审查、数据清洗、数据转换和数据验证 4 个步骤，它是一个逐步深入、由表及里的过程。

（1）数据审查。该步骤主要是检查数据的数量（记录数）是否满足分析的最低要求，变量值的内容是否与研究目的一致，检查各个变量的数据类型等。

（2）数据清洗。针对数据审查过程中发现的明显错误值、缺失值、异常值、可疑数据、重复数据，选用适当的方法"清理"，使"脏"数据变为"干净"数据，这是保证后续数据分析能得出可靠结论的重要步骤。

（3）数据转换。数据分析强调分析对象的可比性，但不同变量值由于计量单位等不同，往往会造成数据不可比的情况。对一些统计指标进行综合评价时，如果统计指标的性质、计量单位不同，则容易引起分析结果的较大误差，再加上分析过程中的一些其他要求，所以在数据分析前需要对数据进行转换，包括无量纲化处理、线性变换、汇总和聚集、适度概括、规范化、属性构造等。

（4）数据验证。该步骤的目的是初步评估和判断数据是否满足统计分析的需要，从而决定是否增加或减少数据量。数据分析师可以利用简单的线性模型及散点图、直方图、折线图等图形进行探索性分析，利用相关性分析、一致性检验等方法对数据的准确性进行验证，以确保不把错误和有偏差的数据带入数据分析模型。

数据预处理在整个数据分析过程中占据极为重要的地位，占数据分析全部工作量的30%～50%，因为有时候数据分析师会根据解决问题的需要反复抽取数据、清洗数据，直至将业务逻辑转变成可被分析的量化数据。一般的统计软件都会提供相应的功能进行数据预处理，如SPSS软件中的数据探索功能。

4. 数据分析

数据分析阶段需要选用特定的数据分析方法，熟练操作数据分析工具，从而实现由数据到知识的过程，数据分析通常可分为探索性数据分析、建模分析和推断分析3个层次。

（1）探索性数据分析。数据刚取得时，可能看不出其规律，这时可通过作图、造表、方程拟合、计算某些特征量等手段探索出数据规律的可能形式。探索性数据分析即往什么方向和用何种方式寻找和揭示隐含在数据中的规律性。

（2）建模分析。建模分析是在探索性分析的基础上，采用数据分析的软件工具和方法进行数据建模，或者从几类可能的数据模型中挑选一定的模型，然后进行统计分析、挖掘、预测处理。

（3）推断分析。即运用数理统计方法、数据挖掘法、大数据分析法等对所构建或选定模型的可靠程度和精确程度做出推断。

5. 数据可视化展现

数据分析的结果一般需要通过图表的方式呈现出来。借助数据可视化展现手段，数据分析师能更直观地表述其想要呈现的信息、观点和建议。数据可视化展现常用的图形包括饼形图、折线图、柱形图或条形图、散点图、雷达图、金字塔图、矩阵图、漏斗图、帕雷托图等。

6. 数据分析报告的撰写与应用

电子商务数据分析的最后一个阶段是撰写数据分析报告，综合呈现整个分析成果。数据分析师通过分析报告，把数据分析的目的、过程、结果及应用方案完整地呈现出来，为达成商业目的提供参考。

电子商务数据分析报告要求分析框架科学合理、结构清晰、主次分明，以便读者能一目了然，正确理解报告内容。

另外，数据分析报告需要有明确的结论、建议和解决方案，因为电子商务数据分析不仅仅是要求找出问题，更重要的是解决问题，否则数据分析便失去了意义。

# 1.2 电子商务数据分析的内容及业务指标

电子商务数据分析的内容十分丰富，涉及电子商务市场经营环境数据、网站运营数据、电子商务客户数据、网络营销绩效数据等多方面的业务。电子商务数据分析需要针对不同的业务内容设定相应的衡量指标，以便更好地从数据量化的层面分析电子商务各方面的状况。例如，根据网站目标和网站客户的不同，网站分析指标可设置为内容指标和商业指标。内容指标是衡量访问者活动行为的指标，诸如访问量、浏览量、点击流及站内搜索等；商业指标是衡量访问者活动转化为商业利润的指标，诸如交易量、投资回报率等。

## 1.2.1 市场经营环境数据分析

电子商务市场经营环境主要包括市场竞争环境、物流配送与仓储环境、信用与客服环境等，相应的数据分析业务指标如表 1-1 所示。

表 1-1　　　　　　　　　　　　市场经营环境数据分析业务指标

| 一级指标 | 二级指标 | 一级指标 | 二级指标 |
|---|---|---|---|
| 市场竞争环境数据分析指标 | 市场占有率 | 物流配送环境数据分析指标 | 配送业务量 |
| | 市场扩大率 | | 配送车辆满载率 |
| | 网站排名 | | 配送满足率 |
| | 网站访问比重 | | 配送准确率 |
| 信用与客服环境数据分析指标 | 商品符合度 | 物流仓储环境数据分析指标 | 交货及时率 |
| | 承诺实现度 | | 仓库吞吐指标 |
| | 总呼叫量 | | 库容量 |
| | 呼叫放弃率 | | 库存量 |
| | 在线客服响应率 | | 仓储缺货率 |
| | 平均排队时间 | | 仓储资金周转天数 |
| | 平均处理时间 | | 库存周转天数 |
| | 一次性问题解决率 | | 库存周转率 |
| | 监听合格率 | | 库存账龄 |
| | 呼出量 | | 仓储利用率 |
| | 客服满意度 | | |

### 1. 市场竞争环境数据分析指标

市场竞争环境数据分析指标包括市场占有率、市场扩大率、网站排名、网站访问比重等。

（1）市场占有率：又称市场份额，是指企业商品的销售量（或销售额）在市场同类商品中所占的比例，它在很大程度上反映了企业的竞争地位和盈利能力，是企业非常重视的一个指标。

市场占有率根据市场范围不同有 4 种测算方法。

① 总体市场占有率：指一个企业的销售量（额）在整个行业中所占的比例。

② 目标市场占有率：指一个企业的销售量（额）在其目标市场即它服务的市场中所占的比例。一个企业的目标市场的范围小于或等于整个行业的服务市场，因而它的目标市场份额总是大于它在总体市场中所占的份额。

③ 三大竞争者市场占有率：指一个企业的销售量与市场上最大的 3 个竞争者的销售总量之比。例如，一个企业的市场占有率是 30%，它的 3 个最大竞争者的市场占有率分别为 20%、10%、10%，则该企业的相对市场占有率就是 30%÷40%=75%；如果 4 个企业各占 25%，则该企业的相对市场占有率为 33%。一般地，一个企业拥有 33% 以上的相对市场占有率就表明它在这一市场中有一定的实力。

④ 最大竞争者市场占有率：指一个企业的销售量与市场上最大竞争者的销售量之比。若高于 100%，则表明该企业是这一市场的领袖。

（2）市场扩大率：指扩大后的市场份额与原有市场份额的比率，用于表征市场份额的变化情况。各类市场扩大率的测算可参照相应市场占有率的测算方法进行。

（3）网站排名：网站排名的主旨是按照客观、真实、公正原则，以网站访问流量统计数据为依据适时发布"NNT 流量"。一般所指的网站排名主要可分为 Alexa 网站排名、中国网站排名、百度排名等几大类。

（4）网站访问比重：指对一个站点下属栏目或子站点访问量的统计值。这个参数是按照网站栏目或子站点的用户到访量来计算的。

### 2. 物流仓储环境数据分析指标

物流仓储环境数据分析指标主要包括仓库吞吐指标、库容量、库存量、仓储缺货率、仓储资金周转天数、库存周转天数、库存周转率、库存账龄、仓储利用率等。

（1）仓库吞吐指标：指用于衡量仓储的吞吐能力，包括入库量、出库量、直拨量、吞吐量等。

其中，直拨量是指没有经过仓库而直接从配送中心或供应商那边拉到生产线上调拨给用户的物品数量。这些物品按照常理是要经过仓库的，所以还是要纳入仓库的吞吐量。

$$仓库吞吐量 = 入库量 + 出库量 + 直拨量$$

（2）库容量：指仓库能容纳物品的数量，是仓库内除去必要的通道和间隙后所能堆放物品的最大数量。库容量是仓库的主要参数之一，也是评价仓库质量的重要指标之一。

（3）库存量：指某一时点上，企业产成品仓库中暂未售出商品的实物数量。适量库存具有调理生产和销售之间时间差的功能。

（4）仓储缺货率：指从仓储缺货的角度反映一定时期内物流仓储的服务水平和服务质量的一个重要指标，也是反映物流仓储信息的一个重要数据。一般用缺货量与需求量的百分比来表示，即：

$$仓储缺货率 = \frac{缺货量}{需求量} \times 100\%$$

仓储缺货率也可以用缺供客户数与供货客户数的百分比来表示，即：

$$仓储缺货率 = \frac{缺供客户数}{供货客户数} \times 100\%$$

仓储缺货率反映了物流仓储因货物存储不足对客户需求的影响程度，这个数据越大，说明物流仓储服务水平越差，它是衡量仓储服务水平的一个反指标。在实际中，必须千方百计降低仓储缺货率，以提高仓储服务水平。

（5）仓储资金周转天数：指反映平均仓储金额周转一次所需时间的一个指标，一般用平均仓储金额与仓储资金周转次数之比，来表示平均仓储资金周转一次所需的天数，即：

$$仓储资金周转天数（天） = \frac{平均仓储金额}{仓储资金周转次数}$$

仓储资金周转天数反映了平均仓储资金周转一次所需的时间（天数）信息，是反映物流仓储管理质量的一个重要指标，该指标值越大，表明平均仓储资金周转一次所需的时间越长，它是说明仓储资金周转水平的反指标。降低仓储资金周转天数，可以提高仓储资金的运行质量。

（6）库存周转天数：指企业从取得存货或商品入库开始至消耗、销售为止所经历的天数。库存周转天数越少，说明零库存或存货变现的速度越快。

（7）库存周转率：指在某特定的周期销售成本与存货平均余额的比率。库存周转率用于衡量一定时期内存货资产的周转速度，是反映企业供应链整体效率的绩效指标之一，而且很多企业都把它当作整体经营业绩的考核指标之一。

（8）库存账龄：指在某时间节点，某种或者某类存货库存时间的加权平均值。很明显，库存周转率越高，库存账龄越低，但是二者又不是反比关系（比较简单的证明就是同样的平均库存，入库时间不同会引起库存账龄很大的差异），所以虽然这二者有着千丝万缕的联系，但是不能简单地把库存账龄看成库存周转率的一个衍生指标来对待。

(9) 仓储利用率：指用来反映仓库被有效利用的情况，包括仓库面积使用率和仓库容积利用率两个子指标。计算公式为：

$$仓库面积使用率 = \frac{仓库使用面积}{仓库可用面积} \times 100\%$$

$$仓库容积利用率 = \frac{库存商品实际数量或容积}{仓库应存数量或容积} \times 100\%$$

### 3. 物流配送环境数据分析指标

物流配送环境数据分析指标主要包括配送业务量、配送车辆满载率、配送满足率、配送准确率、交货及时率等。

(1) 配送业务量：指在经济合理区域范围内，企业根据用户的订单需求，对商品进行拣选、包装、分割、组配、出库等作业，并按时送达指定地点的货物数量。配送业务量包括区域配送的货物数量和同城配送的货物数量。

(2) 配送车辆满载率：指物流配送服务提供商在执行物流配送任务的过程中，运输车辆满载运输的概率。它是运输工具的实际装载能力与理论额定装载能力的比值。配送车辆满载率是合理安排运力的重量依据之一，其计算公式为：

$$配送车辆满载率 = \frac{车辆实际载重量}{车辆额定载重量} \times 100\%$$

在不超载的情况下，配送车辆满载率应为 0～1。配送车辆满载率越接近 1，表明车辆的利用率越高。与配送车辆满载率对应的指标是空载率。配送车辆空载率是指没有运载任何货物的行驶车辆在所有配送车辆中所占的百分比。

(3) 配送满足率：指实际能完成的配送订单量与需求配送订单量的比值。

配送满足率计算公式为：

$$配送满足率 = \frac{实际能完成的配送订单量}{需求配送订单量} \times 100\%$$

正常情况下，企业配送资源一般可满足订单配送需求，配送满足率接近于 1；在特殊情况（如大型促销活动）下，可能会由于订单激增而产生无法配送的订单，此时配送满足率小于 1。

(4) 配送准确率：指将用户订单所购商品准确送达指定地点的比率，准确送达包括所送商品数量和品类的准确以及配送地点的准确。配送准确率的计算公式为

$$配送准确率 = \frac{准确配送的订单量}{总配送订单量}$$

(5) 交货及时率：是指考核供应链效率的重要指标。其计算公式为：

$$交货及时率 = \frac{准时交货的订单数}{应交货的订单数} \times 100\%$$

此外，物流配送环境数据分析指标还包括供应链指标，诸如压单占比、实物报缺率、上架完成率、出库及时率、出库率、次日到达率及未送达占比等。

### 4. 信用与客服环境数据分析指标

信用与客服环境数据分析指标主要包括商品符合度、承诺实现度、总呼叫量、呼叫放弃率、在线客服响应率、平均排队时间、平均处理时间、一次性问题解决率、监听合格率、呼出量、客服满意度等。

(1) 商品符合度：指消费者实际收到的商品与网站或店铺所描述商品的符合程度。

(2) 承诺实现度：指电子商务网站（或网店）承诺消费者的商品或服务质量及优惠政策等与实际提供的商品或服务质量的符合程度。承诺实现度与商品符合度都是衡量电子商务网站或网店信用的重要指标。

（3）总呼叫量：指所有打入呼叫中心的电话数量或在线联系客服的信息数量，包括受到阻塞的、中途放弃的和已经答复的电话或在线服务信息。总呼叫量是衡量在线客服中心工作规模的重要评估指标。

（4）呼叫放弃率：指业务已经被接通到呼叫中心或客服中心，但又被呼叫者在接通之前主动挂断电话或断开在线客服连接的比例。其计算公式为：

$$呼叫放弃率 = \frac{放弃通话次数}{全部呼叫连通次数} \times 100\%$$

（5）在线客服响应率：指呼叫连通次数与总呼叫量的比率，是衡量客服人员服务质量的重要指标。

（6）平均排队时间：指呼叫者被呼叫系统列入名单后等待人工服务的平均等待时长。

（7）平均处理时间：指客服人员处理与呼叫者的会话时间、持线时间及事后处理与会话相关工作内容的平均时间。其计算公式为：

$$平均处理时间 = \frac{总处理时间}{全部呼叫连通次数}$$

（8）一次性问题解决率：指呼叫者当次接通电话或在线客服后立即解决了的问题与全部问题数量的比率。

（9）监听合格率：指通过监控、电话录音等手段抽查客服人员服务质量的合格率。需要注意的是，不同企业对于"合格"的定义往往不同。

（10）呼出量：指一定时间（如每天、每周、每月等）内呼出的电话数量或发出的即时信息数量。呼出的目的可能包括会员维护、问题解决、商品推销、活动介绍等。

（11）客服满意度：指消费者对在线客服提供服务的满意程度。通常不同企业对满意度的评价方式不同，如果客服满意度打分只有满意和不满意，那么满意度结果就是一个比值，其计算公式为：

$$客服满意度 = \frac{满意电话数量或即时信息数量}{总呼叫量}$$

此外，市场经营环境数据分析还包括支付与交易安全环境数据分析，其主要指标包括支付方式的多样性、支付的安全性等。

## 1.2.2　电子商务网站运营数据分析

电子商务网站运营指标是用来衡量电子商务网站整体运营状况的若干特征值，包括流量数量指标、流量质量指标、流量转换指标、商品销售业绩指标、成本收益指标等（见表1-2）。

表1-2　　　　　　　　　　　电子商务网站运营数据分析业务指标

| 一级指标 | 二级指标 | 一级指标 | 二级指标 |
|---|---|---|---|
| 流量数量指标 | 页面浏览量（PV） | 流量转换指标 | 商品页转化率 |
| | 每个访问者的页面浏览数 | | 加入购物车转化率 |
| | 独立IP访问者数（UV） | | 支付结算转化率 |
| | 独立访问者增长率 | | 订单转化率 |
| | 访问量或访问次数 | | 购物车内转化率 |
| | 登记搜索引擎的数量和排名 | | 目标转化率 |
| 流量质量指标 | 到达率 | 商品销售业绩指标 | 商品订单量 |
| | 新访问占比 | | 订单金额 |
| | 访问深度 | | 每订单金额 |
| | 停留时间 | | 有效订单指标 |
| | 跳出率 | | 订单有效率 |
| | 退出率 | | 商品毛利 |
| 成本收益指标 | 网站成本指标 | | 店铺佣金 |
| | 网站收益指标 | | |

**1. 流量数量指标**

电子商务网站流量数量指标主要包括页面浏览量（Page View，PV）、每个访问者的页面浏览数、独立 IP 访问者数（Unique Visitor，UV）、访问量或访问次数、登记搜索引擎的数量和排名等。

（1）页面浏览量（Page View，PV）：PV 是衡量一个网站访问量的主要指标。同一个人浏览网站的同一个页面，不重复计算 PV，点击 100 次也只算 1 次。PV 的计算：当一个访问者访问时，记录其所访问的页面和对应的 IP，然后确定这个 IP 当天是否访问了该页面。如果网站当天独立 IP 有 60 万条，每个访问者平均访问了 3 个页面，那么 PV 的记录就有 180 万条。

（2）每个访问者的页面浏览数：指在一定时间内全部页面浏览数与所有访问者相除的结果，这是一个平均数。

（3）独立 IP 访问者数（Unique Visitor，UV）：又称独立访客，指访问某个站点的不同 IP 地址的人数。在同一天内，UV 只记录第一次进入网站的具有独立 IP 的访问者，在同一天内再次访问该网站不计数。UV 是一定时间内不同访问者数的统计指标。每个固定的访问者只代表一个唯一的用户。

（4）访问量或访问次数：指衡量访问次数的重要指标，反映了有多少"人次"来到网站。它与 UV 相结合可以评估网站来了多少"人"，网站黏性如何。

（5）登记搜索引擎的数量和排名：登记搜索引擎的数量和排名是相互依赖的，一般来说，登记搜索引擎的数量越多，排名越靠前，越能赢得访问者。

**2. 流量质量指标**

流量质量指标主要包括到达率、新访问占比、访问深度、停留时间、跳出率、退出率等。

（1）到达率：指站外流量到达网站的数量与总点击数量的比率，是用来反映用户从站外到达网站情况的指标。

到达率的计算公式为：

$$到达率=\frac{到达量}{点击量}\times100\%$$

到达率技术上的定义为：指用户从带有站外标记的链接点击进入网站后，触发站内跟踪代码的次数。因此，到达数量仅针对站外标记广告的落地页。

（2）新访问占比：新访问是指该访问为用户的第一次访问，用户之前并没有访问记录。新访问占比用来衡量新访问用户在总访问用户中所占的比例。新访问占比高意味着市场覆盖面扩大和新用户不断引入。如果用户在当天既产生第一次访问，又产生第二次访问，则网站分析系统会认为该用户既属于新访问，又属于老访问，并在计算网站新、老访问量时分别加 1。

（3）访问深度：又称人均页面浏览量，用来评估用户浏览了多少个页面。其计算公式为：

$$访问深度=\frac{页面浏览量}{访问量}$$

访问深度是衡量用户访问质量的重要指标，访问深度越高意味着用户对网站内容越感兴趣；但访问深度并不是越高越好，过高的访问深度可能意味着用户在网站中迷失了方向而找不到目标内容。

（4）停留时间：指用户在网站或页面停留时间的长短。

网站停留时间=最后一次请求时间戳−第一次请求时间戳

页面停留时间=下一个页面请求时间戳−当前页面时间戳

停留时间越长意味着用户对网站内容越感兴趣，但停留时间也不是越长越好，也有可能是用户离开计算机等原因导致停留时间长。

（5）跳出率：指单页访问次数或访问者从进入（目标）页离开网站的访问次数占总访问次数的百分比。其计算公式为：

$$\text{跳出率} = \frac{\text{跳出的访问量}}{\text{落地页访问量}} \times 100\%$$

或

$$\text{网站跳出率} = \frac{\text{仅浏览了一个页面的访问次数}}{\text{总访问次数}} \times 100\%$$

跳出率是仅针对落地页发生的指标，用来评估用户进入网站后的第一反应。跳出率越高说明网站对访客的吸引力越不足，过高的跳出率意味着站外流量低或页面设计出现问题，导致用户不愿意继续浏览网站。

（6）退出率：反应用户从网站页面离开而没有进一步动作的行为在网站页面总访问量中的占比情况。其计算公式为：

$$\text{退出率} = \frac{\text{页面退出的访问量}}{\text{页面总访问量}} \times 100\%$$

退出率与跳出率的区别：跳出率针对的是落地页，退出率针对的是全站所有页面。

### 3. 流量转换指标

流量转换指标主要包括商品页转化率、加入购物车转化率、支付结算转化率、订单转化率、购物车内转化率、目标转化率等。

（1）商品页转化率：指浏览商品页的访问在网站总访问量中的占比。其计算公式为：

$$\text{商品页转化率} = \frac{\text{商品页访问量}}{\text{总访问数量}} \times 100\%$$

商品页转化率通常是电子商务转化的第一步，也是商品销售转化的第一步。

（2）加入购物车转化率：指加入购物车的访问量在网店总访问量中的占比，用于表征用户购物导向性。其计算公式为：

$$\text{加入购物车转化率} = \frac{\text{加入购物车的访问量}}{\text{总访问量}} \times 100\%$$

加入购物车转化率通常可用来衡量站外营销和站内运营的业务效果，其值越高，意味着具有购物意向的用户比例越高。

（3）支付结算转化率：指完成支付结算的订单数量在需要支付结算的总订单数量中的占比，是衡量用户支付转化的数据指标。其计算公式为：

$$\text{支付结算转化率} = \frac{\text{完成支付结算的订单数量}}{\text{需要支付结算的总订单数量}} \times 100\%$$

支付结算转化率越高，意味着用户完成订单的概率越大。

（4）订单转化率：指完成订单量在总订单量中的占比，是衡量电子商务网站运营效果的重要指标。其计算公式为：

$$\text{订单转化率} = \frac{\text{完成订单量}}{\text{总订单量}} \times 100\%$$

（5）购物车内转化率：是衡量加入购物车的商品最终完成购买的占比的重要指标。其计算公式为：

$$\text{购物车内转化率} = \frac{\text{提交订单结算的商品数量}}{\text{加入购物车的商品量}} \times 100\%$$

衍生的一个相关指标：购物车内放弃率=1-购物车内转化率

经验数据显示，大多数日常消费电子商务网站的购物车内转化率通常为 60%～80%，如果低于这个范围，就说明可能存在作弊问题或购物车流程设计有问题。

（6）目标转化率：完成某个目标的访问数在总访问数中的占比，目标可以定义为注册、下载、试用、登录、咨询、销售线索等。目标转化率通常用于无电子商务转化的网站，如汽车品牌网站；

也可以作为过程转化衡量指标，如浏览商品、加入购物车、结算等，都是非常重要的过程指标。

按时间跟踪转化率可评估企业营销活动或网站访客转化为客户的情况。由于不同企业（即使在同一行业内）的转化率存在很大差异，因此一般将转化率作为评估营销效果的重要指标。

**4. 商品销售业绩指标**

商品销售业绩指标主要用来衡量商品的正常运营水平，包括商品订单量、订单金额、每订单金额、有效订单指标、订单有效率、商品毛利、店铺佣金等。

（1）商品订单量：指用户提交订单的数量。网站分析系统提供的订单销售数据与企业内部销售系统数据之间往往会有一定的误差，只要误差相对稳定且误差比例不超过 5%，一般就认为是正常现象。

（2）订单金额：指用户提交订单时的金额，又称应付金额。其计算公式为：

$$订单金额 = 商品销售金额 + 运费 - 优惠凭证金额 - 其他折扣金额$$

其中，

$$商品销售金额 = 商品单价 \times 数量$$

（2）每订单金额：也称作平均订单金额、平均订单价格。其计算公式为：

$$每订单金额 = \frac{订单金额}{订单量}$$

（4）有效订单：即有效状态下的订单数量，仅包含订单中的有效部分。"有效订单"的含义通常是指去除作废、取消、未支付、审核未通过订单后的订单。

（5）订单有效率：是用来衡量有效订单量在总订单量中占比的重要指标，其计算公式为：

$$订单有效率 = \frac{有效订单量}{总订单量} \times 100\%$$

大多数电子商务企业的订单有效率通常在 60% 以上，太低则有可能是由大量作弊、支付问题、订单规则问题等造成的。

（6）商品毛利：毛利是反映商品利润情况的重要指标。其计算公式为：

$$毛利 = 商品妥投销售额 - 商品批次进货成本$$

$$毛利率 = \frac{毛利}{商品妥投销售额} \times 100\%$$

（7）店铺佣金：是平台类电子商务企业或电子商务网站业务的主要盈利点之一。佣金额指的是平台从卖家交易额中抽取的提成金额。

**5. 成本收益指标**

成本收益指标主要包括网站成本指标和网站收益指标。

（1）网站成本指标：主要包括电子商务网站建设成本、网站推广成本、网站运营维护成本、每注册会员成本、每订单成本、每挽回流失会员成本等指标，下面仅介绍网站建设成本、网站推广成本、网站运营维护成本几个指标。

① 网站建设成本：主要包括各种与网站建设相关的费用，如网站建设人员的工资、域名注册费、各种材料费以及网络使用费等。这里需要注意的是，企业是否应该将自身的网络建设成本计入其中，这主要看企业是否是单纯为了建设网站进行网络营销才建设的企业内部网络，也可以按一定比例分摊。

② 网站推广成本：主要包括搜索引擎注册费、网站认证费以及与网站推广相关的其他费用。不同企业的这项费用包括的内容会有所不同，在实际中要注意与网络广告宣传费、网站建设费和网站设计费的区分界定，不能重复计算费用，否则会直接影响最终绩效评价的结果，进而影响企业的决策。

③ 网站维护成本：主要是指企业网络营销门户网站的日常运营维护所发生的经常性费用支出，主要指技术人员的工资和其他相关支出。

（2）网站收益指标：主要包括投资回报率（Return On Investment，ROI）、每次访问收益、每 UV 收益等。ROI 是指通过投资而应返回的价值，它涵盖了企业的获利目标。ROI 计算公式为：

$$ROI = \frac{年利润或年均利润}{总投资额} \times 100\%$$

ROI 的优点是计算简单，缺点是没有考虑资金时间价值因素，不能正确反映网站建设期长短及投资方式不同和回收额的有无等条件对项目的影响，分子、分母计算口径的可比性较差，无法直接利用净现金流量信息。

此外，网站运营指标还包括网站商品类目结构占比、商品类目销售额占比、类目销售 SKU 集中度等指标。

## 1.2.3　电子商务客户数据分析

客户是指企业商品或服务的消费者及潜在消费者。电子商务客户数据分析指标主要包括会员数据指标和客户价值指标两大类（见表 1-3）。客户价值通常由历史价值、潜在价值、附加值三个方面构成。

表 1-3　　　　　　　　　　　　电子商务客户数据分析业务指标

| 一级指标 | 二级指标 | 一级指标 | 二级指标 |
|---|---|---|---|
| 会员数据指标 | 注册会员数 | 客户价值指标 | 价值客户数 |
| | 活跃会员数 | | |
| | 会员激活率 | | |
| | 流失会员数 | | 重复购买率 |
| | 会员异动比 | | |

### 1. 会员数据指标

会员数据指标主要包括注册会员数、活跃会员数、会员激活率、流失会员数、会员异动比等。

（1）注册会员数：指在网站上注册过的会员数量。总注册会员数反映了网站覆盖的整体会员规模，相关的延伸指标还有新增会员数、累计新增会员数等。注册会员数在一定意义上说明了网站所拥有的客户资源，但无法评估其质量。

（2）活跃会员数：指用来评价当前会员活跃情况的指标，通常以会员的访问活动或关键操作（如是否登录）作为衡量标志。常见的活跃度评估权重因素包括注册、登录、E-mail 验证、手机验证、支付密码验证、升级会员、使用积分、使用优惠券、订阅信息、访问页面、搜索、查看商品、页面咨询、收藏商品、商品比价、到货通知、页面纠错、加入购物车、在线下单、订单确认等。相关延伸指标如会员活跃度、活跃会员占比。

（3）会员激活率：注册会员中已经完成激活的会员比例，是评估会员注册质量的重要指标之一。其计算公式为：

$$会员激活率 = \frac{激活会员数量}{注册会员数量} \times 100\%$$

（4）流失会员数：指不再购买企业相关商品或服务的会员数量。会员流失率是流失会员数与总购买会员数的比值，是评估会员管理工作成效的重要指标之一。

（5）会员异动比：指新增会员数与流失会员数的比值。其计算公式为：

$$会员异动比 = \frac{新增会员数}{流失会员数} \times 100\%$$

若该比值大于 1，则说明会员新增规模大于流失规模，企业处于向上发展时期；若该比值小于 1，则说明会员流失过快，企业需采取措施防止会员流失殆尽。

**2. 客户价值指标**

客户价值指标包括价值客户数、重复购买率等。

（1）价值客户数：是指当注册会员在电子商务网站上有了购买行为之后，就从潜在客户变成了网站的价值客户。价值客户数反映了网站具有购买记录和消费历史的会员规模，是老客户数和新客户数的总和。老客户是指购买两次以上的客户，新客户是指第一次购买的客户或当月产生的客户。老客户数是企业生产销售的重要保证，其数量越多，企业的销售规模越大。新客户数是企业发展时期的重要评估指标，发展新客户是企业拓展营销规模和实现快速发展的重要方法。

（2）重复购买率：是指一定周期内产生两次或两次以上购买行为的客户数量与价值客户总数的比率，是评估客户质量和商品销售情况的重要指标之一。这里的"一定周期"可以以周、月、季或年度为单位。

此外，客户最近一次消费的时间、消费金额等数据也是衡量客户价值的重要指标。

## 1.2.4 网络营销绩效数据分析

网络营销绩效数据分析的目的是尽可能客观、全面地衡量企业进行网络营销的经济效果，需要借助相应的网络营销绩效评价指标体系。相关评价指标包括网站设计效果评价指标、促销效果评价指标、网络广告效果评价指标、社会影响效果评价指标、服务效果评价指标、竞争效率评价指标、财务效益评价指标等（见表 1-4）。

表 1-4　　网络营销绩效数据分析指标

| 一级指标 | 二级指标 | 一级指标 | 二级指标 |
|---|---|---|---|
| 网站设计效果评价指标 | 风格独特性 | 服务效果评价指标 | 投诉答复率 |
| | 主页下载速度 | | 承诺履约率 |
| | 有效链接率 | | 客户投诉率 |
| | 信息更新频率 | | 商品退换率 |
| 促销效果评价指标 | 信息利用率 | | 平均每次售后服务成本 |
| | 访问者中有消费倾向的比例 | | 企业服务响应速度 |
| | 获取单位市场份额的费用 | 竞争效率评价指标 | 客户渗透率 |
| | 市场占有率 | | 客户选择性 |
| | 市场扩大速度 | | 价格竞争力 |
| | 客户数量增长率 | | 客户忠诚度 |
| | 销售额增长率 | | 客户满意度 |
| | 购买商品客户增长率 | | 品牌知名度 |
| 网络广告效果评价指标 | 网络广告引起的询问次数 | | 企业知名度 |
| | 网络广告引起购买的客户百分比 | | 竞争者仿效率 |
| | 每次咨询的成本 | 财务效益评价指标 | 销售利润增长率 |
| | 网络广告宣传费用 | | 资产负债率 |
| 社会影响效果评价指标 | 社会经济影响力 | | 流动比率 |
| | 社区影响力 | | 存货周转率 |
| | 消费者影响力 | | 应收账款周转率 |
| | 公益活动的数量 | | |

1. 网站设计效果评价指标

企业网站是客户了解企业的门户，是客户对企业的第一印象。网站的设计直接关系到网络营销活动的成败，其定量评价指标主要有以下内容。

（1）风格独特性：即网站自身的设计是否有别于其他相关网站，包括页面图案和内容的差异、服务提供方式的独特性等。该指标可以通过在线统计客户对网站设计的满意度数据获得。

（2）主页下载速度：主页打开所需要的时间，是影响客户满意度的重要因素，时间过长通常会引起客户的厌烦。

（3）有效链接率：是指网站所有网页的有效链接与设计链接数的比值。

（4）信息更新频率：是指一定时段内网站信息更新的次数。网站所提供的内容和页面的设计要不断更新，以提高网站信息资源的质量，同时提高网站的信任度。

2. 促销效果评价指标

促销效果评价指标反映企业在网络促销活动中，人、财、物和信息的利用效率，主要包括以下内容。

（1）信息利用率：是指本企业利用的网上信息数与经过内部加工处理的信息总数之比。

（2）访问者中有消费倾向的比例：该数据较难获得，需要企业根据自身的特点和商品的性质界定一个标准，然后结合网站上的记录分析得出。

（3）获取单位市场份额的费用：该指标确定的难点在于费用，它可以包括企业网络营销的所有成本支出，也可以只包括推广和宣传费用，一般采用每万件或千件商品的销售量所耗费的企业成本来表示，主要根据企业商品的性质而定。

（4）市场占有率：该指标通常采用本企业商品销售量与该商品市场总销售量的比值来表示。

（5）市场扩大速度：该指标用本期市场占有率与前期市场占有率之比来表示。

（6）客户数量增长率：指一定时段内进入企业网站的人次增加量与进入网站的总人次的百分比。

（7）销售额增长率：指本期销售额的增长数与前期销售额的比率。需要指出的是，这一指标针对的是企业整体销售额，包括通过传统营销渠道赢得的销售额，因为传统渠道也会受网络广告、网站推广等的影响，在一定程度上也反映了网络营销的效果。

（8）购买商品客户增长率：是指本期购买商品的客户增长数与前期购买商品的客户数的比率。

3. 网络广告效果评价指标

网络广告是企业开展网络营销活动的重要环节，直接影响企业的经营及决策过程，其主要评价指标如下。

（1）网络广告引起的询问次数：这个指标对于是否是由于网络广告引起的咨询往往难以界定，一般可以通过询问咨询方的方式获得相应的数据。

（2）网络广告引起购买的客户百分比：因网上广告刺激而购买商品或服务的客户（包括每次访问网站购买物品的客户）占所有客户的百分比。

（3）每次咨询的成本：是指总咨询成本与进入公司网站并要求咨询的人次之比。

（4）网络广告宣传费用：指与网络广告发布相关的一切费用，包括网络广告策划费等。

4. 社会影响效果评价指标

这类指标主要反映企业网络营销活动对消费者素质、社会时尚等的影响，其指标主要有：

（1）社会经济影响力：是指企业网络营销活动对整个社会经济以及相关产业的推动作用，这项指标主要靠第三方机构评级给分。

（2）社区影响力：是指本企业网络营销活动对其所处网络社区的精神文明、社会资助等所做的贡献，其获取途径主要也是通过第三方机构。

（3）消费者影响力：指企业的网络营销活动对消费者的消费观念、商品知识、思想意识等产生的影响，可以通过第三方机构或者调查问卷的方式获得。

（4）公益活动的数量：指以企业或企业网站的名义开展各种社会公益活动的数量，这一指标在一定程度上反映了企业在社会上或同一行业内的影响力。

5. 服务效果评价指标

服务效果评价指标主要用来反映企业通过网络营销活动对企业自身服务进行改进的情况，主要评价指标如下。

（1）投诉答复率：指售后服务部门解决客户投诉的数量与客户投诉数量的比率。

（2）承诺履约率：指企业售出商品后履行与客户约定的次数占总约定次数的比例。

（3）客户投诉率：指客户投诉的数量占所售商品总数的比例。

（4）商品退换率：指一定时期内退换商品总数占售出商品总数的比例。

（5）平均每次售后服务成本：指一定时期内售后服务的总成本与售后服务总次数相除的结果。

（6）企业服务响应速度：指对客户需求服务的平均响应时间，所谓响应时间，即从接到客户服务要求到解决的时间。

6. 竞争效率评价指标

竞争效率评价指标是反映企业竞争力情况的指标，主要包括以下指标。

（1）客户渗透率：指通过本企业网络营销站点购买商品的客户与所有访问该网站客户之比，反映了企业在目标市场上占有客户的情况。

（2）客户选择性：指本企业网站客户的购买量相对于其他企业网站客户的购买量的百分比，反映了企业现有网站客户的规模。

（3）价格竞争力：指本企业网上商品的平均价格占所有其他企业网上商品平均价格的比例，反映了企业网上商品价格的竞争优势情况。

（4）客户忠诚度：指客户从本企业网站所购商品占其所购同种商品总和的比例。

（5）客户满意度：指客户对于企业商品、服务、经营理念、企业形象等的满意程度，可以通过调查法获得。

（6）品牌知名度：指企业品牌在市场上的知晓程度，反映企业的整体实力和竞争优势。

（7）企业知名度：指企业在市场上的知晓程度和被认同程度，反映了企业的整体实力和竞争优势。

（8）竞争者仿效率：指企业采取的网络营销手段和策略被同类企业仿效的比率。

7. 财务效益评价指标

这类指标用于反映企业网络营销活动对企业流通费用、盈利能力、营运费用等财务状况的影响情况，主要包括以下指标。

（1）销售利润增长率：利润是一项综合指标，它既反映了商品的增长，又反映了质量的提高、消耗的降低。

（2）资产负债率：指负债总额与资产总额之比，用于衡量企业进行网络营销时负债水平的高低情况。

（3）流动比率：指流动资产与流动负债之比，用于衡量企业在某一时点偿付将到期债务的能力，又称短期偿债能力比率。

（4）存货周转率：指商品销售成本与平均存货成本之比，用于衡量企业一定时期内存货资产的周转次数，是反映企业在网络营销过程中购、产、销平衡效率的一个指标。

（5）应收账款周转率：指赊销净额与平均应收账款余额之比，也称收账比率，用于衡量企业进行网络营销时应收账款周转速度。

# 1.3 电子商务数据分析的主要方法

电子商务数据分析的方法丰富多样，从不同角度可分为不同类型。按电子商务数据分析使用的工具和理论基础，电子商务数据分析方法有单纯的数据加工方法、基于数理统计的数据分析方法、基于数据挖掘的数据分析方法、基于大数据的数据分析方法等。

## 1.3.1 单纯的数据加工方法

这类数据分析方法主要包括描述性统计分析和相关分析，使用的工具一般是 Excel 或 SQL，侧重于数据加工和预处理。

### 1. 描述性统计分析

描述性统计分析是利用图表和统计量描述数据的基本分布特征。描述性统计分析分为集中趋势分析、离中趋势分析和数据分布分析三大部分。

集中趋势分析主要采用平均数、中数、众数等统计指标来表示数据的集中趋势，如测试某品类商品的平均销量。离中趋势分析主要采用全距、四分位距、方差、标准差等统计指标来研究数据的离中趋势。例如，想知道两个品类哪个品类商品在年销售额中的销售分布更分散，就可以利用两个品类商品的方差来比较。数据分布分析是指与正态分布相比，所得数据的直方图从形态上看是偏左的还是偏右的，从峰度上看是尖峰的还是扁平的。

### 2. 相关分析

相关分析是研究现象之间是否存在某种依存关系并研究具体有依存关系的现象的相关方向及相关程度。这种关系既包括两个数据之间的单一相关关系，如年龄与购物偏好之间的关系，也包括多个数据之间的多重相关关系，如年龄、购买行为发生率和购物偏好之间的关系；既可以是 $A$ 大 $B$ 就大（小），$A$ 小 $B$ 就小（大）的直线相关关系，也可以是复杂的相关关系；既可以是 $A$、$B$ 变量同时增大的正相关关系，也可以是 $A$ 变量增大时，$B$ 变量减小的负相关关系，还包括两变量共同变化的紧密程度——相关系数。

## 1.3.2 基于数理统计的数据分析方法

数理统计的理论基础比较复杂，涉及概率论和微积分。基于数理统计的数据分析方法主要包括方差分析、回归分析、因子分析等，这类分析方法一般利用 SPSS、SAS EG 等分析工具。

### 1. 方差分析

方差分析（Analysis of Variance，ANOVA），又称"变异数分析""$F$ 检验"，是费雪（R.A.Fisher）发明的，用于两个及两个以上样本均数差别的显著性检验。由于受各种因素影响，方差分析研究所得的数据呈现波动状。造成波动的原因可分成两类：一类是不可控的随机因素；另一类是研究中施加的对结果形成影响的可控因素。方差分析是从观测变量的方差入手，研究诸多控制变量中哪些变量是对观测变量有显著影响的变量。

### 2. 一元回归分析

回归分析（Regression Analysis）是确定两种或两种以上变量间相互依赖的定量关系的一种统计分析方法，主要研究一个随机变量 $Y$ 对另一个变量（$X$）或一组（$X_1$, $X_2$, $\cdots$, $X_k$）变量的相依关系。回归分析按照涉及的自变量的数量，分为一元回归分析和多元回归分析；按照自变量和因变量之间的关系类型，可分为线性回归分析和非线性回归分析。在线性回归分析中，按照因变量的多少，可分为简单回归分析和多重回归分析；如果在回归分析中只包括一个自变量和一个因变量且二者的关系可用一条直线近似地表示，则这种回归分析称为一元线性回归分析。此处的回归分析是指一元线性回归分析，区别于基于数据挖掘的数据分析方法中的多元线性回归分析。

### 3. 因子分析

因子分析（Factor Analysis）是从变量群中提取共性因子的统计技术，最早由英国心理学家 C.E. 斯皮尔曼提出。因子分析可在许多变量中找出隐藏的具有代表性的因子。将相同本质的变量归入一个因子，可减少变量的数目，还可检验变量间的关系。在电子商务数据分析研究中，因子分析常以主成分分析为基础。

## 1.3.3 基于数据挖掘的数据分析方法

一般认为，数据挖掘的理论来源于机器学习和人工智能，各种不同数据挖掘算法的数学模型和复杂程度都不一样，但分析的基本思路一致。具体思路是根据历史数据得出某种规则，根据规则进行判断（如分类），而这种得出规则的过程就是数据挖掘算法。基于数据挖掘的数据分析方法主要有聚类分析、分类分析、关联规则挖掘、回归分析等。

### 1. 聚类分析

聚类分析（Cluster Analysis）是指将物理或抽象对象的集合分组为由类似的对象组成的多个类的分析方法。聚类分析的目标就是在相似的基础上收集数据来分类。因为聚类是将数据划分到不同的类或者簇的过程，所以同一个簇中的对象有很大的相似性，而不同簇间的对象有很大的相异性。从实际应用的角度来看，聚类分析是数据挖掘的主要任务之一，而且聚类能够作为一个独立的工具获得数据的分布状况，观察每一簇数据的特征，集中对特定的聚簇集合做进一步分析。聚类分析还可以作为其他方法的预处理步骤。

### 2. 分类分析

分类分析（Classification Analysis）在数据挖掘中，是指分析具有类别的样本的特点，得到决定样本属于各种类别的规则或方法。常用的分类方法包括决策树、人工神经网络、贝叶斯分类法等。

决策树（Decision Tree）是在已知各种情况发生概率的基础上，通过构成决策树来求取期望值大于等于零的概率，以评价项目风险，判断其可行性的决策分析方法，它是直观地运用概率分析的一种图解算法。这种决策分支画成图形很像一棵树的枝干，故称决策树。决策树中的每个内部节点表示一个属性上的测试，每个分支代表一个测试输出，每个叶节点代表一种类别。

人工神经网络（Artificial Neural Network，ANN）是从信息处理角度对人脑神经元网络进行抽象建立一种运算模型，由大量的节点（或称神经元）按不同的连接方式相互连接构成的非线性、自适应信息处理系统。每个节点代表一种特定的输出函数，称为激励函数（Activation Function）。每两个节点间的连接都代表一个对于通过该连接信号的加权值，称为权重，这相当于人工神经网络的记忆。网络的输出则依网络的连接方式、权重值和激励函数的不同而不同。网络自身通常都是对自然界某种算法或者函数的逼近，也可能是对一种逻辑策略的表达。人工神经网络采用了与传统人工智能和信息处理技术完全不同的机理，克服了基于逻辑符号的人工智能在处理直觉、非结构化信息方面的缺陷，具有自适应、自组织和实时学习的特点。

贝叶斯分类法是一种利用统计学的概率统计知识进行分类的方法。在许多场合，朴素贝叶斯（Naïve Bayes，NB）分类算法都可以与决策树和神经网络分类法相媲美，该方法能运用到大型数据库中，而且操作简单、分类准确率高、速度快。

### 3. 关联规则挖掘

关联规则挖掘（Association Rule Mining）是数据挖掘中很活跃的研究方法之一，可以用来发现事件之间的联系。关联规则挖掘主要解决两个问题：①找出交易数据库中所有大于等于用户指定的最小支持度的频繁项集；②利用频繁项集生成所需的关联规则，根据用户设定的最小可信度筛选出强关联规则。其中，找出频繁项集是比较困难的，而有了频繁项集再生成强关联规则就相对容易了。生成频繁项集比较经典的算法有 Apriori 算法。

【微型案例1-3】

沃尔玛超市曾经对数据仓库中一年多的原始交易数据进行详细分析，发现与尿布一起被购买最多的商品竟然是啤酒。借助数据仓库和关联规则，沃尔玛超市发现了这个隐藏在背后的事实：一些年轻的妈妈经常会嘱咐丈夫下班后为孩子买尿布，而30%～40%的丈夫在买完尿布之后又会顺便购买自己爱喝的啤酒。根据这个发现，沃尔玛调整了货架的位置，把尿布和啤酒放在一起销售，结果销量大增。

### 4. 回归分析

这里主要介绍多元回归和逻辑回归。如果回归分析中包括两个或两个以上的自变量，且自变量之间存在线性相关，则称为多元线性回归分析。逻辑回归就是一种减小预测范围，将预测值限定为[0,1]的一种回归模型，其回归方程与回归曲线如图 1-3 所示。

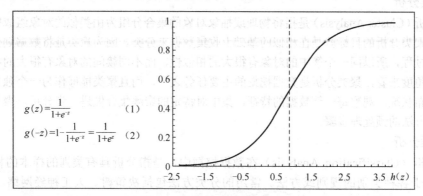

$$g(z)=\frac{1}{1+e^{-z}} \quad (1)$$

$$g(-z)=1-\frac{1}{1+e^{-z}}=\frac{1}{1+e^{z}} \quad (2)$$

图1-3　回归方程与回归曲线

回归曲线在 $z=0$ 时，十分敏感，在 $z>>0$ 或 $z<<0$ 处，都不敏感，将预测值限定为（0,1）。

在数据化运营中更多使用的是逻辑斯蒂回归，它包括响应预测、分类划分等内容。

## 1.3.4　基于大数据的数据分析方法

基于大数据的数据分析方法的理论基础是数据挖掘和分布式计算。大数据具有海量、快速、多样化和有价值 4 个重要的特征，其中，海量特征使大数据分析不可能使用单台机器完成，而需要多台机器同时运算，也就是通常所说的分布式计算。

大数据技术要解决两个重要的问题：一是海量数据在多台计算机上的存储问题；二是如何分析多台机器上存储的数据问题。大数据技术的基本原理还是聚类、分类、模式挖掘和规则提取等数据挖掘的内容。在基于大数据的数据分析方法中，有很多方法都是对原有数据挖掘算法的改造，将原来的单机计算改成多台计算机同时计算。

大数据挖掘的新方法主要有深度学习、知识计算、社会计算等。

深度学习（Deep Learning）是通过组合低层特征形成更加抽象的高层表示，以此更好地发现原始数据的属性类别或特征表达的一种新的学习范式。深度学习在一定程度上改善了以往传统神经网络在训练中表现出来的目标函数优化的局部极小、不能收敛到稳定状态等问题，并且在高性能计算平台支撑下对图像、语音、文本数据的理解、识别等复杂问题的求解取得了巨大突破，有更好的学习能力。

知识计算是大数据分析的基础，知识图谱是知识计算的核心。对数据进行高端分析，一般需要从大数据中先抽取有价值的知识，并把它们构建成可支持查询、分析和计算的知识库。

社会计算（Social Computing）是指面向社会科学的计算理论和方法，包括面向社会活动、社会过程、社会结构、社会组织及其作用和效应的计算方法等。以微信、微博等为代表的社会媒体和在线社交网络是重要的信息载体，也是社会计算的重要数据源。

# 1.4 电子商务数据分析的常用工具

电子商务数据分析的常用工具包括企业数据分享平台、网站分析工具、数理统计分析工具、数据挖掘与大数据分析工具等类型，如图 1-4 所示。

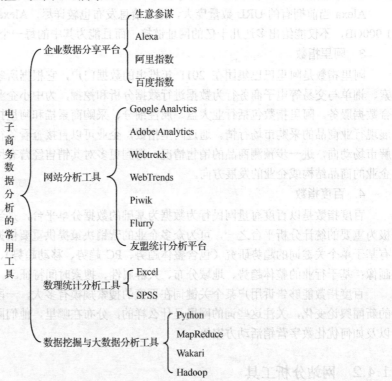

图 1-4　电子商务数据分析的常用工具

## 1.4.1　企业数据分享平台

### 1. 生意参谋

生意参谋是阿里巴巴集团推出的卖家数据商品平台，提供数据作战室、市场行情、装修分析、来源分析、竞争情报等数据分析功能模块，其核心作用在于分析消费者行为数据，判断哪些环节可以改进，进而保持店铺稳定与良性发展。

生意参谋诞生于 2011 年，最早是应用在阿里巴巴 B2B 市场的数据工具。近年来，生意参谋针对卖家看数据难、用数据难、数据难懂之类的难题以及卖家渴求更全面的数据信息的市场需求，基于阿里巴巴全域数据资产层，在陆续整合量子恒道、数据魔方等的基础上增值创新，逐步升级为卖家端统一数据商品平台。通过生意参谋，卖家可以看到口径统一、计算全面的店铺数据和行业数据，生意参谋真正成为商务决策的"参谋"。

生意参谋作为店铺数据展示中心，集合了店铺各项运营数据，卖家可以通过该软件监测店铺的浏览量、访问记录等信息，从而为调整推广方案、进行推广投放、分析及经营店铺提供数据参考，并在关键的节点做出相应的判断与操作，使得宝贝推广轻松自如。

生意参谋有标准版和付费豪华版两种，区别在于：①标准版商品标题每天只能优化 5 次，豪华版的可以优化无数次；②生意参谋标准版商品排名查询每天限 3 次，豪华版可以无数次查询；③豪华版在标准版的基础上增加了实时直播、流量地图、商品排名监控、搜索词分析、营销效果、实时直播、竞争情报、客户声音、自定义来源、竞争对手等定制选项。

2. Alexa

Alexa 是美国一家专门发布网站世界排名的网站。Alexa 创建于 1996 年 4 月，它以搜索引擎服务为核心，目的是让互联网用户在分享虚拟世界资源的同时，更多地参与互联网资源组织。

Alexa 当前拥有的 URL 数量庞大，排名信息发布也较详尽，Alexa 每天在网上收集的信息超过1 000GB，不仅能给出多达几十亿的网址链接，而且能为其中的每一个网站进行排名。

3. 阿里指数

阿里指数是阿里巴巴集团在 2011 年推出的数据门户，它根据所掌握的大量中小企业用户的搜索、询单与交易等电子商务行为数据进行数据分析和挖掘，为中小企业和电子商务从业人员提供综合数据服务。阿里指数包括行业大盘、属性细分、采购商素描和阿里排行等功能模块，可以直观地展现行业商品的采购市场行情。通过阿里指数，企业可以直接查看各行业商品的进货数据，及时了解市场动向，进一步预测商品的销售情况，得到更多对其销售经营有用的信息，并以此为依据调整企业的商品结构或企业的发展方向。

4. 百度指数

百度指数是以百度海量网民行为数据为基础的数据分享平台，是当前互联网乃至整个数据时代极为重要的统计分析平台之一，可为众多企业的营销决策提供重要依据。百度指数的主要功能模块有基于单个关键词的趋势研究（包含整体趋势、PC 趋势、移动趋势）、需求图谱、舆情管家、人群画像；基于行业的整体趋势、地域分布、人群属性、搜索时间特征。

百度指数能够告诉用户某个关键词在百度的搜索规模有多大，一段时间内的涨跌态势以及相关的新闻舆论变化，关注这些词的网民是什么样的，分布在哪里，他们同时还搜索了哪些相关的词，以及如何优化数字营销活动方案等。

## 1.4.2 网站分析工具

1. Google Analytics

Google Analytics 是互联网公司谷歌（Google）为网站提供的数据统计服务，可以统计和分析目标网站的访问数据，并提供多种参数供网站拥有者使用。

免费 Google Analytics 账户提供 80 多个报告，可对整个网站的访问者进行跟踪，并能持续跟踪用户营销广告系列的效果：不论是 AdWords 广告系列、电子邮件广告系列，还是任何其他广告计划，利用此信息，用户都可以了解哪些关键字真正起作用、哪些广告词最有效、访问者在转换过程中从何处退出。

2. Adobe Analytics

Adobe Analytics 是一套能对电子商务数据进行收集、分析、整合的数据分析工具，提供数字化营销人员所需的数据收集、分析界面添加、系统连接等机制，可为改善用户行为、用户体验、提高网站适用性、优化多渠道营销等解决方案提供支持。Adobe Analytics 的主要功能如图1-5 所示。

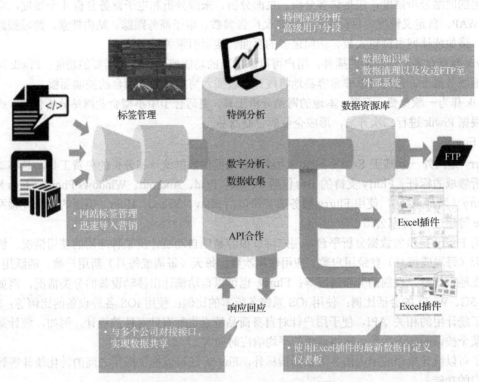

图 1-5　Adobe Analytics 的主要功能

### 3. Webtrekk

Webtrekk 是一款由欧洲公司开发的以原始数据为基础，提供网站数据分析服务的网站分析工具，可以提供从实时分析、社交媒体分析、App 应用追踪到线下电视广告效果追踪的全套分析工具和服务。Webtrekk 的主要特点：①实时性，提供插件处理并展示实时数据；②原始数据，所有分析过程基于原始数据进行；③快速，提供预设置和缓存功能，从而提高使用效率。

Webtrekk 的商品线分为 Webtrekk Q3（原始数据库）、Quick Insights、Live Analytics、SafeTag 以及收购整合的 A/B 测试和优化工具 Divollution。商品间的数据整合相对完善，一个账号便可以无缝切换这几个商品，并且商品间的数据可以共享。

### 4. WebTrends

WebTrends 是一款应用广泛的网站日志分析工具，主要面向电子商务大型站点，具有 Web 服务器日志分析、Proxy 服务器日志分析、链接分析、IP 设备监视器、流媒体服务器分析、支持 Web 服务器群、与数据库相连等功能，可以预测网站的成长及未来发展需求，通常用来判定网站的运营成效或证明网站的存在价值。

WebTrends 提供一个开放的、灵活的平台，能够帮助市场人员通过评估和测试访客与富媒体应用、在线视频、RSS 种子、自创建媒体等业务的交互，最大化 Web 2.0 投资；通过 WebTrends 实时产生的报表与数字仪表板接口技术，用户可轻松地根据优先级处理所需获得的报告及分析数据信息；通过 WebTrends 预设置报告功能，可提供标准化跟踪数据和分析结果的个性化动态图形报告，用户进而可以依照需求做出适合的商业决策。

## 5. Piwik

Piwik 是一个基于 PHP 和 MySQL 的开放源代码的 Web 统计软件，其前身是 phpMyVisites。phpMyVisites 是一个网站流量统计系统，它能够提供非常详细的统计报告和高级图形报表。Piwik 提供了常用的网站分析维度，包括访客分析、页面分析、来源分析和电子商务分析 4 个维度，可以监测 Web/WAP、自定义维度、目标跟踪、自定义广告参数、电子商务跟踪、站内搜索、跨域跟踪、事件跟踪，诸如统计网页浏览人数、访问最多的页面、搜索引擎关键词等。

Piwik 拥有众多不同功能的插件，用户可以添加新的功能或是移除不需要的功能；Piwik 可以安装在本地服务器上，用户可以非常容易地将统计图表插入博客或网站后台的控制面板。

Piwik 作为一款免费、开源、本地的网站分析工具，更适合于中小型企业网站分析使用，或者企业可以根据 Piwik 进行二次开发，形成企业的定制商品。

## 6. Flurry

Flurry 是国外一款基于 SAAS 的专门为移动应用提供数据统计和分析的免费工具，是移动应用统计分析领域的标杆。Flurry 支持的平台包括 iPhone、iPad、Android、Windows Phone、Java ME 和 BlackBerry（黑莓系统），使用 Flurry 服务的公司包括 eBay、Yahoo、Hulu（美国的一个视频网站）和 Skype 等超过 11 万家公司。

利用 Flurry 提供的数据分析平台，用户可以很容易地自动统计出某种应用的使用情况。例如，统计每天（每周或每月）登录用户数、应用使用次数；每天（每周或每月）新用户数、活跃用户数；用户所在地、年龄、性别的分布情况等；Flurry 也可以自动统计出移动设备的分类情况，例如，使用 4G、5G、Wi-Fi 的会话比例；使用 iOS 系统各版本的比例，使用 iOS 各种设备的比例等；Flurry 还提供了统计用的相关 API，便于用户针对自身商品特点进行有针对性的统计，例如，统计某种应用中，某个按钮的按下次数、网络请求的平均响应时间等。

除了可以统计单个应用内的各类数据指标外，Flurry 还可以提供应用之间的转化统计等针对企业级用户的功能。

## 7. 友盟统计分析平台

友盟统计分析平台（以下简称友盟）是国内最大的移动应用统计分析平台，可以帮助移动应用开发商统计和分析流量来源、内容使用、用户属性和行为数据，以便开发商利用数据制定商品、运营、推广策略。

友盟基于 SAAS 服务模式，提供针对 iOS、Android 和 Windows Phone 等多平台的服务。友盟提供的主要服务功能如下。

（1）应用趋势分析：清晰地展现应用的新增用户、活跃用户、启动次数、版本分布、行业指标等数据，方便数据分析师从整体上掌控应用的运营情况及增长动态。

（2）渠道分析：可以实时查看各渠道的新增用户、活跃用户、次日留存率等用户指标，通过数据对比评估不同渠道的用户质量和活跃程度来衡量推广效果，从而回答"在哪里推广最有效""从哪里获取的用户最有价值"等问题。

（3）留存分析：可以掌握每日（周/月）的新增用户在初次使用后一段时间内的留存率，留存率的高低在一定程度上反映了商品和用户质量的好坏。

（4）行为分析：可以有针对性地统计应用内的数据，了解用户的商品使用细节及行为特征，帮助数据分析师寻找商品改进的突破点，评估商品优化的效果。

（5）用户属性：记录用户的基本属性和行为特征，帮助数据分析师全面了解用户。

（6）错误分析：收集并归类崩溃日志，提供错误管理及分析工具，帮助数据分析师更好地解决问题，从而提高应用的稳定性，改善应用质量。

## 1.4.3 数理统计分析工具

### 1. Excel

Excel 是微软公司办公软件 Office 的组件之一，是常用的数据分析工具。它可以进行各种数据的处理、统计分析和辅助决策操作，广泛应用于管理、统计财经、金融等众多领域。

Excel 中包含大量公式函数，使用 Excel 可以执行计算和分析信息并管理电子表格、制作网页中的数据信息列表与数据资料图表等许多功能。从 Excel 2007 开始，改进的功能区使操作更直观、更快捷。在 Excel 2010 中使用 SQL 语句，可灵活地对数据进行整理、计算、汇总、查询、分析等处理，尤其是在面对大数据量工作表时，SQL 能够发挥出更大的威力，快速提高办公效率。Excel 2013 可更直观地浏览数据。Excel 2019 增加了新的数据分析功能。

### 2. SPSS

统计商品与服务解决方案（Statistical Product and Service Solutions，SPSS）是 IBM 公司推出的一系列用于统计学分析运算、数据挖掘、预测分析和决策支持任务的软件商品及相关服务的总称，有 Windows 和 Mac OS X 等不同版本。

SPSS 是世界上最早采用图形菜单驱动界面的统计软件，它最突出的特点就是操作界面极为友好，输出结果美观、漂亮。它将几乎所有的功能都以统一、规范的界面展现出来，使用 Windows 的窗口方式展示各种管理和分析数据方法的功能，对话框展示各种功能选择项，用户只要掌握一定的 Windows 操作技能，精通统计分析原理，就可以使用该软件分析电子商务数据。

SPSS 采用类似 Excel 表格的方式输入与管理数据，数据接口较为通用，能方便从其他数据库中读入数据，其统计过程包括常用的、较为成熟的统计过程，存储时可以采用默认的 SPO 格式，也可以转存为 HTML 格式和文本格式。对于熟悉编程运行方式的用户，SPSS 还特别设计了语法生成窗口，用户只需要在菜单中选好各个选项，然后单击"粘贴"按钮就可以自动生成标准的 SPSS 程序，极大地方便了中高级用户。

## 1.4.4 数据挖掘与大数据分析工具

### 1. Python

Python 是一种面向对象的解释型计算机程序设计语言，由吉多·范罗苏姆（Guido van Rossum）于 20 世纪 80 年代末至 20 世纪 90 年代初在荷兰国家数学和计算机科学研究所设计出来。由于 Python 语言的简洁性、易读性以及可扩展性，在国外用 Python 做科学计算的研究机构日益增多，一些知名大学也采用 Python 来教授程序设计课程。例如，卡耐基梅隆大学的编程基础、麻省理工学院的计算机科学及编程导论就使用 Python 语言来讲授。

Python 拥有强大的标准资料库和丰富的第三方程序包，可用于进行数值计算和机器学习。Python 语言的核心只包含数字、字符串、列表、字典、文件等常见类型和函数，Python 标准库提供了系统管理、网络通信、文本处理、数据库接口、图形系统、XML 处理等额外的功能。Python 标准库命名接口清晰、文档良好，很容易学习和使用。

Python 是开源的，支持免费下载。

### 2. MapReduce

MapReduce 是一种编程模型，用于大规模数据集（大于 1TB）的并行运算，其主要思想是概念"Map（映射）"和"Reduce（归约）"。当前的软件实现是指定一个 Map（映射）函数，用来把一组键值对映射成一组新的键值对；指定并发的 Reduce（归约）函数，用来保证所有映射键值对共享相同的键组。

MapReduce 通过把对数据集的大规模操作分发给网络上的每个节点实现可靠性；每个节点会周期性地返回它所完成的工作和最新的状态。如果一个节点保持沉默超过一个预设的时间间隔，则主节点记录这个节点状态为死亡，并把分配给这个节点的数据发送到别的节点。每个操作使用命名文件的不可分割操作，以确保不会发生并行线程间的冲突；当文件被改名时，系统可能会将其复制到任务名以外的另一个名字上。

**3. Wakari**

Wakari 是一种为协调 Python 数据分析环境而提供的云服务，它是由 Continuum Analytics 创建的。Wakari 提供了一个强大的预置环境，它建立在 Anaconda 之上，是一个进行大规模数据处理和科学计算的免费发布版本。Wakari 使用了一个 IPython GUI，它也是一个改良的 Python shell，用于在科学计算中运行相应的写入、调试和测试 Python 代码。IPython 提供了一个基于终端的界面和一个 HTML 记事本，用户能够在 Wakari 中使用终端内核或者 IPython 记事本。

Wakari 可以建立一个完整的 Python 环境而不需要任何的安装过程，这对于以教学为目的的用户来说非常方便。IPython 记事本提供了 Web 界面用于编码，它是一个能在交互界面中进行教学和展示 IPython 编码的强大工具。

**4. Hadoop**

Hadoop 是一个由 Apache 基金会开发的分布式系统基础架构，用户可以在不了解分布式底层细节的情况下开发分布式程序，从而充分利用集群的威力进行高速运算和存储。

Hadoop 实现了一个分布式文件系统（Hadoop Distributed File System，HDFS）。HDFS 有高容错性的特点，可以用来部署在低廉的硬件上，它能提供高吞吐量访问应用程序的数据，适合那些有着超大数据集的应用程序。HDFS 放宽了 POSIX 的要求，能以流的形式访问文件系统中的数据。

Hadoop 框架最核心的设计是 HDFS 和 MapReduce。HDFS 为海量的数据提供了存储，MapReduce 则为海量的数据提供了计算。Hadoop 因其在数据提取、转换和加载（Extraction Transformation Loading，ETL）方面的天然优势，而得以在大数据处理中广泛应用。Hadoop 的分布式架构将大数据处理引擎尽可能地靠近存储，使类似 ETL 这样操作的批处理结果可以直接走向存储。Hadoop 的 MapReduce 功能实现了将单个任务打碎，并将碎片任务（Map）发送到多个节点上，再以单个数据集的形式将其加载（Reduce）到数据仓库。

Hadoop 的核心架构由许多元素构成，其最底部是 Hadoop Distributed File System（HDFS），它存储 Hadoop 集群中所有存储节点上的文件。HDFS（对于本文）的上一层是 MapReduce 引擎，该引擎由 JobTrackers 和 TaskTrackers 组成。对 Hadoop 分布式计算平台最核心的分布式文件系统 HDFS、MapReduce 处理过程，以及数据仓库工具 Hive 和分布式数据库 Hbase 的介绍，基本涵盖了 Hadoop 分布式平台的所有技术核心。

需要说明的是，Hadoop 技术虽然在大数据分析以及非结构化数据蔓延的背景下受到了前所未有的关注，但是该技术无论是在功能上还是在稳定性等方面，都有待完善，所以 Hadoop 技术还在不断开发和升级维护的过程中，新的功能也在不断地被添加和引入，读者可以关注 Apache Hadoop 的官方网站了解最新的信息。

# 1.5 电子商务数据分析师的成长规划

电子商务数据分析师是指在电子商务行业中从事行业数据收集、整理、分析工作的专业人员。电子商务数据分析师做出的数据分析报告，可以为电子商务企业和个人经营者做出科学、合理、正确的决策提供重要依据。电子商务数据分析师和传统数据分析师有着明显的差别，一方面，其所面临的问题并不是数据匮乏而是数据过剩；另一方面，电子商务数据分析师一定要在数据研究的方法论方面不断改革，以更好地满足电子商务不断变化发展的需求。

## 1.5.1　电子商务数据分析师的知识结构

电子商务数据分析师无论其最初的职业定位方向是技术还是业务，发展到一定阶段后都会承担数据管理的角色。因此，一个较高层次的电子商务数据分析师，既需要具备相关业务、管理方面的知识，也需要掌握数据分析的各种分析工具方法以及数据分析各阶段必需的完整知识结构。

**1.　数据采集阶段**

电子商务数据分析师既需要了解数据产生的时间、条件、格式、内容、长度、限制条件等原始信息，还应了解电子商务数据生产和采集过程中的异常情况，要避免"垃圾数据进导致垃圾数据出"的问题。

**2.　数据预处理阶段**

（1）电子商务数据分析师需要了解数据存储内部的工作机制和流程，特别是原始数据经过了哪些加工处理，最后得到了怎样的数据。具体来说，需要明确数据存储于何种系统，数据仓库结构及各库表如何关联，生产数据库及数据仓库系统如何存储数据、其接收数据时是否有一定的规则、面对异常值如何处理，以及数据仓库中的数据更新机制、不同数据库和库表之间的同步机制等。

（2）电子商务数据分析师要具备数据提取能力。常用的 Select From 语句是 SQL 查询和提取的必备技能，提取数据的能力通常可分为三个层次：第一层是从单张数据库中按条件提取数据的能力，where 是基本的条件语句；第二层是跨库表提取数据的能力，不同的 join 有不同的用法；第三层是优化查询能力，通过 SQL 语句优化嵌套、筛选的逻辑层次和遍历次数等，减少浪费个人时间和消耗系统资源。

**3.　数据分析阶段**

（1）电子商务数据分析师需要掌握有关数据挖掘、统计学、数学的相关基本原理和常识，了解常用的数据统计分析、数据挖掘算法及其应用场景和优劣差异，熟练使用一门数据分析工具。

（2）电子商务数据分析师应具备理解业务需求的能力。例如，电子商务业务中的"销售额"字段，其相关字段至少有商品销售额和商品订单金额，它们的差别在于是否含优惠券、运费等折扣和费用。订单金额包含了应用优惠券等因素，计算逻辑是在商品销售额（商品单价×数量）的基础上增加运费，再减去优惠券、促销折扣后的价格，该价格是用户应该支付的金额。

（3）在经数据分析算法得出结论后，电子商务数据分析师还需要解释算法在结果、可信度、显著程度等方面对于业务的实际意义，并能够将数据分析结果反馈到业务操作过程中，以便于业务理解和实施。

**4.　数据可视化展现阶段**

电子商务数据分析师此时需要把数据观点展示给业务方，这一过程除应遵循各企业统一的规范外，展示形式还要根据实际需求和场景而定。具体要求体现在以下方面：①能熟练运用 PPT、Excel、Word、电子邮件等展示工具；②展示形式应图文并茂、生动有趣；③了解展示对象的偏好，一般领导层喜欢读图、看趋势、要结论，执行层则喜欢看数据、读文字、看过程；④善于根据不同场景采用不同的展示形式，一般大型会议采用 PPT 最合适，汇报说明 Word 最实用，数据较多时使用 Excel 更方便；⑤展示的数据内容一定要有价值。

**5.　数据分析报告撰写与应用阶段**

此阶段需要电子商务数据分析师具备数据沟通能力、业务推动能力、项目工作能力。首先，深入浅出的数据报告、言简意赅的数据结论更利于业务方接受，如打比方、举例子都是非常实用的技巧；其次，在业务理解的基础上，考虑数据结论需要具备的落地条件，从最重要、最紧急、最能产生效果的业务环节开始是推动业务落地实现数据建议的好办法；最后，数据项目工作是循序渐进的过程，需要数据分析师具备计划、领导、组织、控制等项目工作能力。

## 1.5.2 电子商务数据分析师的能力素质要求

在实际工作中，电子商务企业一般都会对数据分析师定岗定职。不同职位数据分析师的职能及要求不同，大多数中小型企业会将数据分析师分为高、中、低 3 个层次，某些大型或特大型企业还会设首席分析师、领队分析师等职位。本书仅介绍前 3 个层次数据分析师的能力素质要求。

1. 初级分析师

企业需求：初级分析师是数据人员架构的基础组成部分，承担了数据工作中大多数最基础的工作，通常初级分析师人员的比例不应超过 20%。

职业定位：初级分析师主要从事数据整理、数据统计和基本数据输出工作，服务对象包括中高级分析师和业务方等。

能力素质要求：侧重于基本数据技能和业务常识，具体包括以下 3 个方面。

（1）数据工具。要求具备基本的 Excel 操作能力和 SQL 取数能力、相关工具的使用技能，能顺利完成数据抽取与整理工作，具备基本数据输出能力，包括 PPT、邮件、Word 等的使用能力。

（2）数据知识。要求能理解日常数据体系涉及的维度、指标、模型，能辅助中高级分析师进行专项工作并承担部分工作。

（3）业务知识。要求理解基本业务知识，能把业务场景和业务需求分别用数据转换并表达出来。

2. 中级分析师

企业需求：中级分析师是数据人员架构中的主干，一般承担企业的专项数据分析工作，诸如各业务节点的项目类分析、专题报告等，中级分析师人员比例通常为 40%～60%。

职业定位：中级分析师主要从事数据价值挖掘、提炼和数据沟通落地等工作，服务对象主要是业务方，此外，还可参与高级分析师的大型项目并独立承担其中的某个环节。

能力素质要求：中级分析师对专项数据技能、业务理解及推动能力有较高要求，具体包括以下 3 个方面。

（1）数据工具。要求能熟练使用数据挖掘工具、网站分析工具。

（2）数据知识。要求了解不同算法和模型的差异点及实践场景，能根据工作需求应用最适合的实践方案。

（3）业务知识。要求深度理解业务知识，具有较强的数据解读和应用推动能力。

3. 高级分析师

企业需求：高级分析师在数据人员架构中相当于"火车头"，一般承担企业数据方向的领导职能，人员比例通常为 20%～40%。

职业定位：高级分析师主要从事企业数据工作方向规则体系建设、流程建设、制度建设等工作，服务对象通常是业务方及企业领导层。

能力素质要求：除了要具备中级分析师的基本能力外，还需要具备宏观规划、时间把控、风险管理、效果管理、成本管理等项目管理能力，具体包括以下 3 个方面。

（1）能搭建企业数据体系并根据企业发展阶段提出适合需求的数据职能和技术架构方案。

（2）能规划出所负责领域内数据工作的方向、内容、排期、投入、产出等，并根据实际工作进行投入与产出分析，同时做好数据风险管理。

（3）能实时跟进项目进度，监督数据项目落地执行情况，并通过会议、汇报、总结、阶段性目标、KPI 等形式做好过程控制和结果控制。

数据分析师的以上 3 个层次是按工作职位划分的。在实际工作中，电子商务数据分析师按照工作方向又可划分为技术型分析师和业务型分析师。其中，技术型分析师的角色包括数据工程师、挖掘工程师、建模工程师、数据架构师、ETL 工程师、数据科学家等，其岗位目标侧重于底层数据收集与存储、数据整合与清洗、数据平台搭建、数据智能商品开发与维护等。业务型分析师的角色包括市场分析师、数据分析师（包括大数据分析师）、网站分析师等，其岗位目标侧重于通过数据直接服务于业务方的日常工作，如日常业务数据输出、专项业务问题研究、市场研究输出等。

业务分析师除要具备服务对象的基本常识外，还需要结合技术技能为业务方提供数据支持服务，因此要求其业务技能相对复合。图 1-6 所示为大数据分析师的业务技能图谱。

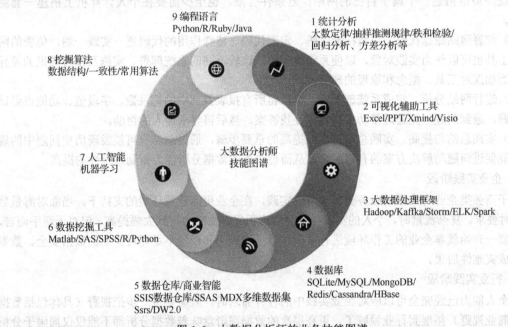

图 1-6　大数据分析师的业务技能图谱

值得强调的是，合格的电子商务数据分析师除了必须具备上述相应的数据分析和业务处理能力以外，还需要有一定的商业敏感性。例如，网站上婴儿车的销售增加了，那么，具有商业意识的数据分析师就基本可以预测奶粉的销量也会跟上去。

【微型案例1-4】

2010年乐酷天与淘宝竞争，它们的竞争重点不是交易量而是流量：每天有多少新的卖家进来，卖了多少东西。因为此阶段它们竞争最核心的就是人气，而非实质交易量。如果新来的卖家进来卖不出东西，只有老卖家的交易量在增长，即使最后每天的交易量都增长，也还是有问题。

一个商业敏感的电子商务数据分析师，应懂得用什么样的数据实现公司的目标。例如，一家刚踏入市场的 B2B 公司和已经占领大部分市场的 B2B 公司，它们的目标是不一样的。前者是看流量赚人气，后者对流量不怎么看重，而是看重交易转化率及回头率。

### 1.5.3　电子商务数据分析师的成长阶段

电子商务数据分析师的成长一般需要经历基本认知、个人实践、企业实践、行业实践4个阶段。

#### 1. 基本认知阶段

这是刚入行的数据分析师所处的阶段，此阶段应尽快熟悉所要从事工作的基本环境、工具、流程、制度和常识，掌握数据工具的基本认知和使用技巧、数据的相关概念和基本常识、数据与业务对接和沟通流程、基本业务运转常识等。

#### 2. 个人实践阶段

在经过基本认知阶段后，需要将掌握的基本理论、知识、经验付诸个人实践，就网站数据分析而言，具体可分为4步。

（1）搭建实践所需的网站环境。若条件允许，建议购买属于自己的域名和服务器空间，利用开源系统经济地搭建一个属于自己的网站；若条件有限，也至少需要在个人计算机上搭建一套测试环境。

（2）部署网站跟踪代码。可将标准代码、定制代码、特殊作用的代码逐一实践一遍，免费的网站分析工具也可以作为实践对象，以便系统地了解和比较不同的系统部署、实施及报告效果的差异性，从而加深对工具、概念和原理的理解。

（3）进行网站分析。完成系统部署后，可以将所有报表及其中的记录数、字段值、功能点尝试使用一遍，遇到问题宜先通过帮助中心自行寻找答案，然后再寻求他人的帮助。

（4）实践总结与提高。实践总结是个人提高的重要步骤，通过总结有可能发现历史问题中的规律，并能促进问题与解决方案的有机融合，从而使个人的数据分析能力得到系统性的提高。

#### 3. 企业实践阶段

电子商务类企业有大量的业务类需求可供实践，在企业更高流量环境的支持下，当面对海量数据、实时要求、复杂流量时，个人的实践经验会快速积累进而能力得到大幅提高。但对于新手而言，建议不要一开始就拿企业的工作环境进行实践，以免因能力和经验不足而对企业的数据安全、数据质量造成灾难性后果。

#### 4. 行业实践阶段

当个人能力已经完全可以应对企业实践中的各种需求时，就需要进一步把视野（具体包括数据视野和商业视野）拓展到行业领域了。更高层次的数据视野意味着数据分析师不能仅仅局限于分析工作，还应熟悉整个数据工作系统的各个环节。由于不同行业中的数据需求、工作流程、工作机制、工作内容大不相同，通常很难将经验完整地复制到其他行业，此时可以选择诸如 BAT（即百度、阿里巴巴、腾讯）这类超级电子商务企业，以突破行业局限。

### 1.5.4　电子商务数据分析师的成长建议

刚入行的新手欲快速、健康地成长为合格的电子商务数据分析师，建议在上述成长的4个不同阶段切实做好以下几个方面的工作。

#### 1. 合理把握解读数据的立足点

有人说数据是有立场的，数据对于业务方来讲，是关键绩效指标（Key Performance Indicator，KPI）的衡量标杆，也是行动指南，但如何解读数据，必然涉及利益触发点等问题。例如，某企业一次营销活动的网站转化率是1.2%，是好还是坏？如何比较呢？通常使用的比较分析方法有环比、占比、定基比、横向比、纵向比等，其中环比又可以比较昨日、上周今日、上月今日等，不同的时间对比出的结果一定有差异，甚至差异极大。面对这种情况，在都符合统计学规律的前提下该如何判断活动效果的好坏呢？

若假设结果是好的，那么需要进一步分析原因。一般电子商务网站做大型促销活动，只要低价等优惠策略到位，即使用户体验较差、送货速度慢，订单转化率也会提高。这就意味着，无论企业营销、网站运营效果如何，只要保证系统整体能正常运营，各个渠道、各个节点转化率就都会提高。此时该怎样分析其中有多少是归于渠道或运营本身的优化因素，又有多少是归于活动影响呢？

数据分析师怎么做才能让数据价值最大化？

**2. 高度关注数据质量**

数据分析师必须高度关注数据质量，做好数据质量验证工作。什么是数据质量验证？我们可以从以下 4 个方面来理解：首先，要理解数据来源、数据统计和收集逻辑、数据入库处理逻辑；其次，理解数据在数据仓库中是如何存放的，字段类型、小数点位数、取值范围、规则约束是如何定义的；再次，明确数据的取数逻辑，尤其是如何从数据仓库中用 SQL 取数的，在过程中是否对数据进行了转换和重新定义；最后，拿到数据后必须有数据审查的过程，包括数据有效性验证，取值范围、空值和异常值的处理等，确定是否与原始数据一致。

完成这些工作后方可进入数据分析流程，这样才能使数据分析工作事半功倍，得到的结论和推断才会经得起验证和考究。因此，在数据分析立项后，数据分析师必须首先考虑数据质量。

**3. 在辅助决策与数据驱动中体现数据的价值**

数据的价值在于对业务的驱动，但部分数据分析师的数据分析报告往往让业务方觉得没有价值。这类分析报告的数据结论和建议通常会有这么几种问题：①分析过程明显不符合业务操作实际；②结论明显是错的；③建议方向很对，但内容空洞，具体执行缺乏落地点；④建议方向很明确，也有具体的执行策略，但是业务方无法实施。

上述问题从数据分析师的主观因素分析，前两种问题主要是由数据分析人员的基本数据能力和业务基本常识不足引起的，后两种则大多是信息不对称所致。具体根源可能有以下几方面：①数据分析师根本不懂业务操作流程，仅凭个人理解去猜测业务流程；②数据分析师根本不了解企业当前业务的困难点和紧迫点，凭感觉想要驱动的业务恰巧是企业"次要"的关注点；③数据分析师不熟悉业务的实际能力与权限，尤其是企业环境下的实施控制因素。

**4. 在进行数据业务需求分析之前应注意培养业务方的数据意识**

业务需求是数据分析的起点，很多时候数据分析师是"等待"业务方提需求，然后通过数据支撑业务开展工作，但实际情况是业务方通常对数据是不敏感的，数据分析师不能要求业务方必须懂数据、理解数据，但是需要明确告诉业务方数据能解决什么问题、能带来哪些改进以及效果上的优化。如果数据分析师能进一步预测出具体数值或范围，则业务方可能会更加相信数据的真实性、准确性和有效性。

那么，如何培养业务方的数据意识呢？具体可以从以下几方面着手。

（1）持续沟通。数据意识是一个不断培养的过程，数据分析师与业务方每周需进行 2～3 次专项沟通，每次沟通至少持续半小时，一段时间（一般大约半年）之后业务方会形成一定的数据潜意识，在某些时候会想到数据可能会帮助其解决一些问题。

（2）价值导向。数据分析师在每次与业务方沟通时，都应明确告知数据能给其带来哪些好处，能实现什么，在哪些主要业务点上能发挥什么作用，尤其是能帮助业务方解决最核心的关注点。

（3）关注整体。数据不只是在业务执行之后才会发生作用，还能在业务执行前针对预测与计划及时预警，在业务执行过程中监控恶意数据并及时改善数据，这些将比结果出来后再去分析更有意义。

总之，电子商务数据分析师需要不断提高自身的综合能力，包括业务理解能力和数据分析能力，既要能把业务方"粗糙的要求"转换成数据需求，又要能将数据结果转化成业务方可理解、可执行、有时间限制、能验证结果的数据输出。

## 本章小结

　　本章作为课程的导论，概括性地介绍了电子商务数据分析的总体知识框架，内容要点包括电子商务数据分析的含义、特点、作用、流程，电子商务数据分析的业务指标、主要方法、常用工具，以及电子商务数据分析师需要具备的知识结构和能力素质要求，并给出了 4 点建议以帮助新手在数据分析师的成长途中少走弯路。

　　学习本章内容后，希望读者能进一步做好以下工作：①规划个人的知识体系，对照职业要求查找个人的知识缺陷和能力素质短板并制定提高策略；②规划个人的成长体系，明确个人的发展方向并通过理论学习和实践训练逐步提高个人能力。

　　需要说明的是，本章中关于电子商务数据分析师的知识能力素质体系，并不是要求每个从业者都完全具备，实际上也没有一个人能够完全精通所有的数据环节。本章旨在引导读者结合自身特点，在掌握或精通其中至少一个环节知识的基础上，能够具有更广泛的知识跨度或更深入的知识精度。

## 复习思考题

**一、判断题**

1．电子商务数据分析的对象大多为结构化数据。（　　）

2．非结构化数据是指不方便用数据库二维逻辑表来表现的数据，包括所有格式的全文文本、图像、声音、影视、超媒体信息等。（　　）

3．大数据一般具有海量的数据规模、快速的数据流转、多样的数据类型和价值密度低四大特征。（　　）

4．大数据技术要解决两个重要的问题：一是海量数据在单台计算机上的存储问题；二是如何对个人 PC 上存储的数据进行分析的问题。（　　）

5．电子商务网站数据分析指标可分为内容指标和商业指标，其中内容指标是衡量访问者活动行为的指标，诸如访问量、浏览量、点击流及站内搜索等；商业指标是衡量访问者活动转化为商业利润的指标，诸如交易量、投资回报率等。（　　）

6．合格的电子商务数据分析师除了具备相应的数据分析和业务处理能力外，还需要有一定的商业敏感性。（　　）

**二、选择题**

1．进行数据采集前，数据分析师需要对收集数据的内容、渠道、方法进行策划，策划时一般需要考虑的问题包括（　　）。

　　A．如何将识别的商务需求转化为具体的数据要求

　　B．明确由谁在何时何处通过何种渠道和方法采集数据

　　C．将会采用的数据分析方法

　　D．采取有效措施防止数据丢失和虚假数据对系统的干扰

2．数据预处理的过程一般包括（　　）4 个步骤，它是一个逐步深入、由表及里的过程。

　　A．数据清洗、数据分析、数据验证、数据转换

　　B．数据采集、数据清洗、数据转换、数据审查

C. 数据审查、数据清洗、数据转换、数据挖掘

D. 数据审查、数据清洗、数据转换、数据验证

3. 数据分析师提取数据的工作能力通常可以分为 3 个层次，依次是（　　）。

A. 从单张数据表中按条件提取数据的能力

B. 跨库表提取数据的能力

C. 优化查询能力

D. 数据验证能力

4. 数据分析报告撰写与应用阶段需要电子商务数据分析师具备的能力包括（　　）。

A. 数据沟通能力　　B. 数据提取能力　　C. 项目工作能力　　D. 业务推动能力

三、问答题

1. 什么是电子商务数据分析？其有什么特点？

2. 电子商务数据分析有什么作用？试举例说明。

3. 常用的电子商务数据分析方法和分析工具有哪些？简要说明其特点。

4. 对照电子商务数据分析师的知识能力素质要求，结合自身特点，制订一份个人在数据分析方面的成长规划。

四、应用分析题

1. 对销售型电子商务网站或网店而言，PV、UV、成交额等是反映其运营状态的重要指标。图 1-7 是某家具旗舰店 1 个月内的运营数据统计情况，请认真观察图中数据变化情况，分析说明该网店运营是否正常。

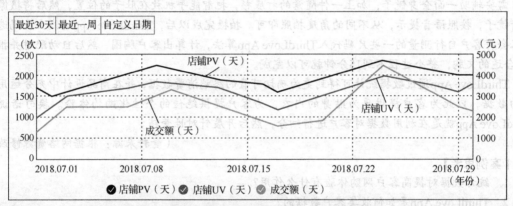

图 1-7　某家具旗舰店 1 个月内的运营数据统计情况

2. 寻找生活、学习中的数据并对其进行分类，根据分类的数据制作数据表格，然后根据表格中的数据对自己的生活、学习状态进行多方面评价。

# 第2章 | 电子商务数据分析的统计基础

 **本章学习目标**

- ☞ 了解统计数据的类型，熟悉描述性统计各测度值的计算方法。
- ☞ 掌握各种类型数据的展示方法。
- ☞ 掌握正态分布以及三大分布的定义和性质。
- ☞ 掌握中心极限定理。

 **引例**

### ThirdLove 利用统计数据细分客户

很多女性网购时很难找到适合自己的内衣尤其是文胸，经常会遇到挑了两件标着相同尺码的文胸但穿上后发现尺码完全不同的情况，而且都不怎么舒服。ThirdLove（美国互联网内衣品牌）服装公司推出一款App，只要一面镜子配合智能手机，就可以帮助客户解决这个烦恼。

ThirdLove App有一项非常特殊的功能：将手机变成一台精密的测量仪器，客户用手机即可完成女性胸部尺码的精确测量，从而实现为所有女性选择完美文胸的目标。其使用过程也非常简单，客户只需要辅助一面全身镜子，加上一件随意的打底衫，把智能手机放在肚子的位置，然后将摄像头对着镜子，按照语音提示，从不同的角度拍照即可。拍摄完成以后，ThirdLove App的线上尺码选定技术会将客户自行测量的一些尺码代入ThirdLove App算法，计算出客户胸围，然后自动配对并推荐3款合适的文胸，整个过程不到15分钟就可以完成。

ThirdLove App通过数据统计可得到更为确切可靠的终端消费数据，并在商品设计中充分运用收集的数据，以此为客户提供更为贴身的内衣，为客户提供绝佳的个性化购物体验。换句话说，ThirdLove App就是在利用数据对客户进行细分，然后开展针对性营销。

（资料来源：根据网络资源修改）

【案例思考】
1. 统计数据对提高客户网购体验有什么作用？
2. ThirdLove App是如何收集客户数据的？
3. 从案例中你能得到什么启示？

数据的统计分析是进行电子商务数据分析的基础。本章主要介绍描述性统计分析、数理统计基础、相关分析与回归分析的基础知识。

## 2.1 描述性统计分析

描述性统计分析就是利用图表和统计量描述数据的基本分布特征。描述性统计分析主要从 3 个方面进行数据分析：一是分析数据分布的集中趋势，即反映各数据向其中心值靠拢或聚集的程度，可以用平均指标描述；二是分析数据分布的离中趋势，即反映各数据远离其中心值程度，可以用变异指标描述；三是分析数据分布的偏斜程度和陡峭程度，即反映数据分布的形态，可以用偏度和峰度描述。

## 2.1.1　统计数据的类型

在进行统计分析时，不同类型的数据采用的统计方法不同，因此需要先区分数据类型。统计数据根据所采用的计量尺度不同，可以分为分类数据、顺序数据和数值型数据。分类数据和顺序数据只能用文字或者数字代码来表现品质特征或者属性特征，因此称为定性数据，也称品质数据；数值型数据是用数值来表现事物的数量特征的，因此称为定量数据，也称数量数据。

### 1. 分类数据

分类数据是只能归于某一类别的非数值型数据，它是对事物进行分类的结果，数据表现为类别，是用文字来描述的。例如，性别可分为男和女两类，民族可分为汉族、少数民族等。虽然也可以用 1 或者 0 表示男性与女性、汉族与少数民族，但是这些数字没有大小比较之分，只是不同类别现象的一个代码，并不代表真正的值，不能进行数学计算。淘宝网中的热卖商品交易类目也是分类数据，可分为手机、卫浴用品、毛呢外套、沙发类、床类等。用分类数据分析现象时，由于不同类别间的地位平等，没有高低、大小之分，因此各类数据之间的顺序是可以改变的。分类数据是最粗略的、计量层次最低的数据。

### 2. 顺序数据

顺序数据是只能归于某一有序类别的非数值型数据，数据表现为有顺序的类别。例如，高校教师的职称有助教、讲师、副教授和教授；业主对住房的满意度有很满意、满意、一般、不满意、很不满意。可以用数字 1、2、3、4 来表示职称，用 5、4、3、2、1 来表示满意程度，用 V0、V1、V2、V3、V4、V5、V6 表示会员的等级等，但这些数字代码只能体现一种顺序或者程度，不能体现事物之间的具体数量差别。由于客观现象的不同类别间存在顺序性差异，因此用顺序数据分析现象时，其顺序是不能随意排列的。

### 3. 数值型数据

数值型数据是按数字尺度测量的观察值。有的数据可以通过对比计算来体现数据的相对程度，其结果表现为具体的数值。数值型数据是比顺序数据高一层次的数据，它不仅能将现象区分为不同类型并排序，而且可以准确地指出类别之间的差距。数值型数据是最常见的统计数据，现实中处理的数据大多是数值型数据。例如，网店的流量数据、首页数据、收藏数据、订单数据、客服数据、宝贝数据、转化率数据等，都是数值型数据。

上述 3 种数据类型对事物的计量层次是由低级到高级、由粗略到精确逐步递进的。高层次的数据具有低层次数据的全部特性，高层次数据可转化为低层次数据，如将考试成绩的百分制转化为五等级记分制，数值型数据就转化为顺序数据了。因此，适用于低层次数据的统计方法也适用于较高层次的数据。例如，在描述数据的集中趋势时，对分类数据通常是计算众数，对顺序数据通常是计算中位数，但对数值型数据既可以计算众数，也可以计算中位数。反之，适用于高层次测量数据的统计方法，不能用于较低层次的测量数据，因为低层次数据不具有高层次测量数据的数学特性。例如，对于数值型数据可以计算数值平均数，但对于分类数据和顺序数据不能计算数值平均数。

不同类型数据运用的统计计算方法不同。例如，对于分类数据，通常计算出各组数据的频数或频率，计算其众数和异众比率等；对顺序数据可以计算其中位数和四分位差；对数值型数据还可以用更多的统计方法进行处理，如计算各种统计量、估计和检验参数等。不同类型数据选用的统计方法也不同。例如，研究分类数据和顺序数据时，可以进行频数分析、列联分析等；研究分类数据与数值型数据的关系时，可以用方差分析；研究数值型数据之间的关系时，可以进行相关分析与回归分析等。

## 2.1.2　数据的集中趋势

数据的集中趋势是数据分布以某一数值为中心的倾向。作为中心的数值就称为中心值，它反映了数据分布中心点的位置所在。对于绝大多数的数据，总是接近中心值的较多，远离中心值的较少，这使数据呈现出向中心值靠拢的态势，这种态势就是数据分布的集中趋势。数据分布的集中趋势主要用一类平均数来描述。平均数是描述定量数据集中趋势最常用的一种测度值。根据所掌握数据的不同，平均数有不同的计算形式和计算公式，主要包括数值平均数和位置平均数两大类，每类又可细分为若干形式（见图 2-1）。下面依次介绍算术平均数、调和平均数、几何平均数、众数、中位数以及位置平均数与算术平均数之间的相互关系等。

扫一扫：
视频 2-1

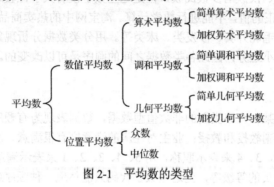

图 2-1　平均数的类型

### 1. 算术平均数

算术平均数就是总体中各观察值（即各变量值）的总和除以观察值数量得到的商，是集中趋势测定中极重要的一种，它是所有平均数中应用最广泛的平均数。算术平均数根据所掌握资料的分组情况不同，可分为简单算术平均数和加权算术平均数。

（1）简单算术平均数。若总体资料未分组，则先计算各观察值的总和，再除以总体单位数，计算的结果便为简单算术平均数。其计算公式为：

$$\bar{x} = \frac{x_1 + x_2 + \cdots + x_n}{n} = \frac{\sum x}{n}$$

式中，$\bar{x}$ 表示算术平均数；$x$ 表示各个观察值；$n$ 表示总体单位数；$\Sigma$ 表示总和。

【例2-1】某品牌笔记本电脑90天内网上销售的数据如表2-1所示（已经按照销售量的大小排序），试计算该品牌笔记本电脑平均每天的网上销售量。

表 2-1　　　　　　　　　　　　某品牌笔记本电脑 90 天内的网上销售量（台）

| 日销售量 | 日销售量 | 日销售量 | 日销售量 | 日销售量 | 日销售量 | 日销售量 | 日销售量 | 日销售量 |
|---|---|---|---|---|---|---|---|---|
| 751 | 776 | 785 | 792 | 797 | 802 | 808 | 817 | 827 |
| 758 | 777 | 785 | 792 | 798 | 802 | 809 | 818 | 828 |
| 759 | 779 | 788 | 793 | 798 | 803 | 810 | 818 | 829 |
| 761 | 781 | 788 | 793 | 799 | 804 | 810 | 819 | 833 |
| 764 | 781 | 789 | 794 | 799 | 805 | 812 | 820 | 835 |
| 766 | 782 | 789 | 794 | 799 | 806 | 812 | 821 | 836 |
| 768 | 783 | 790 | 795 | 800 | 806 | 813 | 822 | 839 |
| 771 | 783 | 790 | 796 | 800 | 807 | 815 | 822 | 841 |
| 773 | 783 | 791 | 796 | 801 | 807 | 816 | 825 | 847 |
| 774 | 784 | 791 | 797 | 801 | 808 | 817 | 826 | 848 |

解：计算90天内的网上销售量为72 017台，则平均每天的网上销售量为：

$$\bar{x} = \frac{\sum x}{n} = \frac{72\,017}{90} = 800.19 \text{（台）}$$

因此，该品牌笔记本电脑平均每天的网上销售量约为800台。

（2）加权算术平均数。若总体资料已经分组，则将各组观察值乘以其出现的次数，然后加总求和，再除以总体单位数，所得结果即为加权算术平均数。其计算公式为：

$$\bar{x} = \frac{x_1 f_1 + x_2 f_2 + \cdots + x_n f_n}{f_1 + f_2 + \cdots + f_n} = \frac{\sum xf}{\sum f}$$

式中，$\bar{x}$ 表示算术平均数；$x$ 表示各个观察值；$f$ 表示各个观察值出现的次数（也称为权数）；$\sum xf$ 表示各观察值的总和；$\sum f$ 表示总体单位数。若是组距分组数据，则 $x$ 表示各组的组中值。

组中值的计算如下。

组中值=（上限+下限）/2

缺上限的组中值的计算如下。

组中值=下限+邻组组距/2

缺下限的组中值的计算如下。

组中值=上限-邻组组距/2

例如，某观察值最后两组的分组数据为 750～800，800 以上，则最后一组的组中值为 825；若前面两组的分组数据为 750 以下，750～800，则第一组的组中值为 725。这里，第一组和最后一组为缺下限和缺上限的组，其邻组的组距都是 50。

2. 调和平均数

调和平均数是总体各观察值倒数的算术平均数的倒数，也称倒数平均数。调和平均数按其计算方法不同，可分为简单调和平均数和加权调和平均数。

简单调和平均数是先计算各观察值倒数的简单算术平均数，然后求其倒数。其计算公式为：

$$\bar{x}_H = \frac{n}{\sum \frac{1}{x}}$$

加权调和平均数是先计算总体各观察值倒数的加权算术平均数，再求其倒数。其计算公式为：

$$\bar{x}_H = \frac{\sum m}{\sum \frac{m}{x}}$$

式中，$m$ 表示调和平均数的权数。

加权调和平均数大多情况下是作为加权算术平均数的一种变形来使用的。设总体各观察值为 $x$，它由分子 $m$ 与分母 $f$ 相除得到，那么，如果知道该观察值的分子资料，则用加权调和平均数公式便可以计算得出该观察值的平均数；如果知道该观察值的分母资料，则用加权算术平均数公式可以计算得出该观察值的平均数。计算公式如下。

$$\bar{x}_H = \frac{\sum m}{\sum \frac{m}{x}} = \frac{\sum xf}{\sum f}$$

【例2-2】某公司分别在天猫、唯品会、京东有3个网店，已知其销售计划完成程度（%）及实际销售情况如表2-2所示，试求该公司平均销售计划完成程度。

表2-2　　　　某公司各网店销售计划完成程度及实际销售情况

| 网店 | 销售计划完成程度（%）x | 实际销售（万元）m | 计划销售（万元）m/x |
|---|---|---|---|
| 天猫 | 115 | 2 300 | 2 000 |
| 唯品会 | 105 | 13 440 | 12 800 |
| 京东 | 95 | 1 140 | 1 200 |
| 合计 | — | 16 880 | 16 000 |

**解：**由题意已知实际销售，也就是销售计划完成程度的分子资料，因此计算平均销售计划完成程度应采用加权调和平均法。

即平均销售计划完成程度 $\overline{x}_H = \dfrac{\sum m}{\sum \dfrac{m}{x}} = \dfrac{16\,880}{16\,000} = 105.5\%$

【例2-3】某公司分别在天猫、唯品会、京东有3个网店，已知其销售计划完成程度（%）及计划销售情况如表2-3所示，试求该公司平均销售计划完成程度。

表2-3　　　　　　　　某公司各网店销售计划完成程度及计划销售情况

| 网店 | 销售计划完成程度（%）x | 计划销售（万元）f | 实际销售（万元）xf |
|---|---|---|---|
| 天猫 | 115 | 2 000 | 2 300 |
| 唯品会 | 105 | 12 800 | 13 440 |
| 京东 | 95 | 1 200 | 1 140 |
| 合计 | — | 16 000 | 16 880 |

**解：**由题意已知计划销售，也就是销售计划完成程度的分母资料，因此计算平均销售计划完成程度应采用加权算术平均法。

即平均销售计划完成程度 $\overline{x} = \dfrac{\sum xf}{\sum f} = \dfrac{16\,880}{16\,000} = 105.5\%$

调和平均数容易受极端数值的影响，而且受极小值的影响大于受极大值的影响。调和平均数的应用范围较小，当变量值中有一项为 0 时，无法计算调和平均数。

### 3. 几何平均数

几何平均数是 n 个比率乘积的 n 次方根，即把若干个变量连乘得其乘积再开 n 次方根。在社会经济统计中，几何平均数适用于计算平均比率和平均速度。

几何平均数按计算方法不同可分为简单几何平均数和加权几何平均数。

简单几何平均数的计算公式：

$$\overline{x}_G = \sqrt[n]{x_1 \cdot x_2 \cdots x_n} = \sqrt[n]{\prod x}$$

式中，$\overline{x}_G$ 表示几何平均数；x 表示变量值；n 表示变量值的个数；∏ 为连乘符号。

加权几何平均数的计算公式：

$$\overline{x}_G = \sqrt[\sum f]{x_1^{f_1} \cdot x_2^{f_2} \cdot x_n^{f_n}} = \sqrt[\sum f]{\prod x^f}$$

### 4. 众数

众数（Mode）是总体中出现次数最多的观察值，一般用字母 Mo 表示，它反映的是一种最普遍、最常见的现象。在一定条件下，众数常常用来代替算术平均数，反映总体的一般水平。

众数是位置平均数，不受极端数值的影响，主要用于测定分类数据的集中趋势，也适用于测定顺序数据与数值型数据的集中趋势，在实际工作中应用比较广泛。例如，大多数人穿戴的服装、鞋子、帽子等的尺寸；淘宝平台成交量较大的商品；我国大多数家庭中的人口数等都是众数。众数只有在总体单位数多且具有明显的集中趋势时，才有合理的代表性和现实意义；当总体单位数少或者总体单位数虽多但无明显集中趋势时，其不存在实际意义。

根据资料的不同情况，我们可采用不同的方法确定众数。

（1）单项数列确定众数。单项数列确定众数比较简单，采用直接观察法，直接找出次数最多的观察值即可。

【例2-4】淘宝信用等级是淘宝网对会员购物行为实行的评分累积等级模式，用户每在淘宝网上购物一次，至少可以获得一次评分的机会，分别为"好评""中评""差评"。卖家每得到一个"好评"，就能够积累1分，中评不得分，差评扣1分。某网店销售商品获评分数资料如表2-4所示，试确定其获评分数的众数。

表2-4            某网店销售商品获评分数资料

| 评分等级 | 好评 | 中评 | 差评 |
|---|---|---|---|
| 次数 | 580 | 100 | 60 |

**解**：表2-4数列中好评的次数最多，所以众数 $M_o$ 为"好评"。总体来说，到该网店购物的人群对该网店的商品还是比较满意的，好评率占78.4%。

（2）组距数列确定众数。此法只适用于数值型数据。先根据出现得最多次数确定众数所在组（简称众数组），再利用公式计算众数的近似值。

其计算公式为：

下限公式：$$Mo = L + \frac{\Delta_1}{\Delta_1 + \Delta_2} \times d$$

上限公式：$$Mo = U - \frac{\Delta_2}{\Delta_1 + \Delta_2} \times d$$

式中，$Mo$ 表示众数；$L$ 表示众数组的下限；$U$ 表示众数组的上限；$\Delta_1$ 表示众数组次数与前一组次数之差；$\Delta_2$ 表示众数组次数与后一组次数之差；$d$ 表示众数组的组距。

【例2-5】某地区调查其管辖范围内的商店某月的网上销售情况，结果如表2-5所示，试计算该地区某月网络营销额的众数。

表2-5            某地区商店某月的网上销售情况统计

| 按月网络营销额分组（万元） | 店铺数（个） |
|---|---|
| 200 以下 | 10 |
| 200～300 | 24 |
| 300～400 | 52 |
| 400～500 | 70 |
| 500～600 | 32 |
| 600 以上 | 12 |
| 合计 | 200 |

**解**：首先找出月网络营销额的众数所在组，月网络营销额为400万～500万元的店铺有70户，即次数最多，该组为众数所在组，然后利用公式计算近似值。

用下限公式计算：

$$Mo = L + \frac{\Delta_1}{\Delta_1 + \Delta_2} \times d = 400 + \frac{70-52}{70-52+70-32} \times 100 = 432.14 \text{（万元）}$$

用上限公式计算：

$$Mo = U - \frac{\Delta_2}{\Delta_1 + \Delta_2} \times d = 500 - \frac{70-32}{70-52+70-32} \times 100 = 432.14 \text{（万元）}$$

利用下限公式与上限公式计算的结果相同。

同样可以根据各组次数占总次数的比例来确定。数列中占比最大的观察值为众数。其确定方法与用绝对数表示的次数相同。

#### 5. 中位数

中位数（Median）是指将总体各个观察值按大小顺序排列，处于数列中点位置的数值一般用字母 $M_e$ 表示。中位数将数列分为相等的两部分：一部分的数值小于中位数；另一部分的数值大于中位数。在有些情况下不易计算平均值，这时可用中位数代表总体的一般水平。中位数主要用于测定顺序数据的集中趋势，也适用于测定数值型数据的集中趋势，但不能用于分类数据。例如，人口年龄中位数可表示人口总体年龄的一般水平；集贸市场上某种商品的价格中位数，可代表该种商品价格的一般水平。

中位数与众数一样，不受极端数值的影响。中位数的大小仅取决于它在数列中的位置，因此，在总体数据差异很大的情况下，中位数具有较强的代表性。

根据资料的不同情况，可采用不同的方法确定中位数。根据未分组资料确定中位数时，首先将观察值按大小顺序排列，然后确定中点位次 $O_m = \dfrac{n+1}{2}$，再根据中位数的位次找出对应的数值。

当总体单位数 $n$ 为奇数时，中位数即处于中间位置的数值；当 $n$ 为偶数时，中位数是中间两个数值的算术平均数。

$$M_e = \begin{cases} x_{\frac{n+1}{2}} & (n\text{为奇数}) \\ \dfrac{x_{\frac{n}{2}} + x_{\frac{n}{2}+1}}{2} & (n\text{为偶数}) \end{cases}$$

例如，根据表 2-1 中的数据，因为 $n=90$ 为偶数，所以中点位置为 45.5。由于第 45 个数据和第 46 个数据都是 799 台，因而中位数为 799 台。

由组距数列确定中位数只适用于数值型数据，可用下面的公式计算中位数的近似值。

$$\text{下限公式：} \quad M_e = L + \frac{\frac{\Sigma f}{2} - S_{m-1}}{f_m} \times d$$

$$\text{上限公式：} \quad M_e = U - \frac{\frac{\Sigma f}{2} - S_{m+1}}{f_m} \times d$$

式中，$L$ 表示中位数组的下限；$U$ 表示中位数组的上限；$f_m$ 表示中位数组的次数；$S_{m-1}$ 表示中位数组以前各组的次数之和；$S_{m+1}$ 表示中位数组以后各组的次数之和；$d$ 表示中位数组的组距。

**【例2-6】** 在调查某地区商品的网上销售情况时共调查了200个店铺，其网上销售资料如表2-5所示，试计算月网上销售额的中位数。

**解：** 由表2-5可知，排在中间的观察值在400～500这一组。利用下限公式计算月网上销售额的中位数：

$$M_e = L + \frac{\frac{\Sigma f}{2} - S_{m-1}}{f_m} \times d = 400 + \frac{100 - 86}{70} \times 100 = 420 \ (\text{万元})$$

利用上限公式计算，可以得到同样的结果。

#### 6. 位置平均数与算术平均数之间的相互关系

不同的平均数适用于测定不同数据类型的集中趋势，它们各自具有自己的含义、特点和应用场合。当总体分布为正态分布时，如果对同一资料同时计算众数、中位数和算术平均数，则它们三者之间存在一定的数量关系。

（1）在对称正态分布时：$M_o = M_e = \bar{x}$。

（2）在非对称正态分布时，三者之间有差异。当变量的次数分布左偏时，有 $M_o > M_e > \bar{x}$；当变量的次数分布右偏时，有 $M_o < M_e < \bar{x}$。左偏、右偏的示意图形如图 2-2 所示。

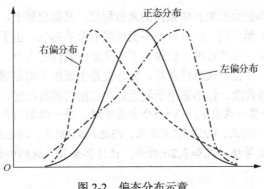

图 2-2　偏态分布示意

## 2.1.3　数据的离中趋势

离中趋势是指数据分布中各观察值背离中心值的倾向。如果说集中趋势是数据分布同质性的体现，那么离中趋势就是数据分布变异性的体现。对离中趋势的描述，就是要反映数据分布中各观察值远离中心值的程度，主要用变异指标来反映。

变异指标是反映总体与各单位观察值之间变异程度的综合指标，即反映数据分布中各观察值远离中心值程度的指标。变异指标是和平均指标相联系的一种分析指标。平均指标反映总体的一般水平，可以说明数据的集中趋势，但它本身无法说明其代表性的强弱。变异指标则正好弥补了这一点，它可以说明平均数代表性的强弱，说明现象的离中趋势。一般来说，数据变动度越小，平均数的代表性就越强；数据变动度越大，平均数的代表性就越弱。如果数据变动度等于零，则说明所有的数据没有差异，此时平均数具有绝对的代表性。常用的变异指标有四分位差、全距、标准差和离散系数。据统计学中经典的 3σ 准则，异常值通常为 3 个标准差之外的变量。

### 1. 四分位差（分位距）

把观察值按从小到大排序，并把它们四等分，会形成 3 个分割点，这 3 个分割点的数值就称为四分位数，记为 $Q_1$（第一四分位数，也称下四分位数）、$Q_2$（第二四分位数，也称中位数）、$Q_3$（第三四分位数，也称上四分位数）。$Q_1$ 和 $Q_3$ 的计算如下。

$$Q_1 = 第\frac{n+1}{4}个观察值$$

$$Q_3 = 第\frac{3(n+1)}{4}个观察值$$

由上式计算的位置有时不是整数，此时可以利用以下规则来计算四分位数。

**规则 1**　如果求得的位置是整数，则该位置上的数值就是四分位数。例如，样本数大小为 $n=7$，第一四分位数等于（7+1）/4=第 2 个顺序排列的数值。

**规则 2**　如果求得的位置处于两个整数之间，则它们相应数值的平均数即为四分位数。例如，样本数大小为 $n=9$，第一四分位数等于（9+1）/4=第 2.5 个顺序排列的数值，介于第 2 个、第 3 个数值之间。因此，第一四分位数等于第 2 个数值与第 3 个数值的平均数。

**规则 3**　如果求得的位置既不是整数，也不是两个整数的中间，则可以就近取值，找出离这个位置最近的数值，该数值即为四分位数。例如，样本数大小为 $n=10$，第一四分位数等于（10+1）/4=第 2.75 个顺序排列的数值，则离 2.75 位置最近的第 3 个数值就是第一四分位数。

四分位差就是第三四分位数 $Q_3$ 与第一四分位数 $Q_1$ 之差，用 Q.D. 表示，其公式为：

$$Q.D. = Q_3 - Q_1$$

四分位差仅用中间 50%的数据来反映数据的离散程度。其数值越小，说明中间的数据越集中；数值越大，说明中间的数据越分散。四分位差不受极端数值的影响。由于中位数处于数据的中间位置，因此四分位差的大小从一定的程度上也说明了中位数代表性的大小。四分位差越大，中位数代表性越差；四分位差越小，中位数代表性越好。四分位差主要用于测定顺序数据的离散程度，也适用于测定数值型数据的离散程度，但不适用于测定分类数据的离散程度。

**【例2-7】**某店铺VIP会员一共有V1～V5 5个会员等级，每一级别的会员要求的成长值不同，对应的关系分别为：V1小于1 000点，V2达到1 000点，V3达到5 000点，V4达到20 000点，V5达到50 000点。截至某年底的店铺会员等级情况如表2-6所示，试计算会员等级的四分位差（表2-6中，会员等级用1、2、3、4、5表示）。

表2-6　　　　　　　　　　　　　　　某店铺会员等级情况

| 会员等级（级） | 1 | 2 | 3 | 4 | 5 |
|---|---|---|---|---|---|
| 会员数（人） | 1 000 | 2 500 | 1 500 | 800 | 200 |
| 累计频数（人） | 1 000 | 3 500 | 5 000 | 5 800 | 6 000 |

**解：**计算四分位数的位置。

$$Q_1 的位置 = \frac{6\,000+1}{4} = 1\,500.25$$

$$Q_3 的位置 = \frac{3 \times (6\,000+1)}{4} = 4\,500.75$$

从表2-6可知，排在第1500、1501的会员都是V2会员，因此会员等级的下四分位数$Q_1 = 2$；排在第4500、4501的会员都是V3会员，会员等级的上四分位数$Q_3 = 3$。则会员等级的四分位差为：

$$Q.D. = Q_3 - Q_1 = 3 - 2 = 1$$

会员等级的四分位差为1，说明这6 000名会员的等级差异不大，至少有50%的会员在2级和3级之间。

因为四分位差不考虑比$Q_1$小且比$Q_3$大的变量值，因此其不受极端数值的影响。

2. 全距

全距也称极差，它是总体中某观察值的最大值与最小值之差，用$R$表示，即$R = x_{max} - x_{min}$。

全距可以说明总体中数据变动的范围。全距越大，说明总体中数据变动的范围越大，从而说明总体中数据的差异越大；全距越小，说明总体中数据变动的范围越小，从而说明总体中数据的差异越小。

**【例2-8】**两个商品的5天日销量数据如下（单位：件）。

甲商品：28　29　30　31　32

乙商品：20　25　30　35　40

比较两个商品的平均日销量，$\bar{x}_甲 = 30$（件），$\bar{x}_乙 = 30$（件），日销量的全距，甲商品为4件，乙商品为20件，这说明甲商品日销量的差别比乙商品日销量的差别小，所以甲商品日销量的平均数代表性好于乙商品日销量的平均数代表性。

若根据组距数列计算全距，则可用数列中最高一组的上限减去最低一组的下限求得全距的近似值。

全距测定数据变异程度的优点是计算简单，但由于它取决于总体中两个极端数值的差距，与数据数列的其他数值无关，提供的信息是不全面的，因此不能全面地反映数据的离散程度。如果极端数值相差较大，而中间数值分布比较均匀，则全距不能确切反映其离散程度。

### 3. 标准差

标准差是各观察值与其算术平均数的离差平方的算术平均数,最后再开方根,用 $\sigma$ 表示。标准差说明各观察值与算术平均数的平均距离。标准差越大,说明数据差异程度越高,平均数的代表性越差;标准差越小,说明数据差异程度越低,平均数的代表性越好。

根据掌握的资料不同,标准差也有两种计算方法:简单平均法和加权平均法。

简单平均法根据未分组的资料计算标准差,用每个观察值与算术平均数的离差平方和除以总体单位数后再开平方求得。其计算公式为:

$$\sigma = \sqrt{\frac{\sum (x - \bar{x})^2}{n}}$$

【例2-9】以【例2-8】两个商品的5天日销量数据为基础,计算日销量标准差。

**解:**根据【例2-8】和表2-7的计算结果,可得甲、乙商品的平均日销量均为30件,则其标准差分别为:

$$\sigma_甲 = \sqrt{\frac{\sum (x - \bar{x})^2}{n}} = \sqrt{\frac{10}{5}} = 1.41 \text{(件)}$$

$$\sigma_乙 = \sqrt{\frac{\sum (x - \bar{x})^2}{n}} = \sqrt{\frac{250}{5}} = 7.07 \text{(件)}$$

计算结果表明,在甲、乙两商品日销量平均数相同的情况下,甲商品的标准差小于乙商品的标准差,所以甲商品日销量平均数30件的代表性比乙商品日销量平均数30件的代表性要好。

表 2-7 　　　　　　　　　甲、乙两商品日销量标准差计算表

| 甲商品 | | | 乙商品 | | |
|---|---|---|---|---|---|
| 日销量(件) | 离差 | 离差平方 | 日销量(件) | 离差 | 离差平方 |
| $x$ | $x - \bar{x}$ | $(x-\bar{x})^2$ | $x$ | $x - \bar{x}$ | $(x-\bar{x})^2$ |
| 28 | -2 | 4 | 20 | -10 | 100 |
| 29 | -1 | 1 | 25 | -5 | 25 |
| 30 | 0 | 0 | 30 | 0 | 0 |
| 31 | 1 | 1 | 35 | 5 | 25 |
| 32 | 2 | 4 | 40 | 10 | 100 |
| 合计 | — | 10 | 合计 | — | 250 |

加权平均法是在分组情况下计算标准差的方法,是用各组组中值与算术平均数的离差平方乘以各组次数(权数),然后除以总次数,再开平方。其计算公式为:

$$\sigma = \sqrt{\frac{\sum (x - \bar{x})^2 f}{\sum f}}$$

需要注意的是,实际中样本标准差在计算时往往用($n-1$)或 $\sum f - 1$ 代替上述公式中的 $n$ 或 $\sum f$,并记为 $s$。

未分组资料采用公式 $s = \sqrt{\dfrac{\sum (x - \bar{x})^2}{n-1}}$

已分组资料采用公式 $s = \sqrt{\dfrac{\sum (x - \bar{x})^2 f}{\sum f - 1}}$

标准差的平方称为方差,它也是描述变量之间差异程度的一个重要指标,在统计中非常有用。

在抽样推断中，经常用样本的方差 $s^2$ 来推断总体的方差 $\sigma^2$。

**【例2-10】** 某地区抽查其管辖范围内的商店某月的网上销售情况，数据如表2-8所示，试计算该地区某月网络营销额的样本标准差。

表 2-8                      某地区某月网络营销额的样本标准差计算表

| 按月网络营销额分组（万元） | 组中值 $x$ | 店铺数（户）$f$ | 离差 $x-\bar{x}$ | 离差平方 $(x-\bar{x})^2$ | 离差平方乘权数 $(x-\bar{x})^2 f$ |
|---|---|---|---|---|---|
| 200 以下 | 150 | 10 | -263 | 69 169 | 691 690 |
| 200～300 | 250 | 24 | -163 | 26 569 | 637 656 |
| 300～400 | 350 | 52 | -63 | 3 969 | 206 388 |
| 400～500 | 450 | 70 | 37 | 1 369 | 95 830 |
| 500～600 | 550 | 32 | 137 | 18 769 | 600 608 |
| 600 以上 | 650 | 12 | 237 | 56 169 | 674 028 |
| 合计 | — | 200 | — | — | 2 906 200 |

**解：** 根据表2-8中的资料可以计算月网络营销额的平均数为：

$$\bar{x} = \frac{\sum xf}{\sum f} = \frac{82\,600}{200} = 413 \text{（万元）}$$

月网络营销额的样本标准差为：

$$s = \sqrt{\frac{\sum (x-\bar{x})^2 f}{\sum f - 1}} = \sqrt{\frac{2\,906\,200}{199}} = 120.85 \text{（万元）}$$

运用标准差还可将原来不能直接比较的离差标准化，使之可以相加、相减、平均或者相互比较。为此引入一个新的变量，用符号Z来表示，它被定义为变量x的标准分。

$$Z = \frac{x - \bar{x}}{s}$$

公式表明，Z分数是以离差与标准差的比值来测定变量x与$\bar{x}$的相对位置的，它有以下3个特性。

（1）对于给定资料，因为算术平均数和标准差都是确定值，所以Z和x是一一对应的变量。

（2）Z分数没有单位，是一个不受原资料单位影响的相对数，适用于不同单位资料的比较。

（3）Z分数实际表达了变量值离算术平均数$\bar{x}$有几个标准差的距离。例如，Z=2表示该变量值离$\bar{x}$有2个s的距离；Z=1.3表示该变量值离$\bar{x}$有1.3个s的距离。因为Z分数与正态分布有密切关系，所以求Z分数的过程也称为变量标准化的过程。均值不同和方差不同的正态分布，经Z分数标准化后，成为均值为0、方差为1的标准正态分布，所以Z也有标准正态变量之称。按Z值大小编出的标准正态分布表用途十分广泛。

**4. 离散系数**

全距、标准差适用于测定数值型数据的集中趋势，它们都是用绝对数表示的，其计量单位与平均数的计量单位相同。当两个不同计量单位的数列进行比较时，很难直接对比两者。因此，在比较两个数列的平均数代表性强弱时，如果它们的平均水平不同或计量单位不同，就不能用前述的变异指标直接比较它们的差异程度，而应该用变异指标的相对指标即离散系数来比较。

常用的离散系数是标准差系数，其计算公式为：

$$V_{\sigma} = \frac{\sigma}{\bar{x}} \times 100\%$$

标准差系数是统计中最常用的分析指标，它消除了不同水平和不同计量单位的影响，从而比较不同总体各单位之间的离散程度。如果是样本数据，则公式中的 $\sigma$ 可用样本标准差 $s$ 代替。

【例2-11】甲、乙两种商品平均销售量和相关资料如表2-9所示，试比较两种商品销售量平均数代表性的强弱。

解：从表2-9中的资料可知，因为计量单位不同，所以甲、乙两种商品销售量的标准差是无法比较的。因此，只能用标准差系数来比较两种商品销售量的平均数代表性的强弱。因为甲商品的标准差系数6.25%小于乙商品的标准差系数12%，所以甲商品销售量平均数800件的代表性要比乙商品销售量平均数100箱的代表性强。

表 2-9　　　　　　　　　　　　甲、乙两种商品平均销售量和相关资料

| 品种 | 平均数 $\bar{x}$ | 标准差 $\sigma$ | 标准差系数 $V_\sigma$ |
|------|------------------|-----------------|----------------------|
| 甲   | 800 件           | 50 件           | 6.25%                |
| 乙   | 100 箱           | 12 箱           | 12%                  |

## 2.1.4　数据的分布形态

平均数与变异指标用于描述数据分布的集中趋势与离散趋势，而偏度与峰度用于描述数据的分布形态。数据的分布形态是指数据分布是否对称、偏斜程度如何、分布陡峭程度如何等。

1. 偏度的测定

偏度是描述数据分布形态是否对称的指标。资料没有分组时，偏度的计算公式为：

$$SK = \frac{n}{(n-1)(n-2)} \sum \left( \frac{x-\bar{x}}{s} \right)^3$$

资料分组时，偏度的计算公式为：

$$SK = \frac{\sum (x-\bar{x})^3 f}{ns^3}$$

上式表明，当分布对称时，正负总偏差相等，偏度值为 0；当分布不对称时，正负总偏差不等，偏度值大于 0 或小于 0。偏度值大于 0 表示正偏差值大，可以判断为正偏或者右偏；偏度值小于 0 表示负偏差值大，可以判断为负偏或者左偏。偏度绝对值越大，表示数据分布形态的偏斜程度越高。

2. 峰度的测定

峰度是描述数据取值分布形态陡峭程度的指标。资料没有分组时，峰度的计算公式为：

$$K = \frac{n(n+1)\sum (x-\bar{x})^4 - 3[\sum (x-\bar{x})^2]^2 (n-1)}{(n-1)(n-2)(n-3)s^4}$$

资料分组时，峰度的计算公式为：

$$K = \frac{\sum (x-\bar{x})^4 f}{ns^4} - 3$$

上式表明，当峰度值等于 0 时，数据分布与标准正态分布的陡峭程度相同，为正态分布；当峰度值大于 0 时，数据分布比标准正态分布更陡峭，为尖峰分布；当峰度值小于 0 时，数据分布比标准正态分布平缓，为平峰分布。

【例2-12】某地区某月网络营销额资料如表2-10所示，根据表中数据计算月网络营销额的偏度和峰度。

表2-10　　　　　　　　　　　　　　某地区某月网络营销额资料

| 按月网络营销额分组（万元） | 店铺数（户）$f$ | 组中值 $x$ | $(x-\bar{x})^3 f$ | $(x-\bar{x})^4 f$ |
|---|---|---|---|---|
| 200 以下 | 10 | 150 | −181 914 470 | 47 843 505 610 |
| 200～300 | 24 | 250 | −103 937 928 | 16 941 882 264 |
| 300～400 | 52 | 350 | −13 002 444 | 819 153 972 |
| 400～500 | 70 | 450 | 3 545 710 | 131 191 270 |
| 500～600 | 32 | 550 | 82 283 296 | 11 272 811 552 |
| 600 以上 | 12 | 650 | 159 744 636 | 37 859 478 732 |
| 合计 | 200 | | −53 281 200 | 114 868 023 400 |

解：根据表2-10中的数据，可计算月网络平均营销额为413万元，样本标准差为120.85万元。由表2-10资料计算可得：

$$SK = \frac{\sum(x-\bar{x})^3 f}{ns^3} = \frac{-53\,281\,200}{200\times120.85^3} = -0.15$$

偏度为负值，但数值不是很大，说明某地区某月网络营销额数据的分布为左偏分布，但偏斜程度很低，接近于正态分布。

$$K = \frac{\sum(x-\bar{x})^4 f}{ns^4} - 3 = \frac{114\,868\,023\,400}{200\times120.85^4} - 3 = 2.69 - 3 = -0.31$$

峰度小于0，说明其月网络营销额数据的分布比标准正态分布稍平坦些，属于平峰分布。

以上介绍的数据分布特征的计算方法，我们大多可以通过Excel"数据分析"选项中的"描述统计"或者SPSS中的描述统计功能实现。具体的计算过程详见第8章。

## 2.1.5　数据的统计图展示

统计图是统计分析的另一种常用的表达形式，它用各种图形直观地表示统计资料的基本特征和变化趋势。从视觉角度来说，统计图具有简洁具体、形象生动和直观易懂的特点，能给人以明确深刻的印象，一般能取得较好的效果。当然，统计图只是描述和揭示统计数据特征的一种有效方法，它并不能代替统计分析。绘制统计图应明确制图目的，并根据统计资料的数据特点选择合适的图式、字体和色彩，以使统计图内容正确而又简明扼要，效果突出。统计图的标题要鲜明，必要时可附加统计表和文字说明。

统计图的种类很多，常用的有条形图、饼形图、环形图、直方图、茎叶图、箱线图、曲线图、散点图等。在整理数据时，不同类型数据采取的处理方式和适用的处理方法是不同的。

品质数据主要做分类整理，一般采用条形图、饼形图、环形图展示；数值型数据主要做分组处理，通常采用茎叶图、箱线图、直方图、曲线图、散点图展示。数据的类型及其展示方法如图 2-3 所示。

1. 品质数据的展示：条形图

条形图是以宽度相等的条形的长度或高度来反映统计资料。它表示的统计指标既可以是绝对数，也可以是相对数和平均数；既可以是不同地区、单位之间的同类现象，也可以是不同时间的同类现象。条形图可以横置，也可以纵置。当各类别放在纵轴时，称为条形图；当各类别放在横轴时，称为柱形图。

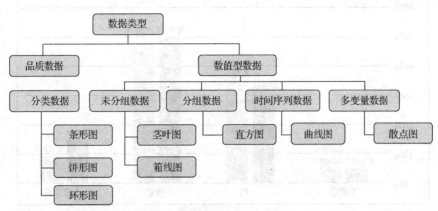

图 2-3  数据的类型及其展示方法

条形图适用于展示分类数据和顺序数据的频率分布。例如，某电子商务交易平台上浙江省 2018
年 11 月 10 日按交易指数排序的类目排行榜条形图如图 2-4 所示。

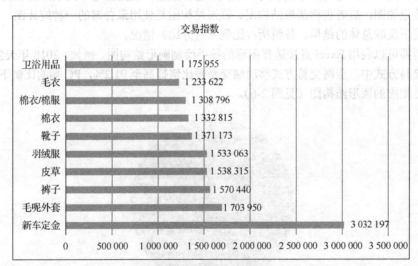

图 2-4  某电子商务交易平台上实时交易类目排行榜（单位：元）

当总体数为 2 时，可以用对比条形图（也称簇状柱形图）来比较分析。

【例2-13】对甲、乙两个地区的网络消费者网购商品满意度的调查情况如表2-11所示，试绘制簇
状条形图比较两个地区的消费者对网购商品的满意度。

表 2-11  甲、乙两个地区消费者对网购商品的满意度

| 对网购商品的满意度 | 甲地区 | 乙地区 |
| --- | --- | --- |
| 不满意 | 5% | 8% |
| 一般 | 30% | 35% |
| 满意 | 50% | 48% |
| 非常满意 | 15% | 9% |

解：根据表2-11中的数据，利用Excel绘制的对比条形图如图2-5所示。

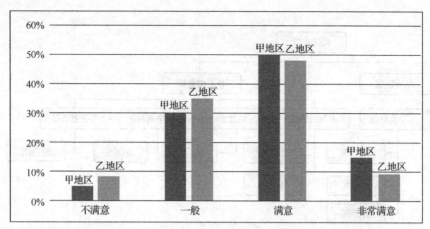

图 2-5　甲、乙两个地区的消费者对网购商品满意度的对比条形图

### 2. 品质数据的展示：饼形图

饼形图也称圆形图，是用圆形面积的大小代表总体数值，或用圆形中的扇形面积反映总体内部各构成指标数值的图，后者也称圆形结构图。圆形结构图是使用最普遍的一种统计图，常用于在总体分组的情况下反映总体的结构、各组所占比例（百分比）情况。

数据分析师可以利用 Excel 直接选择图形的种类绘制圆形结构图。例如，2018 年天猫"双十一"活动的全网交易方式中，全网交易方式移动端交易额比例提高至 91.2%，PC 端的比例下降至 8.8%，据此可绘制出相应的圆形结构图（见图 2-6）。

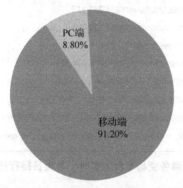

图 2-6　天猫"双十一"活动中移动端与 PC 端的交易构成

### 3. 品质数据的展示：环形图

当有多个总体时，数据分析师可以用环形图比较分析结构。环形图其实是饼图的扩展形式，看上去就像是把多个饼图去掉中间部分叠放在了一起。简单饼图只能描述单个总体的结构，不能比较多个总体的结构；环形图则可以比较多个总体的结构。例如，可以将表 2-11 中甲、乙两个地区消费者对网购商品的满意度数据绘制成环形图（见图 2-7）。绘图时只要在饼图的分类中选择环形图即可。

### 4. 分组数据的展示：直方图

直方图是用矩形的宽度和高度来表示频数分布的图形。在平面直角坐标系中，横轴表示数据分组，即各组组限，纵轴表示次数。一般纵轴的左侧标明频数，右侧标明频率，如果没有频率，则直方图只在左侧标明频数。用各组组距的宽度与相应频数的高度绘制成一个个矩形，便形成了直方图。它与条形图的区别是各矩形之间不留间隔，且各矩形的宽度是各组组距，而条形图宽度只表示类别。

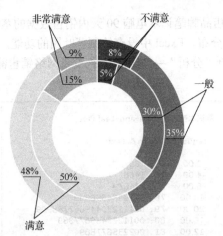

注：图中外圈代表乙地区，内圈代表甲地区。

图 2-7 甲、乙两个地区的消费者对网购商品的满意度的对比环形图

直方图可以直观地展现变量数据的频数分布，簇状柱形图可以直接显示数值，堆积柱形图可以用来比较整体的各部分，百分比堆积柱形图可以显示部分占整体的百分比。

直方图通常用来显示组距数列频数分布的特征，常常与折线图结合使用。折线图可以在直方图的基础上将各矩形顶边的中点用直线连接而成，也可以用组中值与次数连接而成。例如，用表 2-5 中的数据绘制某地区一个月网络销售额分组数据的直方图，横轴按月网络销售额分组，纵轴为各组的店铺数（见图 2-8）。从图 2-8 中可以看出，该地区网络营销月销售额基本呈"两头小，中间大"的分布特征，也就是正态分布特征。

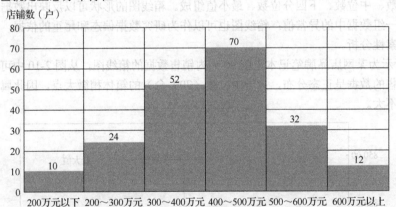

图 2-8 某地区一个月网络销售额分组数据的直方图

### 5. 未分组数据的展示：茎叶图

茎叶图是反映原始数据分布的图形，又称"枝叶图"，它由茎和叶两部分构成，其图形是由数字组成的。它的思路是将数组中的数按位数比较，将数的大小基本不变或变化不大的位作为一个主干（茎），将变化大的位的数作为分枝（叶），列在主干的后面，这样就可以清楚地看到每个主干后面有几个数，每个数具体是多少。通过茎叶图，我们可以看出数据的分布形态，以及数据的离散状况，如分布是否对称、数据是否集中、是否有异常值等。

茎叶图是一个与直方图相类似的特殊工具，但又与直方图不同，茎叶图保留了原始资料的信息，直方图则失去了原始资料的信息。将茎叶图的茎和叶逆时针旋转 90°，实际上就是一个直方图，可以从中统计出次数，计算出各数据段的频数或百分比，从而可以看出分布是否是正态分布或渐进正

态分布。例如，图 2-9 是某网店品牌笔记本电脑 90 天内销售数据的茎叶图。从图 2-9 中可以看到，笔记本电脑的销售基本呈正态分布。Excel 中没有绘制茎叶图的功能，图 2-9 是通过 SPSS 绘制的茎叶图，可以在 SPSS 菜单中选择"分析"→"探索"，把变量网络销售额选为分析变量，单击"绘图"选项选择茎叶图实现。

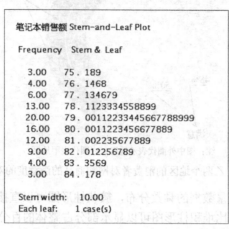

图 2-9　某网店品牌笔记本电脑 90 天内销售数据的茎叶图

### 6. 未分组数据的展示：箱线图

箱线图是由一组数据的最大值、最小值、中位数、两个四分位数 5 个数据绘制而成的，它主要反映原始数据分布的特征，还可以比较多组数据分布特征。箱线图的形式一般从上到下依次由最大值、上四分位数、中位数、下四分位数、最小值组成。箱线图的形状可以反映出数据的分布特征，从中可以找到一组数据中的异常值；箱线图也可以作为研究数据偏态和尾重的依据，还可以作为描述性统计的探索性分析。

图 2-10 所示为某网店品牌笔记本电脑 90 天内销售数据的箱线图，从图 2-10 中可以看出，笔记本电脑网上销售的数据呈正态分布，大于中位数（799 台）的箱体稍微大点，因此属于右偏分布，但是偏斜程度不大。

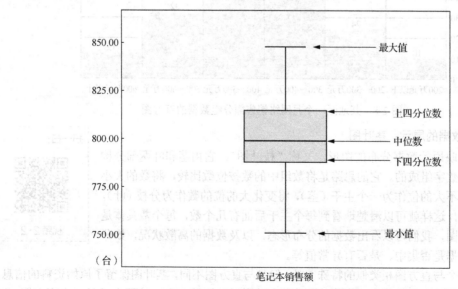

图 2-10　某网店品牌笔记本电脑 90 天内网上销售数据的箱线图

图 2-11 所示为几种不同箱线图与其对应的分布形状的比较。对于多组数据，可以将各组数据的箱线图并列起来，从而比较分布特征。

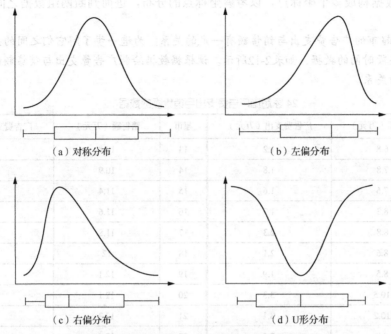

（a）对称分布　　　　　　　　　　　　　（b）左偏分布

（c）右偏分布　　　　　　　　　　　　　（d）U形分布

图 2-11　不同箱线图与其对应的分布形状的比较

### 7．时间序列数据的展示：曲线图

曲线图也称线形图，是用折线（多角曲线）或曲线（平滑线）在直角坐标系中反映统计指标数值的一种图形，是统计图中应用最多的一种图形。根据所反映的统计资料内容，曲线图有分配曲线（折线）图、依存关系曲线（折线）图和动态曲线（折线）图。图 2-12 所示为 2009－2018 年天猫"双十一"活动单日销售额（亿元）曲线图，它反映了天猫"双十一"单日销售额在这段时间内呈曲线增长趋势。

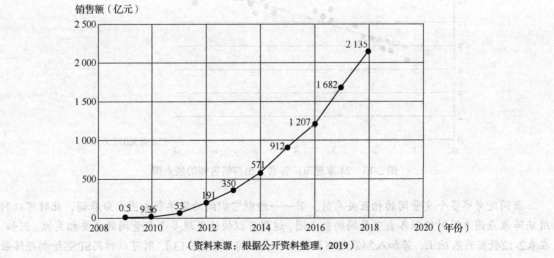

（资料来源：根据公开资料整理，2019）

图 2-12　2009—2018 年天猫"双十一"活动单日销售额曲线图

### 8. 多变量数据的展示：散点图

散点图是数据点在直角坐标系平面上的分布图，它是用来展示数据之间关系的一种图形。散点图用两组数据构成多个坐标点，以考察坐标点的分布，进而判断两组数据之间是否存在某种关联。

【例2-14】超市的广告费支出与销售额有一定的关系。为进一步了解它们之间的关系形态，收集到24家超市某段时间的数据，如表2-12所示。试根据数据绘制广告费支出与销售额的散点图，并分析它们之间的关系。

表2-12　　　　　　　　　　24家超市广告费支出与销售额的数据

| 超市 | 销售额（万元） | 广告费支出（万元） | 超市 | 销售额（万元） | 广告费支出（万元） |
|---|---|---|---|---|---|
| 1 | 6.8 | 1.2 | 13 | 10.8 | 4.5 |
| 2 | 7.8 | 1.8 | 14 | 10.9 | 5 |
| 3 | 7.6 | 1.6 | 15 | 11.4 | 4.7 |
| 4 | 8.3 | 1.7 | 16 | 11.6 | 5.1 |
| 5 | 8.8 | 2.3 | 17 | 11.8 | 5.1 |
| 6 | 8.6 | 2.1 | 18 | 12 | 4.8 |
| 7 | 8.5 | 1.9 | 19 | 12.1 | 5.3 |
| 8 | 10.5 | 3.3 | 20 | 12.1 | 5.5 |
| 9 | 10.2 | 3.1 | 21 | 12.3 | 4.6 |
| 10 | 9.8 | 2.5 | 22 | 12.4 | 5.2 |
| 11 | 11.1 | 3.1 | 23 | 12.8 | 5 |
| 12 | 11 | 3.5 | 24 | 11.7 | 6.5 |

解：根据表2-12中的数据，利用Excel绘制的散点图如图2-13所示。从图2-13中的趋势线可以看出，广告费支出与销售额之间有明显的线性关系，随着广告费支出的增加，销售额也随之增加。

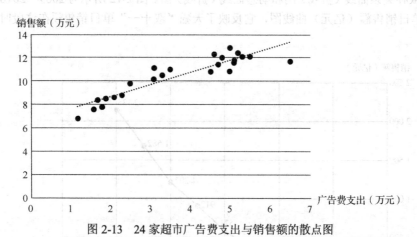

图2-13　24家超市广告费支出与销售额的散点图

当同时考察多个变量间的相互关系时，若一一绘制它们间的简单散点图十分麻烦，此时可以利用矩阵散点图来同时绘制各自变量间的散点图，这样可以快速发现多个变量间的主要相关性。例如，在表2-12数据的基础上，若加入24家超市的投入人员数据（见表2-13），则可以利用SPSS绘制矩阵散点图。

| 超市编号 | 投入的人员数（人） | 超市编号 | 投入的人员数（人） |
|---|---|---|---|
| 1 | 12 | 13 | 18 |
| 2 | 15 | 14 | 17 |
| 3 | 13 | 15 | 18 |
| 4 | 15 | 16 | 19 |
| 5 | 16 | 17 | 20 |
| 6 | 14 | 18 | 21 |
| 7 | 13 | 19 | 22 |
| 8 | 17 | 20 | 20 |
| 9 | 16 | 21 | 25 |
| 10 | 14 | 22 | 24 |
| 11 | 17 | 23 | 23 |
| 12 | 15 | 24 | 22 |

表 2-13      24 家超市投入人员数统计表

在 SPSS 中，选择"分析"→"旧对话框"→"散点图"，再选择"矩阵分布"即可。绘制结果如图 2-14 所示，从图 2-14 可见，这三者基本是相关的，而且呈正向相关关系。

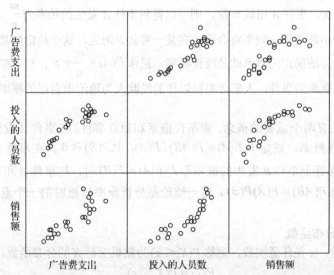

图 2-14 24 家超市广告费支出、投入的人员数与销售额的矩阵散点图

值得注意的是，虽然不同数据类型展示图形的方法不同，但同属某一大类的子类数据，有时整理和展示数据采用的方法并不一定完全不同，实际应用时可根据具体情况选择。例如，品质数据包括分类数据和顺序数据，在实际应用中，它们在整理和图形展示上方法大致相同，只是局部略微有些差异。

## 2.2 数理统计基础

本节介绍电子商务数据分析中经常用到的数理统计基础知识，主要包括抽样估计基础、数据分布及中心极限定理等内容。这些内容是数据分析师在进行数理统计分析时必须具备的基础知识。

## 2.2.1 抽样估计基础

### 1. 随机事件及其概率

与随机事件紧密相关的一个概念是随机现象，为此有必要先了解随机现象的定义，在此基础上进一步理解随机事件。随机现象是指在相同情况下不会总出现相同结果的现象，例如，买彩票中奖、抛硬币正面朝上等，这类事件可能发生也可能不发生，其结果具有偶然性。对随机现象进行一次观察或测量的过程，称为一次随机试验，随机事件就是随机现象进行多次重复试验得到的一类基本结果的集合。

随机事件在一次试验中发生的可能性是通过多次重复试验的规律来判断的，这种规律性和可能性被称为随机事件的概率。随机事件的概率取值在0～1之间，取值越大表明随机事件发生的可能性越大。有两种特殊情况，即当概率值为0时称该随机事件为不可能事件，当概率值为1时称该随机事件为必然事件。

随机事件的概率主要分为3类：古典概率、统计概率和主观概率。

如果某一随机试验的结果有限并且出现的可能性相等，则某一事件$A$发生的概率为事件$A$包含的事件数$m$与随机试验包含的所有基本事件数$n$之比，这就是古典概率，记作$P(A) = \dfrac{m}{n}$；在相同条件下进行随机试验$n$次，事件$A$出现$m$次，则可以得到事件$A$发生的频率为$\dfrac{m}{n}$。

随着试验次数的不断增加，频率将会稳定在某一常数$P$附近，这个稳定的常数称为该事件的概率，这种利用频率的方法确定的概率就是统计概率，记作$P(A) = \dfrac{m}{n} = p$；对一些无法通过随机试验重复$n$次来确定发生概率的事件，人们会根据以往的经验人为地给出自己的概率，这种概率就是主观概率。

在概率分析中还有两个重要的概念，即条件概率和独立事件。在事件$A$发生的条件下事件$B$发生的概率就是条件概率，规定$P(B|A) = P(AB) / P(A)$，且$P(B) \geqslant 0$。在事件$A$发生的条件下事件$B$发生的条件概率等于事件$B$发生的概率即$P(B|A) = P(B)$时，称事件$A$和事件$B$是相互独立的。进一步可推导出$P(AB) = P(A)P(B)$，这一结论是分析概率问题时的一个重要条件，是很多定理的基础。

### 2. 随机变量的分布函数

设$X$为随机变量，$x$是任意实数，则称$P(X \leqslant x)$为随机变量$X$的分布函数，记作$F(x)$，即：

$$F(x) = P(X \leqslant x)$$

有了分布函数，对于任意的实数$x_1$，$x_2$（$x_1 < x_2$），随机变量$X$落在区间（$x_1$，$x_2$]的概率可以用分布函数来计算。

$$P(x_1 < X \leqslant x_2) = P(X \leqslant x_2) - P(X \leqslant x_1) = F(x_2) - F(x_1)$$

分布函数完整地描述了随机变量的统计规律。如果把$X$看成数轴上的随机点的坐标，则分布函数$F(x)$中$x$的函数值就表示$X$落在区间（$-\infty$，$x$]的概率。因此，分布函数的值在[0, 1]。当$x \to +\infty$时，其值趋于1；当$x \to -\infty$时，其值趋于0。

### 3. 随机变量及其概率分布

随机变量是指可以用来表示随机现象结果的变量，随机变量常用大写字母$X$，$Y$，$Z$等表示。随机变量根据是否可以列出分为两大类：一是离散型随机变量，该种随机变量可以在数轴上用有限的点表示出来；二是连续型随机变量，这种变量的取值在数轴上只能用区间表示。

随机变量取值的统计规律被称为概率分布，两种类型的随机变量（即离散型随机变量和连续型随机变量）对应的概率分布是有差别的。

（1）离散型随机变量的分布。因为离散型随机变量的取值是可以列出的，并且对应的概率是可以确定的，所以其概率分布可以用一种含有随机变量 $X$ 的所有可能取值以及概率的表格表示出来，这就是离散型随机变量的概率分布，简称分布列，如表 2-14 所示。

表 2-14 离散型随机变量的概率分布（分布列）

| $X$ | $x_1$ | $x_2$ | … | $x_k$ | … | $x_n$ |
|---|---|---|---|---|---|---|
| $P(X = x_i)$ | $P(X = x_1)$ | $P(X = x_2)$ | … | $P(X = x_k)$ | … | $P(X = x_n)$ |

离散型随机变量的概率分布特点：①一个随机变量的概率都为 $0\sim1$，记为 $0 \leqslant p(X = x_i) \leqslant 1(i = 1, 2, \cdots)$；②所有随机变量的概率之和为 1，记为 $\sum_{i=1}^{n} P(X = x_i) = 1$。

（2）连续型随机变量的分布。用来描述连续型随机变量取值规律的分布称为概率密度函数，记作 $f(x)$。概率密度函数有两个性质。

① 概率密度曲线定位于 $x$ 轴上方，即 $f(x) \geqslant 0$。

② 分布曲线和 $x$ 轴之间的面积是 1，即 $\int_{-\infty}^{+\infty} f(x)\mathrm{d}x = 1$。

在连续分布的情况下，可以用函数曲线下的面积来表示概率。例如，随机变量 $X$ 在 $a\sim b$ 的概率可以写成：

$$P(a < X < b) = \int_a^b f(x)\mathrm{d}x$$

如果随机变量 $X$ 的取值为 $(-\infty, +\infty)$，则它的概率对应的分布函数可以表示为：

$$F(x) = \int_{-\infty}^{x} f(t)\mathrm{d}t$$

有了概率分布，概率的计算问题就变成了一般意义下的函数计算问题了。

4. 随机变量的数字特征

在现实生活中，很多情况下我们并不需要确切知道一个随机变量的概率分布，只要用几个简明扼要的数字就可以概括随机变量的取值情况，这些数字称为随机变量的数字特征。常见的数字特征有数学期望（简称期望）和方差，它们分别用 $E(X)$ 和 $D(X)$ 表示。期望 $E(X)$ 反映随机变量取值的集中程度，方差 $D(X)$ 反映随机变量取值的分散（离中）程度。方差越大，说明随机变量的取值越分散；方差越小，说明随机变量的取值越集中。

离散型随机变量 $X$ 的期望和方差可以表示为：

$$E(X) = x_1 p_1 + x_2 p_2 + \cdots = \sum_i x_i p_i$$

$$D(X) = [x_1 - E(X)]^2 p_1 + [x_2 - E(X)]^2 p_2 + \cdots = \sum_i [x_1 - E(X)]^2 p_i$$

连续型随机变量 $X$ 的期望和方差可以表示为：

$$E(X) = \int_{-\infty}^{\infty} xf(x)\mathrm{d}x, \quad D(X) = \int_{-\infty}^{\infty} [x - E(X)]^2 f(x)\mathrm{d}x$$

## 2.2.2 正态分布

正态分布是统计学中最重要的分布，许多数据进一步处理的前提都是服从正态分布。这一分布最早是由德国数学家高斯发现的，许多社会经济现象都可以用它来刻画，因此这一分布具有重要的现实意义。服从正态分布的随机变量的特征是：该随机变量的取值在一定范围内波动，其中接近均值的数比较多，远离均值的数比较少。正态分布的概率密度函数可以表示为：

$$f(x)=\frac{1}{\sqrt{2\pi}\sigma}\mathrm{e}^{-\frac{(x-\mu)^2}{2\sigma^2}},\quad(-\infty<x<\infty)$$

此时随机变量 $X$ 服从均值为 $\mu$、方差为 $\sigma^2$ 的正态分布，记作 $X\sim N(\mu,\sigma^2)$，它的概率密度函数曲线如图 2-15 所示。

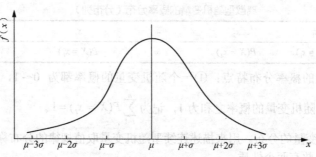

图 2-15　正态分布的概率密度曲线

由图 2-15 可以发现正态分布曲线是钟形的，具有两头低、中间高的特征。

特别地，$\mu=0$，$\sigma=1$ 的正态分布称为标准正态分布，记作 $X\sim N(0,1)$。对于标准正态分布，人们习惯上把它的分布函数表示为：

$$\Phi(x)=P(X\leqslant x)=\frac{1}{\sqrt{2\pi}}\int_{-\infty}^{x}\mathrm{e}^{-\frac{u^2}{2}}\mathrm{d}u,\quad(-\infty<x<\infty)$$

标准正态分布的密度函数曲线和分布函数曲线分别如图 2-16 和图 2-17 所示。

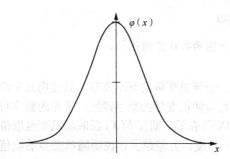

图 2-16　标准正态分布的密度函数曲线

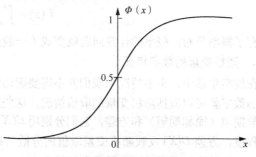

图 2-17　标准正态分布的分布函数曲线

标准正态分布的性质如下。

① $\Phi(-x)=1-\Phi(x)$

② $P(X\leqslant a)=\Phi(a)$

③ $P(X>a)=1-P(X\leqslant a)=1-\Phi(a)$

④ $P(a\leqslant X\leqslant b)=\Phi(b)-\Phi(a)$

⑤ $P(|X|<c)=\Phi(c)-\Phi(-c)=2\Phi(c)-1$

基于以上性质就易于制成标准正态分布表，使得对于标准正态分布的概率计算问题，可以通过查表来解决。对于任何非标准正态分布 $X\sim N(\mu,\sigma^2)$，都可以通过"标准化"转换为标准正态分布，变换公式为：

$$Z=\frac{X-\mu}{\sigma}\sim N(0,1)$$

这样非标准正态分布事件的概率就可以转化为标准正态分布来计算。例如，非标准正态分布 $X$ 在区间 $(a,b)$ 上的概率可以这样计算：

$$P(a < X < b) = P(\frac{a-\mu}{\sigma} < \frac{x-\mu}{\sigma} < \frac{b-\mu}{\sigma}) = \Phi(\frac{b-\mu}{\sigma}) - \Phi(\frac{a-\mu}{\sigma})$$

【例2-15】设 $X$ 服从标准正态分布，求 $P(|X| \leqslant 1)$ 以及 $P(X > 2)$。

解：（1） $P(|X| \leqslant 1) = P(-1 \leqslant X \leqslant 1) = \phi(1) - \phi(-1) = \phi(1) - [1 - \phi(1)] = 2\phi(1) - 1$
$$= 2 \times 0.841\,3 - 1 = 0.682\,6$$

（2） $P(X > 2) = 1 - P(X \leqslant 2) = 1 - \phi(2) = 1 - 0.977\,3 = 0.022\,7$

其中，$\phi(1)$ 和 $\phi(2)$ 可以在标准正态分布表中查到。

## 2.2.3 基于正态分布的三大分布

### 1. $\chi^2$ 分布

设随机变量 $X_1, X_2, \cdots, X_n$ 相互独立且服从标准正态分布，则它们的平方和 $\sum\limits_{i=1}^{n} X_i^2$ 服从自由度为 $n$ 的 $\chi^2$ 分布（也叫卡方分布），记作 $\sum\limits_{i=1}^{n} X_i^2 \sim \chi^2(n)$，则其分布密度函数可以表示为：

$$f(x) = \begin{cases} \dfrac{1}{2^{\frac{n}{2}} \Gamma(\frac{n}{2})} x^{\frac{n}{2}-1} e^{-\frac{x}{2}} & x > 0 \\ 0 & x \leqslant 0 \end{cases}$$

它的概率密度曲线如图 2-18 所示。

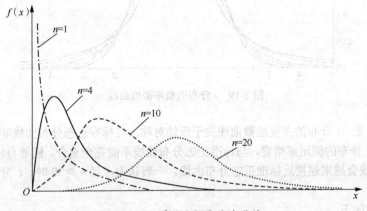

图 2-18 $\chi^2$ 分布概率密度曲线

当自由度趋于无限大时，$\chi^2$ 分布趋近于正态分布。$\chi^2$ 分布的分位数可以从 $\chi^2$ 分布表中查到。

$\chi^2$ 分布的主要性质如下。

（1）$\chi^2$ 值都是正值，$\chi^2$ 分布曲线下的面积都是 1。

（2）$\chi^2$ 分布在第一象限内，呈正偏态，随着参数 $n$ 的增大，$\chi^2$ 分布趋近于正态分布。

（3）可加性。若有 $n$ 个服从 $\chi^2$ 分布且相互独立的随机变量，则它们之和仍是 $\chi^2$ 分布，新的 $\chi^2$ 分布的自由度为原来 $n$ 个 $\chi^2$ 分布自由度之和。即若 $\chi_1^2 \sim \chi^2(n)$，$\chi_2^2 \sim \chi^2(m)$，且相互独立，则有 $\chi_1^2 + \chi_2^2 \sim \chi^2(n+m)$。

（4）期望和方差。若 $\chi^2 \sim \chi^2(n)$，则 $E(\chi^2) = n$，$D(\chi^2) = 2n$。不同的自由度决定不同的 $\chi^2$ 分布，自由度越小，分布越偏斜。

（5）正态分布与 $\chi^2$ 分布的转换关系。对于正态总体 $N(\mu,\sigma^2)$，样本方差 $S^2=\dfrac{1}{n-1}\sum_{i=1}^{n}(X_i-\overline{X})^2$ 满足 $\dfrac{(n-1)S^2}{\sigma^2}\sim\chi^2(n-1)$。

### 2. $t$ 分布

设随机变量 $X\sim N(0,1)$，$Y\sim\chi^2(n)$，且 $X$ 与 $Y$ 相互独立，则随机变量 $t=\dfrac{X}{\sqrt{Y/n}}$ 服从自由度为 $n$ 的 $t$ 分布，记作 $t\sim t(n)$。其概率密度函数为：

$$f(x)=\frac{\Gamma(\dfrac{n+1}{2})}{\sqrt{n\pi}\,\Gamma(\dfrac{n}{2})}(1+\frac{x^2}{n})^{-\frac{n+1}{2}}$$

$t$ 分布的概率密度曲线如图 2-19 所示。

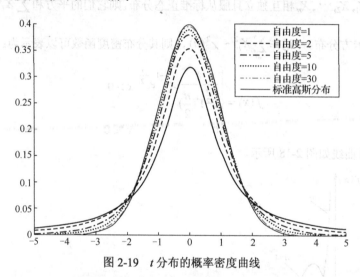

图 2-19　$t$ 分布的概率密度曲线

由图 2-19 可见，$t$ 分布的密度函数曲线关于纵轴对称，与标准正态分布曲线非常相似，都是单峰偶函数，只是 $t$ 分布的侧尾部略宽，与标准正态分布曲线不能完全重合。随着自由度的增加，$t$ 分布的密度函数曲线会越来越接近标准正态分布曲线。一般认为，当 $n\geq30$ 时，$t$ 分布可近似地等于标准正态分布。

$t$ 分布的性质如下。

（1）自由度 $n=1$ 的 $t$ 分布就是柯西分布，均值不存在；当自由度 $n>1$ 时，分布的数学期望等于 0；当自由度 $n>2$ 时，分布的方差存在且等于 $n/(n-2)$。

（2）$t$ 分布与正态分布之间的关系。设 $X$ 与 $Y$ 是两个独立同方差的总体，$X\sim N(\mu_1,\sigma^2)$，$Y\sim N(\mu_2,\sigma^2)$，$X_1,X_2,\cdots,X_n$ 来自 $X$ 的 $n$ 个样本，$Y_1,Y_2,\cdots,Y_m$ 来自 $Y$ 的 $m$ 个样本，则有：

$$\frac{(\overline{X}-\overline{Y})-(\mu_1-\mu_2)}{S_{xy}}\sqrt{\frac{mn}{m+n}}\sim t(n+m-2)$$

其中，$\overline{X}=\dfrac{1}{n}\sum_{i=1}^{n}X_i$，$\quad\overline{Y}=\dfrac{1}{m}\sum_{i=1}^{m}Y_i$，$\quad S_x^2=\dfrac{1}{n-1}\sum_{i=1}^{n}(X_i-\overline{X})^2$，$\quad S_y^2=\dfrac{1}{m-1}\sum_{i=1}^{m}(Y_i-\overline{Y})^2$，

$S_{xy}=\dfrac{(n-1)S_x^2+(m-1)S_y^2}{n+m-2}$。

在信息不足的情况下，一般使用 $t$ 分布。例如，在不知道总体方差的情况下，对总体均值进行检验时可利用 $t$ 统计量。

**3. $F$ 分布**

若随机变量 $Y$ 与 $Z$ 相互独立，且 $Y$ 和 $Z$ 分别服从自由度为 $m$ 和 $n$ 的 $\chi^2$ 分布，则随机变量 $X = \dfrac{Y/m}{Z/n}$ 服从第一自由度为 $m$，第二自由度为 $n$ 的 $F$ 分布，记为 $F \sim F(m, n)$。$F$ 分布的概率密度函数为：

$$f(x) = \frac{\Gamma(\frac{m+n}{2})m^{\frac{m}{2}}n^{\frac{n}{2}}x^{\frac{m}{2}-1}}{\Gamma(\frac{m}{2})\Gamma(\frac{n}{2})(mx+n)^{\frac{m+n}{2}}}$$

$F$ 分布的概率密度曲线如图 2-20 所示（图中第一自由度为 $m$，第二自由度为 $n$）。

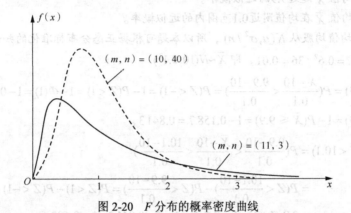

图 2-20　$F$ 分布的概率密度曲线

$F$ 分布的性质如下。

（1）$F$ 分布是右偏态分布，且没有小于 0 的部分。

（2）当第二自由度 $n > 2$ 时，$E(x) = \dfrac{n}{n-2}$；当第二自由度 $n > 4$ 时，$D(x) = \dfrac{n^2(2m+2n-4)}{m(n-2)^2(n-4)}$。

（3）分位数满足 $F_\alpha(m, n) = \dfrac{1}{F_{1-\alpha}(n, m)}$。

以上 3 个分布在区间估计、假设检验、回归分析中都有重要应用，是统计推断的基础。结合正态分布的性质，将它们的特征归纳在表 2-15 中。

表 2-15　　　　　　　　　　　　　　　　统计推断常用的分布

| 分布类型 | 符号表示 | 期望 | 方差 | 分布形态 | 取值范围 |
|---|---|---|---|---|---|
| 正态分布 | $N(\mu, \sigma)$ | $\mu$ | $\sigma^2$ | 对称分布 | $(-\infty, +\infty)$ |
| $\chi^2$ 分布 | $\chi^2(n)$ | $n$ | $2n$ | 右偏分布 | $(0, +\infty)$ |
| $t$ 分布 | $t(n)$ | $0(n > 2)$ | $n/(n-2)(n > 2)$ | 对称分布 | $(-\infty, +\infty)$ |
| $F$ 分布 | $F(m, n)$ | $\dfrac{n}{n-2}$ $(n > 2)$ | $\dfrac{n^2(2m+2n-4)}{m(n-2)^2(n-4)}$ $(n > 4)$ | 右偏分布 | $(0, +\infty)$ |

### 2.2.4  中心极限定理

从均值为 $\mu$，方差为 $\sigma^2$ 的总体中随机抽取样本容量为 $n$ 的简单随机样本，当样本容量 $n$ 充分大时，样本均值 $\overline{X}$ 的抽样分布近似服从均值为 $\mu$，方差为 $\sigma^2/n$ 的正态分布。中心极限定理提供了一个非常有用的样本均值的近似抽样分布，而不管总体服从何种分布，只要能够得到足够多的样本（一般要求 $n \geq 30$），就可以用正态分布的性质来统计推断。最早的中心极限定理是由德莫佛提出的，他认为二项分布的极限分布是正态分布，现在人们熟知的中心极限定理是林德伯格和勒维证明的样本均值近似服从正态分布。

中心极限定理在实际中应用广泛，下面结合几个例子来说明。

【例2-16】假设从一个均值 $\mu = 10$，标准差 $\sigma = 0.6$ 的总体中随机选取容量 $n = 36$ 的样本。

（1）计算样本均值 $\overline{X}$ 小于9.9的近似概率。

（2）计算样本均值 $\overline{X}$ 超过9.9的近似概率。

（3）计算样本均值 $\overline{X}$ 在均值附近0.1范围内的近似概率。

**解**：因为样本均值均服从 $N(\mu, \sigma^2/n)$，所以本题可根据正态分布标准化的知识求近似概率。

$\mu = 10$，$\sigma^2/n = 0.6^2/36 = 0.01$，即 $\overline{X} \sim N(10, 0.1^2)$

（1）$P(\overline{X} < 9.9) = P(\dfrac{\overline{X}-10}{0.1} < \dfrac{9.9-10}{0.1}) = P(Z < -1) = 1 - P(Z < 1) = 1 - \Phi(1) = 1 - 0.8413 = 0.1587$。

（2）$P(\overline{X} > 9.9) = 1 - P(\overline{X} \leq 9.9) = 1 - 0.1587 = 0.8413$。

（3）$P(9.9 < \overline{X} < 10.1) = P(\dfrac{9.9-10}{0.1} < \dfrac{\overline{X}-10}{0.1} < \dfrac{10.1-10}{0.1})$

$$= P(Z < \dfrac{10.1-10}{0.1}) - P(Z < \dfrac{9.9-10}{0.1}) = P(Z < 1) - P(Z < -1)$$

$$= 2P(Z < 1) - 1 = 2\Phi(1) - 1 = 2 \times 0.8413 - 1 = 0.6826$$

【例2-17】灯具制造厂生产一批灯泡，它们总体的寿命近似服从 $N(50, 6^2)$，一家零售商决定购买100只，请问这100只灯泡的寿命均值小于等于48的概率是多少？

**解**：$\mu = 50$，$\sigma^2/n = 6^2/100 = 0.6^2$

$$P(\overline{X} \leq 48) = P(\dfrac{\overline{X}-50}{0.6} < \dfrac{48-50}{0.6}) = P(Z < -3.33) = 1 - P(Z < 3.33) = 0.0004$$

# 2.3  相关分析与回归分析

相关分析与回归分析都是应用极其广泛的数据统计分析方法。相关分析是一种研究随机变量之间相关关系的统计分析方法，主要研究现象之间是否存在某种依存关系，并探讨具有依存关系的现象的相关方向及相关程度。

回归分析按照涉及自变量的多少，可分为一元回归分析和多元回归分析。根据自变量和因变量之间的关系类型，可分为线性回归和非线性回归。在回归分析中，如果只包含一个自变量和一个因变量，且可以用一条直线近似地表示两者的关系，这种回归分析就称为一元线性回归分析。如果回归分析中包括两个或两个以上的自变量，且它们之间存在线性关系，则称为多元线性回归分析。本节仅简要介绍相关分析与一元线性回归分析的基本方法。

## 2.3.1 相关分析

在相互联系的现象之间存在着一定的因果关系，把其中起影响作用的现象具体化，通过一定的变量反映出来，这样的变量称作自变量。受到自变量变动的影响而发生变动的变量称作因变量。相关分析可以在影响某个变量的诸多变量中判断哪些是影响显著的，哪些是影响不显著的。在得到相关分析结果后，可以对相互影响显著的变量使用其他数据分析方法（如回归分析和因子分析）做进一步分析。

典型的相关性分析包括3个步骤：一是绘制两个变量的散点图；二是计算变量之间的相关系数；三是相关系数的显著性检验。

### 1. 散点图的绘制

为了研究两个变量之间存在什么关系，可以在平面直角坐标系中画一张图，将随机变量 $X$ 与 $Y$ 的观察值 $(x_i, y_i)(i=1, 2, \cdots, n)$ 看成直角坐标系中的点，在图中标出 $n$ 个点，则称此图为散点图。散点图可以帮助人们了解变量之间是否相关及相关程度。绘制散点图是相关分析的第一步，用 Excel 的绘制"散点图"功能可以完成这一步骤。

### 2. 相关系数的计算

若相关系数是根据总体全部数据计算的，则称为总体相关系数，记为 $\rho$，它是两个变量之间的协方差和标准差的商。它按照积差方法计算，以两个变量与各自平均值的离差为基础，利用两个离差相乘来反映两个变量之间的相关程度。其公式具体如下。

$$\rho_{XY} = \frac{\text{cov}(X,Y)}{\sigma_x \sigma_y} = \frac{E[(X-\mu_x)(Y-\mu_y)]}{\sigma_x \sigma_y}$$

若是根据样本数据计算的，则称为样本相关系数，记为 $r$。

常用的样本相关系数有3种，即皮尔逊相关系数、斯皮尔曼相关系数和肯德尔相关系数。

（1）皮尔逊相关系数，记为 Parson 线性相关系数。皮尔逊相关系数是由著名统计学家卡尔·皮尔逊设计的统计量，如果散点图的 $n$ 个点基本在一条直线附近，但又不完全在一条直线上，就可以使用该统计量来表示变量关系的密切程度。它的计算公式是：

$$r = \frac{n\sum xy - \sum x \sum y}{\sqrt{n\sum x^2 - (\sum x)^2}\sqrt{n\sum y^2 - (\sum y)^2}}$$

$r$ 被称为随机变量 $x$ 与 $y$ 的 Pearson 线性相关系数。

只有两个变量的标准差都不为零时，相关系数才有定义。皮尔逊相关系数适用情况：两个变量是线性关系，都是连续数据，可以使用散点图查看；两个变量的总体是正态分布，或接近正态的单峰分布；两个变量的观测值是成对的，每对观测值之间都相互独立。

相关系数 $r$ 值的大小能够反映变量 $x$ 与 $y$ 之间线性关系的密切程度。$r$ 值不同，两个变量的相关方向与相关密切程度也不同。根据相关系数 $r$ 值的正负，可以判断两个变量相关的方向；根据相关系数 $r$ 的绝对值大小，可以判断两个变量的相关程度。相关系数的性质如下。

① 当 $r=\pm 1$ 时，各个点完全在一条直线上，这时称两个变量完全线性相关。

② 当 $r=0$ 时，两个变量不相关，这时散点图上的 $n$ 个点可能毫无规律，不过两个变量之间也可能存在某种曲线的趋势。

③ 当 $r>0$ 时，两个变量正相关，这时 $x$ 的值增加，$y$ 的值也有增加的趋势。

④ 当 $r<0$ 时，两个变量负相关，这时 $x$ 的值增加，$y$ 的值有减少的趋势。

根据皮尔逊相关系数的绝对值大小，可以判断两个变量之间的相关程度。

① $|r| \geqslant 0.8$ 时，可视为两个变量之间高度相关。

② $0.5 \leqslant |r| < 0.8$ 时，可视为两个变量之间中度相关。

③ $0.3 \leqslant |r| < 0.5$ 时，可视为两个变量之间低度相关。

④ $|r| < 0.3$ 时，说明两个变量之间的相关程度极弱，可视为不相关。

（2）斯皮尔曼相关系数，记为 Spearman 等级相关系数。斯皮尔曼相关系数是根据等级资料研究两个变量之间相关关系的方法，它是依据两列成对等级的各对等级数之差来计量的，所以又称为"等级差数法"。其计算公式为：

$$\rho = 1 - \frac{6 \sum_{i=1}^{n} d_i^2}{N(N^2 - 1)}$$

其中，$d_i$ 为两列成对等级的各对等级数之差。等级相关系数与线性相关系数一样，取值为-1～ +1，$\rho$ 为正时表示正相关，为负时表示负相关，等于零表示不相关，二者的区别是等级相关系数是在等级的基础上计算的，比较适用于反映序列变量的相关关系。等级相关系数和通常的相关系数一样，它与样本的容量有关，尤其是在样本容量比较小的情况下，其变异程度较大。等级相关系数的显著性检验与普通的相关系数的显著性检验相同。

斯皮尔曼相关系数对数据条件的要求没有皮尔逊相关系数严格，只要两个变量的观测值是成对的等级评定资料，或者是由连续变量观测资料转化得到的等级资料，不论两个变量的总体分布形态、样本容量的大小如何，都可以用斯皮尔曼相关系数来研究。

（3）肯德尔相关系数，记为 Kendall 等级相关系数。肯德尔相关系数是以 Maurice Kendall 命名的，并经常用希腊字母 $\tau$ 表示其值。肯德尔相关系数是一个用来测量两个随机变量相关性的统计值。肯德尔检验是非参数假设检验，它使用计算而得的相关系数去检验两个随机变量的统计依赖性。肯德尔相关系数的计算公式有 3 种，这里仅介绍其中的一种。

$$\tau - a = \frac{C - D}{\frac{1}{2} N(N - 1)}$$

其中，$C$ 表示 $x$ 与 $y$ 中拥有一致元素的对数（两个元素为一对）；$D$ 表示 $x$ 与 $y$ 中拥有不一致元素的对数。

上述公式仅适用于集合 $x$ 与 $y$ 中均不存在相同元素的情况。肯德尔相关系数的取值范围为-1～1，当 $\tau$ 为 1 时，表示两个随机变量有完全相同的等级相关性；当 $\tau$ 为-1 时，表示两个随机变量拥有完全相反的等级相关性；当 $\tau$ 为 0 时，表示两个随机变量是相互独立的。

3. 相关系数的显著性检验

一般情况下，总体相关系数 $\rho$ 是无法得到的，只能通过样本相关系数 $r$ 去估计。由于相关系数 $r$ 是根据样本计算的，是一个随机变量，这就需要考察样本相关系数的可靠性如何，即需进行相关系数的显著性检验。检验步骤如下。

（1）提出原假设。

$$H_0 : \rho = 0 \quad \text{两个变量之间的线性关系不显著}$$

（2）计算检验统计量。

$$t = |r| \sqrt{\frac{n-2}{1-r^2}} \sim t(n-2)$$

（3）进行决策。根据给定的显著性水平 $\alpha$ 和自由度 $n-2$ 查 $t$ 分布表，得出 $t_{\frac{\alpha}{2}}(n-2)$ 的临界值。若 $|t| > t_{\frac{\alpha}{2}}$，则拒绝原假设 $H_0$，表明总体的两个变量之间存在显著的线性关系；反之，接受原假设，

表明总体的两个变量之间不存在显著的线性关系。

## 2.3.2 一元线性回归分析

回归分析是因果关系法的一个主要类别，是数理统计学中的基本方法之一，主要用于探讨数据之间的某种特定关系。当两个变量之间存在线性相关关系时，人们常常希望在两者之间建立定量关系，两个相关变量之间的定量关系表达即是一元线性回归方程。将两个变量的值绘制到散点图，从散点图上看，$n$ 个点在一条直线附近波动，一元线性回归方程便是对这条直线的一种估计。当估计出这条直线后，就可以利用这个直线方程根据给定的自变量来预测因变量，这就是一元线性回归分析所要解决的问题。

### 1. 一元回归模型及相关假设

设自变量 $x$ 是一般变量，因变量 $y$ 是随机变量，对于固定的 $x$ 值，$y$ 值有可能是不同的。假定服从正态分布，$y$ 的均值是 $x$ 的线性函数，其波动是一致的，并且假定 $n$ 组数据的收集是独立进行的。在这些假定的基础上，可建立如下一元线性回归模型：

$$y = \beta_0 + \beta_1 x + \varepsilon$$

其中，$x$ 为自变量，$y$ 为因变量。$\beta_0$ 和 $\beta_1$ 称为模型的参数，$\beta_0$ 为截距，$\beta_1$ 为回归系数，表明自变量对因变量的影响程度。误差项 $\varepsilon$ 是随机变量，反映了除 $x$ 和 $y$ 之间的线性关系外的随机因素对 $y$ 的影响，是不能由 $x$ 和 $y$ 之间的线性关系所解释的变异性。

从专业角度讲，以上建立的一元回归分析模型只有在以下假设成立时才有意义。

（1）正态性假设：要求总体误差项服从正态分布。如果违反这一假设，则最小二乘估计不再是无偏估计，不能进行区间估计。如果不涉及假设检验和区间估计，则此假设可以忽略。

（2）零均值假设：在自变量取一定值的条件下，其总体各误差项的条件平均值为零。如果违反这一假设，则由最小二乘估计得到的不再是无偏估计。

（3）等方差性假设：在自变量取一定值的条件下，其总体各误差项的条件方差为一个常数。如果违反这一假设，则最小二乘估计不再是有效估计，不能进行区间估计。

（4）独立性假设：误差项之间相互独立（不相关），误差项与自变量之间应相互独立。如果违反这一假设，则误差项之间可能出现序列相关，最小二乘估计不再是有效估计。

### 2. 一元线性回归方程

根据一元线性回归模型和对误差项的假设，可以建立如下一元线性回归方程，其表达式为：

$$E(y) = \beta_0 + \beta_1 x$$

该表达式描述了 $y$ 的平均值或期望值是如何依赖于自变量 $x$ 的。现在给出了 $n$ 对样本数据 $(x_i, y_i)$，$i = 1, 2, \cdots, n$，下面要根据这些样本数据估计 $\beta_0$ 和 $\beta_1$，估计值记为 $\hat{\beta}_0$ 和 $\hat{\beta}_1$。如果 $\hat{\beta}_0$ 和 $\hat{\beta}_1$ 已经估计出来，那么给定 $x_i$ 值，回归直线上对应点的纵坐标为：

$$\hat{y}_i = \hat{\beta}_0 + \hat{\beta}_1 x_i$$

称 $\hat{y}_i$ 为回归值，实际的观测值 $y_i$ 与 $\hat{y}_i$ 之间存在偏差，我们希望求得的直线（即确定 $\hat{\beta}_0$ 和 $\hat{\beta}_1$）使这种偏差的平方和最小，即要求 $\sum (y_i - \hat{y}_i)^2$ 最小。根据微分学的原理，可以证明上式中的 $\hat{\beta}_0$ 和 $\hat{\beta}_1$ 可以用下式求出。

$$\hat{\beta}_1 = \frac{n \sum_{i=1}^{n} x_i y_i - (\sum_{i=1}^{n} x_i)(\sum_{i=1}^{n} y_i)}{n \sum_{i=1}^{n} x_i^2 - (\sum_{i=1}^{n} x_i)^2}$$

$$\hat{\beta}_0 = \bar{y} - \hat{\beta}_1 \bar{x}$$

这一组解称为最小二乘估计，其中，$\hat{\beta}_1$ 是回归直线的斜率，称为回归系数；$\hat{\beta}_0$ 是回归直线的截距，一般称为常数项。这样就可以根据样本数据求得 $\hat{\beta}_0$ 和 $\hat{\beta}_1$，也就能找到回归方程，完成回归分析的主要任务。

### 3. 回归直线的拟合优度

回归直线的拟合优度是指回归直线对观测值的拟合程度。显然，若观测点离回归直线近，则拟合程度好；反之，则拟合程度差。

在回归分析中，因变量 $n$ 次观测值的总变差可由其离差平方和来表示，称为总平方和，记为 SST，即 $SST = \sum(y_i - \bar{y})^2$。SST 可以分解成两部分：其中，$\sum(\hat{y}_i - \bar{y})^2$ 是回归值与均值的离差平方和，反映了在 $y$ 的总变差中由于 $x$ 与 $y$ 之间的线性关系引起的变化部分，可以由回归直线来解释，称为回归平方和，记为 SSR，即 $SSR = \sum(\hat{y}_i - \bar{y})^2$；另一部分 $\sum(y_i - \hat{y}_i)^2$ 是各实际观测值与回归值的离差平方和，称为残差平方和，记为 SSE，即 $SSE = \sum(y_i - \hat{y}_i)^2$。3 个平方和之间的关系为：

$$SST = SSR + SSE$$

度量拟合优度的统计量是判定系数 $R^2$。判定系数是回归平方和（$SSR$）占总平方和（$SST$）的比例，其计算公式为：

$$R^2 = \frac{SSR}{SST} = \frac{\sum_{i=1}^{n}(\hat{y}_i - \bar{y})^2}{\sum_{i=1}^{n}(y_i - \bar{y})^2}$$

$R^2$ 的取值范围是 [0, 1]。$R^2$ 的值越接近 1，说明回归直线对观测值的拟合程度越好；反之，$R^2$ 的值越接近 0，说明回归直线对观测值的拟合程度越差。在进行回归分析时，首先要观察判定系数的大小，如果判定系数太小，则说明自变量对因变量的线性解释程度太低，即模型的现实意义不大，可以考虑使用别的分析方法分析，或使用多元线性回归分析方法和曲线回归分析方法。如果是多元线性回归，则考虑调整后 $R^2$ 的值，一般软件都有相关计算，这里不再赘述。

### 4. 回归模型的检验

回归分析也是从样本数据估计总体参数的分析方法，因此得出回归方程以后，需要检验得出的估计与之前的假设，从而确认所做的分析是否有效。回归模型的检验包括以下 3 个方面的内容。

（1）回归方程的显著性检验（$F$ 检验）。建立回归方程的目的是表达两个具有线性相关变量之间的定量关系，因此，只有当两个变量具有线性相关关系时，所建立的回归方程才是有意义的。检验两个变量之间是否存在线性相关关系的问题便是对回归方程的显著性检验问题。这里介绍 $F$ 检验。

① 提出原假设。

$H_0: \beta_1 = 0$，即两个变量之间的线性关系不显著。

② 计算检验统计量。

$$F = \frac{SSR/1}{SSE/(n-2)} \sim F(1, n-2)$$

③ 进行决策。根据给定的显著性水平 $\alpha$ 和 $F$ 的自由度查 $F$ 分布表，得出相应的临界值 $F_\alpha$。若 $F > F_\alpha$，则拒绝原假设 $H_0$，表明总体的两个变量之间存在显著的线性关系；反之，接受原假设，表明总体的两个变量之间不存在显著的线性关系。

若要便于推广到多元线性回归场合，则可用方差分析法进行检验。

（2）回归系数的显著性检验（$t$ 检验）。回归方程进行显著性检验以后，方程中的每个系数对因变量的贡献还需要进一步检验（尤其是在多元线性回归中）。总体回归效果显著并不说明方程中每个自变量

$x_1$，$x_2$，…，$x_n$ 对因变量 $y$ 都是重要的，即可能有某个自变量 $x_i$ 对 $y$ 并不起作用，或者能被其他 $x_k$ 的作用代替，因此，对于这种自变量，一般需要从回归方程中剔除，这样才可以建立更简单的回归方程。

显然，某个自变量如果对 $y$ 不显著，则它的系数 $\beta_i$ 就应取值为 0，因此检验每个自变量 $x_i$ 是否显著就要进行假设检验。

① 提出原假设。

$H_0$：$\beta_i = 0$，即假设系数为零。

② 计算检验统计量。在 $\beta_i = 0$ 的假设下，可应用 $t$ 检验统计量：

$$t = \frac{\hat{\beta}_i}{\dfrac{\sigma}{\sqrt{\sum(x_i - \overline{x})^2}}} \sim t(n-2)$$

其中，$\sigma = S_y = \sqrt{\dfrac{\sum(y_i - \hat{y}_i)^2}{n-2}}$。

③ 进行决策。根据给定的显著性水平 $\alpha$ 和自由度 $n-2$ 查 $t$ 分布表，得出 $t_{\alpha/2}(n-2)$ 的临界值。若 $|t| > t_{\alpha/2}$，则拒绝原假设 $H_0$，表明回归系数显著不为 0，即自变量对因变量的影响是显著的；反之，接受原假设，表明回归系数显著为 0，即自变量对因变量的影响是不显著的。

在多元线性回归分析中，如果某一系数被检验出不显著，则说明系数对应的自变量对因变量没有重要作用，需要从模型中剔除；在一元线性回归分析中，如果检验出不显著，则需要重新设计模型。

（3）残差分析。残差是指由回归方程计算得到的预测值与实际样本值之间的差距，其定义为：

$$e_i = y_i - \hat{y}_i = y_i - (\hat{\beta}_0 + \hat{\beta}_1 x_i)$$

对于线性回归分析，如果方程能够比较好地反映被解释变量的特征和规律性，那么残差序列中就应不包含明显的规律。残差分析包括以下内容：残差服从正态分布，其平均值等于零；残差取值与 $x$ 的取值无关；残差的自相关性；残差方差相等。本书仅介绍部分残差分析的内容，感兴趣的读者可查阅相关文献，探究其他方面的内容。

① 残差均值和方差齐次性检验。数据分析师可以利用残差图进行分析，如果残差均值为零，则残差图的点应该在纵坐标为零的中心带状区域随机散落。如果残差的方差随着自变量值（或因变量值）的增加有规律的变化，则出现了异方差现象。

② D-W 检验。D-W 检验用来检验残差的自相关。检验统计量为：

$$DW = \frac{\sum\limits_{t=2}^{n}(e_t - e_{t-1})^2}{\sum\limits_{t=2}^{n}e_t^2} \approx 2(1-\rho)$$

$DW$ 值为 2 表示无自相关，为 0~2 说明存在正自相关，为 2~4 说明存在负自相关。一般情况下，$DW$ 值为 1.5~2.5 即可说明无自相关。

# 2.4 应用实例：使用 Excel 实现一元回归分析

回归分析是根据所拟合的回归方程来研究自变量与因变量相关关系的方法，实践中主要用于预测。本节主要讨论如何使用 Excel 实现一元线性回归分析。

在 Excel 中可以使用多种方法求解回归分析问题，常用方法主要有：①采用图表分析；②使用回归函数；③使用规划求解工具；④使用回归分析工具。

其中，回归分析工具仅适用于线性回归分析，规划求解工具是最有效和最方便的求解工具。

## 2.4.1 求解问题及要求

以一段时间内某系列商品销售的利润和成交金额数据为依据（见表 2-16），用 Excel 实现商品销售利润和销售金额的一元线性回归分析。

表 2-16　　　　　　　　　　　　某系列商品销售的利润和成交金额数据

| 类别 | 成交金额（万元） | 利润（万元） |
| --- | --- | --- |
| 陶器&玻璃 | 88 445 | 8 460 |
| 邮票 | 102 | 11 |
| 照片 | 9 584 | 779 |
| 消费者电子商品-视频 | 232 | 15 |
| 古董 | 12 098 | 5 897 |
| 照片 1 | 6 377 | 718 |
| 健康&美丽 | 17 926 | 1 560 |
| 健康&美丽 1 | 98 509 | 9 358 |
| 计算机 | 54 789 | 5 205 |
| 珠宝、手表 | 113 569 | 10 789 |
| 家居 | 35 933 | 3 414 |
| 陶器&玻璃 1 | 33 434 | 3 176 |
| 照片 2 | 34 915 | 3 317 |
| 书 | 61 452 | 5 838 |
| 服装&饰品 | 77 806 | 7 392 |
| 汽车零件 | 82 996 | 7 885 |
| 收藏品 | 10 572 | 942 |
| 体育用品 | 6 502 | 682 |
| 体育用品 1 | 1 952 | 197 |
| 服装&饰品 1 | 12 067 | 1 095 |
| 陶器&玻璃 2 | 88 445 | 8 460 |
| 邮票 1 | 102 | 11 |
| 照片 3 | 9 584 | 779 |
| 消费者电子商品-视频 1 | 232 | 15 |
| 古董 1 | 12 098 | 5 897 |
| 照片 4 | 6 377 | 718 |
| 健康&美丽 2 | 17 926 | 1 560 |

具体要求：

（1）建立 $x$ 与 $y$ 散点图，在图上添加线性趋势线、线性回归方程及判定系数 $R^2$ 的值。

（2）使用规划求解法计算一元线性回归模型的参数，求判定系数 $R^2$ 的值。

（3）使用回归分析工具建立一元线性回归模型，求解模型参数和判定系数 $R^2$ 的值，并通过 $R^2$ 判断回归方程的线性关系是否显著。

（4）比较上述 3 种方法的结果，并预测成交金额投入为 200 000 万元时的利润。

（5）将规划求解法预测得到的利润预测值添加到散点图上。

## 2.4.2 不同方法实现回归分析的基本步骤

### 1. 采用图表分析——添加趋势线

（1）在 Excel 中打开工作表"商品类目销售利润表.xls"，选取 B1：C201 单元格区域，在"插入"选项中选择"图表"组，单击"散点图"按钮，创建图 2-21 所示的图表。

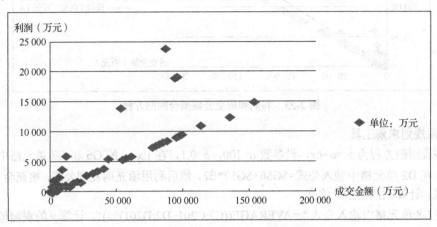

图 2-21　商品利润与成交金额散点图

（2）在图表中用鼠标右键单击数据系列，在弹出的快捷菜单中选择"添加趋势线"命令，弹出"设置趋势线格式"对话框。设置"趋势预测/回归分析类型"为线性，选择"显示公式"和"显示 R 平方值"复选框，如图 2-22 所示。

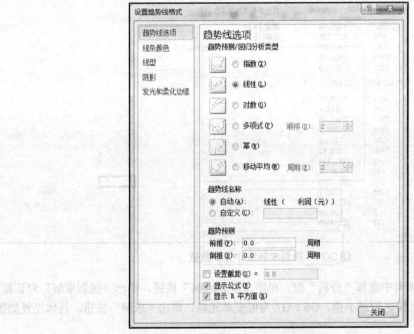

图 2-22　设置趋势线格式

（3）关闭对话框，得到图表分析法的回归方程，如图 2-23 所示，求得回归方程为 $y=0.113\,7x+53.339$，$R^2=0.807\,3$。$R^2>0.7$，说明曲线拟合度较好。

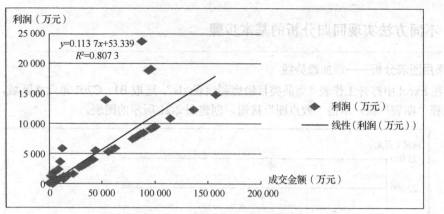

图 2-23　利润和成交金额拟合回归方程

2. 使用规划求解工具

（1）假设回归方程为 $\hat{y}=a+bx$，设参数 $a$=100，$b$=0.1，在 Excel 的 G6 和 G7 单元格中分别输入 100 和 0.1，在 D2 单元格中输入公式=$G$6+$G$7*B2，然后利用填充柄复制公式，填充至 D3：D201 单元格区域，计算利润的估计值 $\hat{y}$。

（2）在 G8 单元格中输入公式"=AVERAGE((C2:C201−D2:D201)^2)"，计算 $y$ 的观测值与估计值之间的均方误差 MSE，结果如图 2-24 所示。

| | A | B | C | D | E | F | G | H | I | J | K | L |
|---|---|---|---|---|---|---|---|---|---|---|---|---|
| 1 | 类别 | 成交金额(万元) | 利润（万元) | 利润（万元）估计值 | | | | | | | | |
| 2 | 陶器&玻璃 | 88445 | 8460 | 8944.45 | | | | | | | | |
| 3 | 邮票 | 102 | 11 | 110.247 | | | | | | | | |
| 4 | 照片 | 9584 | 779 | 1058.375 | | | | | | | | |
| 5 | 消费者电子产品-视频 | 232 | 15 | 123.238 | | 规划求解法计算的参数值 | | | | | | |
| 6 | 古董 | 12098 | 5897 | 1309.79 | | 截距(a) | 100 | | | | | |
| 7 | 照片 | 6377 | 718 | 737.725 | | 斜率(b) | 0.1 | | | | | |
| 8 | 健康&美丽 | 17926 | 1560 | 1892.63 | | 均方误差（MSE) | 2583384.113 | | | | | |
| 9 | 健康&美丽 | 98509 | 9358 | 9950.85 | | | | | | | | |
| 10 | 电脑 | 54789 | 5205 | 5578.9 | | | | | | | | |
| 11 | 珠宝,宝石,手表 | 113569 | 10789 | 11456.85 | | | | | | | | |
| 12 | 家居 | 35933 | 3414 | 3693.25 | | | | | | | | |
| 13 | 陶器&玻璃 | 33434 | 3176 | 3443.4 | | | | | | | | |
| 14 | 照片 | 34915 | 3317 | 3591.45 | | | | | | | | |
| 15 | 书 | 61452 | 5838 | 6245.2 | | | | | | | | |
| 16 | 服装&饰品 | 77806 | 7392 | 7880.6 | | | | | | | | |
| 17 | 汽车零件 | 82996 | 7885 | 8399.55 | | | | | | | | |
| 18 | 收藏品 | 10572 | 942 | 1157.154 | | | | | | | | |
| 19 | 体育用品 | 6502 | 682 | 750.22 | | | | | | | | |
| 20 | 体育用品 | 1952 | 197 | 295.1605 | | | | | | | | |
| 21 | 服装&饰品 | 12067 | 1095 | 1306.7 | | | | | | | | |
| 22 | 玩具 | 2728 | 285 | 372.8145 | | | | | | | | |
| 23 | 艺术 | 41 | 5 | 104.05 | | | | | | | | |
| 24 | 音乐 | 1224 | 131 | 222.3895 | | | | | | | | |

图 2-24　规划求解法计算参数值

（3）在"数据"选项卡中选择"分析"组，单击"规划求解"按钮，弹出"规划求解"对话框，选取单元格 G8 为设置目标达到最小值，G6：G7 为可变单元格，单击"求解"按钮，具体设置如图 2-25 所示。

（4）求解得到 $a$=53.34，$b$=0.113 7，则回归方程为 $y$=0.113 7$x$+53.34。

（5）在单元格 G9 中输入公式 RSQ（C2:C201,D2:D201），计算判定系数 $R^2$，结果如表 2-17 所示。

图 2-25 规划求解参数设置和输出

表 2-17 规划求解参数值

| 规划求解法计算的参数值 | |
| --- | --- |
| 截距 ($a$) | 53.34 |
| 斜率 ($b$) | 0.113 7 |
| 均方误差 ($MSE$) | 2 417 508.317 |
| $R^2$ | 0.807 25 |

### 3. 使用回归分析报告工具

（1）在"数据"选项卡中选择"分析"组，单击"数据分析"按钮，选取"回归"分析工具，弹出"回归"对话框。

（2）设置"Y 值输入区域"为利润（万元）所在列，"X 值输入区域"为成交金额（万元）所在列，选择"标志"复选框，设"输出区域"为$F$7，具体设置如图 2-26 所示。

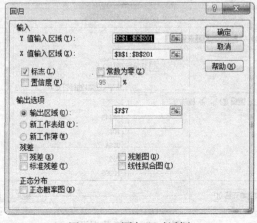

图 2-26 "回归"对话框

（3）单击"确定"按钮，得到图 2-27 所示的回归分析报告。

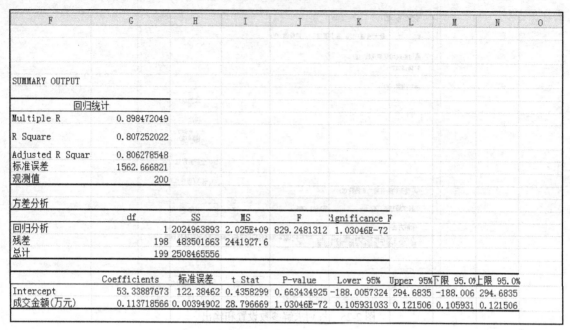

| | F | G | H | I | J | K | L | M | N | O |
|---|---|---|---|---|---|---|---|---|---|---|
| SUMMARY OUTPUT | | | | | | | | | | |
| | 回归统计 | | | | | | | | | |
| Multiple R | 0.898472049 | | | | | | | | | |
| R Square | 0.807252022 | | | | | | | | | |
| Adjusted R Squar | 0.806278548 | | | | | | | | | |
| 标准误差 | 1562.666821 | | | | | | | | | |
| 观测值 | 200 | | | | | | | | | |
| 方差分析 | | | | | | | | | | |
| | | df | SS | MS | F | Significance F | | | | |
| 回归分析 | | 1 | 2024963893 | 2.025E+09 | 829.2481312 | 1.03046E-72 | | | | |
| 残差 | | 198 | 483501663 | 2441927.6 | | | | | | |
| 总计 | | 199 | 2508465556 | | | | | | | |
| | Coefficients | 标准误差 | t Stat | P-value | Lower 95% | Upper 95% | 下限 95.0% | 上限 95.0% | | |
| Intercept | 53.33887673 | 122.38462 | 0.4358299 | 0.663434925 | -188.0057324 | 294.6835 | -188.006 | 294.6835 | | |
| 成交金额(万元) | 0.113718566 | 0.00394902 | 28.796669 | 1.03046E-72 | 0.105931033 | 0.121506 | 0.105931 | 0.121506 | | |

图 2-27  回归分析报告

（4）分析报告中的参数值，$a$=53.34，$b$=0.113 7，$R^2$=0.807 25，说明回归方程的线性相关性显著。

4．采用规划求解的参数进行回归预测

（1）在单元格 G13 中输入公式"=G6+G7*G12"，计算成交金额为 200 000 万元时的利润预测值，结果如表 2-18 所示。

表 2-18 　　　　　　　　　　　　　　预测值　　　　　　　　　　　　　单位：万元

| 预测指标 | 预测值 |
|---|---|
| 成交金额 | 200 000 |
| 利润估计值 | 22 793.34 |

（2）将预测值添加到散点图上。在 Excel 中选中数据列，单击"选择数据"按钮，打开"选择数据源"对话框，如图 2-28 所示。

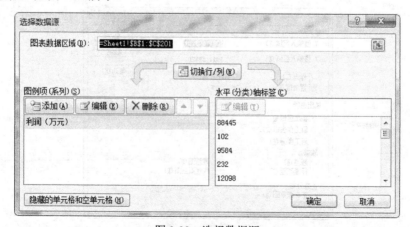

图 2-28  选择数据源

（3）将预测值添加到散点图上（续）。在图 2-28 中单击"添加"按钮，打开"编辑数据系列"对话框，添加成交金额为 200 000 万元时利润预测值的点，如图 2-29 所示。

图 2-29　"编辑数据系列"对话框

（4）单击图 2-29 中的"确定"按钮，得到新增预测点后的散点图，如图 2-30 所示。

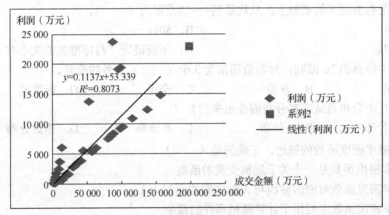

图 2-30　新增预测点后的散点图

对给定的销售数据，以上 4 种方法求得的一元回归方程结果一致。

# 本章小结

　　本章是电子商务数据分析的统计基础，主要讲述了统计数据的类型，描述性统计中数据集中趋势、离中趋势、偏斜程度和陡峭程度的测度方法，不同数据类型的展示方法，正态分布、$t$ 分布、$\chi^2$ 分布和 $F$ 分布的定义和性质，中心极限定理的本质，相关分析与一元线性回归分析的基本知识，以及利用 Excel 实现一元线性回归分析的基本方法。

　　通过本章的学习，希望读者能够掌握描述性统计各种指标的计算方法，判断数据的类型，并会用不同的图示方法揭示数据之间的关系；理解随机变量的概念、离散型随机变量和连续型随机变量的区别；了解离散型随机变量的分布列、连续型随机变量的密度函数和分布函数之间的关系；理解随机变量的数学期望、方差的含义；掌握数学期望和方差的计算以及运算性质；熟悉正态分布以及三大分布的定义和性质，掌握中心极限定理，了解相关分析和建立一元线性回归方程的基本方法，这是统计分析与推断的基础。本章所述的统计基础知识，也是电子商务数据分析人员业务成长必须具备的基础知识。

# 复习思考题

## 一、判断题

1. 描述性统计分析一般通过图或数学方法对数据的分布状态、数字特征和随机变量之间的关系进行估计和描述。（　　）

2. 品质数据只能用文字或者数字代码来表现品质特征或者属性特征，因此也称其为定量数据。（　　）

3. 众数是位置平均数，不受极端数值的影响，主要用于测定分类数据的集中趋势，也适用于测定顺序数据与数值型数据的集中趋势。（　　）

4. 中位数受极端数值的影响，在总体数据差异不大的情况下，其具有较强的代表性。（　　）

## 二、选择题

1. 在对称正态曲线下的横轴上，从均数到$+\infty$的面积为（　　）。

    A. 95%                          B. 50%

    C. 100%                        D. 不能确定（与标准差的大小有关）

2. 统计学中经典的$3\sigma$准则，异常值通常为3个（　　）之外的变量。

    A. 均值         B. 方差         C. 全距         D. 标准差

3. 下列哪几个分布是从正态分布演变出来的？（　　）

    A. $\chi^2$分布        B. $t$分布        C. $F$分布        D. 指数分布

4. 下列对概率密度函数的描述，正确的是（　　）。

    A. 概率密度函数是一个关于随机变量的函数

    B. 概率密度函数对应的曲线与$X$轴之间的面积为1

    C. 概率密度函数主要用于计算随机事件的概率

    D. 概率密度函数主要用来计算连续型随机变量在某个区间中取值的概率

5. 在回归直线方程$E(y)=\beta_0+\beta_1 x$中，回归系数$\beta_1$表示（　　）。

    A. $x=0$时，$y$的期望值

    B. $x$变动一个单位时$y$的变动总量

    C. $y$变动一个单位时$x$的平均变动量

    D. $x$变动一个单位时$y$的平均变动量

6. 皮尔逊线性相关系数为零时，表明两个变量（　　）。

    A. 无相关关系                        B. 无直线相关关系

    C. 无曲线相关关系                  D. 中度相关关系

## 三、问答题

1. 频率与概率有什么关系？

2. 辨析下面哪些是随机事件：

（a）打桌球前的掷骰子；（b）考试优秀的同学考试考砸；（c）每年元旦都是同一天；

（d）当地的俄罗斯人拥有黄皮肤；（e）打篮球球进篮筐；（f）学生洗澡的时间。

3. 统计数据的类型有哪些？根据所掌握数据的不同，平均数有什么不同的种类和计算方法？

4. 品质数据常用的图示方法有哪些？基于正态分布的三大分布是什么？

## 四、计算分析题

1. 随机抽取25个网络用户，得到他们的年龄数据如表2-19所示。

表 2-19                                       25 个网络用户的年龄数据       单位：周岁

| 年龄 | 年龄 | 年龄 | 年龄 | 年龄 |
| --- | --- | --- | --- | --- |
| 19 | 15 | 29 | 25 | 24 |
| 23 | 21 | 38 | 22 | 18 |
| 30 | 20 | 19 | 19 | 16 |
| 23 | 27 | 22 | 34 | 24 |
| 41 | 20 | 31 | 17 | 23 |

试计算、分析以下问题：

（a）计算众数、中位数；              （b）计算四分位数；

（c）计算平均数和标准差；            （d）计算偏度系数和峰度系数；

（e）对网民年龄的分布特征进行综合分析。

2．某种品牌的灯泡用到 6 000 小时未坏的概率为 4/5，用到 12 000 小时未坏的概率为 1/2。现在有一只这种品牌的灯泡已经用了 6 000 小时未坏，它能用到 12 000 小时的概率是多少？

3．做掷两枚硬币的试验。令 X 表示掷到正面的次数，试求 X 的概率分布。

4．某人花 10 元买彩票，他抽中 100 元奖的概率是 0.1%，抽中 10 元奖的概率是 1%，抽中 1 元奖的概率是 20%，假设各种奖不能同时抽中，试求：

（a）此人收益的概率分布；            （b）此人收益的期望值。

5．设随机变量 X 的概率密度为：

$$f(x) = \frac{3x^2}{\theta} \quad (0 < x < \theta)$$

（a）已知 $P(X > 1) = 7/8$，求 $\theta$ 的值；（b）求 X 的期望值与方差。

6．某工厂生产一批商品成箱售卖，每箱的重量是随机的，假设每箱平均重 50 千克，标准差为 5 千克，若用最大载重量为 5 000 千克的汽车装运，试用中心极限定理说明每辆车最多可以装多少箱才能保证不超载的概率大于 0.977？

# 第3章 网店运营数据分析

## 本章学习目标

- ☞ 了解网店运营数据分析的作用以及网店运营不同阶段数据分析的目标。
- ☞ 熟悉网店运营数据分析的常用工具。
- ☞ 掌握订单状态数据、订单时间数据的分析方法。
- ☞ 掌握网店客户行为和客户特征数据分析方法。
- ☞ 理解环比与同比的含义，掌握网店总销售额、新客户与回头客销售额的分析方法。
- ☞ 掌握网店商品关联订单数据、关联比例数据、关联客户数据分析方法。

## 引例

### 京东利用网店运营数据造就电子商务巨头

京东是仅次于阿里巴巴、腾讯、百度的中国第四大互联网上市公司。与其他电子商务企业一样，运营数据在帮助京东实现精准营销的过程中，提高了网店的智能化水平。

（1）借助订单与销售数据提高用户购物体验。一些商品具有重复购买的特点，如洗衣粉、牙膏等日用商品，购买之后在可预期的一段时间内将会用完，京东分析此类商品用户两次购买行为之间的平均时间，待到用户可能再次购买的时间临近时，推介系统就会给用户推介相应的商品，提高用户的体验，从而提高商品的转化率。

（2）借助搜索数据和用户评论理解用户意图。在搜索日志里，京东发现用户常常搜索的不是具体商品，而是直接表达自己的购物意图，如"送老爸"等。一般很少有商品会将这些词汇放入自己的商品，但是用户的评论则会对此有所提及，如"老爸特别高兴""特别合适老婆穿"等。基于对用户搜索数据和用户海量评论信息的分析，京东尝试去理解用户的购物意图，通过对数据的统计、分析和深入挖掘，为商品打上标签。例如，商品适合送给男性或女性，将这些结果提供给用户。

（3）借助用户行为和特征数据分析其购物心理。京东基于用户的购买行为数据，通过创建一个模型来分析用户的购买心理。例如，用户首次浏览商品和最终购买商品之间所用的时间有多长；一看到商品就购买属于冲动型消费；看某类商品的时间较长又互相比较，最终选择了相对便宜的商品，这是目标明确的消费。据此，网店可以统计、分析用户的购物心理，进而得出某个品类商品的需求的情况，实现商品的精准营销。

（资料来源：根据网络资料改编，2019-3-16）

### 【案例思考】

京东是如何利用其网店运营数据成就电子商务巨头地位的？

企业的经营需要注重软实力与硬实力的统一，网店经营也是如此。硬实力奠定了网店的发展基础和动力来源，软实力则决定网店的发展方向和前途。在当今激烈、残酷的市场竞争机制之下，网店如何有效地经营和生存发展，是每一个网店所属企业或店主都必须面对的问题。

# 3.1 网店运营数据分析的作用及阶段目标

网店在其运营过程的不同发展阶段积累了大量的数据，对这些数据采用适当的工具和方法进行分析，可以帮助卖家了解行业的最新动态，为网店开展各种促销活动及制定发展规划提供依据。

## 3.1.1　网店运营数据分析的作用

网店运营数据分析在网店运营中具有重要的作用，可以扮演多重重要的角色：它可以充当预测师，帮助网店选款、预测库存周期、预测未来风险；可以充当规划师，通过数据分析合理规划网店装修板块和样式；可以充当医师，诊断网店经营状况，指出不健康运营网店的病源并对症下药；可以充当行为分析师，通过用户购买的物品、单价、花费、活跃时间、客服聊天反馈等分析买家行为特性；可以充当营销师，通过对现有资源合理分析、制订最大化的销售计划，以促进销量增长。网店运营数据分析的作用是多方面的，但归纳起来主要体现在以下几个方面。

扫一扫：

视频 3-1

### 1. 为网店制定经营决策提供支持

为网店制定经营决策提供支持，即把隐没在一大批看来杂乱无章的运营数据中的信息集中、萃取和提炼出来，能帮助卖家发现问题、分析问题，找出网店运营的内在规律，并为网店决策提供支持。例如，某网店通过解析和挖掘网店内在的数据源，与行业的周数据对比，发现其余环节都略高于行业均值，只有客单价部分是短板，那么提供的决策支持应该是增加同类商品推荐以及搭配套餐等，同时多做一些网店活动来提高客单价；再如，通过本周与上周的对比，发现销售额下降严重，进一步分析发现行业销售额不减反增，结果发现这是在换季的情况下，网店商品没有及时更替导致的，了解原因后，网店就可以及时采取相应的补救措施了。

### 2. 协助网店诊断运营问题

网店在运营过程中会存在各种不同的问题，卖家应该掌握网店常见问题诊断的基本技巧，及时找出网店存在的问题，并有针对性地找出解决方案。例如，当发现网店商品定价过高时，卖家就应该根据行业的平均价格以及自身的成本情况及时制定合理的价格，这样才能让网店的新、老客户不致流失，从而谋求网店更好地发展。

### 3. 监控销售效果

借助电子商务平台提供的网店运营数据分析工具，跟踪监控和评估推广效果的相关数据，及时提出整改意见；或者指导网店的日常维护更新，如商品上下架操作以及商品的添加和编辑、修改等。淘宝卖家可以借助生意参谋了解网店自身的优劣势，利用行情大盘纵观行业概况，从推广后台测评 ROI 等。

【知识卡片】ROI（即Return On Investment）：通过投资而应返回的价值，即企业从一项投资性商业活动投资中得到的经济回报。其计算公式为ROI=利润/投资×100%。

## 3.1.2　网店运营不同阶段数据分析的目标

网店的发展过程一般可以分为 4 个阶段：初创期、成长期、成熟期、稳定期。网店运营数据分析的总体目标是：为提高网店知名度、排名和浏览量，提高品牌形象，提高客户黏度和成交率，完成既定的销售任务，提供决策支持。但在网店运营发展的不同阶段，借助数据分析实现目标的侧重点有所不同（见图 3-1）。

扫一扫：

视频 3-2

### 1. 初创期

这个时期网店运营的主要目标是寻求商品的市场定位。在网店开设之前，卖家就应该针对网上市场及潜在竞争卖家进行调查研究，获取相关的调研数据，了解市场动向和买家需求趋势，进行市场和商品的定位。因此，这一阶段数据分析的主要目标是：面对互联网购物平台上的亿万用户，分析网店各类潜在客户的不同需求，为网店经营的商品和市场定位提供决策方向。

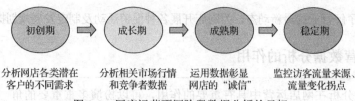

图 3-1　网店运营不同阶段数据分析的目标

### 2. 成长期

这个时期网店运营的主要目标是通过宣传来提高网店流量。尽管流量对于网店经营效果来说已经不是唯一的决定因素，但仍然是一个关键性因素。例如，在淘宝网上开店的流程十分简单，只需发布数十件商品就可以成功开店。但是，网店面临的难题是没有访问量，没有客户。因此，在这个阶段数据分析的主要目标是收集并分析相关市场行情和竞争者数据，帮助卖家优化网店商品设置和布局，通过微博、微信等互联网应用宣传网店，为其提供辅助实施方案。

### 3. 成熟期

这个时期网店运营的主要目标是提高客户满意度。美国营销专家劳特朋（Robert F. Lauterborn，1990）提出了"4C"理论是以客户需求为导向，重新设定了市场营销组合的 4 个基本要素，即客户、成本、便利和沟通。它强调企业首先应该把客户满意放在第一位，其次是努力降低客户的购买成本，然后是要充分考虑客户购买过程中的便利性，而不是从企业的角度来决定销售渠道策略，最终还应以客户为中心实施有效的营销沟通。目前，网店交易平台上的客户评价系统一般采用"五星"与"好、中、差" 3 级评价。客户在网购时，通常会参考所要购买商品的评价结果，并根据好评率的高低决定是否下单，若某个网店中的差评过多，客户会果断放弃，长此以往，网店销量会下降，严重时会导致网店关门。因此，这个阶段数据分析的主要目标是帮助卖家确实做到以客户为中心，尽量提供优质、亲和的服务，运用数据彰显网店的"诚信"。

### 4. 稳定期

这个时期网店运营的主要目标是致力于网店品牌价值的创造、企业文化的塑造和团队建设，促进网店规模壮大。网店品牌形象以及客户满意度，是影响网店声誉、左右客户选择、决定网店销售量的主要因素。品牌的理念从开店之日起就应当树立，并在网店运营过程中不断积累良好声誉；网店也需要企业文化，企业精神是其核心，企业文化在网店经营理念中起着支配地位；网店的发展不是单靠一个人就可以支撑下去的，而是需要团队的力量，有效的领导和管理模式能够最大化地激发团队成员的工作热情和创造力，为网店做大做强奠定坚实的基础。因此，在这个阶段数据分析的主要目标是监控访客流量来源、投入成本、流量变化拐点等数据，指导网店做出最佳运营决策，塑造网店良好的品牌形象。

## 3.2 网店运营数据分析常用工具

网店运营的各种数据指标，诸如历史数据、转化运营数据、会员运营数据、市场行情数据、经营分析数据（流量、转化率、客单价）以及日数据报表、周报表、月报表，日计划、周计划、月计划等，可以分别通过多种工具查找到，这些工具包括淘宝官网提供的运营数据分析工具以及第三方平台上的运营数据分析工具等。

### 3.2.1　淘宝官网运营数据分析工具

淘宝官网提供的网店运营数据分析工具主要有生意参谋、量子恒道、数据魔方等。

1. 生意参谋

对新手卖家来说，建议在网店初始阶段充分利用生意参谋的基础功能；网店做到第四层级以上时，由于竞争激烈需要定制很多不同的数据组合，具体的版本需要根据卖家的实际情况选择。不同类目和等级的网店，销售情况不同，需要的辅助工具也不同。

2. 量子恒道

量子恒道的前身为雅虎统计，其专注于电子商务数据服务，于 2009 年成为阿里巴巴旗下的网站统计商品。目前量子恒道一共有两套商品：量子恒道网站统计（淘宝官方版）和量子恒道网店统计。

（1）量子恒道网站统计。量子恒道网站统计是一套免费的网站流量统计分析系统，主要为个人站长、个人博主、所有网站管理者、第三方统计等用户提供网站流量监控、统计、分析等专业服务，通过对大量数据进行统计分析，深度分析搜索引擎规律、发现用户访问网站的规律，并结合网络营销策略提供运营、广告投放、推广等决策依据。

（2）量子恒道网店统计。量子恒道网店统计是一款主要面向网店而非针对淘宝平台的工具，它是为淘宝旺铺量身打造的专业网店数据统计系统，通过统计访问使用者网店的用户行为和特点，帮助使用者更好地了解用户喜好，为网店推广和商品展示提供充分的数据依据。

3. 数据魔方

数据魔方是淘宝网出品的一款数据分析商品，主要用于行业数据分析、网店数据分析。数据魔方提供的主要功能包括：①行业品牌、网店、商品的排行榜；②购买人群的特征分析（年龄、性别、购买时段、地域等）；③淘词功能，主要用来优化宝贝标题，使用效果更好的关键词来提高搜索排名。

数据魔方可以为卖家提供实时的运营数据支持，包括网店的实时成交情况、行业的实时成交情况等，是卖家运营活动的得力助手。

## 3.2.2 第三方运营数据分析工具

第三方运营数据分析工具有生意经（生 e 经）、小艾分析、酷宝数据、营销智多星等。

1. 生意经（生 e 经）

生意经是一款专业的网店数据分析软件。它通过深度的数据分析，帮助卖家及时了解网店的经营状况，全面掌握竞争对手的详细信息，洞悉业界行情。

生意经的主要功能如下。

（1）统计概况。该模块可以让卖家随时掌握网店的点击量、点击人次以及每一天流量的对比情况，了解其网店是在稳步提高还是停滞不前。

（2）时段分析。该模块可以让卖家了解每天每个时段的流量情况，方便其掌握投放广告的有效时段。

（3）宝贝销售分析。该模块可以帮助卖家了解哪些是热门宝贝，以便重点推广。

（4）访客分析。该模块能分析访客所在区域，以便于卖家有针对性地进行区域推广。

（5）推广分析。该模块能实时、准确地统计出网店通过直通车推广所吸引的客流和直接进店的客流。

2. 小艾分析

小艾分析是目前淘宝卖家比较常用的一种流量分析统计工具，可以帮助卖家了解访客的喜好以及访客的潜在需求，优化网店的宝贝类目，确定宝贝推广的最佳时期，为网店推广和商品展示提供决策依据。

小艾分析的主要功能如下。

（1）可以检测网店的总体流量，进行网店的概况分析、宝贝分析、客户行为分析等，全方位提供网店整体、宝贝类目、宝贝访问流量、销售情况和成交率等方面的数据分析服务。

（2）具备捕捉来访客户的浏览路径、客户的历史访问情况、客户所属的地域等多种功能，此外，还提供了流量与业务信息相结合的特殊功能，即可以将客户的访问信息与客户的交易信息联系起来，在客户浏览商品同时，让卖家第一时间捕捉到客户的访问情况。

另外，小艾平台基于便捷、易操作的思路设计界面，视觉效果较佳，易于卖家捕捉和关注运营数据。

3. 酷宝数据

酷宝数据是杭州酷玛网络技术有限公司旗下商品，其专注于电子商务数据统计及广告效果监测，倡导数据化精准营销，是一个集数据仓库、数据挖掘于一体的商业智能平台。

酷宝数据当前共有 6 款应用，其功能分述如下。

（1）网店透视。网店透视是一款分析网店经营数据的应用，能够精准分析每一笔订单的来源与搜索关键词，监测各种流量来源渠道的成交转化率，从而有效地分析网店运营与推广效果，帮助运营找到优质的网店营销方法与渠道，大幅提高网店的销量与转化率，适合 1 钻以上淘宝网店、天猫商家。

（2）钻展透视。钻展透视提供钻石展位效果监测应用，能够全方位监测钻展带来的流量、销量、转化率等数据指标，涵盖品牌展位版、智能优化版、定价 CPM、无线端钻展的效果监测，支持按素材分析、按展位分析、按计划分析钻石展位的投放效果。钻展透视可为网店的钻展优化提供数据依据，帮助淘宝卖家精准核算钻展 ROI，适合 3 钻以上淘宝网店、天猫商家。

（3）站外推广透视。站外推广透视是淘宝站外广告和推广效果的监测工具，其监测范围包括独立网站、联盟型网站、DSP 的广告成交和转化，并能深入分析淘宝客服效果。

（4）聚透视。聚透视提供聚划算"直接成交"与"关联成交"分别带来的流量与转化情况和效果分析应用。

（5）网店黄金眼。网店黄金眼提供多店数据分析与管理功能。

（6）淘问卷。淘问卷是一种店内在线问卷调研与营销工具，为淘宝/天猫商家专用。

4. 营销智多星

营销智多星是华院数云（一家以数据挖掘和数据分析为核心能力的专业服务公司）推出的一款基于数据挖掘的营销决策类分析工具。除提供常规数据分析功能外，还从多个角度发掘客户消费规律，辅助促销设计（商品搭配、满就送、限时打折等），帮卖家做好决策，并且评估营销效果。

营销智多星的主要功能分为三大模块：网店全面体检（指标树）、营销工具决策、客户查询跟踪。这些功能模块在一个页面展示，用户对哪个模块感兴趣，可直接点击进入。

营销智多星的三大功能主要针对淘宝网的营销套餐（商品搭配、满就送、限时打折、优惠券）进行数据分析，诊断网店短板，并且给出推荐方案，推动网店精准营销。同时，营销智多星通过智能化的分析与总结，让卖家不需要花费太多的时间即可读懂网店指标，并向卖家推荐最直观的、能改善其网店经营的最优营销方案。

营销智多星的"指标树"最显著的特点是将若干个用于评价网店销售业绩指标按其内在联系有机地联系起来，形成一个完整的指标体系，并最终通过比率变化来综合反映网店整体销售情况。采用这一方法，可使销售分析的层次更清晰、条理更突出，为卖家全面、仔细地了解网店经营状况提供方便。

# 3.3 网店订单数据分析

网店运营过程中的订单数据是企业极其重要的资源，尤其是订单状态、订单时间等属性数据，通过分析处理，企业可以发现其中包含的丰富且极具商务价值的信息，为促进网店良性运营提供决策支持。

## 3.3.1 订单状态数据分析

订单状态是指订单处理过程中表现出来的各种情况，不同网站订单状态的表现类目是不同的。订单状态数据通常按照一定的时间划分，显示某一时间段内各种订单的情况，分析订单状态数据，可以为企业调整接下来的经营工作方向提供依据。

表 3-1 所示为某服装企业通过 CRM 系统显示的其网上商店连续 2 个月的运营情况，表 3-1 中的数据显示，后一个月与前一个月相比订单数据都有所增长，订单状态数据整体呈现出如下特点。

表 3-1　　　　　　　　　　　某服装企业网上商店 2 个月的运营情况

| 时间周期 | 新客户（个） | 老客户（个） | 未付款客户（个） | 付款客单价（元） | 全部订单金额（元） |
|---|---|---|---|---|---|
| 4 月（1—30 日） | 4 936 | 385 | 1 108 | 230.35 | 1 385 325.00 |
| 3 月（1—31 日） | 3 521 | 212 | 863 | 209.25 | 1 016 239.00 |

（1）全部订单金额数据。全部订单金额 4 月比 3 月上升，说明该网店整体运营情况良好，消费稳定，商品占有一定市场。

（2）新老客户数据。表 3-1 中的数据显示，新老客户数量保持增长，该网店不断有新客户购买商品，并且多次购买的老客户数量也在上升。这说明该网站在吸引客流、提高客户忠诚度、发展新客户等方面的措施比较适当，并且已经取得了一定的效果。

（3）未付款客户数据。未付款客户数量增加，说明更多的客户在下单后没有实施付款。因此可以推测，这些客户当时的购买意愿不强烈，或是其在最后付款时可能对比了其他网店商品从而改变了购买决策。这个数据上升意味着该网店应该在客户下单后积极与其沟通，通过一些限时的优惠活动，增强其购买意愿。

（4）付款客单价数据。付款客单价提高，说明单个客户消费的金额有所上升。这可能是由于客户购买商品的数量增多，也可能是客户购买了单价更高的商品。这两种情况都显示客户对该网店有了一定的认同，愿意产生更多的消费。这时，该网店可以趁势推出各种新品，并开展各类优惠活动，进一步提高客户忠诚度，不断提高网店成交额。

## 3.3.2 订单时间数据分析

订单时间数据主要针对一周或一天的订单数据进行分析，目的是据此推测下一周的销售时机分布，或一天内的最佳销售时段分布。

1. 分析一周时段的数据

图 3-2 所示为某化妆品网店 4 周的订单时间数据。分析图中数据可以发现，每周都会有一天的订单金额（元）、订单量（次）和会员数（个）降到最低点，而这一天恰好是星期六。

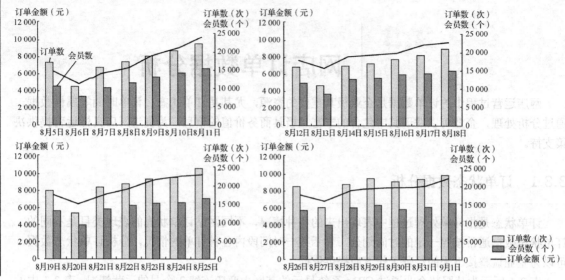

图 3-2  某化妆品网店 4 周的订单时间数据

每周六无论是购买的人数、订单数还是金额，都是一周中最少的，各项指标在这一天都处于最低点，并且数据是随机的，说明这很有可能是一个普遍的现象。

从时间节点特征来分析，星期六是双休日，更多的人会选择外出度假或逛街，因为即使是回家晚了，第二天（星期日）也还可以休整。因此，周六这一天上网购物的人数相对减少了。

### 2. 分析一天时段的数据

分析一天的订单时间数据，卖家可以评估一天内最佳销售时机分布情况。图 3-3 显示了某网店一天内各个时间段的订单数据。观察图中网店运营数据，卖家可以发现该网店在 10—12 点、15—17 点销售情况最佳，凌晨销售情况最差。

| 时间 | 订单数（次） | IP数（个） | 跳出率 | 平均访问时长 | 转化次数 |
|---|---|---|---|---|---|
| 今日 | 465 | 108 | 51.59% | 00:11:42 | - |
| 昨日 | 128 | 69 | 75.00% | 00:09:38 | - |
| 预计今日 | 558 | 129 | - | - | - |

图 3-3  某化妆品网店一天内各个时间段的订单数据

图 3-3 中订单数的单位为（次），IP 数单位为（个）。凌晨，大部分人都处于休息状态，不会上网购物；10—12 点、15—17 点，许多上班族紧张地处理完事务之后，处于相对放松的状态，更有可能忙里偷闲上网购物。

### 3. 分析订单数据的作用

在网店运营过程中，卖家应该根据自身的订单时间数据，选择合适的时间段进行商品促销。通过对一周数据进行分析，卖家发现星期六会有更多的人选择外出。因此，卖家在举行促销活动时，应该尽量避免选择周六。同理，其他假日也不适合做过多的促销活动。而对一天数据进行分析的结果显示，上午和下午分别有两个时段有更多的人网购，因此，卖家可以在这些时段推出相关的优惠活动，从而吸引更多人的注意。

# 3.4 网店客户数据分析

网店客户数据分析是了解网店运营状态的重要手段。根据客户特征信息、客户交易历史、客户购买过程的行为轨迹等客户行为数据，分析客户行为的相似性，可以为客户精准、个性化地推荐商品。

## 3.4.1 网店客户类别分析

许多企业在经营过程中都会对客户进行分类，针对不同类别的客户，企业会使用不同的销售策略。想要分析客户行为，对客户定位，需要先对客户进行大致的分类。

### 1. 基于 RFM 模型的客户分类

根据美国数据库营销研究所 Arthur Hughes 的研究，客户数据库有 3 个重要因素，以这 3 个要素为指标构成的数据分析模型，通常称为 RFM 模型。通过分析 RFM 模型，企业可以清楚地分类客户的价值。RFM 模型各个字母的含义如下。

R（Recency），是指最近一次消费的时间。$R$ 值越大表明客户越久没来消费，其活跃度越低，可能是流失的客户；反之，$R$ 值越小，说明客户的活跃度越高，其越有可能与网站达成新的交易。

F（Frequency），是指消费频率。$F$ 值越大表明客户消费意愿越高，活跃度越高，忠诚度也越高；反之，$F$ 值越小，表明客户的活跃度越低，客户越有可能流失。

M（Monetary），是指消费金额。$M$ 值越大表明客户产生的价值越高，是网站的主要盈利客户；反之，$M$ 值越小，表明客户的购买力越低或者购买欲望越低。

根据企业的实际情况，设置合适的分割点，可以对客户进行分类。$R$ 的分割点一般设置为 30 天，即客户的最后消费时间以 30 天为界限；$F$ 的分割点一般设置为 5 次，即消费者自开业以来成功付款的单数以 5 为界限；$M$ 的分割点一般设置为 300 元，即客户的平均订单金额以 300 元为界限。

通过设置以上 RFM 参数，企业可以对客户进行分类，分类结果如表 3-2 所示。

表 3-2　　　　　　　　　　　RFM 参数设置下的客户分类

| | 重要保持 | 重要发展 | 重要价值 | 重要挽留 | 一般重要 | 一般客户 | 一般挽留 | 无价值 |
|---|---|---|---|---|---|---|---|---|
| $R$ | √ | √ | √ | × | √ | × | × | × |
| $F$ | √ | × | × | √ | × | × | √ | × |
| $M$ | √ | × | √ | √ | × | √ | × | × |

不同类型的客户各有特点，网店需要根据不同客户特点提供有针对性的客户服务。表 3-3 是某网店各类客户的数据。根据表中相关数据和 RFM 模型分析的客户分类原则，网店可以将客户分为以下 6 种类型。

表 3-3            某网店各类客户的数据

| R：最后购买时间（天） | F：成功购买订单数（次） | M：成功购买平均订单价（元） | P：客户数量（人） | W：成功购买的总金额（元） | 客户类型 |
|---|---|---|---|---|---|
| ≤30 | >5 | >300 | 0 | 0.00 | 重要保持客户 |
| ≤30 | ≤5 | ≤300 | 3 719 | 1 001 949.00 | 重要发展客户 |
| ≤30 | ≤5 | >300 | 450 | 401 158.00 | 重要价值客户 |
| >30 | >5 | >300 | 5 | 20 944.00 | 重要挽留客户 |
| ≤30 | >5 | ≤300 | 5 | 10 595.00 | 一般重要客户 |
| >30 | ≤5 | >300 | 3 112 | 3 392 151.00 | 一般客户 |
| >30 | >5 | ≤300 | 30 | 44 370.00 | 一般挽留客户 |
| >30 | ≤5 | ≤300 | 15 624 | 18 250 743.00 | 无价值客户 |

（1）重要保持客户。重要保持客户的 $R$ 值低于参数分割点，$F$ 值和 $M$ 值高于参数分割点。这类客户的活跃度高，购买频次高，订单平均单价高。这类"三高"客户是最具忠诚度、最有购买能力、最活跃的网络购买者，企业的成功发展与这类客户密不可分。对于一般企业，这类客户较少，所以一旦出现了这类客户，就要积极沟通，重视其需求，给予其 VIP 资格，牢牢抓住这类客户。

（2）重要发展客户。重要发展客户的 $R$ 值、$F$ 值和 $M$ 值都低于参数分割点。这类客户的活跃度较高，虽然其购买频次和购买能力都相对较低，但这类客户对企业的利益贡献也不能忽视。由表 3-3 可以看出，这类客户为网店贡献了 1 001 949 元，排行第 3。这类客户网上购物的活跃度高，购物机会多，网店向其销售的机会也就多。因此，卖家应该采取措施，将这类客户积极发展为高忠诚度、高价值的客户。例如，卖家可以向其提供"满就送"或超值套餐促销等以低价位为主要手段的促销策略。

（3）重要价值客户。重要价值客户的 $R$ 值和 $F$ 值都低于参数分割点，$M$ 值高于参数分割点。这类客户活跃度较高，购买能力较强，但是购买频次较低。消费能力高决定了其可以为网店贡献较大的交易额，是网店赢利的保障。但是其购买频次较低，即该类客户在最终购买时易与其他网站商品进行对比或其购买意愿不够强。卖家应该在该类客户选购商品时积极与其沟通，为其制定一些促销优惠，或是在平时定期向其发送区别于其他网站的商品信息，增强其购买意愿。

（4）重要挽留客户。重要挽留客户的 $R$ 值、$F$ 值和 $M$ 值都高于分割点。这类客户活跃度较低，但购物频次高，并且购买能力强。他们的存在往往是网店持续发展的保证。卖家应加强客户关系管理，重视这类客户的需求并给予其特定的优惠，逐步增强其忠诚度。

（5）一般重要客户和一般挽留客户。一般重要客户活跃度和购买频次都比较高，但是平均订单金额较低，对于以盈利为目的的电子商务网站来说，其重要性比起前 4 种客户相对低一些；一般挽留客户虽然活跃度和平均订单金额较低，但是购买频次较高，仍然能为网站带来一定的收益，因此卖家也需要给予他们一定的关注。

（6）一般客户和无价值客户。通过表 3-3 可以发现，一般客户和无价值客户对网店经营额的贡献值最大，但是网店并没有把他们定义为重要客户，这是为什么呢？仔细查看这两种客户的 RFM 参数，可以发现其 $R$ 值都高于参数分割点，$F$ 值都低于参数分割点，这说明其活跃度不高，购物频次也较低，即网购的机会较少。他们可能更多地选择实体网店购物，或者是其他网店的忠诚客户，只是碰巧走进了该网店选购了某些商品。因此，这类客户在该网店购物的随机性很强，若想发展这类客户，需要付出的成本较高，并且成功率较低。尽管一般客户的 $M$ 值比无价值客户的要高一些（购买能力强一些），但由于其在该网店的购物机会并不多，因而其购买能力对于网店来说意义也不大。

### 2. 基于运营经验的客户分类

根据网店运营经验，从营销的角度来看，网店可以将客户分为 4 类：经济型客户、道德型客户、个性化客户、方便型客户。

（1）经济型客户。这类客户的消费水平较低，一般不会花太多时间和金钱在消费上，他们网购时关心最多的是商品价格。

（2）道德型客户。这类客户有一定的消费能力，通常会关注知名的企业和品牌的商品，比较信任大品牌和口碑较好的商品。

（3）个性化客户。这类客户的消费没有定性，一般是凭感觉决策，只要自身满足、觉得合适就会购买，在价格和品牌上没有太多要求。

（4）方便型客户。这类客户追求的是购买的方便性，如支付的便捷、选择的便捷、收货的便捷等。这类客户一般没有太多的时间花在购物上，但其消费能力不容忽视，卖家应注意解决这类客户中大部分人有较强的消费能力却又不愿动手网购的矛盾。

## 3.4.2 网店客户行为分析

网店客户行为分析，是指通过一定方式（如网站或 App 等平台）获得客户访问网店的基本数据，对有关数据分别从不同角度进行统计、分析，从中发现用户访问网店的规律，为进一步修正或重新制定网店营销策略提供依据。网店客户行为分析可以从影响客户行为的因素、客户的忠诚度以及其他重点数据分析入手。

### 1. 影响客户行为的因素分析

客户的消费行为数据不是恒定的，而是一个"变量"，它会受到各种因素的影响。研究表明，影响客户消费行为的因素主要包括生理因素、心理因素、自然环境因素、社会环境因素 4 种。

（1）生理因素。客户常常可能因为生理需要、生理特征、身体健康状况以及生理机能的健全程度而改变消费行为。例如，某客户经常光顾一家网店购买甜食，后来却再也不来了，客服回访了解到原因是其被检查出血糖过高，遵医嘱禁甜食。

（2）心理因素。主要是源自客户心理上对于某种事情的担忧。例如，某客户一直使用某品牌牙膏，然而有一天他看到有消息说这种牙膏可能含有某种有害物质，不论这则消息是否可信，他可能都会减少使用甚至不用这种牙膏了。

（3）自然环境因素。自然环境是最常见的影响客户消费行为的因素。例如，有位东北朋友在哈尔滨买衣服经常用信用卡支付（期间可能浏览过有关羽绒服的商品信息），后来被公司派往海南公干 2 年，到海南半年后他可能还经常收到羽绒服打折的促销信息，但显然此时他已不需要羽绒服。

（4）社会环境因素。这类因素涵盖的内容比较广，包括经济环境因素、法律政治因素、科技环境因素、文化环境因素等，实际应用中需要综合考察分析其对客户行为的影响情况。

### 2. 客户的忠诚度分析

客户的忠诚度反映了客户对企业或网店的信任程度、服务效果的满意程度以及继续接受同一企业或网店服务可能性的综合评估。保持与客户之间的不断沟通、维持和增强消费者的感情纽带，保持老客户，是企业间竞争的重要手段。分析客户行为数据，能够提前预知客户的忠诚度，预防客户流失。提高客户忠诚度通常可以采取以下措施。

（1）找到高危客户。高危客户是客户流失的主要群体，其对企业或网店、商品的忠诚度较低，是提高客户忠诚度需要重点关注的对象。在实际应用中，通常使用"采用率数据"分析高危客户的情况。例如，网店某段时间出售过 100 款商品，只要调查有多少客户一直在使用这些商品，即可分析该商品的忠诚度以及哪些客户是高危客户。

（2）了解客户需求。通过多种途径，收集有关客户关注的信息，了解客户的潜在需求，及时为客户提供所需商品或解决问题的方案，是提高客户忠诚度的重要手段。例如，某网店了解到许多客户对网店售出的一款新兴商品的使用方法存在疑惑，于是及时提供关于该款商品如何使用的在线视频帮助，不仅提高了老客户的忠诚度，而且吸引了大量的新客户。

（3）让网店的常客成为网店商品的拥护者和宣传者。网店数据分析在确定商品的常客方面是非常有价值的，网店的常客可能购买店内更多的与某商品相关的其他商品。卖家通过分析行为数据了解到其个性化需求，投其所好，让常客变为网店的拥护者，进而开展一些活动吸引这类常客主动分享其在网店的良好购物体验，使其成为推广该网店商品的宣传者。

### 3. 其他重点数据分析

关注表征客户行为的其他重点数据，往往可以起到事半功倍的效果。

（1）客户基本信息的多维度分析。以用户所处的地域、性别、年龄等人文属性建立分析维度，对所有的信息进行筛选，可以简单地把用户的相关属性与商品相匹配。例如，某用户的地址是一所高档小区，就可以分析推断出该用户的消费能力较强，进而精确、合理推荐商品。

（2）客户带来的价值高低分析。对客户过去的购买记录、购买商品的价值、购买的频率、最近一次购买的时间等属性进行量比，会产生客户价值和评分，依此分出客户价值的高低，从而评估所推荐商品或服务的接受程度，筛选出重点客户。例如，一位用户每个月都会到某网店购买孕婴用品，网店就可以根据购买历史记录和每次购买的价值，在合适的时间向用户发布最新的商品信息。

（3）客户浏览行为分析。分析访问网店的客户点击浏览过的商品记录和购买记录，对其分别打分、统计、归类，可以预测客户可能的兴趣点。

（4）客户"不喜欢"记录的分析。在所推荐商品的旁边增加一个"不喜欢"按钮，收集客户不喜欢的商品，这具有与收集客户喜欢的商品信息一样重要的价值。若有位客户表示他不喜欢一款 180元的夹克衫，则可能还同时透露出其他更多、更好、更重要的需求信息。

## 3.4.3　网店客户群体特征分析

如果说客户行为分析是对客户个体横向特征的分析，那么客户群体特征分析可认为是对客户群体纵向的特征分析。网店客户群体的纵向特征包括群体基本特征、群体行为习惯、群体消费心理、群体需求等方面，如图3-4所示。

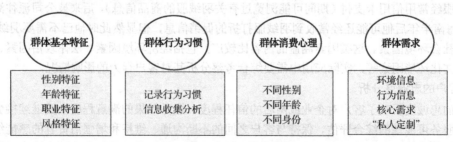

图3-4　客户群体特征分析

### 1. 群体基本特征

群体基本特征可细分为多个维度，如性别、年龄、职业、风格等，通过分析客户这些方面的特征数据，了解不同群体的基本需求，可以有效锁定目标消费群体。

（1）性别。数据显示，约40%的男装购买人群为女性。此外，不同的组合会有不同的定位，例如，情侣装、亲子装等也可看作性别因素的延伸品。

（2）年龄。不同年龄段人群的消费水平、消费取向各不相同。一般来说，18～23 岁的消费者大多为在校学生群体，他们有一定的消费基础，但因为消费的是家长的钱，所以在低价和性价比上有过分的追求，但也有少部分客户可能更喜欢昂贵的商品。24～30 岁的消费者多为刚刚走出校门或处于升职期的人，他们往往需要构建家庭或为以后打算，所以这个群体是最有消费能力的，但由于受各种因素制约，其消费能力往往不能充分发挥，有时需要卖家开发其消费潜力。31～40 岁的消费者通常不会轻易地在自己身上花费太多，而在为子女、父母购买商品时偶有大手笔投入，其消费能力呈现上升趋势。41 岁以上的消费者，网购热情呈下滑趋势，这个群体中的部分女性对线上线下相结合的购物体验尤为垂青。

（3）职业。不同职业消费群体的风格及消费水平都各不相同。例如，收入较高的白领或金领一般具有较强的消费能力，可以接受定价偏高的商品；而那些收入相对较低的人群，往往更加追求商品本身的性价比。

（4）风格。风格包括目标消费人群自身的风格取向及网店商品的风格，不同风格的商品适合的目标群体也不同。例如，职业女性和一般家庭妇女对服装风格的要求不同，不同活动场景对着装的风格需求也不相同。

**2. 群体行为习惯**

习惯是每个消费者都具有的生活共性，很多习惯养成后往往很难改变。例如，习惯穿宽松的运动服，习惯喝碳酸果汁饮品等。因为客户群体行为习惯对其消费需求有重要影响，所以网店平时注重记录、收集和分析客户群体的行为习惯信息非常有必要。

**3. 群体消费心理**

（1）不同性别客户在网购时的消费心理表现出明显不同的群体特征，如表 3-4 所示。

表 3-4　　　　　　　　　　　不同性别客户群体的消费心理特征

| 客户类型 | 男性客户 | 女性客户 |
|---|---|---|
| 消费心理特征 | 购买动机常具有被动心理 | 购买动机具有灵活性 |
| | 有目的、理智地购买 | 常有冲动性和感性消费色彩 |
| | 购买商品以质量为准，价格其次 | 购买行为易受到情绪和外界因素的影响 |
| | 自信消费，不喜欢服务员介绍 | 选择商品注重外观，质量、价格其次 |
| | 交易迅速，缺乏耐心 | 商品的挑选比较细致 |

（2）不同年龄客户的网购行为也表现出不同的群体特征，如表 3-5 所示。

表 3-5　　　　　　　　　　　不同年龄客户群体的网购行为特征

| 客户类型 | 青年客户 | 中年客户 | 老年客户 |
|---|---|---|---|
| 网购行为特征 | 对时尚消费品敏感，喜欢时髦的商品 | 属于理智型购买者，较为自信 | 喜欢购买用习惯了的商品 |
| | 喜欢冲动性购买 | 购买的商品以经济实惠为主 | 购买习惯稳定，不易受外界干扰 |
| | 购买动机易受外界影响 | 喜欢购买被别人证明经济实用的新商品 | 希望购买方便舒适的商品 |
| | 购买商品最先考虑的是外观，其次是价格和质量 | | 对健康实惠的商品比较敏感 |
| | 是新商品的第一购买者 | | |

（3）不同职业客户群体的消费心理特征，如表 3-6 所示。

表 3-6　　　　　　　　　　　不同职业客户群体的消费心理特征

| 客户类型 | 心理特征 |
| --- | --- |
| 工人、农民 | 喜欢经济实惠、坚固耐用的商品 |
| 学生 | 喜欢购买稀奇的、没见过的商品 |
| 军人 | 大多为帮别人购买，或按计划选购，有时会请售货员帮忙选购 |
| 教师 | 大多喜欢造型细致、美观大方的商品 |
| 文艺工作者 | 大多喜欢造型优美、别具一格、具有艺术美感的商品 |

其实，网店运营数据还透露出许多类似的客户特征信息，只要深入分析，肯定会分析出更多类型客户群体消费特征。

**4. 群体需求**

客户的需求就是市场，有需求的客户就是精准营销的对象。例如，刚买了轿车的人一定需要买车险。所以通常情况下，企业只有分析了客户的需求才能进行有效的销售。

现代企业都强调"以客户需求为中心"，事实上很多企业却难以真正做到。但是，通过分析网店运营数据来洞察客户需求，具有得天独厚的优势。卖家要想在激烈的竞争环境下凸显其竞争力，就需要通过网店的大量运营数据来捕捉客户群体及个体需求，并据此提供定制化服务。

（1）分析客户所处环境信息了解需求。通过了解客户的爱好、品位及其所处的环境，了解其消费相关信息。

（2）分析客户行为信息了解需求。客户的一举一动都可能对了解其需求有着特殊意义。例如，某网店有位常客经常在网店搜索某种化妆品，依据搜索轨迹数据就能对这个客户进行简单的刻画：她应该是一名女性，对某种化妆品有较迫切的需求。再如，一家网店购买记录显示某客户在 5 月 14 日、5 月 28 日、6 月 10 日和 6 月 22 日，除了购买日常的生活用品之外，还购买了婴儿纸尿裤和奶粉，则由此可以很容易得出结论：该客户家里有婴儿，其对母婴用品应该有需求。

（3）分析客户消费记录发掘其核心需求。客户的核心需求有时不会主动浮出水面，可能需要用更多的数据来佐证。例如，分析上例中网购客户半年的消费记录，发现其前两次购买了 A 品牌的纸尿裤，而之后每次都用 B 品牌的纸尿裤，这就说明该会员逐渐偏向使用 B 品牌的纸尿裤，那么在推荐时就应尽量避免推荐 A 品牌。

（4）分析数据从而为客户"私人定制"。当分析并掌握了大量客户数据之后，卖家就可以将客户精准定位到某一坐标点上，然后围绕这一坐标点对客户进行"私人定制"。例如，上例说到客户放弃使用 A 品牌纸尿裤，那么 A 品牌的纸尿裤肯定是有什么原因导致该客户放弃购买了，那就找到 A 品牌纸尿裤的缺点，通过比较 A、B 两种品牌，找到该客户想要的那种类型的纸尿裤，再通过类比的方式找到该客户对于其他商品的选择态度。

## 3.4.4　网店客户购买频次分析

从营销学的角度来看，维护一个老客户的成本要远远低于开发一个新客户的成本。对商务网店而言，分析客户购买频次的目的是寻找最有价值的客户，提高客户的网店黏性，尽量高质量地满足老客户的需要。

**1. 客户购买频次的含义及分析方法**

客户购买频次即客户在某一时间段内发生购买行为的次数。它能够反映客户购物的活跃度，频次越高，其活跃度越高，客户对于网店的价值就越大，客户网店的黏性也就越高。卖家常用以下 3

种方法来增强客户网店黏性，提高客户购买频次。

（1）客户活跃度分析。客户的活跃度可以从平均访问次数、平均停留时间、平均访问深度3个方面来分析，通常只要这3个方面的数据有所改善，客户的活跃度就可以明显提高。

（2）客户流失分析。通过分析数据可以发现潜在流失客户名单，从而有针对性地设定"挽回方案"，尽可能地留住需要的客户。例如，卖家可以依据客户之前的购买记录和行为轨迹，找出其需要的商品，再开展有针对性的促销活动来挽回这些客户。但是，对这些客户只能是适当关怀，而不要造成骚扰，不然只会把客户越推越远。

（3）客户平均停留时间分析。客户停留在网店的时间越长，就越有希望购买其中的商品，从而提高购买频次。卖家通常可以根据客户的浏览历史记录和购买记录来选择分析商品，动态地调整网店商品，向客户推荐、提供一些特有的商品信息和广告，从而使客户能够继续保持对网店的兴趣。

> **【微型案例3-1】**
>
> 淘宝在2016年1月启动阿里年货节活动，采用推荐系统给客户提供个性化推荐服务，并推出足够吸引人的内容以及各种各样的购物活动，延长了客户的平均停留时间，提高了客户的购买频次。

值得注意的是，判定购买频次的高低需要结合具体的商品展开分析才有意义，例如，奢侈品或耐用品的购买频次一般来说会比快消品低。

2. 分析客户购买频次特征

某零食销售网店一年内客户购买频次和每单平均消费金额如图3-5所示，图3-5中的数据显示，每天购买1次或多次的客户占13.1%，每周购买3～6次的客户占33.7%，每周购买1～2次的客户占32.4%，每月购买2～3次的客户占15.1%，每月购买1次的客户占5.7%；每单平均消费金额在20元以下的占8.7%，20～30元的占34.5%，31～50元的占37.6%，51～100元的占14.9%，101～200元的占2.8%，200元以上的占1.5%。

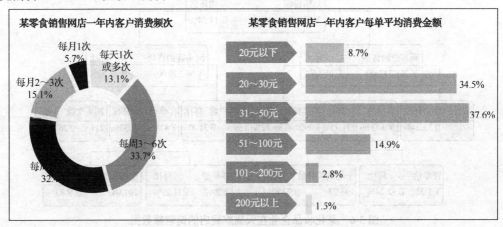

图3-5 某零食销售网店一年内客户购买频次和每单平均消费金额情况

分析客户下单次数与订单金额可以发现，该网店大部分客户在一周内通常至少会下单1次，而且每单的平均消费金额大部分为20～50元；只有少数客户每月购买1次，平均消费金额在200元以上的订单与购买频次少有很大关系。

考虑到该网店主要销售零食，这个结果是合理的。因为零食的回购率往往都很高，所以客服人员可以在短时间内向消费者推广商品，适当推出促销活动，这样就可以在短时间内增加回购率，加大订单量，提高网店效益。

然而，对于其他行业，结果也许会很不同。例如，主要经营化妆品的网店，因为化妆品具有一定的使用时间，在短时间内客户不会重复下单，提高客户在一周内的下单次数和下单金额相对比较困难。

# 3.5 网店销售额数据分析

分析网店销售额数据，经常用到环比和同比这两个指标。本期统计数据与上期数据的比较，如2019年4月与2019年3月的比较，称为环比；本期统计数据与历史同期数据的比较，如2019年3月与2018年3月销售额数据的比较，称为同比。环比和同比一般都用百分数或倍数表示。环比可分为日环比、周环比、月环比和年环比，主要是对比短时间内的涨幅程度。同比一般用在相邻两年的相同月份，但很少用在两个相同月份的相同日期。

环比和同比虽然都反映变化速度，但由于采用基期不同，其所反映的内涵也是完全不同的。一般来说，环比可以与环比相比较，而不能拿环比与同比相比较。而对于同一个地方，考虑时间纵向上的发展趋势，往往需要把同比与环比放在一起对照分析。

【知识卡片】基期（Base Period）：基是指统计基数，期是指统计时限，基期是基础期、起始期的概念。价格环比基期可以观察和研究各时期价格水平连续变动情况，计算在一般情况下价格水平每年上升或下降的幅度。

## 3.5.1 电子商务总销售额数据分析

某化妆品企业在天猫旗舰店一周的销售额数据如图3-6所示。图3-6中的总销售额由新客户销售额和回头客销售额组成，整个网店的销售额环比下降了 **14.24%**。

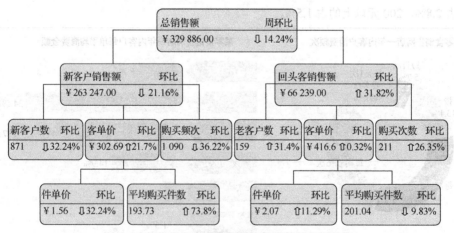

图3-6 某化妆品企业在天猫旗舰店的销售额数据

销售额环比下降，说明这一周与上一周相比销售额减少。一般情况下，卖家需要分析、查找销售额下降的原因。

## 3.5.2 新客户销售额数据分析

根据图3-6所示的数据，新客户销售额下有3个指标，分别为新客户数、客单价和购买频次。

新客户销售额环比下降了 21.16%，新客户数环比下降了 32.24%，客单价环比上升了 21.7%，其中，件单价环比下降了 32.24%，平均购买件数环比上升了 73.8%，购买频次环比下降了 36.22%。

新客户数减少，说明网店在吸引客流方面的策略可能需要调整。

购买频次下降，说明新客户购物活跃度不高或购买意愿不强，网店客服应该更积极地与客户沟通，适当给予优惠政策，激发其购买意愿。

客单价升高，说明在已购物的新客户中，每个客户的平均购买金额都提高了。导致客单价升高的原因一般有两个：一是网店提高了商品的单价或新客户选购了单价更高的商品，即件单价提高；二是新客户购买的商品数量增加了，即平均购买件数增加。由图 3-6 可知，客单价提高是新客户平均购买件数增加所致。

### 3.5.3　回头客销售额数据分析

观察分析图 3-6 所示的数据，卖家可以发现回头客销售额环比上升了 31.82%，老客户数环比上升了 31.4%，客单价环比上升了 0.32%，其中，件单价环比上升了 11.29%，平均购买件数环比下降了 9.83%，购买频次则环比上升了 26.35%。

回头客销售额环比上升，其下属的 3 个指标也全部环比上升，这说明网站在提高老客户的忠诚度和购买意愿上运营相对成功，据此可以推测出，该网店做到了与老客户的积极沟通，能及时了解其需求并适当给予优惠。

进一步观察还可以发现，回头客客单价提高是由于商品单价提高。商品单价提高可能有两方面的原因：一是回头客接受了网站商品的适当提价；二是回头客选购了单价更高的商品。这些都可以说明该网店在稳定老客户方面运营得比较成功。

## 3.6　网店商品关联数据分析

每一类商品都有自己固定的消费群体，两个关联度高的商品很有可能会吸引相同的消费群体。因此，网店卖家可以通过推荐或捆绑销售关联度高的商品来提高订单金额。

### 3.6.1　关联订单数分析

关联商品是指那些与网店销售的主力商品或辅助商品共同购买、共同消费的商品。关联商品可以是属性相同或属性相融的商品，也可以是不同属性的商品，操作时只需把这些商品展示在主推商品详情页中进行关联销售即可。关联订单就是购买这些关联商品产生的订单。

> **【微型案例3-2】**
>
> 某时装网店有段时间的主推款是一款时尚冬衣，为此发起了这款冬衣免费试穿的活动，在冬衣详情网页中还显示有围巾的搭配，以及冬裤、冬裙和其他款式的冬衣，吸引了上万潜在买家的关注，有几千个买家查看了冬衣详情，同时也看到该网店的很多关联商品，这在一定程度上激发了买家购买网店其他商品的欲望，从而带来了更大的销量。有一个客户是因为看到网站的衣服有促销活动而进入网站，看完后他发觉这件衣服总价180元，而只要买够200元就可以包邮，正好该衣服的页面上有一款搭配的裤子，价格才60元，于是他就把两件一起买了。这里他购买衣服和裤子的订单也就成了关联订单。

做好网站的关联销售，简单来说就是通过人气商品带动网店其他商品的人气、流量、销量，降低网站的跳出率，有效把握进入网站的每个客户，达到网站利益最大化的目的。

以"韩式喜糖盒"为商品 A，其关联商品为商品 B，抽取出一组 A、B 商品的关联数据，如表 3-7 所示。

表 3-7　　　　　　　　　　　A、B 商品的关联数据

| 韩式喜糖盒 | 订单数（次） | | | 比例 | | | 客户数（人） | |
|---|---|---|---|---|---|---|---|---|
| 关联商品 | 购买 A、B | 购买 A | 购买 B | 购买 A、B | A 订单中购买 B | B 订单中购买 A | 购买 A、B | 买 A 未买 B |
| 高档婚礼糖果盒 185 | 2 | 5 | 3 | 33.33% | 40% | 66.7% | 1 | 4 |
| 创意喜帖 1001 | 2 | 5 | 22 | 8% | 40% | 9.09% | 2 | 3 |
| 婚庆大红包袋 | 1 | 5 | 5 | 11.11% | 20% | 20% | 1 | 4 |
| 婚庆用品糖果盒 181 | 1 | 5 | 11 | 6.67% | 20% | 9.09% | 1 | 4 |
| 韩式请帖信封 X01 | 1 | 5 | 2 | 16.67% | 20% | 50% | 1 | 4 |

从表 3-7 中可以看出，同时购买"韩式喜糖盒"和"高档婚礼糖果盒 185"的订单数为 2，与同时购买"韩式喜糖盒"和"创意喜帖 1001"的订单数一样多，且排行第一。

购买"韩式喜糖盒"的订单共有 5 笔，购买"高档婚礼糖果盒 185"的订单共有 3 笔，购买"创意喜帖 1001"的订单共有 22 笔。

从订单数的角度来看，与"韩式喜糖盒"一起购买最多的商品是"高档婚礼糖果盒 185"和"创意喜帖 1001"。因此，在 5 件商品中，"韩式喜糖盒"与这两件商品的关联度最高。因此，卖家可以考虑在商品详情页中推荐这两款商品，或将其与"韩式喜糖盒"捆绑销售。

## 3.6.2　关联比例分析

关联比例的公式有以下两种。

$$购买 A 或 B 的比例 = \frac{同时购买 A 或 B 的订单数}{购买 A + 购买 B - 同时购买 A 和 B 的订单数} \times 100\%$$

$$A 订单中同时购买 B 的比例 = \frac{同时购买 A 和 B 的订单数}{购买 A 的订单数} \times 100\%$$

分析表 3-7 中的数据，"韩式喜糖盒"和"创意喜帖 1001"的关联度比较高，但在比例数据中，"创意喜帖 1001"仅为 8%，这是否矛盾呢？进一步观察可以发现，"创意喜帖 1001"的"B 订单中购买 A"这项数据同样较低（仅为 9.09%）。结合关联订单数，购买"创意喜帖 1001"的订单共有 22 笔，可见，购买"创意喜帖 1001"的订单数较多，在这个前提下，同时购买"韩式喜糖盒"和"创意喜帖 1001"的 2 笔订单数较小。

这种情况也说明商品关联具有方向性，在"韩式喜糖盒"的页面中推荐"创意喜帖 1001"的成功率比较高；但若在"创意喜帖 1001"的页面中推荐"韩式喜糖盒"，成功率则相对较低。

## 3.6.3　关联客户数分析

分析关联客户数，卖家可以得到一些辅助信息。从表 3-7 中的数据可以看出，"韩式喜糖盒"和"高档婚礼糖果盒 185"关联度较高，但此处的客户数仅为 1，可见，虽然通过订单数可以得出关联度高的结论，但由于所有同时购买这两件商品的订单都属于同一个客户，因此这很有可能只是个别现象，这两件商品的关联度实际上并没有想象得那么高，需要进一步查看更多的数据才能得出可靠的结论。

# 3.7

## 应用实例：淘宝网店数据分析

### 3.7.1 淘宝网店地域数据分析

淘宝网店的交易平台虽然是网络平台，但是店主所在地（即商品的发货地）也是客户选择是否消费的依据之一。例如，有些急需的商品客户可能会选择同城，这样物流速度快，可以及时得到需要的商品；还有些商品具有地方优势，如上海的旗袍之类的商品，它们的历史悠久，可信度高。这些例子都说明网店的地域数据也影响其正常经营。对于地域数据，卖家可以先做一些描述性统计、饼图分析、走势图分析等简单的统计分析。描述性统计可以得到数据的数字特征，饼图能反映变量的地区分布情况，走势图能反映变量在地区内的变化情况，在此基础上再对数据进行深入挖掘分析。

#### 1. 应用问题

【例3-1】收集一家经营计算机的网店在10个地区的变量数据，包括UV、销量、下单量、退货量、转化率、退款率和支付率（见表3-8），分析该网店在地域分布上的特点。

表 3-8 地域数据表

| 地区 | UV（个） | 销量（台） | 下单量（台） | 退货量（台） | 转化率（%） | 退款率（%） | 支付率（%） |
|---|---|---|---|---|---|---|---|
| A 省 | 3 500 | 39 | 70 | 31 | 1.11 | 44.29 | 2.00 |
| C 省 | 302 | 32 | 48 | 16 | 10.60 | 33.33 | 15.89 |
| E 省 | 235 668 | 54 | 86 | 32 | 0.02 | 37.21 | 0.04 |
| F 省 | 1 303 | 35 | 63 | 28 | 2.69 | 44.44 | 4.83 |
| G 省 | 1 190 | 37 | 61 | 24 | 3.11 | 39.34 | 5.13 |
| I 省 | 296 | 26 | 41 | 15 | 8.78 | 36.59 | 13.85 |
| K 省 | 5 646 | 45 | 79 | 34 | 0.80 | 43.04 | 1.40 |
| P 省 | 32 | 12 | 18 | 6 | 37.50 | 33.33 | 56.25 |
| S 省 | 4 | 2 | 3 | 1 | 50.00 | 33.33 | 75.00 |
| W 省 | 3 | 1 | 2 | 1 | 33.33 | 50.00 | 66.67 |

#### 2. 描述性统计

为方便对该网店的经营数据进行系统分析，需要了解表 3-8 中各变量在哪些地区分别有最大值、最小值，哪些是变化大的地区，哪些地区能够代表整体水平。为此，首先对表 3-8 中的数据做描述性统计，得到各变量的最大值、最小值、变化范围、均值、方差、偏度和峰度，详细结果如表 3-9 所示。下面结合表 3-8 和表 3-9 分析统计结果。

表 3-9 地域数据的描述性统计

| 变量指标 | 变化范围 | 最小值 | 最大值 | 均值 | 方差 | 偏度 | 峰度 |
|---|---|---|---|---|---|---|---|
| UV（个） | 235 665 | 3 | 235 668 | 24 794 | 5 493 244 956 | 3.159 | 9.983 |
| 销量（台） | 53 | 1 | 54 | 28.3 | 321.789 | -0.457 | -0.883 |
| 下单量（台） | 84 | 2 | 86 | 47.1 | 929.433 | -0.453 | -1.222 |
| 转化率（%） | 49.98 | 0.02 | 50 | 14.794 | 3.4 | 111 | -34.6 |
| 退款率（%） | 16.67 | 33.33 | 50 | 39.49 | 0.3 | 51 | -77.6 |
| 支付率（%） | 74.96 | 0.04 | 75 | 24.106 | 8.8 | 101.1 | -90.8 |

（1）UV 分析。UV 是网店的独立访客数，在本例中，UV 的变化范围是 235 665，可见该网店流量的地区差距很大，最大值 235 668 出现在 E 省，最小值 3 出现在 W 省，整体水平体现在均值 24 794 上。但表 3-8 显示大部分地区的 UV 低于表 3-9 中的均值；方差的数值特别大，这说明 UV 的分布十分离散，其偏度和峰度为正，表明数据分布右偏且陡峭程度相对较高。

（2）销量分析。销量是能直接反映网店经营情况的指标之一。表 3-9 中销量的变化范围是 53，偏大，最小值 1 出现在 W 省，均值代表的整体水平是 28.3，可见 W 省的销量水平与整体水平差距较大；方差值比较大，表明销量分布在均值附近是不稳定的；偏度和峰度值为负，说明销量数据的分布曲线左偏且比较平缓。

（3）下单量分析。在表 3-9 中，下单量的范围值比销量的范围值还要大，最小值 2 也是出现在 W 省，均值为 47.1，低于表 3-8 中的大部分下单量；方差为 929.433，表明下单量数据分布更加不稳定；偏度和峰度也为负值，表明下单量和销量曲线一样是左偏分布且较平缓。

（4）转化率分析。该网店的转化率变化范围接近 50%，最小值 0.02%出现在 E 省，尽管其 UV 是最大的，但实际消费的比率不高，说明其内在商品性能对客户没有吸引力；最大值为 50%，出现在 S 省，虽然关注人数中消费的客户比较多，但因为 UV 这个基数本来就很小，所以无法说 S 省商品的吸引力强。

（5）退款率分析。退款率和许多原因有关，或因为客户改变主意不想买了，或由于商品的质量、款式、尺寸不符合客户的要求，抑或因为客观的运输原因等，其中，受商品本身影响的退款占绝大多数，所以一家经营好的网店不仅有很高的销量，而且它的退款率必定是很低的。实例 3-1 中这 10 个地区的退款率最高的是 W 省，在 50%左右，最低值 33.33%同时有 3 个地区，这个数值其实是比较大的，可能是受所在行业不稳定因素的影响；此外，商品更新速度快也可能是一些原本考虑购买的商品被退货的主要原因之一。

（6）支付率分析。支付率的变化范围比转化率和退款率的变化范围大，说明这个变量的地区影响很强；最小值为 0.04%，出现在 E 省，最大值接近 75%，出现在 S 省，说明 UV 基数大的地区未必是支付率高的地区，而且很有可能因为基数大而变成整个区域支付率最低的省份。

【例 3-1】中的转化率、退款率、支付率 3 个比率指标均值相差不大，能够代表数据的整体水平；这些数据的方差都比较小，说明数据的变化是稳定的；偏度和峰度一个为正一个为负，说明它们的数据分布曲线都是右偏分布，且形态比较平缓。

3. 饼图分析

在 Excel 中以饼图的形式输出表 3-8 中的数据，结合图形来看，地区效应对变量的影响会更直观。下面展示 3 个方差较大的变量的饼图，解释该网店运营数据的地区分布情况。

（1）UV 地域分布饼图。图 3-7 为该网店 UV 的地域分布饼图。从图 3-7 可以看出，E 省占据 UV 的 95%左右，剩下 9 个省市的 UV 总和不超过总量的 5%，可见该网店的计算机商品最受 E 省消费者关注，其他省份消费者的访问量很低。因此，卖家可以在其他地区适当扩大规模，增加可供商品数量，增加运输渠道，使 UV 在各地区分布得相对均匀一些。否则，集中度太高只能导致其他地区的客户流失，一旦 E 省同行竞争店家增多，该店的总 UV 就会急剧减少，网店将面临危机。

（2）销量地域分布饼图。图 3-8 为该网店销量的地域分布饼图。从图 3-8 可以看出，该网店绝大部分地区的销量在其总销量中占比差不多，有一半多的省份（分别是 A 省、C 省、E 省、F 省、G 省、K 省）其销量占比在 10%以上，可见该网店的销量在大部分地区的分布是比较均匀的；但是，也有些省份如 W 省、P 省、S 省这 3 个地区的销量占比都不超过 5%，表明该网店在这些地区需要加强销售能力，以提高销量。

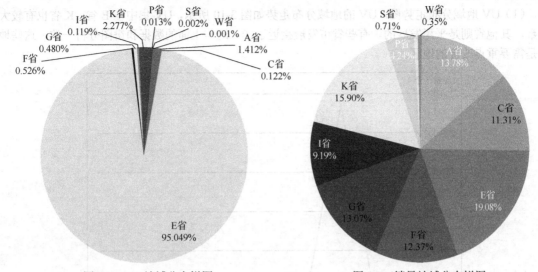

图 3-7  UV 地域分布饼图　　　　　　　　图 3-8  销量地域分布饼图

（3）下单量地域分布饼图。图 3-9 为下单量地域分布饼图。其中，占比最大的 E 省为 18.26%，同时，可以注意到 E 省的销量以及 UV 基数也都是占比最大的，这表明 E 省对网店的运营影响巨大；下单量占比居第 2 位的是 K 省（超过 15%），其 UV、销量也居第 2，可见，K 省对网店经营业绩的影响也是比较大的。此外，还有 4 个省份（分别是 A 省、C 省、F 省、G 省）的下单量占比超过 10%，这些地区对网店经营业绩的影响也是不容忽视的。需要注意的是，W 省、S 省、P 省这 3 个省份的下单量占比总和不超过 5%，表明该网店在这些地区的经营效果很差，网店必须采取措施加以改善。

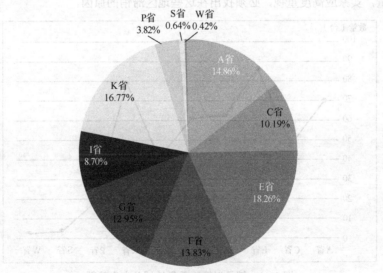

图 3-9  下单量地域分布饼图

4. 走势图分析

通过描述性统计和饼图分析了网店数据的地域分布情况，接下来需要分析表 3-8 中每个变量的发展态势，因为表 3-8 中的 3 个比率数据（转化率、支付率、退款率）都很小，而销量、下单量比较大，UV 最大，为此，可将 6 个变量分为 3 个部分，分别用 3 张折线图显示，以方便进行个体分析、对比分析和综合分析。

（1）UV 地域分布走势图。UV 的地域分布走势如图 3-10 所示，UV 集中在 E 省，K 省也有较大基数，其他省则是平稳发展的。有些省市发展接近于 0，这与上面的数据和饼图分析一致，这些地区是需要重点改善的地区。

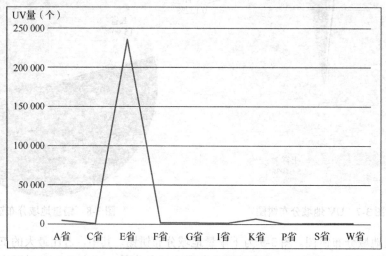

图 3-10　UV 地域分布走势图

（2）销量以及下单量地域分布走势图。销量以及下单量地域分布走势如图 3-11 所示，销量和下单量的变化趋势完全一致，下单量高的地区对应的销量也高，而且下单量普遍比销量高，但又不存在完全重合的现象，这反映出该网店无法让其所有下单的客户完成实际购买行为。这种情况可能与客服的服务有一定关系，也可能是行业内其他网店的冲击所致。对于 S 省和 W 省两省几乎接近于 0 的销量和下单量，卖家应高度重视，必须找出在这些地区滞销的原因。

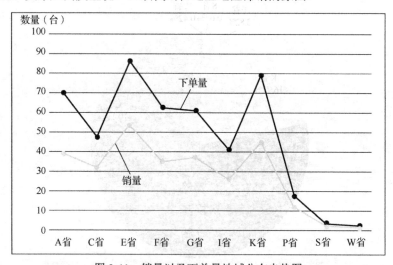

图 3-11　销量以及下单量地域分布走势图

（3）3 个比率数据的地域分布走势图。转化率、退款率、支付率的地域分布走势如图 3-12 所示。其中，转化率和支付率的变化趋势基本一致，退款率虽在一定范围内波动，但总体比较稳定，这与之前的描述性统计结果一致。在大部分地区（7 个省份）的退款率都比转化率和支付率高很多，这表明这些地区的商品销售很不符合当地的市场需求，网店需要尽快查明退款的原因并做出相应的调整。P 省、S 省、W 省 3 省的转化率和支付率比较高，退款率比较低，说明负责这些省份的客服人员在与客户交流过程中的服务是到位的，应鼓励其继续保持，其经验也可以为其他地区提供借鉴、参考。

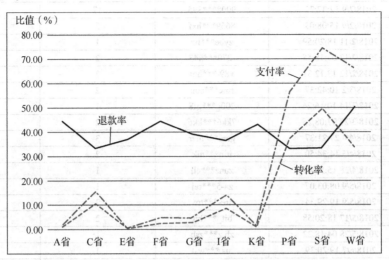

图 3-12 转化率、退款率、支付率的地域分布走势图

【例 3-1】展示了利用描述性统计、饼图、走势图分析网店地域数据的情况，这些分析可以为网店调整经营策略、改善经营业绩提供辅助决策的依据。此外，还有些例中没有涉及的与地域相关的变量（如邮费等），也可以利用上述 3 种统计工具分析。

## 3.7.2 淘宝网店会员数据分析

网店会员数据分析一般从会员消费程度、会员特征、会员等级 3 个方面进行，主要目的是了解会员的消费需求、消费习惯、消费偏好等信息，进而推出有针对性的销售方案。下面介绍如何采用 RFM 分析法、会员标签细分法、会员等级细分法分析淘宝网店会员数据。

### 1. RFM 分析法

RFM 分析法主要是对会员的消费数据展开分析，其中 $R$ 代表消费时间，$F$ 代表消费频率，$M$ 代表消费金额。$R$ 值大表示该会员很久没有来消费，客户可能正在流失；$F$ 值小表明会员的活跃度低，也暗示着客户可能正在流失；$M$ 值越小表明会员的购买能力越弱。

【例3-2】分析某网店会员最近一段时间的消费记录。按照购买时间先后排序选取30位会员的消费数据，如表3-10所示，时间以2018年10月为基准，最近购买时间为2018年上半年的会员被认为是很长时间没有消费的用户。

表 3-10 会员消费数据

| 序号 | 最近购买时间 | 用户名 | 一年内消费次数 | 累计消费金额（元） |
|---|---|---|---|---|
| 1 | 2018/1/15 11:28:36 | 199f***ffe | 2 | 150 |
| 2 | 2018/1/15 14:59:47 | 5ww2***w23 | 2 | 96 |
| 3 | 2018/1/15 16:36:05 | 7422***qsz | 3 | 45 |
| 4 | 2018/1/21 01:00:42 | 1238***xyy | 6 | 566 |
| 5 | 2018/1/23 05:02:02 | 2323***gyf | 5 | 840 |
| 6 | 2018/1/27 21:48:53 | 4615***qq2 | 7 | 760 |
| 7 | 2018/1/29 17:30:39 | 824q***q47 | 6 | 606 |
| 8 | 2018/2/4 06:18:46 | 690p***p53 | 4 | 164 |
| 9 | 2018/2/6 11:16:19 | 1310***q89 | 2 | 148 |

| 序号 | 最近购买时间 | 用户名 | 一年内消费次数 | 累计消费金额（元） |
|---|---|---|---|---|
| 10 | 2018/2/9 12:32:21 | 9008***395 | 17 | 11 650 |
| 11 | 2018/2/9 15:08:03 | 8659***hxf | 3 | 165 |
| 12 | 2018/2/11 18:20:59 | zybe***liz | 1 | 36 |
| 13 | 2018/2/12 07:18:55 | -270***x43 | 2 | 308 |
| 14 | 2018/2/12 17:12:31 | x89-***hui | 2 | 16 |
| 15 | 2018/3/2 10:42:37 | rtne***cou | 2 | 98 |
| 16 | 2018/3/14 10:16:24 | 200g***gf8 | 1 | 29 |
| 17 | 2018/3/27 07:08:25 | 7kk6***kk6 | 1 | 104 |
| 18 | 2018/4/4 21:21:37 | gare***mar | 3 | 117 |
| 19 | 2018/4/5 14:34:50 | itin***nik | 2 | 128 |
| 20 | 2018/4/28 15:50:00 | zunz***eli | 1 | 47 |
| 21 | 2018/5/9 08:03:07 | za-5***raj | 1 | 66 |
| 22 | 2018/5/9 19:29:34 | tre-***tre | 2 | 82 |
| 23 | 2018/5/17 18:20:58 | bit_***bit | 2 | 108 |
| 24 | 2018/5/28 04:18:22 | zb.z***zsb | 1 | 52 |
| 25 | 2018/6/7 19:20:39 | .us.***wst | 1 | 36 |
| 26 | 2018/6/7 19:20:41 | .mae***mee | 1 | 84 |
| 27 | 2018/6/7 19:20:41 | 2217***dch | 1 | 27 |
| 28 | 2018/7/8 10:32:47 | haeb***mic | 2 | 48 |
| 29 | 2018/8/25 02:17:15 | .see***cse | 1 | 15 |
| 30 | 2018/10/6 04:16:43 | zabr***cli | 1 | 75 |

（1）消费时间（R）分析。先从表 3-10 中的数据来看，有 17 位会员是半年多（4 月以前）没有来消费的，尤其是消费次数高达 17 的那位会员，其最近购买时间停留在 2 月 9 号，这表明这位会员应该是该网店的老客户，但近期活跃度不高，很有可能是转向其他网店消费了，网店需要深入了解到底是哪方面的原因，尽力挽回这一类客户。

（2）消费频率（F）分析。再看一年内会员的消费次数，表 3-11 所示为会员消费次数的描述性统计结果，可以看到 30 位会员的平均消费次数是 3；众数和中位数是 2，说明有很多会员消费的次数低于平均值；消费次数的方差是 10，表明会员的消费次数差异很大；最大值是 17，最小值只有 1，极差是 16，说明会员消费的频率分布极不均匀。对于大多数不经常光临的客户，网店可以通过打折、返现金券、送小礼品等方式吸引其再次光顾，以提高其未来该店消费的频率。

表 3-11　　　　　　　　　　会员消费次数的描述性统计

| 平均 | 中位数 | 众数 | 方差 | 峰度 | 偏度 | 最小值 | 最大值 |
|---|---|---|---|---|---|---|---|
| 3 | 2 | 2 | 10 | 14 | 3 | 1 | 17 |

（3）消费金额（M）分析。最后来看消费金额，从表 3-12 中可以看出该网店这批会员的平均消费金额是 556 元，这个数据表明商铺的平均收益还不错；但方差很大，表明会员间的消费金额分布很离散；最小值是 15 元，最大值超过 1 万元，极差很大，表明会员的消费能力有很大差异。消费金额的众数是 36，中位数是 97，结合消费次数来看，有的客户消费次数虽然不多但金额不少，有的买得很多，但消费金额不高。例如，表 3-10 中的第 13 位会员只购买了两件商品，但花费了 308 元，每件平均消费 154 元，比表 3-10 中第 2、第 3 两位会员总共购买 5 件商品花费还要多，说明前者是看中商品实质的一类客户，其对价格不是很在意，后者对价格很在意，便宜的商品往往会引起他们的大量购买行为。而表 3-10 中的大多数消费者属于后者，对于这类客户，网店可以通过买一送一之类的活动来刺激其购买欲望。

表 3-12 会员消费金额的描述性统计

| 平均 | 中位数 | 众数 | 方差 | 峰度 | 偏度 | 最小值（元） | 最大值（元） |
|------|--------|------|------|------|------|------------|------------|
| 556 | 97 | 36 | 4 439 213 | 29 | 5 | 15 | 11 650 |

### 2. 会员标签细分法

会员标签细分法是按照属性、喜好以及购买动机对客户进行分类的一种方法，它能够为不同类型的客户提供针对性强、精准的信息。例如，经营服装的网店，为客户设置了风衣、骑行服等分类标签后，客服就可以推送不同风格、材质的衣服给有相关偏好的客户，从而大大提高交易成功率。同时，对会员贴上标签之后，会员信息不再是杂乱无序的，这样可以有效提高会员数据的利用率。

### 3. 会员等级细分法

会员等级细分法是一种了解客户特质的手段，有利于管理会员，而且很多会员有提高其等级的潜在意识，这样就会刺激其不断加大购买力度。

（1）划分会员等级。对于表 3-10 中的 30 位会员，卖家可以根据其消费次数和累计消费金额划分等级：消费 1～2 次、累计消费金额不超过 100 元的会员归为普通会员；消费 2～4 次、累计消费金额在 100～200 元的归为中级会员；消费 5 次以上且累计消费金额超过 500 元的归为高级会员；消费超过 10 次且累计消费金额超过 10 000 元的归为至尊会员（见表 3-13）。

表 3-13 会员等级分布表

| 序号 | 用户名 | 上半年消费次数 | 消费金额（元） | 会员级别 | 客单价（元） |
|------|--------|--------------|--------------|----------|------------|
| 2 | 5ww2***w23 | 2 | 96 | 普通会员 | 48 |
| 3 | 7422***qsz | 3 | 45 | 普通会员 | 15 |
| 12 | zybe***liz | 1 | 36 | 普通会员 | 36 |
| 14 | x89-***hui | 2 | 16 | 普通会员 | 8 |
| 15 | rtne***cou | 2 | 98 | 普通会员 | 49 |
| 16 | 200g***gf8 | 1 | 29 | 普通会员 | 29 |
| 20 | zunz***eli | 1 | 47 | 普通会员 | 47 |
| 21 | za-5***raj | 1 | 66 | 普通会员 | 66 |
| 22 | tre-***tre | 2 | 82 | 普通会员 | 41 |
| 24 | zb.z***zsb | 1 | 52 | 普通会员 | 52 |
| 25 | .us.***wst | 1 | 36 | 普通会员 | 36 |
| 26 | .mae***mee | 1 | 84 | 普通会员 | 84 |
| 27 | 2217***dch | 1 | 27 | 普通会员 | 27 |
| 28 | haeb***mic | 2 | 48 | 普通会员 | 24 |
| 29 | .see***cse | 1 | 15 | 普通会员 | 15 |
| 30 | zabr***eli | 1 | 75 | 普通会员 | 75 |
| 1 | 199f***ffe | 2 | 150 | 中级会员 | 75 |
| 8 | 690p***p53 | 4 | 164 | 中级会员 | 41 |
| 9 | 1310***q89 | 2 | 148 | 中级会员 | 74 |
| 11 | 8659***hxf | 3 | 165 | 中级会员 | 55 |
| 13 | -270***x43 | 2 | 308 | 中级会员 | 154 |
| 17 | 7kk6***kk6 | 2 | 104 | 中级会员 | 52 |

续表

| 序号 | 用户名 | 上半年消费次数 | 消费金额（元） | 会员级别 | 客单价（元） |
|---|---|---|---|---|---|
| 18 | gare***mar | 3 | 117 | 中级会员 | 39 |
| 19 | itin***nik | 2 | 128 | 中级会员 | 64 |
| 23 | bit_***bit | 2 | 108 | 中级会员 | 54 |
| 4 | 1238***xyy | 6 | 566 | 高级会员 | 94 |
| 5 | 2323***gyf | 5 | 840 | 高级会员 | 168 |
| 6 | 4615***qq2 | 7 | 760 | 高级会员 | 109 |
| 7 | 824q***q47 | 6 | 606 | 高级会员 | 101 |
| 10 | 9008***395 | 17 | 11 650 | 至尊会员 | 685 |

表 3-13 中的序号就是表 3-10 中的会员序号，表 3-13 中的客单价是用累计消费金额除以消费次数得到的，用于衡量会员的平均消费能力。对每个等级的会员进行计数可以发现，在过去一年里，普通会员占 53.3%（有 16 位），中级会员占 30%（有 9 位），高级会员约占 13.3%（有 4 位），至尊会员约占 3.4%（只有 1 位），说明普通会员和中级会员居多。对不同等级的会员可以采取不同的优惠力度，例如，发送红包或优惠券，以此激发会员升级的积极性，调高其整体购买力。

（2）按会员等级对客单价进行描述性统计。表 3-14 所示为每一等级会员客单价的描述性统计结果（至尊会员只有 1 位，表 3-14 未做统计分析）。

表 3-14　　　　　　　按会员等级对客单价进行描述性统计的结果

| 会员级别 | N | 平均值（元） | 标准差 | 最小值（元） | 中位数 | 最大值（元） |
|---|---|---|---|---|---|---|
| 高级会员 | 4 | 118 | 33.9 | 94 | 105 | 168 |
| 普通会员 | 16 | 40.8 | 21.6 | 8 | 38.5 | 84 |
| 中级会员 | 9 | 67.6 | 34.8 | 39 | 55 | 154 |

普通会员的客单价均值接近 40.8 元，中级会员的客单价均值为 67.6 元，两者相差不大；高级会员客单价平均值为 118 元，约为其他两种等级会员均值的 2～3 倍。普通会员客单价最大值为 84，在中级会员客单价最小值 39 元和最大值 154 元之间，说明有一部分普通会员的消费能力比较强（与中级会员相当）；但普通会员客单价标准差小，消费能力比较稳定，消费欲望没有中级会员强。因此，网店可以定期发放具有时效性的商品优惠券来增加普通会员的消费次数，让其在固定的时间内多光顾网店，提高其消费能力。

中级会员和高级会员的标准差很接近，但中级会员的客单价普遍低于高级会员，表明中级会员对价格比较敏感。因此，对于中级会员可以经常推送一些打折活动信息，他们本着实惠的原则可能会大量购买该商品。

高级会员的客单价最大值和最小值相差近一半，标准差不是很大，说明这类会员的消费是稳定的。因此，对高级会员客户可以推送满减活动，如满 199 减 20 等，以进一步提高客单价，同时刺激普通客户升级到高级会员。

数据还显示有至尊会员（1 位），其消费次数是 17，平均客单价近 700 元，说明其消费能力很强。对于这样的客户，网店可以邀请其参加店里的打折活动，但定价不能太低，因为这类客户大多追求商品质量档次，低价会影响其对商品的定位判断。

综合以上分析，会员数据能给网店经营者带来很多有用的商务信息，网店可以据此调整经销方式和营销策略，从而增加商品成交量。如果能把会员中的 80%变成网店的老客户，那么网店的销售渠道就稳定了；若再加上老客户的推广，销量就会越来越多。卖家可以通过售后关怀、生日节日关怀等方式增加客户对网店的好感，使其成为会员并激发其购买积极性。

## 3.7.3　淘宝网店客服数据分析

实体店有服务员，网店也需要客服为客户服务。网店客服对整个网店经营状况有十分重要的影响。卖家需要重视对客服绩效的考核，培养高效的金牌客服，从而提高网店的销售业绩。

淘宝网店客服评价的指标有很多，一般可从 3 个方面选择指标评价客服工作：一是分析客服人员的销售额、销售量及销售人数；二是统计客户的客单价、客件数和件均价，并以此衡量客服关联销售的能力；三是从多角度统计客户的转换率，主要是建立关键绩效指标（Key Performance Indicator，KPI）考核制度。

### 1．网店客服的工作绩效和能力分析

【例3-3】收集一家网店15位在线客服某年6月的销售数据，整理后如表3-15所示，要求据此分析、评价这些客服人员的工作绩效和能力。

表 3-15　　　　　　　　　　　　　客服销售数据表

| 客服编号 | 销售额（元） | 销售量 | 销售频次 | 客服编号 | 销售额（元） | 销售量 | 销售人数 |
|---|---|---|---|---|---|---|---|
| 1 | 71 | 1 | 1 | 9 | 36 | 1 | 1 |
| 2 | 120 | 1 | 1 | 10 | 32 | 1 | 1 |
| 3 | 16 | 1 | 1 | 11 | 823 | 10 | 5 |
| 4 | 100 | 2 | 1 | 12 | 374 | 9 | 3 |
| 5 | 64 | 1 | 1 | 13 | 167 | 1 | 1 |
| 6 | 105 | 4 | 2 | 14 | 236 | 2 | 3 |
| 7 | 42 | 1 | 1 | 15 | 39 | 2 | 2 |
| 8 | 602 | 18 | 6 | | | | |

（1）描述性统计分析。从表3-15中的数据可以看出，每位客服6月的销售额各不相同，其中53.3%（有 8 位）的客服的销售量和销售频次都只为1，另13.3%（有 2 位）的客服的销售量为2，销售频次分别为1和2。对销售额、销售量、销售频次这3个变量做描述性统计，结果如表 3-16 所示。

表 3-16　　　　　　　　　　　　客服销售数据描述性统计

| 变量 | 平均值 | 标准误差 | 标准差 | 最小值 | 中位数 | 最大值 | 极差 |
|---|---|---|---|---|---|---|---|
| 销售额（元） | 188.5 | 61 | 236.2 | 16 | 100 | 823 | 807 |
| 销售量 | 3.93 | 1.27 | 4.93 | 1 | 1 | 18 | 17 |
| 销售频次 | 2 | 0.414 | 1.604 | 1 | 1 | 6 | 5 |

表 3-16 显示，销售额的极差为807，这个数值比较大，说明客服的业绩差异很大；标准差为236.2，也是个比较大的数值，反映出销售额分布的不稳定性。

（2）统计图分析。对销售额和客服人数频次进一步做直方图附加拟合的正态曲线（见图 3-13），以便直观地感受其差异。直方图和正态曲线的分布显示，销售额在 200 元以下的客服偏多，销售额在 400 元、600 元、800 元的客服人数几乎相同，并且普遍低于其他价格区间的人数，说明客服人员的销售额集中在 200 元以下，客服的销售业绩有待提高。

### 2．网店客服的工作能力分析

根据【例 3-3】中的数据，先计算、整理该网店15位客服在6月的关联销售指标（见表3-17），然后对其关联销售能力进行具体的评价、分析。

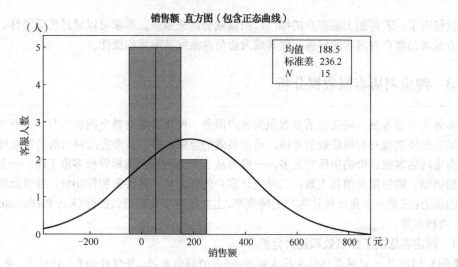

图 3-13　销售额直方图包含正态曲线

表 3-17　　　　　　　　　　　　　　客服关联销售能力数据

| 客服编号 | 客单价（元） | 客件数 | 件均价（元） | 客服编号 | 客单价（元） | 客件数 | 件均价（元） |
|---|---|---|---|---|---|---|---|
| 1 | 71 | 1 | 71 | 9 | 36 | 1 | 36 |
| 2 | 120 | 1 | 120 | 10 | 32 | 1 | 32 |
| 3 | 16 | 1 | 16 | 11 | 165 | 2 | 82 |
| 4 | 100 | 2 | 50 | 12 | 125 | 3 | 42 |
| 5 | 64 | 1 | 64 | 13 | 167 | 1 | 167 |
| 6 | 53 | 2 | 26 | 14 | 79 | 2 | 39 |
| 7 | 42 | 1 | 42 | 15 | 20 | 1 | 20 |
| 8 | 100 | 3 | 33 | | | | |

表 3-17 中，客单价=销售额/销售人数，客件数=销售量/销售人数，件均价=销售额/销售量。

（1）客服接待客户次数分析。观察表 3-17 中的数据可以发现，件均价普遍比客单价低（销售人数与销售量相同的情况除外），客件数与销售量相比更少，说明每位客服接待的每位客户的消费次数都较少。客服接待客户最多的是 3 次，大部分是 1 次，其中，接待客户 2 次和 3 次的客服占 40%（共有 6 位），表明部分客服还是有回头客的。

（2）客服的关联销售能力分析。对客单价和件均价做进一步的描述性统计（见表 3-18），比较相应的指标，可以发现 15 位客服的关联销售能力状况。

表 3-18　　　　　　　　　　　　　客单价和件均价的描述性统计

| 变量 | 平均值 | 标准误差 | 标准差 | 最小值 | 中位数 | 最大值 | 极差 |
|---|---|---|---|---|---|---|---|
| 客单价（元） | 79.3 | 12.7 | 49 | 16 | 71 | 167 | 151 |
| 件均价（元） | 56 | 10.6 | 40.9 | 16 | 42 | 167 | 151 |

表 3-18 的结果显示，客单价和件均价的最大值、最小值、极差相同，这说明 15 位客服的整体差距一致；但客单价 79.3 元显然高于件均价 56 元，说明客单价的平均水平要高于件均价，且件均价数据更稳定，它的标准差和标准误差相对较低。

中位数也是衡量客服关联销售能力平均水平的一个指标。综合之前的分析结果可以看出，15 位客服的关联销售能力是不均等的，存在的问题也各不相同，有的客服人员销售业绩比较高但缺少回头客，有的客服人员回头客不少但销售业绩偏低。总体来看，该网店的客服业绩都还有待提高。

3. 网店客服的 KPI 评价指标分析

网店客服的 KPI 考核是一种通过卖家对客服人员的评价进行量化考核的方式,是网店发展到一定阶段(尤其是中期以后)特别需要的一种考核方式。KPI 考核包括两种形式:单一模型和复合模型。

单一模型主要是对客服人员的业绩进行考核,以激发员工提高个人业绩的积极性。但单一模型往往会忽视团队合作,不利于网店长期发展。

复合模型相对来说要更加完善,它包含 3 个要素:一是考核指标;二是评分标准;三是权重分配,通常会用成交转换率、客单价、响应时间等数据指标来衡量客服人员的工作效率、团队合作能力、工作态度等,其具体评分标准需要根据实际销售情况制定。例如,商品对季节反应敏感的,需要分淡季和旺季两个不同的时间段制定不同的评分标准。

【例3-4】收集一家网店3位客服的KPI评价指标并制定相应的考核标准,计算最后的权重得分。

(1)确定KPI考核评价指标。KPI评价模型包含的变量有咨询转换率、支付率、落实客单价、响应时间和售后服务等,每一指标在考核系统中所占的权重是不同的,这反映出该指标对整个模型的相对重要程度。每家店铺可以根据本店的实际情况来确定权重的大小。

① 咨询转化率。咨询转化率是所有咨询客服后购买的消费人数与咨询客服总人数的比值。在分析客服人员咨询转换率统计之前,要先制定一个考核标准(见表3-19)。

表3-19 咨询转化率的考核标准

| KPI 考核指标 | 计算公式 | 评分标准 | 得分 | 权重 |
|---|---|---|---|---|
| 咨询转化率 $X$ | 咨询转化率=成交人数/咨询总人数 | $X \geqslant 40\%$ | 100 | 30% |
| | | $35\% \leqslant X < 40\%$ | 90 | |
| | | $30\% \leqslant X < 35\%$ | 80 | |
| | | $25\% \leqslant X < 30\%$ | 70 | |
| | | $20\% \leqslant X < 25\%$ | 60 | |
| | | $X < 20\%$ | 0 | |

② 支付率。支付率是成交笔数与下单总笔数的比值。支付率的考核标准如表3-20所示。

表3-20 支付率的考核标准

| KPI 考核指标 | 计算公式 | 评分标准 | 得分 | 权重 |
|---|---|---|---|---|
| 支付率 $F$ | 支付率=成交笔数/下单总笔数 | $F \geqslant 95\%$ | 100 | 25% |
| | | $88\% \leqslant F < 95\%$ | 90 | |
| | | $70\% \leqslant F < 88\%$ | 80 | |
| | | $50\% \leqslant F < 70\%$ | 70 | |
| | | $40\% \leqslant F < 50\%$ | 60 | |
| | | $F < 40\%$ | 0 | |

③ 落实客单价。落实客单价是指在一定期限内客服个人的客单价和网店客单价的比值。当这个比值大于1时,说明客服的工作是有意义的。落实客单价的考核标准如表3-21所示。

表3-21 落实客单价的考核标准

| KPI 考核指标 | 计算公式 | 评分标准 | 得分 | 权重 |
|---|---|---|---|---|
| 落实客单价 $Y$ | 落实客单价=客服客单价/网店客单价 | $Y \geqslant 1.45$ | 100 | 25% |
| | | $1.35 \leqslant Y < 1.45$ | 90 | |
| | | $1.25 \leqslant Y < 1.35$ | 80 | |
| | | $1.15 \leqslant Y < 1.25$ | 70 | |
| | | $1.05 \leqslant Y < 1.15$ | 60 | |
| | | $Y < 1.05$ | 0 | |

④ 响应时间。响应时间是指当客户咨询后客服的反应时间，可以分为首次响应时间和平均响应时间。在生活中，第一印象是最为重要的，因此，着重分析首次响应时间，对其进行统计分析具有重要意义。首次响应时间的考核标准如表3-22所示。

表 3-22　　　　　　　　　　　首次响应时间的考核标准

| KPI 考核指标 | 评分标准 | 得分 | 权重 |
|---|---|---|---|
| 首次响应<br>时间 ST<br>（单位：秒） | $ST \leqslant 5$ | 100 | 15% |
| | $5 < ST \leqslant 10$ | 90 | |
| | $10 < ST \leqslant 15$ | 80 | |
| | $15 < ST \leqslant 20$ | 70 | |
| | $20 < ST \leqslant 30$ | 60 | |
| | $ST > 30$ | 0 | |

⑤ 售后服务。售后服务包括退货和换货服务。退货和换货商品的成交量反映了客户对商品的不满意程度，它们会增加网店的经营成本，尤其是退货，带来的负面影响更大。本例中以月退货量来衡量客服人员的售后服务情况，针对月退货量制定的考核标准如表3-23所示。

表 3-23　　　　　　　　　　　月退货量制定的考核标准

| KPI 考核指标 | 评分标准 | 得分 | 权重 |
|---|---|---|---|
| 月退货量 T | $T < 2$ | 100 | 5% |
| | $2 \leqslant T < 5$ | 90 | |
| | $5 \leqslant T < 10$ | 80 | |
| | $10 \leqslant T < 20$ | 60 | |
| | $T \geqslant 20$ | 0 | |

（2）针对客服指标进行描述性统计分析。在确定5个评价指标的考核标准之后，进一步收集3名客服相应的指标数据，结合各指标的评价标准在评价模型中所占的比例，整理得到一张综合表，如表3-24所示。

表 3-24　　　　　　　　　　　客服指标数据

| 客服指标 | 1号 | 2号 | 3号 | 客服指标 | 1号 | 2号 | 3号 |
|---|---|---|---|---|---|---|---|
| 成交总人数 | 75 | 713 | 295 | X权重得分 | 21 | 30 | 27 |
| 咨询总人数 | 268 | 1 584 | 820 | F权重得分 | 22.5 | 20 | 17.5 |
| 咨询转化率（%） | 28 | 45 | 36 | Y权重得分 | 22.5 | 20 | 15 |
| 支付率（%） | 92 | 77 | 65 | ST权重得分 | 10.5 | 13.5 | 11.5 |
| 下单总笔数 | 238 | 268 | 388 | T权重得分 | 3 | 5 | 4.5 |
| 成交笔数 | 219 | 206 | 252 | 总得分 | 79.5 | 88.5 | 75.5 |
| 落实客单价（元） | 1.38 | 1.27 | 1.12 | | | | |
| 首次响应时间（秒） | 16 | 6 | 11 | | | | |
| 月退货量（件） | 11 | 1 | 4 | | | | |

① 分析综合得分。从3位客服人员的总得分来看，2号客服的综合得分最高，为88.5；其次是1号，得分为79.5；最后是3号客服，得分75.5。2号客服的综合水平处于较高水平，1号和3号客服的综合水平相差不大，处于中等水平。

② 描述性统计指标分析。客服数据的描述性统计指标如表3-25所示。

表3-25                     客服指标的描述性统计

| 变量 | 平均值 | 标准误差 | 标准差 | 最小值 | 中位数 | 最大值 |
|---|---|---|---|---|---|---|
| 咨询转化率 | 0.363 3 | 0.049 1 | 0.085 | 0.28 | 0.36 | 0.45 |
| 支付率 | 0.78 | 0.078 1 | 0.135 3 | 0.65 | 0.77 | 0.92 |
| 落实客单价 | 1.256 7 | 0.075 4 | 0.130 5 | 1.12 | 1.27 | 1.38 |
| 首次响应时间 | 11 | 2.89 | 5 | 6 | 11 | 16 |
| 月退货量 | 5.33 | 2.96 | 5.13 | 1 | 4 | 11 |

表3-25中的数据显示，咨询转换率平均值为0.363 3，与中位数非常接近，标准误差比较小，标准差小于0.1，说明客服的工作效率水平相差不大；支付率的平均水平为0.78，与中位数0.77相近，属于中等级别；标准差为0.135 3，不是很大，说明3位客服的工作成功率是均衡的；落实客单价在3位客服中也是均匀分布的，平均值为1.256 7，属于中等偏上水平，最大值1.38处于较高水平；首次响应时间变化差异很大，标准差为5，反应最快的2号客服为6秒，反应最慢的1号客服响应时间为16秒，平均值为11秒，处于中等水平；月退货量的标准差和标准误差都比较大，平均值为5.33，说明客服的售后服务水平是不均衡的，业绩最好的2号客服处于最佳等级。

（3）分析3位客服人员在各个方面的情况，并对其存在的问题提出改进建议。

1号客服的咨询转化率最低，应该提高其客户沟通能力，增加咨询的人数，同时应加强对其引导能力的培养，以使其成交量也相应地增长；1号客服的首次响应时间最长，需要减少反应时间，及时回复买家咨询；1号客服的月退货量最多，要提高其售后服务能力，要让其尽量说服客户留下商品，以降低存货成本。

2号客服咨询转化率以及售后服务的退货量是最少的，这说明其在这两方面做得十分优秀；但是其支付率不高，落实客单价也不是最高的，首次响应时间也不是很短，说明其还有提高空间，可以认为2号客服非常具有潜力，网店应重点培养，向将2号客服打造成金牌客服的目标努力。

3号客服的咨询转化率和月退货量属于中等水平，但落实客单价、支付率很低，首次响应时间超过了10秒，这些都是问题。因此，3号客服需要努力提高支付率和咨询转化率，减少首次响应时间以及月退货量。

综合【例3-3】和【例3-4】，对网店客服数据从3个方面展开分析，所得结论对网店经营者有效地管理和评价客服工作有一定的参考意义。

## 3.7.4   淘宝网店利润数据分析

经济学理论认为，企业家要实现的最终目标是利润最大化。利润可以用收入和成本的差额来表示，包括成本利润率、销售利润率以及产值利润率，通常使用的是成本利润率。淘宝网店是一种商业模式，卖家也同样希望获得最大的利润。因此，分析影响网店利润的因素并不断优化这些因素，以提高网店的利润率，具有重要的商业价值。

一般来说，利润最大化有两种途径：一是使总成本最低，二是使总收入最高。分析网店的利润数据，可以从收入、成本、利润数据3个方面入手。

收入数据最直接的就是销售收入，即成交金额，成交量也会间接地影响收入。

网店成本数据主要由3部分组成：商品成本、宣传成本、固定成本。商品成本是网店总成本的主要组成部分，包括进货成本、人工成本、运输成本、损耗成本以及其他一些成本，这些成本对于不同的商铺来说重要程度不同，卖家在整个网店运营的过程中都需要对这部分成本进行分析、预测、决策；宣传成本是网店进行必要的广告宣传所付出的费用，例如，网店通过直通车、淘宝客、钻石展位等方式获得付费流量所需的成本；固定成本是指在一定时期内不会受销售量变化影响的那部分成本，每家网店都存在一部分固定成本，其与网店的规模、环境等有关。

在网店的所有成本数据中，进货成本一般是所有网店中最重要的商品成本，因此，减少进货成本是降低商品成本的关键。

【例3-5】收集、整理了12家经营电子商品-视频的网店2018年6月的收入、成本、利润数据（见表3-26），要求分析这些网店的利润数据以及利润相关数据的分布特点。

表3-26 利润相关数据表 单位：元

| 网店编号 | 利润 | 销量 | 成交金额 | 商品成本 | 宣传成本 | 固定成本 |
|---|---|---|---|---|---|---|
| 1 | 30 | 5 | 464 | 275 | 123 | 36 |
| 2 | 9 | 2 | 291 | 98 | 84 | 100 |
| 3 | 2 | 2 | 19 | 8 | 6 | 3 |
| 4 | 17 | 1 | 3 021 | 1 896 | 987 | 121 |
| 5 | 61 | 25 | 1 344 | 860 | 241 | 182 |
| 6 | 141 | 6 | 1 774 | 754 | 349 | 530 |
| 7 | 8 | 2 | 62 | 31 | 19 | 4 |
| 8 | 3 | 1 | 26 | 11 | 7 | 5 |
| 9 | 132 | 8 | 1 641 | 853 | 261 | 395 |
| 10 | 6 | 1 | 50 | 28 | 10 | 6 |
| 11 | 29 | 1 | 180 | 67 | 24 | 60 |
| 12 | 9 | 1 | 97 | 49 | 26 | 13 |

表3-26中每家网店各变量数据各不相同，对这些数据做进一步描述性统计（结果见表3-27），可以发现这些数据存在一定的规律性。

表3-27 利润相关数据的描述性统计 单位：元

| 变量 | 最小值 | 最大值 | 平均值 | 方差 | 偏度 | 峰度 |
|---|---|---|---|---|---|---|
| 利润 | 2 | 141 | 37.25 | 2 425.477 | 1.632 | 1.4 |
| 销量 | 1 | 25 | 4.58 | 46.811 | 2.817 | 8.541 |
| 成交金额 | 19 | 3 021 | 747.42 | 947 120.1 | 1.212 | 3.31 |
| 商品成本 | 8 | 1 896 | 410.83 | 336 289.242 | 1.752 | 3.063 |
| 宣传成本 | 6 | 987 | 178.08 | 78 690.083 | 2.511 | 6.997 |
| 固定成本 | 3 | 530 | 121.25 | 29 402.023 | 1.743 | 2.254 |

### 1. 应用描述性统计分析网店获取利润的能力

综合分析利润相关数据表（见表3-26）和描述性统计结果（见表3-27）可以发现，利润的最大值为141元，出现在第6位卖家，它的销量为6件不是最多的，成交金额1 774元也不是最高的，各种成本也不是最低的，可见这是一家经营水平一般但获利能力最强的网店；利润最小值为2，出现在第3位卖家，它的商品销量为2件，比较少但不是最少的，该网店的成交金额为19元是最低的，其成本也是最低的，可见这是一家成本低、销售价格不高、销量也不多的网店，可以认为其经营能力不强，可能会被市场淘汰。

从平均值的角度来看，利润的整体水平在37.25元，销量的整体水平在4.58元，成交金额的整体水平在747.42元，而3种成本的整体水平分别在410.83元、178.08元、121.25元。

从方差角度来看，成交金额和商品成本非常大，销量的方差最小，利润的方差比较大，说明网店在成本方面的差异很大，利润也略有差异，销量的差异最小，也就是说，各个网店的销售能力是差不多的。

从分布的角度来看，所有变量的偏度和峰度都为正，说明这些变量的分布都不是正态对称的，数据比较离散。

**2. 应用统计图分析利润相关数据的特点**

利用统计图来分析利润相关数据的特点会更直观。统计图包括散点图、直方图、概率图、残差图、箱线图、块图以及双标图等，直方图可以直观地展现变量数据的频数分布，其中，百分比堆积柱形图可以显示部分占整体的百分比（【例 3-5】下面分析时选取的是百分比堆积柱形图）情况；折线图能反映数据的变化趋势；箱线图能根据数据特征反映数据分布特征（常用统计图的特点请参阅 2.1.5 小节相关内容）。【例 3-5】在此主要利用直方图、折线图以及箱线图来分析。

（1）利润相关数据的直方图分析。首先，对各指标作百分比堆积柱形图（见图 3-14），由图 3-14 可以直观地看到 12 家网店的 6 个变量的分布情况。图 3-14 显示，成交金额是网店经营的最主要部分，其次是商品成本，然后是宣传成本和固定成本，利润和销量占比不大。就利润而言，4 号网店几乎没有，表明网店的经营情况正在下降，必须引起注意；3 号、7 号、8 号、9 号、10 号、11 号、12 号网店的利润是差不多的；1 号、2 号、5 号、6 号网店的利润略低，需要做出改进措施。

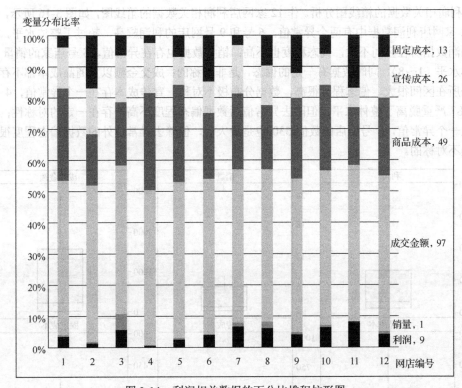

图 3-14 利润相关数据的百分比堆积柱形图

（2）利润相关数据的折线图分析。在 Excel 中对表 3-26 中的利润相关数据各指标作折线图（见图 3-15），可以看出，12 家网店在 6 个变量中扮演的角色是不对等的。12 家网店的销量是均衡的，12 家网店的固定成本、宣传成本以及利润变化幅度也不大；但网店的商品成本和成交金额的变化幅度就比较大了，主要集中在 4 号、5 号、6 号以及 8 号、9 号网店上，说明这些网店的商品成本和成交金额最值得注意，急需调整；所有网店的固定成本、宣传成本都需要想办法减少，利润则需要提高。

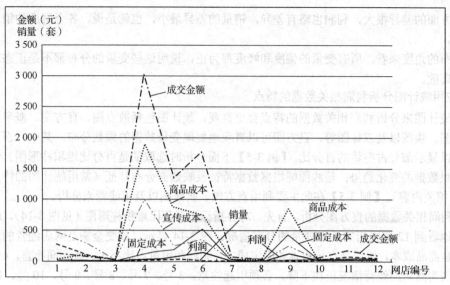

图 3-15　利润相关数据的折线图

（3）利润相关数据的箱线图分析。作 12 家网店利润相关数据的箱线图，如图 3-16 所示，图 3-16 显示，12 家网店利润数据中有两个异常值，6 号和 9 号网店的利润颇高，超过了整体水平，除去异常值其利润数据所在区间不大，偏态程度也不高；销量数据也存在异常值，5 号店家的销量 25，脱离了整体水平（1～8），同时数据有一定的偏态，是非对称的；成交金额以及商品成本都不存在异常值，数据所在区间很大，偏态程度很高，数据分布极不对称；宣传成本存在一个异常值，4 号网店的数值 987 严重脱离了整体水平，但除去异常值后数据偏态程度不高，存在一定的对称性；固定成本也存在一个异常值，6 号网店的数值 530 也是最大值，但除去异常值外的数据偏态程度很高，数据分布是不对称的。

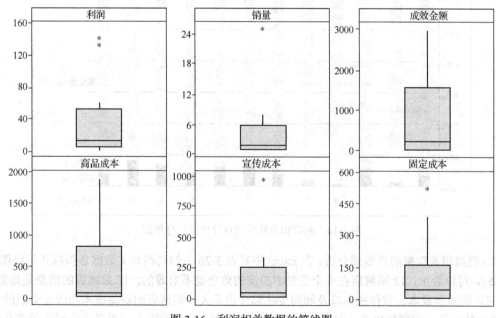

图 3-16　利润相关数据的箱线图

以上分析表明，描述性统计和统计图分析的结果是一致的。至此，可以综合分析结论：12 家经营电子商品-视频网店的利润、销量、成交金额、3 种成本的数据各有特点；对于店家关心的利润数据，可以通过增加销量和成交金额、降低成本等途径来实现利润最大化；成交金额和商品成本变化差异最大，对利润的影响可能也最大，店家应密切关注这两者的变化情况。

# 本章小结

本章着重介绍了网店运营数据分析的常用工具，包括淘宝的分析工具生意参谋、量子恒道统计、数据魔方，以及第三方分析工具生意经、小艾分析、酷宝数据等；网店订单数据分析，包括订单状态数据、订单时间数据等；网店客户数据分析，包括客户类别、客户行为、客户群体特征、客户购买频次等；网店销售额数据分析，包括网店总销售额数据、新客户销售额数据、回头客销售额数据等；网店商品关联数据分析，包括关联订单数、关联比例、关联客户数等；最后以应用实例的形式，介绍了淘宝网店地域数据分析、会员数据分析、客服数据分析、利润数据分析。

数据分析在网店运营中具有重要的作用，可以为网店制定经营决策提供依据，可以协助网店诊断和监控销售效果，制定网店发展不同阶段目标。网店订单数据是企业极其重要的资源，网店客户数据和销售额数据分析是了解网店运营状态的重要手段，网店商品关联数据分析可以为网店制定提高订单金额决策提供重要的依据。

# 复习思考题

## 一、判断题

1．数据分析在网店运营中可以帮助卖家合理规划网店装修板块和样式。（　　）

2．网店运营数据分析的总体目标是为提高网店知名度、排名和浏览量，提高品牌形象，提高客户黏度和成交率，完成既定的销售任务，提供决策支持。（　　）

3．量子恒道网店统计是一款主要面向网店而非针对淘宝平台的工具，通过统计访问网店的用户行为和特点，帮助网店了解用户喜好，为网店推广和商品展示提供依据。（　　）

4．网店未付款客户数量增加，说明更多的客户在下单后并没有实施付款，据此可以推测这些客户当时的购买意愿不强烈，或是在付款时对比了其他网店后改变了购买决策。（　　）

5．在 RFM 模型中，$M$ 值越大表明客户产生的价值越低，$M$ 值越小表明客户的购买力越强或者购买欲望越高。（　　）

6．环比和同比都反映变化速度，虽然采用的基期不同，但反映的内涵是完全相同的。（　　）

7．网店的交易平台虽然是网络平台，但是店主所在地（即商品的发货地）也是客户选择是否消费的依据之一。（　　）

## 二、选择题

1．网店的发展过程一般可以分为（　　）几个阶段。

A．初创期 　　　 B．成长期 　　　 C．成熟期 　　　 D．稳定期

2．RFM 模型各个字母的含义是（　　）。

A．$R$ 指最近一次消费的时间 　　　　　　 B．$F$ 指消费频率

C．$M$ 指消费金额 　　　　　　　　　　　 D．$M$ 指消费人群

3．关联商品可以是（　　），这些商品可以展示在主推商品详情页中进行关联销售。

A．属性相同的商品 B．属性相融的商品 C．关联订单 　　　 D．不同属性的商品

4．客户群体的纵向特征包括（　　）等方面。

　　A．群体基本特征　　　　　　　　　B．群体行为习惯

　　C．群体消费心理　　　　　　　　　D．群体需求

## 三、问答题

1．网店运营数据分析主要有哪些方面的作用？试举例说明。

2．客户购买频次能够反映具有什么商业价值的信息？如何才能提高客户购买频次？

3．淘宝网店客服评价的指标主要有哪些？一般可从哪几个方面来选择指标评价客服工作？

## 四、应用分析题

1．设有一份包含彩电、冰箱、数码相机等商品的销售清单，记录有不同商品的销售明细（见图 3-17），其中字段有 4 种：产品、销售日期、销售地点、销售量。请回答以下问题：如何筛选出彩电、冰箱的销售数量？不同商品关联在一起销售的数据如何？例如，彩电、冰箱的关联销售量有多少？

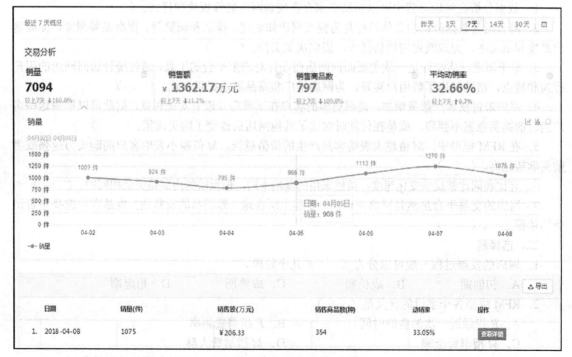

图 3-17　某网店商品的销售清单

2．实战训练：阅读并分析图 3-18 中的商品关联数据，撰写关于商品关联度的分析报告。

图 3-18　某商品的关联数据图

# 电子商务网站访问数据统计分析 | 第4章

 **本章学习目标**

- ☞ 理解网站跳出率的含义，掌握分析PV、UV、平均访问页面数据的方法。
- ☞ 掌握电子商务网站搜索指数、网站权重、网站外链数据的分析方法。
- ☞ 掌握电子商务网站来源数据的分析方法，了解"网站统计"分析工具的使用方法。

 引例

### "58同城"利用访问数据帮助用户租房不用中介

"58同城"是一家提供分类信息服务的网站，可为用户提供房产、招聘、团购、交友、二手、宠物、车辆、周边游等海量分类信息，满足用户免费查看或发布信息的需求。

"58同城"旗下有一款资讯类App，可以用来发布招聘信息、租房信息、宠物信息、二手物品交易信息、家政服务信息等，用户也可以登录App应用查看各种类型的信息。

用户可以在"58同城"上不通过中介查看他人发布的租房信息，可省中介费用。具体操作如下。

（1）打开"58同城"App，在主页面选择"房产"选项，单击进入。

（2）选择需要查看房屋的类型，挑选适合的信息，或设置附加条件。

（3）单击看中的房屋，查看房间详情，并决定是否进一步拨打页面下方的联系电话。

"58同城"通过这款App，凭借其信息发布机制，汇集了大量访问者的房屋信息以及求租信息，形成了一个庞大的数据库。通过对数据的分析、研判和预测，该App应用把握用户的喜好和真实需求，将其与房东的供给进行及时、精准的比对和匹配，再通过GPS定位系统把房屋信息或求租信息自动推送到相关需求者手中，"58同城"使每条信息能最大限度地满足房客对房屋的需求。

"58同城"的分类信息功能，还可以有效对其收集的大量个体、差异化的访问信息加以梳理和分析，并将其转化为对本地卖家以及渠道合作伙伴具有商业价值的信息。

【案例思考】

1. "58同城"是如何做到帮助用户租房不用中介的？

2. "58同城"网站收集的大量用户访问数据是否还可以进一步发掘出更多的商业价值？

电子商务网站访问数据是记录用户自登录网站开始到离开该网站为止的这段时间，用户在网站上留下的所有行为轨迹以及相关特征数据。电子商务网站的访问数据十分庞杂，通常可划分为电子商务网站内部数据、电子商务网站外部数据和电子商务网站来源数据等类型。

# 4.1 电子商务网站内部数据分析

电子商务网站内部数据分析指标主要包括网站跳出率、网页浏览量、独立访客数、访问深度等。通过分析这类数据，企业可以及时了解电子商务网站运营的状况。

## 4.1.1 网站跳出率分析

### 1. 网站跳出率的含义

扫一扫：

网站跳出率（Bounce Rate）是指来到网站只浏览一个页面便离开网站的访问次数占该网站总访问次数的比值。其计算公式请参阅 1.2.2 节网站流量指标的相关内容。

跳出率是衡量一个网站用户黏度的重要指标。如果一个网站跳出率很高，则表示进入网站后马上离开的人次很多，说明该网站的用户体验不好，对用户的吸引力不是很大；反之，若跳出率较低，则说明网站的用户体验不错，用户能够在

视频 4-1

网站中找到感兴趣的内容，这类用户往往还会再次光顾该网站。因此，降低网站跳出率可以提高用户回访度，增大用户在网站消费的概率。

### 2. 评价网站跳出率的方法

一般来说，网站跳出率的平均值为 40%，其中，零售网站一般为 20%～40%，门户网站一般为 10%～30%，服务性网站一般为 10%～30%，内容网站一般为 40%～60%，如图 4-1 所示。

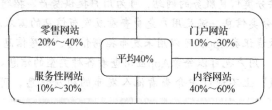

图 4-1 网站跳出率的分布

分析网站跳出率时，首先应该判断目前跳出率的高低，同时还要考虑网站的运营时间、自身特点和以往的跳出率变化等情况，然后做出综合判断。

例如，某零售网站 9 月 15 日的跳出率为 70%，远高于行业平均值，因此，应该考虑如何降低跳出率；该网站 9 月 22 日的跳出率为 55%，仍处于较高水平，但考虑到与前段时间相比已有大幅度下降，表明该网站的用户体验有所改善，所以该数据还是可以接受的。

### 3. 跳出率过高的原因

通常情况下，网站跳出率过高，可能是因为以下 3 个方面的原因。

（1）网站内容单一，或内容与用户需求不符，导致网站的跳出率增高。

（2）访问速度过慢，会严重影响网站的用户体验而导致跳出率增高。研究表明，如果网站超过 3 秒还没有完全打开，约 57%的用户会选择离开。

（3）网站导航不足，内容引导较差。用户在查看完一个页面后，如果没有得到相关信息的引导，很有可能会直接关闭页面。

对于电子商务网站而言，网站跳出率能直接反映用户流量信息。因此，分析网站跳出率可以提示企业及时调整销售方向等经营策略。

## 4.1.2 网站流量数据分析

扫一扫：

网站流量指标主要包括网页浏览量（Page Views，PV）、独立访客数（Unique Visitors，UV）、重复访客数（Repeat Visitors，RV）、每个访客的页面浏览量（Page Views Per User）、某些具体文件或页面的统计指标，这里着重讨论 UV、PV 两个指标。PV 是指网站被浏览的总页面数，UV 是指通过互联网访问浏览网站网页的

视频 4-2

人数。关于 PV、UV 含义的详细解释，请参阅 1.2.2 节网站流量指标的相关内容。

1. **理解 PV 与 UV 曲线**

图 4-2 是某电子商务网站在一个节假日内的 PV、UV 曲线对比分析图。从图 4-2 中可以看出，PV 与 UV 的变化规律相似，它们具有以下共同特征。

（1）突变性。PV 与 UV 上午都比较低，12—17 点这段时间，PV 与 UV 一直在快速上升，且远远高于上午的值，这说明该网站下午的访问者明显多于上午且一直在增加；20 点以后，PV 与 UV 开始下降且降幅逐渐增大，说明 20 点以后开始有人离开网站或关闭网页，且随着时间越来越晚，离开网站的人越来越多。

（2）高峰稳定性。PV 和 UV 17—20 点这个时段，持续维持在较高的水平，说明 17—20 点是该网站的访问高峰期且访问量较稳定。

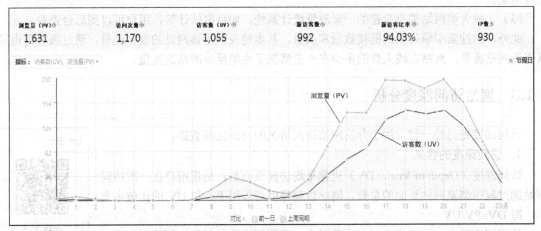

图 4-2　网站的 PV 曲线和 UV 曲线对比图

2. **PV 与 UV 的联动变化分析**

网站的 PV 与 UV 并不一定总是以相同趋势变化的，有时它们也会出现不一致的变动趋势，这反映出网站运营的不同状态信息。PV-UV 的联动变化如图 4-3 所示。

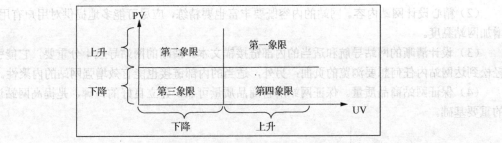

图 4-3　PV-UV 的联动变化

在图 4-3 所示的几种 PV-UV 联动情况中，第一象限两者变动趋势一致，反映访问网站和浏览网页的人数同步增长（正相关），表明网站运作状况良好；第二象限 PV 上升而 UV 下降，反映浏览网页的人数在增加而访问网站的人数不足，表明网站的网页内容较受欢迎但网站知名度不高；第四象限 UV 上升而 PV 下降，反映访问网站的人数在增加而浏览网页的人数不足，表明网站知名度较高，但网页内容不太吸引人；第三象限 UV 和 PV 都下降，反映访问网站的人数和浏览网页的人数都不足，表明网站知名度不高且网页内容缺乏吸引力。

根据 PV-UV 不同联动变化反映出的网站运营状况，可以制定相应的改进策略，如表 4-1 所示。

表 4-1                      PV-UV 不同联动变化反映出的网站运营状况

| PV | UV | 网站运营状况及改进策略 |
|---|---|---|
| 上升 | 上升 | 表明网站状况运作良好，应保持优势 |
| 上升 | 下降 | 网页内容较受欢迎但网站知名度不高，宜加强网站推广 |
| 下降 | 上升 | 网站知名度较高但网页内容不太吸引人，宜优化网页内容 |
| 下降 | 下降 | 网站知名度不高且网页内容缺乏吸引力，宜加强推广与优化 |

3. 网站流量数据的查询方法

（1）使用 Alexa 统计查询网站流量排名。Alexa 网站是目前全球用户很多的网站流量排名查询工具之一，提供英文网站查询和中文网站查询功能。

（2）借助专门的统计分析工具 Google Analytics 、cnzz、51.la 等查看流量使用情况和网站访问量等信息。

（3）一般大型网站都有自建的一套流量统计系统，如百度统计等，用户可以到后台查看。

此外，由搜索引擎带来的链接数量和质量，基本能反映出该网站的真实流量；通过服务商也可以查询网站流量，网站在线人数的多少在一定情况下也能反映网站的流量。

## 4.1.3 网站访问深度分析

访问深度是另外一种常用于分析网站访问情况的网站内部数据。

1. 访问深度的含义

访问深度（Depth of Visit，DV）也称平均访问页面数，是指用户在一次访问网站的过程中浏览网站页面的总数。网站访问深度可以用 PV 和 UV 的比值来表示，即 DV=PV/UV。

访问深度越大，即平均访问页面数越多，表明用户体验越好，用户对该电子商务网站中的商品越感兴趣，网站的黏性也越好。

扫一扫：

视频 4-3

2. 提高网站访问深度的方法

（1）合理规划和布局网站结构。网站结构简单明了，重要信息摆放在网页最显著的位置，可以有效增强网站的易用性，改善用户访问网站的体验，从而提高网站访问深度。

（2）精心设计网站内容。网站的内容既要丰富也要精练，应尽可能多地提供对用户有用的信息，增加网站黏度。

（3）设计清晰的网站导航和适当的内部链接锚文本。清晰的网站导航十分重要，它能引导用户轻松到达网站内任何想要浏览的页面；另外，适当的内部链接也能有效增强网站的内聚性。

（4）保证网站商品质量。保证网站所售商品质量可靠，建立良好的口碑，是提高网站访问深度的重要基础。

# 4.2 电子商务网站外部数据分析

本节学习如何利用搜索指数、网站权重、网站外链等外部数据分析行业中其他网站的运营情况，从而为制定自身网站优化方案及发展策略提供参考。

## 4.2.1 电子商务搜索指数分析

搜索指数主要用于反映关键词的网络曝光率和用户关注度，它能形象地反映关键词每天被关注的情况和变化趋势。通过查询搜索指数数据，企业可以发现、共享和挖掘互联网上最有价值的信息和资讯，直接、客观地了解社会热点和网民的兴趣与需求。

1. 基于搜索指数的查询

常用的搜索指数查询工具通常由专业的搜索引擎服务商提供，如百度指数、阿里指数、搜狗指数、好搜指数等。图 4-4 所示为某服装网站应用阿里指数查询搜索关键词的关注趋势。

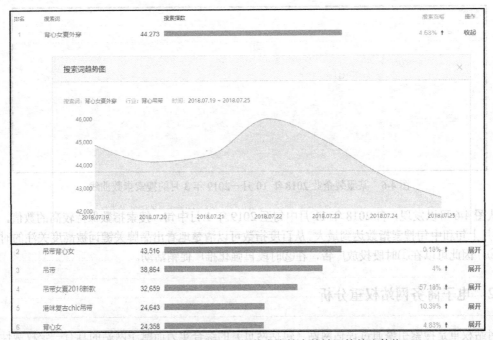

图 4-4　某服装网站应用阿里指数查询搜索关键词的关注趋势

2. 搜索指数的分析应用

借助不同的搜索指数，企业可以分析、比较同行的竞争能力，找到商品的最佳推广时间，评价推广效果等。

（1）借助搜索指数比较同行竞争力。企业借助搜索指数可以对竞争对手的业务数据进行比较，了解不同时间段企业的表现能力以及推广活动的效果。

图 4-5 所示为华为（A）、小米（B）和三星（C）3 家企业手机新品发布百度指数变化曲线。从宏观上看，3 家企业的走势基本一致，但从数值上分析，可以发现企业 A 的百度指数最高，企业 C 的百度指数最低，企业 B 的百度指数介于前两者之间。

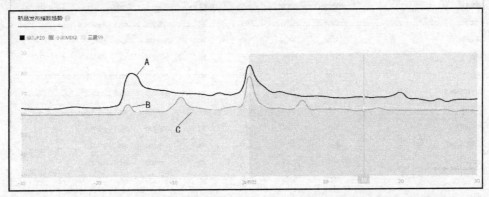

图 4-5　华为（A）、小米（B）和三星（C）3 家企业手机新品发布百度指数变化曲线

　　分析百度搜索指数可以看出，曲线走势基本一致，说明 3 家企业的受关注程度变化情况基本一致；企业 A 在数值上高于企业 B、企业 C，说明其整体的受欢迎程度和受关注程度较高。

　　（2）借助搜索指数找商品的最佳推广时间。某服装企业拍摄好新品推广的宣传广告后，想借助百度指数找到最佳的广告投放时间。为此，通过百度指数计算出的该企业品牌的关键词在 2018 年 10 月—2019 年 3 月的搜索指数曲线，如图 4-6 所示。

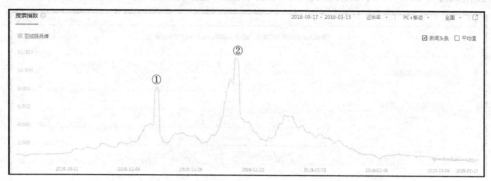

图 4-6　某服装企业 2018 年 10 月—2019 年 3 月的搜索指数曲线

　　从图 4-6 可以发现，自 2018 年 11 月中旬至 2019 年 1 月中旬，搜索指数保持较高的数值，并且在 12 月上旬和中旬搜索指数达到最大。从百度指数可以清楚地看出品牌关键词被高度关注的时段为①和②，因此可以在①时段投放广告，在②时段再强化推广促销活动。

## 4.2.2　电子商务网站权重分析

　　网站权重是搜索引擎通过评估网站（包括网页）的综合实力而赋予网站的具有一定权威性的数值，它是衡量网站综合实力的重要数据指标。网站权重一般有 10 个等级，网站权重越高，在搜索引擎中所占的比例越高，在搜索引擎中的排名就越好。提高网站权重，不仅有利于网站（包括网页）在搜索引擎中排名更靠前，还能提高网站的流量和网站信任度。因此，提高网站的权重具有相当重要的意义。

### 1. 查询电子商务网站权重

　　现阶段网站权重数据主要来自百度权重查询，在百度权重查询中输入欲查询的网站地址，可以得到对应的网站权重。图 4-7 所示为在站长之家网站查询的淘宝网的百度权重情况。

| 百度权重 | 预估百度流量 | 关键词词数 | 第1页关键词数 | 第2页关键词数 | 第3页关键词数 | 第4页关键词数 | 第5页关键词数 | 站长排名 |
|---|---|---|---|---|---|---|---|---|
| 🏆9 | 1116194(+54018) | 100053(-3497) | 14399(-112) | 16517(-436) | 21146(+782) | 24687(-846) | 23304(-1321) | 93 |

| 关键字 | 整体指数 | PC指数 | 移动指数 | 百度排名 | 收录量 | 网页标题 |
|---|---|---|---|---|---|---|
| 淘宝 | 383525 | 285764 | 97761 | 第1 | 100000000 | 淘宝网 - 淘!我喜欢 |
| 淘宝网 | 152357 | 76921 | 75436 | 第1 | 31200000 | 淘宝网 - 淘!我喜欢 |
| 闲鱼 | 26417 | 11145 | 15272 | 第1 | 20600000 | 闲鱼二手交易_闲鱼_淘宝二手 |
| 咸鱼 | 11659 | 6074 | 5585 | 第1 | 19300000 | 闲鱼二手交易_闲鱼_淘宝二手 |
| 淘宝网官网首页 | 9756 | 7384 | 2372 | 第1 | 14800000 | 淘宝网 - 淘!我喜欢 |
| 淘宝下载 | 9426 | 633 | 8793 | 第1 | 18800000 | 淘宝网 - 淘!我喜欢 |
| 手机淘宝 | 8788 | 734 | 8054 | 第1 | 21500000 | 淘宝网 - 淘!我喜欢 |
| 淘宝网首页官网 | 8562 | 7215 | 1347 | 第1 | 19200000 | 淘宝网 - 淘!我喜欢 |
| taobao | 6880 | 5743 | 1137 | 第1 | 100000000 | 淘宝网 - 淘!我喜欢 |
| 千牛 | 6571 | 5393 | 1178 | 第1 | 15300000 | 千牛 |

图 4-7　在站长之家网站查询的淘宝网的百度权重情况

### 2. 分析电子商务网站权重

从百度权重查询网站中可得到淘宝网的权重为 9，从权重最大值为 10 来看，该网站处于上等水平。由于该网站是一个大型的电子商务零售网站，因此该数值为正常水平。

电子商务网站的权重越高，它在搜索引擎中的排名就越好，也就会有更多的流量用户。电子商务网站可以通过图文并茂的内容、定时更新信息、利用分享按钮与用户互动、提供高质量的商品、提高网站信用度等策略来提高网站权重。

## 4.2.3　电子商务网站外链分析

网站外链就是网站的外部链接，也是指在其他网站出现本网站的超链接或者锚文本。也就是说，通过单击网站外链可以在其他网站的超链接上打开本网站。网站外链是一项非常重要的网站外部数据，它能在一定限度上影响网站权重。

外链出现的方式一般有两种：一种是直接链接，即直接出现在网站的超链接；另一种是锚文本，是指在文字中加入的相应的超链接。

查看网站外链可以通过百度的站长工具进行，在其中设置需要查询的外链网站，即可查看该网站详细的外链信息，如图 4-8 所示。

图 4-8　百度站长工具查看企业网站的外链情况

一些较有名的企业网站运营较长时间后，各方面都趋于稳定，外链数量往往不太容易因为某一次推广或改版而发生较大幅度的变化。因此，网站外链数据的变化情况，在一定程度上也可以显示网站运营情况是否出现较大异常。

# 4.3

# 电子商务网站来源数据分析

查询和分析电子商务网站来源数据，一般可以通过自然排名关键词来源、竞价排名关键词来源等进行分析。

## 4.3.1　自然排名关键词来源分析

在搜索引擎中输入关键词访问网站是很多用户的网络浏览习惯，各关键词对应的流量则成为自然排名关键词的来源。关键词排名越靠前，涉及该关键词商品的企业网站被浏览的概率也就越大。对于需要投放广告的企业，查询和分析自然排名关键词的来源，也就成为其重要的业务内容。

搜索引擎优化（Search Engine Optimization，SEO）自然流量统计工具可以收集网站用户是通过哪些关键词搜索并访问该网站的，并且可以根据收集的关键词按照数据分析人员的预先设定进行关键词排名。在此基础上，数据分析人员可以参照这个排名筛选出需要投放广告的关键词。

SEO一般通过对网站内部的调整优化及站外优化，使网站满足搜索引擎收录排名的需求，并提高关键词在搜索引擎检索结果中的排名，进而将精准用户带到网站，获得免费流量，达到直接销售或品牌推广的目标。

另外，自然排名关键词与网站的权重也有很大的关系。例如，某企业网站在其微博和环球资源网上同时发布同样一条商品新闻，若环球资源网的权重比微博高，那么搜索该条新闻时，环球资源网的排名就会在微博的前面，这就是权重的影响。

图4-9所示为某网站的SEO自然搜索流量监测图。通过各项指标的比较，我们可以看到热门关键词的自然排名。

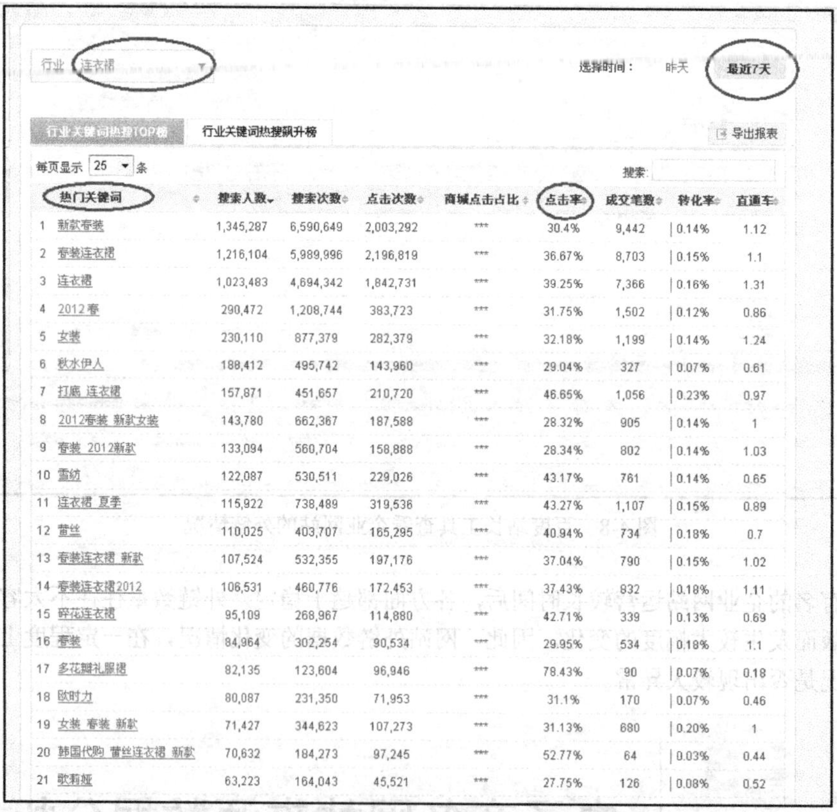

| | 热门关键词 | 搜索人数 | 搜索次数 | 点击次数 | 商城点击占比 | 点击率 | 成交笔数 | 转化率 | 直通车 |
|---|---|---|---|---|---|---|---|---|---|
| 1 | 新款春装 | 1,345,287 | 6,590,649 | 2,003,292 | *** | 30.4% | 9,442 | 0.14% | 1.12 |
| 2 | 春装连衣裙 | 1,216,104 | 5,989,996 | 2,196,819 | *** | 36.67% | 8,703 | 0.15% | 1.1 |
| 3 | 连衣裙 | 1,023,483 | 4,694,342 | 1,842,731 | *** | 39.25% | 7,366 | 0.16% | 1.31 |
| 4 | 2012春 | 290,472 | 1,208,744 | 383,723 | *** | 31.75% | 1,502 | 0.12% | 0.86 |
| 5 | 女装 | 230,110 | 877,379 | 282,379 | *** | 32.18% | 1,199 | 0.14% | 1.24 |
| 6 | 秋水伊人 | 188,412 | 495,742 | 143,960 | *** | 29.04% | 327 | 0.07% | 0.61 |
| 7 | 打底 连衣裙 | 157,871 | 451,657 | 210,720 | *** | 46.65% | 1,056 | 0.23% | 0.97 |
| 8 | 2012春装 新款女装 | 143,780 | 662,037 | 187,588 | *** | 28.32% | 905 | 0.14% | 1 |
| 9 | 春装 2012新款 | 133,094 | 560,704 | 158,888 | *** | 28.34% | 802 | 0.14% | 1.03 |
| 10 | 雪纺 | 122,087 | 530,511 | 229,026 | *** | 43.17% | 761 | 0.14% | 0.65 |
| 11 | 连衣裙 夏季 | 115,922 | 738,489 | 319,536 | *** | 43.27% | 1,107 | 0.15% | 0.89 |
| 12 | 蕾丝 | 110,025 | 403,707 | 165,295 | *** | 40.94% | 734 | 0.18% | 0.7 |
| 13 | 春装连衣裙 新款 | 107,524 | 532,355 | 197,176 | *** | 37.04% | 790 | 0.15% | 1.02 |
| 14 | 春装连衣裙2012 | 106,531 | 460,776 | 172,453 | *** | 37.43% | 832 | 0.18% | 1.11 |
| 15 | 碎花连衣裙 | 95,109 | 268,967 | 114,880 | *** | 42.71% | 339 | 0.13% | 0.69 |
| 16 | 春装 | 84,964 | 302,254 | 90,534 | *** | 29.95% | 534 | 0.18% | 1.1 |
| 17 | 多花瓣礼服裙 | 82,135 | 123,604 | 96,946 | *** | 78.43% | 90 | 0.07% | 0.18 |
| 18 | 欧时力 | 80,087 | 231,350 | 71,953 | *** | 31.1% | 170 | 0.07% | 0.46 |
| 19 | 女装 春装 新款 | 71,427 | 344,623 | 107,273 | *** | 31.13% | 880 | 0.20% | 1 |
| 20 | 韩国代购 蕾丝连衣裙 新款 | 70,632 | 184,273 | 97,245 | *** | 52.77% | 64 | 0.03% | 0.44 |
| 21 | 歌莉娅 | 63,223 | 164,043 | 45,521 | *** | 27.75% | 126 | 0.08% | 0.52 |

图4-9　某网站的SEO自然搜索流量监测图

某个关键词搜索的人数越多、点击的次数越多，其带来的流量也越多，说明有更多的用户通过搜索这个关键词访问网站。例如，图4-9中的"新款春装"关键词，其搜索人数、点击次数都位居网站前列，成交笔数也居于前列。由此可见，如果投放这个关键词的广告，可能会带来更多的流量，同时也可能会给网站带来更高的成交量。

## 4.3.2　竞价排名关键词来源分析

搜索引擎除了自然排名以外，还有通过企业竞价产生的排名。竞价排名是一种按效果付费的网络推广方式，按照给企业带来的潜在客户访问数量计费。与自然排名相比，竞价排名见效快，通常少量的投入就可以给企业带来大量的潜在客户，有效提高企业销量和品牌知名度，是另一种重要的网站推广方式。

**1.　查看关键词竞价实时排名**

（1）直接打开"百度搜索"查看。数据分析师直接搜索时，可能会受到广告的个性化展现机制的影响，建议清除历史记录以及 Cookies 后再搜索查看。

（2）在后台"推广实况"里面搜索。在推广实况中可以查看当前地域和外地（默认是当前地域）的情况。如果要查看某个指定地区关键词的排名情况（包括本地），建议直接设置当地城市名称，这样可以避免 IP 地址变化而出现错误排名的情况。推广实况实时排名不受个性化因素的影响。

（3）利用"数据报告（关键词报告）"查看。通过关键词报告可以查看关键词的历史排名，包括刚刚发生的排名。

（4）利用调价软件自动检测排名。这种方式检测的排名会因软件的工作原理不同而有所不同，主要分为两种情况：一种是直接通过前端网页蜘蛛爬虫程序统计数据排名；另一种是通过 API 接口对接推广实况中的排名。需要注意的是，搜索引擎蜘蛛程序在网页上爬取的是即时排名，推广实况中的是平均排名，两者原理不同。

（5）使用排名工具查看。打开百度"凤巢账户"，找到"推广管理"旁的"优化与工具中心"，单击工具中心中的"查看排名"工具，可以查看 PC 端和移动端部分关键词的实时排名情况。

（6）请异地朋友帮忙搜索查看。有时候推广实况和其他方法都搜索不出关键词广告排名或者看不到某种样式，这时可以尝试让异地的朋友在其当地搜索关键词查看排名。

图 4-10 所示为不同搜索引擎中关键词竞价实时排名。

| 序号 | 关键词 | 类型 | 搜索引擎 | 排名 | 更新时间 |
|---|---|---|---|---|---|
| 41 | 顺德厂服 | 官网排名 | So 搜狗 | 第 2 位 | 2019-09-22 21:03 |
| 42 | 顺德工衣 | 官网排名 | So 搜狗 | 第 1 位 | 2019-09-22 21:03 |
| 43 | 肇庆工作服制作 | 信息排名 | 360搜索 | 第 8 位 | 2019-09-22 10:56 |
| 44 | 清远工作服生产厂家 | 信息排名 | So 搜狗 | 第 2 位 | 2019-09-22 07:16 |
| 45 | 清远工作服制作 | 信息排名 | So 搜狗 | 第 5、9 位 | 2019-09-22 07:16 |
| 46 | 江门工作服定制 | 信息排名 | Baidu百度 | 第 8 位 | 2019-09-22 00:52 |
| 47 | 顺德广告衫 | 信息排名 | Baidu百度 | 第 1、2、3 位 | 2019-09-21 21:01 |
| 48 | 顺德西装 | 官网排名 | Baidu百度 | 第 1、5、8 位 | 2019-09-21 21:17 |
| 49 | 顺德广告衫 | 官网排名 | Baidu百度 | 第 1、2、3 位 | 2019-09-21 21:17 |
| 50 | 顺德 T 恤 | 官网排名 | Baidu百度 | 第 2、9 位 | 2019-09-21 21:17 |
| 51 | 顺德厂服 | 官网排名 | Baidu百度 | 第 3 位 | 2019-09-21 21:17 |
| 52 | 顺德工衣 | 官网排名 | Baidu百度 | 第 1 位 | 2019-09-21 21:17 |
| 53 | 顺德工作服 | 官网排名 | Baidu百度 | 第 3 位 | 2019-09-21 21:17 |
| 54 | 顺德广告衫 | 官网排名 | 360搜索 | 第 2 位 | 2019-09-21 21:16 |
| 55 | 顺德西装 | 官网排名 | 360搜索 | 第 4 位 | 2019-09-21 21:16 |

图 4-10　不同搜索引擎中关键词竞价实时排名

**2. 估算百度竞价付费推广关键词出价的排名**

搜索引擎营销（Search Engine Marketing, SEM）推广人员往往既想要所推广的关键词有好的排名，又不想让出价过高，此时就需借助数据分析技巧估算关键词出价。

从百度营销客户端下载页面或下载百度营销客户端，然后按照要求输入百度推广账号和密码，如图 4-11 所示。除了下载客户端外，用户还可以直接通过下载百度营销 App 完成后续各项功能操作。需要注意的是，百度营销主要面向企业用户，在首次注册用户时，除了提供用户名、密码、手机号码等账户信息外，还需提供企业名称、网站名称、网站 URL 等推广信息。

下面以网页版为例，讲解如何实现百度的关键词搜索推广。

（1）访问百度营销首页，输入注册好的账号、密码，完成登录，如图 4-11 所示。

图 4-11 百度营销首页界面

（2）选择图 4-11 所示页面中右下方的"搜索推广"项，进入"推广管理"页面，如图 4-12 所示。

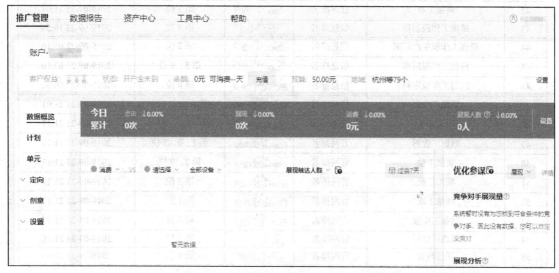

图 4-12 推广管理页面

（3）在图 4-12 所示的"推广管理"页面中，选择左边导航区域的"计划"选项卡，得到图 4-13 所示页面。

图 4-13 "新建计划"页面

（4）在图 4-13 中，单击左上方"新建计划"按钮，进入推广目标设置页面。推广目标分别有网站链接、应用下载、门店推广、电商店铺推广 4 种类型，如图 4-14 所示。

图 4-14 选择推广目标

（5）选择推广目标后，将进入以行业为划分依据的推广业务选择页面，如图 4-15 所示。这里以旅游服务为例，可以选择在线旅游/旅游信息平台作为具体的推广业务。

图 4-15 选择推广业务

（6）完成前面第（4）步与第（5）步的设定后，将进入具体的推广计划的设置阶段，然后分别对计划名称、推广地域、推广时段、推广方式、设备出价设置、预算等进行设定，如图 4-16 所示。完成设定后，单击页面左下角的"保存并新建单元"按钮。

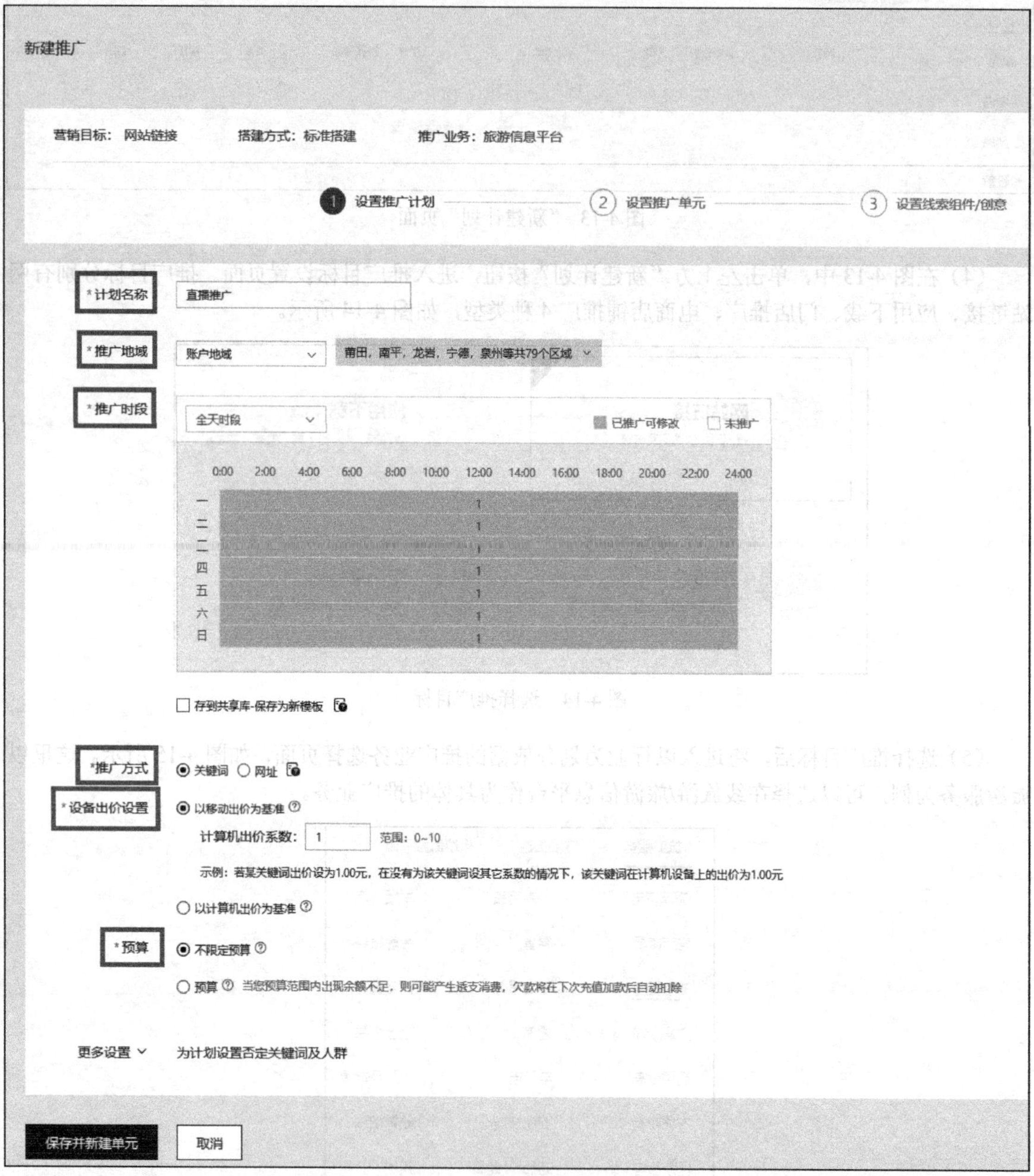

图 4-16　设置推广计划

（7）在"设置推广单元"页面中，需要设置单元名称、单元出价、添加关键词等内容，如图 4-17 所示。其中，单元出价是指给该单元里的所有关键词设置统一价格。在推广单元中可以管理关键词，一般将意义相近、结构相同的关键词纳入同一个推广单元。

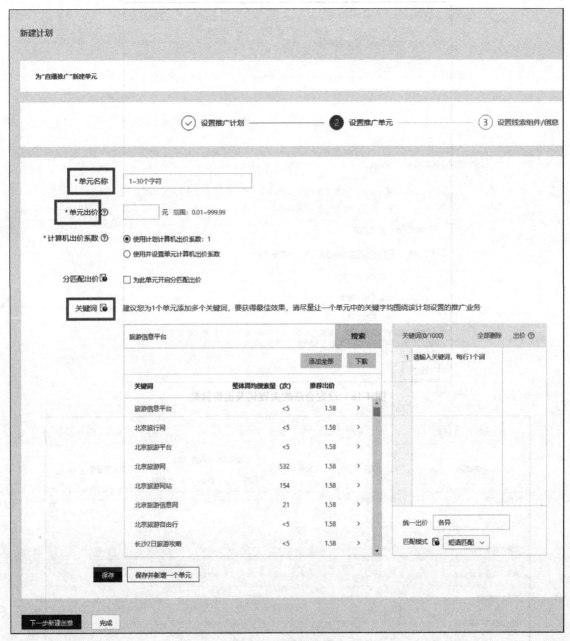

图 4-17　设置推广单元

（8）设置合适的关键词及出价策略，如图 4-18 所示。虽然在第（7）步中为单元内的所有关键词进行了统一出价，但是由于每个关键词的指数不一样，精准度也不一样，因而原则上可以为每一个关键词单独出价。

（9）为了能了解已有关键词的出价情况及竞争激烈程度，可以先进行关键词出价搜索，如图 4-19 所示。出价和关键词质量度一起影响关键词排名，在质量度相同的情况下，出价越高，排名越靠前。因此，用户可以通过搜索已有关键词的出价作为后期修改关键词出价的参考。

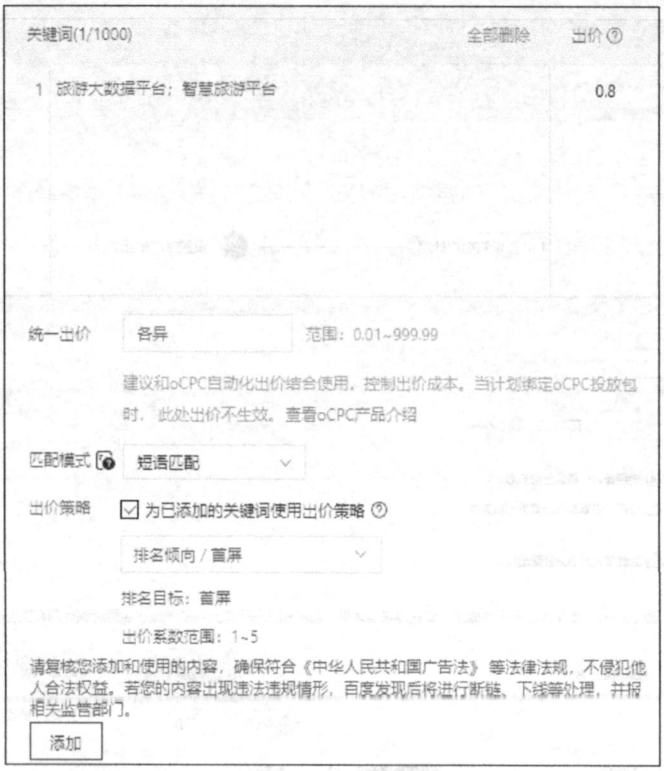


图 4-18　设置合法的关键词及出价策略

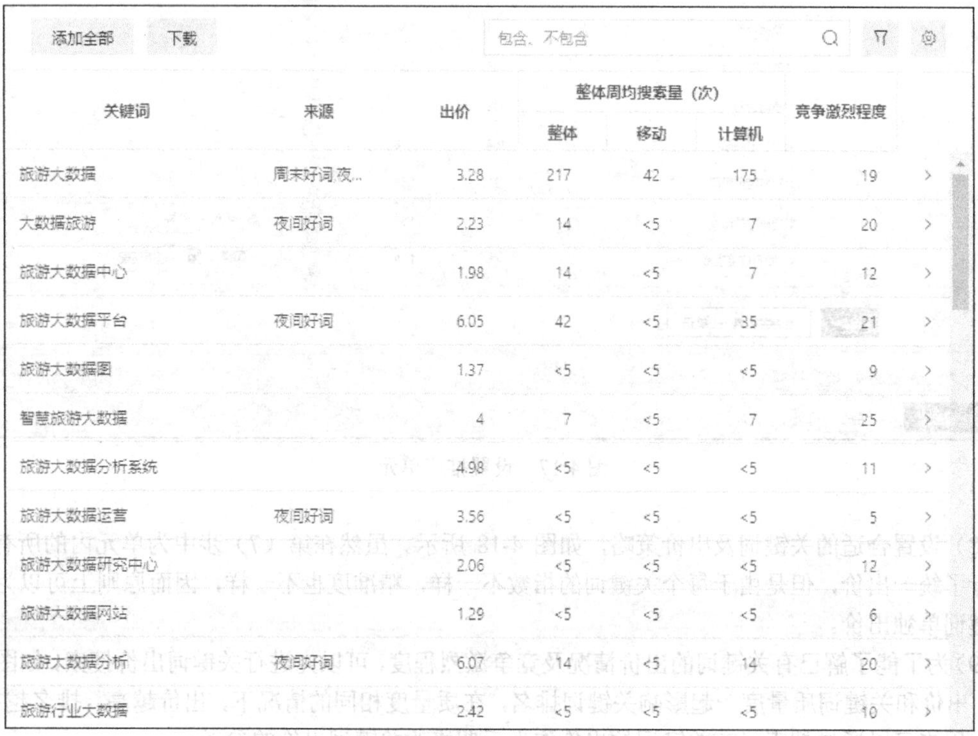


| 关键词 | 来源 | 出价 | 整体周均搜索量（次） | | | 竞争激烈程度 |
|---|---|---|---|---|---|---|
| | | | 整体 | 移动 | 计算机 | |
| 旅游大数据 | 周末好词,夜... | 3.28 | 217 | 42 | 175 | 19 |
| 大数据旅游 | 夜间好词 | 2.23 | 14 | <5 | 7 | 20 |
| 旅游大数据中心 | | 1.98 | 14 | <5 | 7 | 12 |
| 旅游大数据平台 | 夜间好词 | 6.05 | 42 | <5 | 35 | 21 |
| 旅游大数据图 | | 1.37 | <5 | <5 | <5 | 9 |
| 智慧旅游大数据 | | 4 | 7 | <5 | 7 | 25 |
| 旅游大数据分析系统 | | 4.98 | <5 | <5 | <5 | 11 |
| 旅游大数据运营 | 夜间好词 | 3.56 | <5 | <5 | <5 | 5 |
| 旅游大数据研究中心 | | 2.06 | <5 | <5 | <5 | 12 |
| 旅游大数据网站 | | 1.29 | <5 | <5 | <5 | 6 |
| 旅游大数据分析 | 夜间好词 | 6.07 | 14 | <5 | 14 | 20 |
| 旅游行业大数据 | | 2.42 | <5 | <5 | <5 | 10 |

图 4-19　搜索已有关键词出价

## 4.4

# 应用实例：使用"网站统计"工具分析受访页面

访客到网站不全是因为网站的名气和品牌，更多的是因为网站的内容和服务，分析受访页面的内容和相关访问情况，可以获得许多具有重要商业价值的信息。下面介绍应用"百度统计"中的"网站统计"工具分析受访页面的方法。

### 4.4.1 受访页面分析

通常，访客进入网站后首要访问和次要访问的页面是哪些？访客进入网站后对哪些页面最关心或最感兴趣？访客在各个页面的停留时间一般是多久？访客经常会在哪些页面离开网站？借助"百度统计"中的"网站统计"工具可以获得这些信息，这些信息对于促进网站的访客转化为客户、改善客户关系、实现网站推广目的、避免丢失可能的商机，都有着重要作用。

1. 查看"受访页面"数据

登录"百度统计"，在"网站统计"模块中单击"页面分析"列表下的"受访页面"报告，在页面右侧打开"受访页面"报告，单击报告上方的"页面价值分析""入口页分析""退出页分析"选项卡，可以查看各项分析内容，如图 4-20 所示。

图 4-20　受访页面分析

"页面 URL"列表中如果出现"其他"项，则日志记录已达到数据库上限。百度统计的受访页面报告显示了浏览量排名在前的页面，这些页面的分析价值比较高。而其他点击量极少的页面，百度统计会暂时将其归为"其他"项，待其被较多用户访问后会显示出来。

在"受访页面"报告中单击"入口页分析"选项卡，会显示所有受访页面的浏览量（PV）、独立访客数（UV）、贡献下游浏览量、退出页次数、平均停留时长等数据；单击"入口页分析"选项卡，会显示入口页面的浏览量（PV）、独立访客数（UV）、入口页次数；单击"退出页分析"选项卡，会显示退出页面的浏览量（PV）、独立访客数（UV）、退出页次数和退出率，如图 4-21 所示。

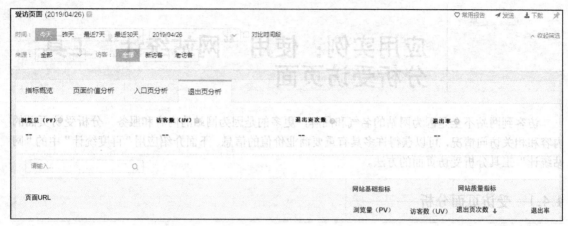

图 4-21　退出页分析

### 2. 分析"受访页面"数据

（1）入口页次数是访问会话的入口页面的次数，了解该数据能帮助企业了解用户对网站的第一印象来源于哪些页面（入口页），此数据越高越说明该页面是重要的窗口；受访页面的 PV 高说明被访问的次数多，而入口页 PV 高说明这个页面能更多地被用户首次看到。

（2）通过退出页次数，企业可以了解用户往本网站访问的终点在哪些页面（退出页），此数据越高越需要了解用户在该页面离开的原因；跳出页只能衡量该页作为用户着陆页的质量；退出率高说明用户对该页面不感兴趣或者页面上没有链接，该页面的质量需要提高。

（3）退出率不能用来分析网站的所有页面，在特定页面不能用退出率来衡量用户需求问题。如果用户因需要得到满足而退出，退出率高是很正常的。例如，电子商务网站的支付成功页面、其他网站的客户服务页面等，此类页面退出率一般会很高。但是，在注册页面、支付页面和填写收货地址页面，可以用退出率来衡量页面质量。如果退出率高，那么反映注册流程页面、支付流程页面和物流流程页面可能存在问题。例如，不支持货到付款、需要填写项过多、界面不友好等。

## 4.4.2　受访域名分析

通常网站不同，域名对应的内容或商品也不同，因此，通过"受访域名"报告，企业可以直接了解本网站提供的不同内容或服务的受欢迎程度，以及运营成效。根据这一结果，可以适时调整网站路线或推广策略，合理分配不同资源。

受访域名提供被访问域名的 PV、IP、UV、人均浏览次数、页面停留时间、跳出率等数据。默认显示全部，包括本站域名和放置了网站统计代码的其他域名，当然也可以过滤掉不需要的数据。

受访域名与受访页面有何区别？受访页面的对象是页面，也就是用户具体访问的那个页面的 URL；而受访域名的对象是域名，报告将包含具有相同域名的受访 URL 的流量数据聚合在一起，作为这个域名的流量。

## 4.4.3 入口页面报告

在 4.4.1 节中，介绍了入口页的分析；此外，百度统计还提供了详细的入口页面报告，包括指标概览、流量质量分析、新访客分析、转化分析等功能，如图 4-22 所示。

图 4-22 入口页面报告

### 1. 通过访问入口页面报告分析新访客

单击"入口页面"的"新访客分析"选项卡，进入图 4-23 所示的页面。

图 4-23 新访客分析

怎么分析访问入口页面报告中的新访客数据呢？

（1）分析网站独立访客数、新访客数、新访客比率等与新访客相关的指标。

----

【知识卡片】独立访客数（UV）：一天之内从该入口进入网站的独立访客数（以Cookie为依据），一天内，同一访客多次访问只计算1个。

新访客数：从该入口进入的独立访客中首次访问网站的访客数。

新访客比率：从该入口抵达的访客中新访客与网站所有访客数之比，该比率越高，说明新访客对此入口越有兴趣。

----

例如，假如网站有 A、B 两个页面。站外广告一个是 a，另一个是 b，分别放在不同的网站广告位上。其中，单击站外广告 a 跳转到网站的页面 A，单击站外广告 b 跳转到页面 B。这样，页面 A 是站外广告 a 的入口页；同样，B 是站外广告 b 的入口页。通过访问入口页面报告中 A、B 页面的新访客数指标，就能看出新访客对哪个入口页的广告更感兴趣。如果新访客对页面 A

的广告 a 感兴趣，那么单击广告 a 进入 A 入口页开始访问网站的新访客就较多，新访客比率也会较高。

（2）分析网站应如何继续吸引新访客。因为网站的目标在于保持老用户，拓展新用户，所以要在保持老用户数量稳定增长的前提下，想办法提高新用户所占的比例。为此，分析流量到入口页的来源数据是一个不错的选择。分析时要注意从哪个入口页来的流量中新访客比较多，找到新访客多的原因，并注意挖掘其先进的推广经验。例如，在上述案例中，访问入口页面 A 上的 a 广告的新访客很多，因此需要进一步分析原因，原因可能是广告 a 的文字或者图片对新访客更有吸引力等，分析清楚后即可指导全站的推广工作。

2. 通过访问入口页面报告进行转化分析

单击"入口页面"的"转化分析"选项卡，进入图 4-24 所示的页面。在入口页面报告中，与"转化分析"有关的数据指标有访问次数、贡献浏览量、转化次数、转化率。

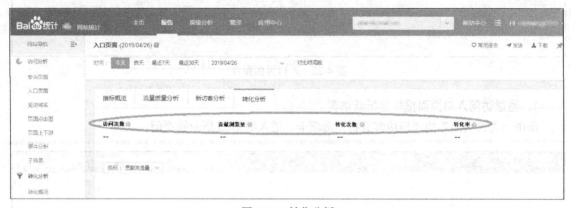

图 4-24　转化分析

【知识卡片】**访问次数**：指从该入口进入的访客在网站上的会话（Session）次数。

**转化次数**：指从该入口进入的访客到达转化目标页面的次数，转化次数越高，该入口对网站的转化贡献越大。

**转化率**：指该入口进入的转化次数与访问次数的比率，转化率越高，从该入口进入的访客转化效率越高。

例如，某网站有 A、B、C 3 个页面，要在站外投放广告推广网页 C，即访客到达网页 C 就定义为转化成功。站外广告 a 和 b，分别放到不同的网站广告位上。其中，单击站外广告 a 跳转到网站的页面 A，单击站外广告 b 跳转到网站的页面 B。这样，页面 A 是站外广告 a 的入口页；同样，页面 B 是站外广告 b 的入口页。入口页面报告中 A、B 页面的转化率可以反映出这两个页面对完成转化的贡献。如果页面 A 和广告 a 搭配的转化率比较高，则从 A 入口页开始的访问次数和 PV 较高，说明这个页面被用户浏览的次数多；另外，从页面 A 的转化率比较高，说明从该入口页来的流量许多都成功转化到页面 C。

那么，怎样优化访问入口页，帮助实现转化呢？可以采用增加推广来源和入口页的内容匹配度、优化入口页面的设计和页面内容、提高入口页到转化页之间的易用性等优化措施。

（1）增加推广来源和入口页的内容匹配度。访客单击推广的广告或者链接后，一般都会有预期的结果，因此，广告内容不能偏离太大，否则访客看到不是自己想要的内容自然会迅速离开。因此，在内容上增加推广来源与入口页的内容匹配度，可以降低访客流失的可能性。

（2）优化入口页面设计和页面内容。入口页面设计和页面内容在很大程度上影响着访客是否选择进一步浏览、怎样浏览等行为，而访客到达最后的转化页，才是网站经营者所期望的。因此，对于 PV 较大的页面，推荐使用百度统计热力图功能，这样可以对访客行为是否如期进行一目了然。

（3）提高入口页到转化页之间的易用性。访客成功抵达入口页只是转化的第一步，优化业务流程和页面设计，能让访客更方便、快捷地从入口页进行转化操作非常重要。常用的优化措施有以下几点。

① 设计填写的表单或购物车，不要让访客产生厌烦情绪。例如，表单不宜太长，购物车的形式要简单，避免过于复杂的表单及苛刻的必填字段等。

② 每个环节内容都要有助于访客完成转化。例如，标题颜色、大小、字体等要醒目，以提醒访客当前的转化进度；每个环节都要使用醒目的链接或者按钮，告诉访客需要怎么做才能进入下一步直至转化成功；访客无法转化成功时，要提示其可以开始进入其他的转化流程，如 A 商品售罄可以推荐相关的 B 商品。

③ 转化的内容及促销要醒目。例如，图片要吸引访客，激起访客购买的冲动与欲望；文字符号要有吸引力，可写明正在开展赠送代金券等促销活动。

④ 增强转化页面的可信度。例如，增加权威机构的质量保证、使用商品后得到显著改善的案例、某些有知名度的用户在使用后的正面评价等。

## 4.4.4　页面点击图

页面点击图即热力图。下面介绍如何查看热力图，以及如何通过分析热力图来优化网站。

进入"百度统计"的"网站统计"页面，单击页面左侧的"页面点击图"，进入图 4-25 所示的页面。

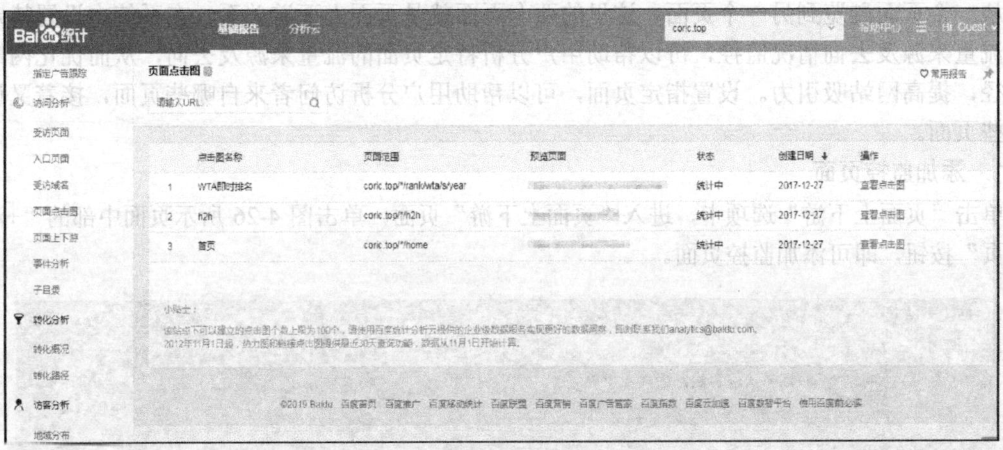

图 4-25　页面点击图

百度"网站统计"的页面点击图包含手动设置和自动设置两个页面。手动设置是网站站长根据其数据分析统计需要添加的页面；自动设置是"百度统计"将其"百度推广"中消费最高的待推广网站的 URL 自动设置为开启页面点击图并每天更新。

进入"页面点击图"页面后，单击右侧的"查看热力图"链接，即可进入热力图查看页面。

1. 热力图分析

在热力图中，可以选定要查看的区域，单击鼠标右键，在弹出的面板中查看这个区域的点击数及聚焦度；还可以在细分维度中查看搜索词、推广关键词、地域或者浏览器等情况。

（1）热力图在监控访客误点击上的应用。在查看热力图的时候，常常发现有的图片或者小图标上没有链接，但用户的点击量却很多。这很可能说明用户以为这个位置是个链接，实际点击后却没有跳转，这样的误点击对用户体验影响很不好，企业可以在这样的位置适当增加链接，以提高跳转率和满足用户需要。

（2）热力图在判断最佳广告位上的应用。通过热力图，企业可以了解用户关注的页面板块区域是什么。热点区域周围是适合放置关键信息的位置。

（3）通过热力图来判断用户对于页面上多个相同链接的喜好程度。网站的页面上有时会有两个或多个链接都可跳转到同一个页面。例如，一个是文字链接，另一个是图片链接，传统的链接点击图是完全看不出哪个被点击更多的，而热力图可以监控到每个像素并做出准确区分。

聚焦度是指所选区域的点击量/该统计范围页的点击总量。

**2. 链接点击图分析**

单击热力图右侧的"链接点击图"选项卡，即可通过链接点击图查看页面内超链接被点击的次数，以及页面内超链接的点击次数占总单击次数的比例。

如果需要监控 Frame 页面内的单击，请在 Frame 页面安装统计代码，并在 Frame 内对应页面设置点击监控。

## 4.4.5 页面上下游

从一个页面浏览到另一个页面，这里的两个页面就是页面上下游关系。在系统中设置特定页面的流量来源及去向情况监控，可以帮助用户分析特定页面的流量来源及去向，从而优化网站页面路径，提高网站吸引力。设置指定页面，可以帮助用户分析访问者来自哪些页面，接着又访问了哪些页面。

**1. 添加监控页面**

单击"页面上下游"选项卡，进入"页面上下游"页面，单击图 4-26 所示页面中部的"+添加监控页"按钮，即可添加监控页面。

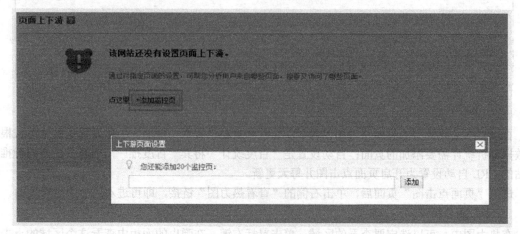

图 4-26　添加监控页面

在弹出的对话框中输入需要监控的页面 URL，单击右侧"添加"按钮即可。一般情况下可以添加 20 个监控页面。

2. 页面上下游报告可以提供的信息

页面上下游报告提供了指定页面的上下游访问数据。通过这个报告，企业可以获得如下信息。

（1）哪些页面给指定页面带去了较多的流量以及这些页面的具体流量情况。

（2）指定页面给哪些页面带去了较多的流量以及这些页面的具体流量情况。

通过这些信息，企业可以了解指定页面的访客行为规律，从而了解访客的关注点及访问习惯；另外，如果在指定页面设定了目标，那么还可以通过这些目标的转化情况衡量访客在指定页面的行为路径的合理性；最终，根据获取的这些信息，可以有根据地改善指定页面与其他页面之间的层次关系，从而让访客在网站获得更好的使用体验。

3. 分析页面上下游数据

如何在关键词报告中查看转化率、抵达事、跳出事这些指标，从而发现问题呢？

进入关键词报告页面，然后自定义指标，找到并选择转化率、跳出率、抵达率等指标后，单击"确定"按钮，便可查看相应的数据。

若关键词报告中转化率过低、抵达率较高，则表示大多数访客点击了广告并成功抵达了网站，也就是说抵达率不存在问题；再查看关键词报告中的跳出率，如果跳出率低，则表示大多数访客留在了网站上继续访问网页，说明跳出率不存在问题，这时如果转化路径小于 2 页，则可查看推广页面的上下游报告，当转化路径大于 2 页时，可查看推广页面的转化路径报告。

页面上下游报告可以分析指定页面的上下游。设置网页上下游，企业可以及时了解经过指定页面的访客行为。页面上下游报告左侧栏为上游页面，右侧栏为下游页面，如图 4-27 所示。

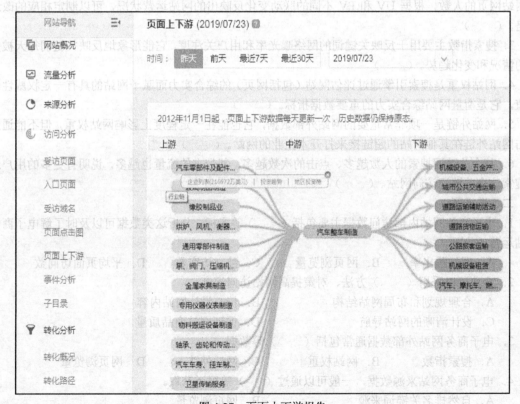

图 4-27　页面上下游报告

从页面上下游报告可以清楚地知道用户从哪些页面进入监控页面，又从监控页面去了哪个页面。

## 本章小结

本章介绍了电子商务网站内部数据的分析方法，包括网站跳出率分析、PV 和 UV 分析、访问深度分析等；电子商务网站外部数据的分析方法，包括网站搜索指数分析、网站权重分析、网站外链分析等；电子商务网站来源数据的统计分析方法，包括自然排名关键词来源分析和竞价排名关键词来源分析。最后，介绍了利用百度统计中的"网站统计"工具查看和分析受访页面、受访域名、入口页面、页面点击图、页面上下游情况的方法。

查询与分析电子商务网站访问数据的目的，是验证网站运营过程中所做的项目推广是否有效，网站自身运作是否健康，进而判断网站所属企业所在行业是否处于良性发展状态等。

## 复习思考题

### 一、判断题

1. 跳出率是衡量网站用户黏度的重要指标。降低网站跳出率，可以提高用户回访率，从而增加用户在网站消费的概率。（    ）

2. 网页浏览量（PV）是指网站被浏览的总页面数，独立访客数（UV）是指通过互联网访问浏览网站网页的人数，根据 UV 和 PV 不同的联动变化反映出的网站运营状况，可以制定相应的改进策略。（    ）

3. 搜索指数主要用于反映关键词的网络曝光率和用户关注度，它能形象地反映关键词每天被关注的情况和变化趋势。（    ）

4. 网站权重是搜索引擎通过评估网站（包括网页）的综合实力而赋予网站的具有一定权威性的数值，它是衡量网站综合实力的重要数据指标。（    ）

5. 网站外链是一项非常重要的网站外部数据，它也能在一定程度上影响网站权重，但不能通过点击网站外链在其他网站的超链接来打开本企业的网站。（    ）

6. 某个关键词搜索的人数越多、点击的次数越多，其带来的流量也越多，说明有更多的用户通过搜索这个关键词访问网站。（    ）

### 二、选择题

1. 电子商务网站内部访问数据主要包括（    ）等指标，分析这类数据可以及时了解电子商务网站运营的状况。

    A. 网站跳出率　　　B. 网页浏览量　　　C. 独立访客数　　　D. 平均页面访问数

2. 企业可以采用（    ）方法、对策提高网站访问深度。

    A. 合理规划和布局网站结构　　　　　　B. 精心设计网站内容

    C. 设计清晰的网站导航　　　　　　　　D. 保证网站商品质量

3. 电子商务网站外部数据通常包括（    ）等数据。

    A. 搜索指数　　　　B. 网站权重　　　　C. 网站外链　　　　D. 网页浏览量

4. 电子商务网站来源数据，一般可以通过（    ）等渠道获取。

    A. 自然排名关键词来源　　　　　　　　B. 网页浏览量

    C. 竞价排名关键词来源　　　　　　　　D. 引荐来源

### 三、问答题

1．查看竞价关键词实时排名通常可以采用哪些方法？试简要说明之。

2．在百度推广客户端如何利用百度竞价付费推广估算关键词出价的排名？

3．如何借助"百度统计"中的"网站统计"模块查看和分析"受访页面"数据？

### 四、应用分析题

实战训练：选择 3 个同行业的电子商务网站，通过分析搜索指数和网站权重为这 3 个网站排名，并将分析过程及结果制作成报告。

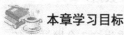 **第5章** 电子商务网站数据挖掘分析

 **本章学习目标**

☞ 理解数据挖掘的概念，了解电子商务网站数据挖掘的工作机制。

☞ 了解选择电子商务网站数据分析工具的方法和需要考虑的问题。

☞ 了解电子商务网站数据整合处理的意义、范畴和方法。

☞ 熟悉电子商务网站营销数据挖掘分析的场景、维度。

☞ 掌握网站商品销售数据分析与诊断以及恶意流量分析的方法。

**引例**

### Target 和怀孕预测指数

《纽约时报》记者查尔斯·杜西格曾在一份报道中阐述了塔吉特（Target）公司是怎样在完全不和准妈妈对话的前提下预测一个女性什么时候怀孕的。杜西格讲到了接下来发生的一件事情。一名男子闯入他家附近的一家零售连锁超市Target店铺（美国第三大零售商）。抗议："你们竟然给我17岁的女儿发婴儿尿片和童车的优惠券，你们是在鼓励她怀孕吗？"店铺经理立刻向来者承认错误，但是其实该经理并不知道这一行为是总公司进行数据挖掘的结果。一个月后，这位父亲来道歉，因为这时他才知道他的女儿的确怀孕了。Target比这位父亲知道他女儿怀孕的时间足足早了一个月。

Target公司能够通过分析女性客户购买记录，"猜出"哪些是孕妇。它们从Target公司的数据仓库中挖掘出25项与怀孕高度相关的商品，制作了"怀孕预测"指数。例如，它们发现女性会在怀孕3个月左右大量购买无香味乳液；几个月后，她们会买一些含镁、钙、锌的营养品。Target公司找出这些关联商品给客户进行"怀孕趋势"评分，并以此为依据推算出这类客户的预产期，然后抢先一步将孕妇装、婴儿床等折扣券寄给客户来吸引客户购买。如果不是在拥有海量的用户交易数据基础上实施数据挖掘，Target公司不可能做到如此精准的营销。

（资料来源：根据网络资料改编，2015-10-25）

【案例思考】

1. Target公司是如何利用数据挖掘实施精准营销的？

2. 电子商务网站与线下的实体超市相比，在收集客户数据方面有什么优越条件？

3. 电子商务网站可以收集到哪些实体超市无法获取而又能挖掘分析出重要商务信息的客户数据？

电子商务网站数据挖掘分析是电子商务数据分析的一个重要分支，它涉及数据挖掘的知识，但又不局限于数据挖掘。电子商务网站数据采集、功能配置、系统实施和基本运营数据分析，都属于电子商务网站数据分析师的工作范畴。因此，一个高水平的电子商务网站数据分析师必须具备整体网站数据工作的能力。事实上，随着电子商务的快速发展，电子商务网站平台呈现给用户的商品信息量急剧增长，如何利用 Web 数据挖掘技术强大的数据分析处理能力，从海量的 Web 数据中挖掘出潜在的、有价值的客户行为信息，并用来辅助企业进行高效的商务分析与决策，已成为目前业界关注的热点问题。

# 5.1 数据挖掘的概念和特点

## 5.1.1 数据挖掘的概念

数据挖掘概念最早是在 1995 年国际计算机学会（Association for Computing Machinery，ACM）召开的第一届知识发现和数据挖掘国际会议上正式提出的。法耶兹（U.M.Fayyad）认为，数据挖掘是知识发现（Knowledge Discovery in Database，KDD）过程的一步，即通过各种数据分析和发现算法，在可接受的时间内产生模式，这种模式也称为知识。

扫一扫：

视频 5-1

### 1. 数据挖掘的定义

数据挖掘（Data Mining）是采用数学、统计、人工智能和机器学习等领域的科学方法，从海量的、不完全的、有噪声的、模糊的和随机的实际应用数据中，提取隐含的、预先未知的、具有潜在应用价值的模式或信息的过程。

一方面，数据挖掘是一个处理过程，它利用一种或多种计算机学习技术，从海量数据中自动分析并提取知识；另一方面，数据挖掘获取的知识是以一个模型或**数据泛化**的形式给出的，数据挖掘过程实质上是采用基于归纳的学习通过观察所学概念的特定实例形成一般概念的过程。

【知识卡片】数据泛化（Data Generalization）：是一个将任务相关的大数据集从较低的概念层抽象到较高概念层的过程。

从认识层次来看，数据挖掘的基本目标是预测（Prediction）和描述（Description）。预测就是利用数据中已知的变量和字段来确定一些感兴趣的未知或未来的值；而描述则集中于寻找一种人类能够解释的模式来对数据进行刻画。

扫一扫：

视频 5-2

### 2. 典型数据挖掘系统的体系结构

一个典型的数据挖掘系统一般会有图 5-1 所示的体系结构。

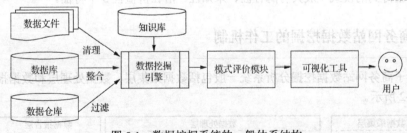

图 5-1　数据挖掘系统的一般体系结构

（1）数据文件、数据库和数据仓库。数据挖掘技术可用于分析各种类型的数据，数据挖掘对象既可以是结构化、半结构化、非结构化数据，也可以是静态的历史数据和动态的数据流数据等。特别是电子商务网站数据挖掘中，大多是半结构化、非结构化数据，或动态的数据流数据。

（2）知识库。数据挖掘中常常会用到领域知识，它们被存储到知识库中，并用于引导挖掘，或者评价挖掘结果的兴趣性。这种知识可能包括用于不同组织属性的概念层次知识，用于评价挖掘到的模式是否具有新奇性的用户信念知识，以及其他如约束、阈值、元数据等知识。

（3）数据挖掘引擎。这是数据挖掘系统的关键部分，它包括一系列功能模块，如特征数据提取模块、关联规则分析模块、分类模块等，每个模块还可能有多种备选算法。

（4）模式评价模块。这个部件通常是通过应用兴趣度标准来精炼、聚焦发现的模式，它还会评价存储在知识库中的阈值。模式评价模块在有些系统中有时也会集成到数据挖掘模块中。

（5）可视化工具。这是数据挖掘系统与用户的通信接口，用户可以通过它制订数据挖掘的计划，提供挖掘所需的信息，浏览数据挖掘的结果，评价挖掘的模式。

## 5.1.2　数据挖掘的特点

数据挖掘是商务智能的核心技术之一。在电子商务活动中，企业管理决策人员通常会有许多信息需求，例如，需要了解业务过程中发生了什么？为什么会发生？客户和市场的行为是怎样的？将会发生什么？可以采取什么样的行动？当给出的分析结果是具有可行性的建议时，分析结果的价值就高。在传统模型驱动的分析技术中，一般需事先给出逻辑假设，然后在数据中检验。但在海量的电子商务数据中，如果仅根据某个或某几个逻辑假设来验证，就可能会丧失检验一些事先未知的潜在模式的机会，也就不会得到新颖的模式。

数据挖掘的特点归纳起来主要表现在以下几个方面。

（1）基于海量数据。数据挖掘始于纷繁复杂的海量数据，利用强大的数据分析工具和特定的知识提取方法，获得具有普遍特性的规则或知识。

（2）隐含性。数据挖掘是要发现深藏在数据内部的、必须经过筛选才能获得的潜在知识，而不是那些直接浮现在数据表面的信息。

（3）未知性。数据挖掘是数据驱动的，它并不始于一个有待证明的具体逻辑模式，而是从数据出发，对各种模式进行匹配，挖掘出来的知识是以前未知的，否则只不过是验证了业务专家的经验而已。只有新颖的、全新的知识，才可以帮助企业获得进一步的洞察力。

（4）价值性。挖掘的结果必须有用，能给企业带来直接的或间接的效益。在一些数据挖掘项目中，由于缺乏明确的业务目标、数据质量不高、人们对改变业务流程的抵制、挖掘人员的经验不足等，数据挖掘可能效果不佳甚至完全没有效果。但大量的成功案例也证明，数据挖掘的确可以变成提高企业效益的利器。

数据挖掘与数据统计分析的本质区别：数据挖掘是在没有明确假设的前提下去挖掘信息、发现知识；数据挖掘得到的模式一般具有隐含性、未知性、潜在价值性3个特征。

## 5.2　电子商务网站数据挖掘的工作机制

完整的电子商务网站数据挖掘分析系统一般包括数据采集层、数据处理层和数据报告层三大子系统，如图 5-2 所示。

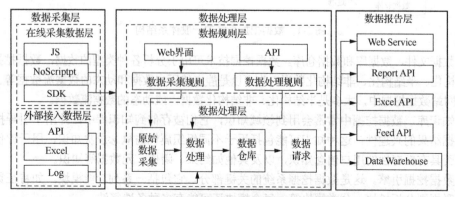

图 5-2　电子商务网站数据挖掘分析系统

在数据采集层，可以在线采集数据和外部接入数据；在数据处理层，将在采集规则的约束下完成原始数据采集，同时根据处理规则整合外部接入数据并进行数据计算，最终形成可供外部调用的数据仓库中的数据；在数据报告层，外部特定数据请求得到处理后形成最终报告、数据源等。

## 5.2.1　电子商务网站数据采集

数据采集是电子商务网站数据挖掘分析的第一步。在图 5-2 所示的电子商务网站数据分析系统中，数据采集层分为两层：第一层是在线采集数据层，这是电子商务网站数据挖掘分析系统的核心组成，一般可通过特定页面或 Activity 标记实现在线数据采集；第二层是外部接入数据层，它是在线数据采集层的拓展，一般通过外部系统或手工形式导入外部数据源。

### 1.　在线采集数据

在线采集数据平台可分为 Web 站、WAP 站、App 站，它们可以满足目前所有线上数据采集的需求。数据采集阶段的工作流程如图 5-3 所示。

图 5-3　在线数据采集工作流程

图 5-3 所示的在线数据采集工作流程是一种基于客户端-服务器的数据采集方法，这种采集方法能满足大多数的数据采集需求，但其前期页面标记需要在用户客户端触发才能实现。如果数据不是通过客户端触发，或触发时的数据在网站外部，则无法收集。例如，在用户使用在线支付的过程中，除了企业要拥有结算工具外，大多数网站都需要切换到特定网站如支付宝、网银等完成支付；而支付过程因涉及外部网站，所以无法通过页面标记形式收集支付成功数据，此时这种客户端-服务器的数据采集方法失效。

值得注意的是，不管采用何种数据采集方法，任何网站分析系统的数据都不可能与企业内部数据系统中的数据完全一致，数据不一致性存在于任何网站的分析系统中。例如，上述数据采集方法由于数据经历了网站服务器→用户客户端→采集服务器 3 个节点，每经过一个节点都可能会有数据丢失，尤其是订单结算等核心信息易丢失，因此，某些网站分析系统采用网站服务器对采集服务器（Server to Server，S-S）的方法进行在线数据收集（见图 5-3 中的④），以避免数据在客户端的中转流失。

对网站分析系统中数据准确性的要求：采集数据误差与企业数据系统误差控制在 5% 以下，且数据误差率稳定。

所有在线数据采集都会受到采集规则的制约，如排除特定 IP 地址的流量、只采集某个域名下的数据等。数据采集规则是数据采集的重要控制节点，如果出现某些排除、隐藏或直接忽略数据的采集规则，将可能导致数据丢失。

### 2.　外部接入数据

外部接入数据根据接入方式的不同，可分为 API 接入、Excel 接入和 Log 接入。API 是主流的大批量数据集成方法，常见的数据源系统包括 Baidu 和 Google 的搜索引擎营销（SEM）数据、电子邮件营销（E-mail Direct Marketing，EDM）数据等营销类数据，以及企业客户关系管理（Customer Relationship Management，CRM）数据等用户类数据、企业订单及销售数据等；Excel 是临时性、小批量数据的导入方式，一般由人工通过前端界面上传实现；Log 是原始服务器日志，部分网站分析系统如 Webtrends 支持混合页面标记数据和日志数据，共同作为网站分析系统的数据源，支持 Log 的网站分析系统主要采用 Local，即本地服务器形式，数据直接在企业内部交换。

外部接入数据与在线采集数据是异步进行的。外部接入数据进入网站分析系统后，根据数据处理层的处理规则，在经过数据抽取、加载、转换之后，与在线采集数据整合形成完整的数据源。外部接入数据只有具备一定的特征才能与在线数据整合，常见的特征是经某个字段作为关联主键，比如商品 ID、用户 ID、页面 ID 或订单 ID 等，也可以通过时间性的特征进行数据整合处理，如按时间导入费用、站外投放数据等。

外部接入数据的工作流程如图 5-4 所示。原始的外部数据（包括文档、服务器日志、在线其他系统数据、离线数据等）通过自动或人工整理形成符合特定规范的数据文件或用制表符分隔的数据文档，然后根据不同的接入机制完成数据的整合工作。

文档类数据文件通常是通过前端界面手动上传实现数据导入的；在线其他系统数据以及离线数据通过 API 进入网站分析系统；服务器日志、在线其他系统数据以及离线数据也可以通过特定的 FTP 服务器上传数据。具体流程为：企业内部通过程序生成特定的数据文档，并按一定时间性的特征自动上传到网站分析系统指定的 FTP 服务器，然后网站分析系统从 FTP 服务器采集数据，通过验证后再进一步处理数据。

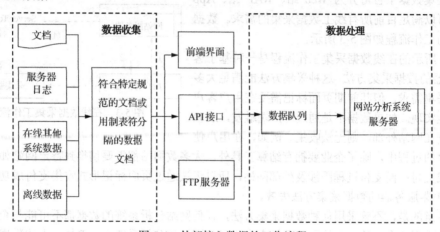

图 5-4　外部接入数据的工作流程

## 5.2.2　电子商务数据处理

在数据处理层，原始在线采集数据和外部数据在数据处理及整合前，无法提供支撑后期请求的数据。在数据采集规则、数据处理规则的约束下，数据只有经过处理后才能形成满足数据请求的数据仓库。

**1. 处理规则层**

不同网站数据挖掘分析系统的数据处理规则有所差异，网站数据挖掘分析系统的功能越强大，其处理规则越复杂。数据规则按照数据处理过程可分为代码部署规则、数据采集规则和数据处理规则 3 层。

（1）代码部署规则。代码部署规则是在数据采集阶段的语法规则，不同数据字段通过不同的语法实现。常见的收集规则包括用户类、事件类、页面浏览类、交互类、电子商务类等。

（2）数据采集规则。数据采集规则是数据发送到服务器端时设置的只采集符合特定条件的数据，而"忽略"其他数据。常见的数据采集规则是包含和排除，例如，只包含符合条件的数据，或排除符合条件的数据。规则具体内容通常有以下几种形式：①特定网站内容的流量，如主机名、目录、请求 URL、网页标题、着陆页地址信息等；②特定外部来源的流量，如推荐链接、社会化媒体来源、位置、广告活动、关键字等；③特定用户属性的流量，如浏览器、操作系统、网络服务信息、操作设备（PC、WAP、App 应用）、地区、IP 地址等；④特定用户行为的流量，如搜索、购买、特殊事件标记、自定义用户维度等。

（3）数据处理规则。即对采集的原始数据进行处理的规则要求，除满足日常系统功能的需求而设定的处理逻辑以外，还包括部分通过人工或应用程序编程接口（Application Programming Interface，API）设定的特殊处理规则。常见的数据处理规则除了包含上述数据采集规则内容外，还包括某些特定的用法，如数据提取、复制、转换、组合等，这些规则综合影响最终的数据仓库数据。

2. 数据处理层

数据处理层的处理对象可分为两种：一是通用信息处理，二是特殊数据处理。

（1）通用信息处理。尽管不同网站分析系统的功能有所差异，但有些功能是所有网站分析系统都具备的，与之相关的信息称为通用信息。来源于客户端发出请求的 HTTP 通用信息，包括发出请求的 IP 地址、时间戳、请求类型、请求主干、返回状态码、返回字节数、客户端信息等。通用信息在数据报告中可能涉及的分析维度，包括全部来源渠道、引荐来源、搜索引擎和关键字、全部页面、进入网页、访客地域、新老访客、时间等，涉及的指标包括 UV、PV、停留时间、IP 数、跳出数、跳出率等。

（2）特殊数据处理。这部分数据是系统根据自身功能定义的数据规则信息，该信息受网站分析规则定义和页面代码部署双重影响。特殊数据包括的维度有电子商务跟踪信息、商品信息、自定义渠道信息、站内搜索信息、用户路径信息、访问设备信息、目标转化信息、事件信息、漏斗信息、关联信息、用户细分和区段信息、归因模式信息、多渠道转化信息、异常检测信息、分组信息、媒体跟踪信息、自定义维度信息等，可提供的指标包括支持度、频次、首次转化价值、辅助转化价值、各级转化率、到达数、放弃率、完成率、交互度、访问价值、价格、数量、实例、位置值、登录注册数、排名、登入率、周转率及自定义指标等。

网站数据仓库是支撑高级分析需求的数据基础，初级的网站分析工具由于功能简单而无须数据仓库，所有数据报表都是基于原始的 Log 日志直接生成的。不同网站分析系统中数据仓库的数据结构和定义不同。例如，Adobe Analytics 的网站数据仓库是一个 Data Feed 集，拥有超过 500 个字段的巨型库表；Wetrekk 和 Webtrends 的网站数据仓库是一个结构化、雪花型的数据仓库，含有 24 个数据库共同组成点击流数据仓库模型。

## 5.2.3　数据报告

数据报告层是网站数据输出窗口，常用的请求主体有 Web Service、Report API、Excel API、Feed API、DataWarehouse。

（1）Web Service：SAAS 模式的网站分析系统都是通过在线访问进入系统的，所有在线访问产生的数据请求都可以归纳为 Web Service，包括数据报告的下载、下钻、筛选、展现、上卷、更新、删除、新增等功能操作和分析操作。

（2）Report API：部分网站数据挖掘分析系统支持通过 API 调用数据报告并集成到其他系统。

（3）Excel API：许多网站数据分析工具都提供 Excel 插件，通过 Excel 能够实现数据查询、导出操作。

（4）Feed API：Data Feed 是结构化的原始网站数据集合，也可看成结构化后的网站行为日志。Data Feed 只有高端网站分析工具才提供，常用来与企业数据仓库（Enterprise Data Warehouse，EDW）进行数据整合。

（5）Data Warehouse：部分高端网站分析工具提供数据仓库导出接口，可直接通过数据仓库构成完整的点击流数据，这种方式更利于实现数据仓库。

# 5.3 电子商务网站分析工具的选择

电子商务网站分析工具是网站数据分析师良好工作产出的基础。由于不同网站分析工具各有差异（常用网站数据分析工具请参阅 1.4.2 节），因此如何选择适合自身需求的网站分析工具，尤为重要。

选择网站分析工具，需要综合考虑其整体解决方案的效能、易用性、功能丰富性、增值服务价值、价格和费用等方面，更重要的是，需要结合企业自身需求进行有效评估，否则，即使选择的工具性能再强大，其真正的价值也无法发挥。

## 5.3.1 整体解决方案的效能

整体解决方案的效能是指能完全与其他工具或解决方案融合提供更广泛支持的能力，包括整合数据（内、外部数据跟踪）系统的能力和整合运营系统的能力两部分。

### 1. 整合数据系统的能力

网站数据只是企业整体数据的一小部分（详情请参阅第 1.1.1 节相关内容），因此，无论是通过外部数据整合到网站分析系统，还是将网站数据整合到企业数据仓库，网站分析工具整合数据系统的能力越强，就越容易实现数据集成等。

### 2. 整合运营系统的能力

网站数据发挥价值的方式之一，是供与数据相关的从业者解读，为业务策略和执行提供辅助建议。另外一种方式是通过相关系统对接，直接通过数据驱动的方式将数据价值输入业务系统，实现数据的自我价值。

常见的与网站分析工具集成的运营系统如下。

（1）客户关系管理系统（Customer Relationship Mangement，CRM）。通过网站流量数据固定触发，有针对性地完成与 CRM 相关的流程。例如，针对已经登录并将商品加入购物车但放弃购买的用户，网站分析工具将数据传输到 CRM，CRM 根据预设条件判断执行，诸如有针对性地发送优惠券、提高信息价值或用其他方式刺激购买以提高购物车的转化率等。

（2）销售系统。网站分析工具将网站流量数据传输到销售预测系统，销售预测系统根据商品的浏览趋势、用户属性、来源及转化率数据综合评估出未来 $N$ 天的商品销售情况，并将该数据传输到相关的库存系统，从而及时给出提醒采购、补货或物流方案等信息。

（3）站外营销系统。网站分析工具采集站内用户的关键行为并提取特定信息，将用户喜好信息反馈到营销系统，营销系统根据此信息优化站外投放结构、素材和其他营销策略。

（4）站内推荐系统。网站分析工具将特定数据传输到站内推荐系统，站内推荐系统根据用户行为有针对性地推荐其喜好的内容或商品。

（5）网站运营系统。大多数网站运营系统都靠人工的方式调整素材、内容等，网站分析工具可以将固定广告位、内容位、资源位的数据回传到网站运营系统，网站运营系统根据数据自动调整页面展示内容，以提高运营效率。

## 5.3.2 易用性

衡量网站分析工具的易用性时，既要考虑使用该工具的业务部门的需求，也要考虑企业 IT 部门的需求，因为两者对网站分析工具易用性的关注点截然不同。

### 1. 企业 IT 部门关注工具技术方案是否易实施

企业评估网站分析工具时，IT 部门往往是重要的参与者。对于 IT 部门来说，网站分析工具的稳定性、实施方便性、技术开发难度、数据安全性是其关注的首要因素，因此，容易实施且能上线实时处理的工具更容易得到 IT 部门的认可。

例如，实现页面热力图的功能，不同的工具有不同的解决方案。有的工具只需要一段通用代码，有的工具需要单独标记热力图参考点，有的工具则需要将全页面元素 ID 指定给系统相关变量。对 IT 部门来说，选择第一种解决方案自然最能如其所愿。

分析工具的技术方案容易实施，不仅能减少技术开发工作量，从而保证网站分析项目快速落地，而且可以减少代码过多导致的版本更新、代码发布等网站数据采集问题。

### 2. 企业业务部门关注工具是否方便使用

网站分析工具最终是被企业网站分析师、营销业务人员、商品经理、技术工程师等关键用户使用，他们关注的数据侧重点不同，有各自不同的数据需求。因此，如何让用户根据自身需要快速、有效、深入地得出结论，是评估一款网站分析工具的重要指标。

（1）以用户角色为出发点的工具定位。通常企业领导层和执行层需要的数据不同，领导层关注结果、趋势或汇总数据，因此，Dashboard（仪表盘）、汇总报表都不可少，如果有一个报表能涵盖领导日常关注的核心指标，一般就能满足其基本需求，若再通过多种发送、实时更新或数据对接产生更多的附加值，则可锦上添花。执行层关注原因、细节和深入探究，因此多层级下钻、多维度交叉分析、用户群体细分、路径流及各种数据分析和挖掘模型必不可少。

（2）以用户应用为导向的功能设计。根据不同的业务模块划分数据报表，例如，营销推广、站内运营、用户体验、在线销售等不同业务模块需要不同的报表，报表就需要单独拆分呈现，并且要让用户以最少的点击操作、最快的速度找到答案，尽量减少业务方应用数据所花的时间。

## 5.3.3　功能丰富性

网站分析工具的功能越丰富，通过其获得更多数据视角的机会就越多。网站分析工具的功能可分为基本功能、高级功能、自定义功能三大类，每一大类又包括若干子类，如表 5-1 所示。

表 5-1　　　　　　　　　　　　网站分析工具的功能一览表

| 类型 | 二级功能指标 | 三级功能指标或属性 |
|---|---|---|
| 基本功能 | 基本维度 | 站外流量来源、站内访问行为、电子商务跟踪、用户数据 |
| | 基本指标 | UV、PV、跳出率、新访问占比、访问深度、平均访问时间、订单数量、订单价格、优惠价格、商品价值、电子商务率、目标转化率、事件转化率 |
| | App 跟踪 | 提供适用于 App 的跟踪维度和指标，如一次性访问用户、用户存留、活跃用户、启动、升级等 |
| | WAP 跟踪 | 针对 HTML 搭建的 WAP 网站和不支持 JS 的 WAP 网站，提供跟踪方式 |
| | 用户权限管理 | 为不同用户分配不同的内容查看权限、报表查看权限、数据查看权限、报表增删改与更新权限、系统管理权限等 |
| | 热力图 | 覆盖热力图、点击热力图 |
| | Excel 插件 | 直接连接网站分析工具，实现刷新数据、数据报表导出、数据定时发送等功能 |
| | 下钻功能 | 分析不同数据间的关联关系，支持下钻的层次越多越好 |
| 高级功能 | 标签管理器 | 管理网站分析系统的跟踪代码，触发规则、条件控制、阈值等越灵活越好 |
| | 跨域跟踪 | 支持跨子域和跨顶级域的跟踪，支持第一方 Cookie 和第三方 Cookie 选择 |
| | 跨设备跟踪 | 提供跨 Web/WAP/App 用户跟踪并识别为唯一用户功能 |
| | 订单归因功能 | 包括最后进入渠道、最初进入渠道、根据位置综合评估、时间衰减、线性模型等 |
| | A/B 测试 | 包括测试开始时间、测试样本、样本分布、测试目标、测试结果应用等 |

续表

| 类型 | 二级功能指标 | 三级功能指标或属性 |
|---|---|---|
| 高级功能 | 路径功能 | 包括站外渠道路径、站内页面路径、搜索词路径、目标路径、事件路径等 |
| | 漏斗功能 | 支持全站页面、事件、目标之间的漏斗分析查看用户对特定目标的完成和流失情况 |
| | 数据整合功能 | 包括导入/导出方式、数据限制、频率限制、开发工作量、数据结构化及规范化程度（数据仓库结构、语法和规则）等 |
| | 实时数据 | 提供当天单独的实时报表或商品、数据对比、定制实时 Dashboard |
| | 预警功能 | 针对预设条件设定阈值对出现的数据进行预警提醒，支持邮件、短信发送预警信息到指定联系人列表或联系人 |
| | 自动发送服务 | 通过邮件、短信发送自定义报告、数据预警、账号变化信息、异常登录信息等 |
| 自定义功能 | 自定义维度跟踪 | 根据业务需求做特定监测，数量越多越好 |
| | 自定义事件跟踪 | 满足特定事件的跟踪需求，如下载、注册、搜索、登录等 |
| | 自定义指标跟踪 | 自定义跟踪搜索结果返回数量、购物车内用户输入的商品数量等 |
| | 自定义计算指标 | 根据已有指标通过综合运算得出新指标，若支持带()的优先级或函数运算，则功能更强大 |
| | 自定义数据分类 | 将零散数据划分成指定类别，如页面内容分类、商品分类、推广渠道分类、事件分类、目标分类等 |
| | 自定义报表 | 根据需求任意定制维度 |
| | 自定义书签 | 将系统默认报表保存到书签，方便在日常工作中直接点击查看 |
| | 自定义 Dashboard | 将已有的数据报表或元素（趋势图、饼图、KPI、积分卡、地理位置图）添加到 Dashboard，并可指定为登录落地页 |

选择网站分析工具，除考虑表 5-1 所示功能，还应注意以下几点。

（1）用户权限越详细，可定制的灵活性越高，就越能满足特殊场景的需求。

（2）热力图最好无须单独配置或应尽量少配置，覆盖热力图必须支持导出功能，点击热力图最好支持自动截图。

（3）订单归因模型越多，配置越简单越好。

（4）路径功能一般要求既支持细分数据路径，又支持汇总数据路径，且数据路径长度至少为 3 级，越长越好。

（5）漏斗功能最好支持不同分析维度之间的混合漏斗分析。

（6）自定义功能越多越好，且自定义 Dashboard 最好具有发送功能，可定时将信息发送给相关人员。

## 5.3.4　增值服务价值

评估网站分析工具时，首先要从部署和实施需求、专项沟通和培训需求、数据整合和开发需求等方面综合考虑企业购买这些服务的原因，然后考察服务要素。

考察服务要素要着重关注以下几点。

（1）日常支持服务。日常支持的内容涉及部署、沟通、培训等各方面问题，此外，日常支持的方式（邮件、电话、进驻企业）、响应效率（2 小时答复、7×24 等）都是重要的参考因素。

（2）原厂服务团队。如果有原厂服务团队的支持，则无论是本地还是远程沟通，都将更有利于解决问题。

（3）本地化作业。本地化作业是指根据企业需求入驻企业内部共同推进项目落实，是评价网站分析工具提供商所提供增值服务价值的重要参考标准。在开展项目工作尤其是网站部署和应用的前期，通常需要以入驻的形式协助企业建立完整的网站分析工作流程，而本地化作业可以最大限度地满足企业内部需求。

### 5.3.5 价格和费用

网站流量分析工具的价格通常包括 3 个部分：流量费用、功能费用和服务费用。

（1）流量费用。除了 Google Analytics Premium 外，其他所有的网站分析工具一般都是基于流量付费的。流量规模决定了付费区间，流量越高，整体价格越高。

（2）功能费用。支付流量费用后，网站分析工具的大部分功能都可以使用，但某些功能模块可能需要额外付费。在选择网站分析工具时，需要确认是否所有的商品和功能特征都可用，以免在后期造成不必要的麻烦。

（3）服务费用。服务费用通常与以上两种费用打包结算，国内目前很少按时间付费，这也是网站分析咨询服务价值低的一种体现。

总之，选择网站分析工具，一定要结合企业需求（包括短期需求、中期需求、长期需求）、预算、实现目标等自身的情况，并综合评估服务商的商品、服务、预期产出价值等因素。不同的网站分析工具虽然各有特点，但能否取得好的分析效果，关键还是要看如何将不同的工具功能与企业的实际需求相结合。

对企业而言，在选择网站分析工具之前，首先应把免费工具用好，在用好免费工具的基础上再针对企业的实际情况考虑付费工具。对个人而言，通常可以选择免费网站分析工具作为学习和个人实践的资源，如 Google Analytics、开源的 PIWIK 等。

# 5.4
# 电子商务网站数据的整合处理

本节主要介绍电子商务网站数据的整合对不同对象的意义、网站数据整合的范畴以及整合的方法。电子商务网站数据的整合工作一般分别针对在线数据和本地数据。

### 5.4.1 电子商务网站数据整合的意义

#### 1. 提高决策层的决策效率

很多企业的领导层和决策层在接收数据的反馈信息时，经常面临以下问题：①数据报表太多且分散，很难及时获得关键信息；②不同报表的数据不一致，无法确认准确的数据结果；③数据实时性差，难以及时监控到业务状况；④决策时无有效基础数据及结论，只有缺乏体系的数字陈列；⑤缺乏有效的考核业绩的支持机制。

这些问题导致企业决策层很难从数据中及时获得相应信息以辅助决策支持，因此，得不到企业决策层认可的数据体系很难发挥实质性作用。

基于整合后的统一数据源，很容易提供统一的数据以供决策；数据由于减少了不同系统、不同商品、不同报表甚至不同指标间的相互转换，所以减少了大量的中间环节，提高了数据的实时性；基于整合数据，所有业务信息流前后贯穿，业务间的相互关系及对关键目标的作用一目了然，无论是基于目标的 KPI 考核，还是基于过程的评估，都可以做到有的放矢。

#### 2. 提高业务层的市场把控能力

企业数据整合前，业务部门往往会耗费时间在数据提取、整理、汇总和制作等工作上，即使分析得出了结论，也常常由于不同部门之间缺乏统一的度量和定义而无法直接共享。数据整合后能让业务部门集中精力做更深入的数据洞察和价值提炼工作，从而提高业务人员的市场把控能力。

3. 降低 IT 部门的数据维护成本

对于企业 IT 部门来说，数据分散意味着不同系统间的数据无法关联，会直接导致数据的维护成本提高，还会导致企业数据安全性较差。数据整合则可以消除"数据孤岛"，降低数据维护成本和数据安全风险。

## 5.4.2 电子商务网站数据整合的范畴

电子商务网站数据除了包括企业内部数据，如电子商务业务数据、IT 数据、职能数据外，还涉及企业外部数据，如市场数据、行业数据、竞争对手数据等。下面主要介绍电子商务业务数据整合和 IT 数据整合。

1. 电子商务业务数据整合

电子商务业务数据整合的目的是将所有围绕公司业务上下游的数据整合到一起，形成完整的业务流数据体系。以销售类电子商务网站运作流程为例，用户从站外推广渠道进入网站，在企业网站完成在线订单，之后跳转到第三方支付平台付款，企业通过线下物流配送将商品送到用户手中，整个流程如图 5-5 所示。

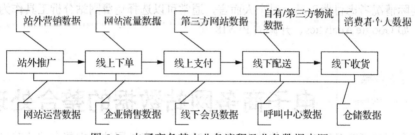

图 5-5 电子商务基本业务流程及业务数据来源

以上流程图是围绕用户的业务数据整合，涉及站外营销数据、网站流量数据、第三方网站数据、自有/第三方物流数据、消费者个人数据等，此外，有时可能还包括网站运营数据、企业销售数据、线下会员数据、呼叫中心数据、仓储数据等。

（1）站外营销数据。网站营销数据是指企业在站外通过各种推广方式投放广告或合作，以实现用户品牌认知、广告宣传或其他转化为目标所形成的数据。网站营销数据主要来源于站外各个投放渠道服务商，包括网络广告（Network Ad）数据、搜索引擎营销（Search Engine Marketing，SEM）数据、每销售成本（Cost Per Sales，CPS）数据、商务拓展（Besiness Development，BD）数据、电子邮件营销（EDM）数据、社交网络服务（Social Networking Services，SNS）数据、搜索引擎优化（SEO）数据等，如图 5-6 所示。

① Network Ad 数据：以图片、视频、动态 Flash、文本等形式对用户展现的推广方式所形成的数据信息，一般可通过代理商获取，或直接从投放终端获取。网络广告数据的通用数据维度包括用来标识渠道来源、细分渠道、付费形式等的渠道信息；用来标识投放媒介位置、广告形式、广告尺寸、广告排期的媒介信息；用来记录当前广告活动、广告主题、广告商品、广告卖点等投放内容的促销信息。网络广告数据的通用指标包括费用指标和效果指标两类。

② SEM 数据：国内的 SEM 数据主要集中在百度和 360，SEM 数据来源既可以直接从搜索引擎获取，也可以通过代理服务商获取。SEM 数据除了具备广告数据的通用维度外，还具有账户结构、

账户信息、广告计划信息、广告组信息、关键词信息等特殊维度。SEM 指标除了费用指标、效果指标外，还包括出价信息、效果数据等。

图 5-6 网站营销数据

③ CPS 数据：CPS 是企业推广方式中转化效果较好的推广方式之一，以实际销售商品数量来计算广告费用，其核心数据如佣金等都位于企业内部，由特定销售类系统负责监测、收集和结算，通常前期已经确认分成比例，推广渠道完成转化（通常定义为销售）后即分得相应的佣金。CPS 按照平台属性可分为自有平台和第三方平台，例如，京东既有自己的京东销售联盟，也有与第三方一起合作的平台。CPS 数据除通用数据维度和指标外，还包括联盟平台标识、佣金、佣金率等特殊数据维度。

④ BD 数据：包括所有以资源互换、免费合作等形式开展的业务推广信息。BD 由于更多的具有免费性质，因此各个公司通常都有相应的需求，通常见于有一定资源的企业。BD 数据维度和指标与上述广告数据类似。

⑤ EDM 数据：是指以电子邮件为介质进行推广所形成的数据信息。EDM 数据除通用信息外，还包括发送人群、发送时间、发送域等特殊维度，以及发送量、送达量、打开量、点击量、退订数等特殊指标。

⑥ SNS 数据：是企业数据的重要延伸，也是获得用户社交信息的主要来源数据。企业社交媒体通常包括微信、微博、论坛、BBS 等。社交媒体服务数据的维度包括用户账户信息、用户属性信息、用户行为信息、用户标签信息、人脉信息等；社交媒体服务数据的特殊指标包括影响力、评论量、转发量、回复量、分享量、关注数、粉丝数量、活跃度、帖子导向（正面、负面、普通）等。

⑦ SEO 数据：是网站自然流量的主要组成部分，搜索引擎工作过程中可获取的数据主要包括蜘蛛程度爬行数据、展示结果数据（如关键字、关键字排名、页码）等。

网站营销数据除了以上基于用户点击触发的流程数据外，还包括收录数、页面关键字密度、关键字排名、网站 PR 值、Alexa 排名、百度指数等。

（2）网站流量数据。网站流量数据从网站分析工具中获取，包括来源数据、访客数据、网页数据、转化数据 4 类（见图 5-7），数据平台包括 Web、WAP 和 App 站点。

图 5-7 网站流量数据

① 来源数据：即所有站外流量来源信息，包含渠道、渠道分组、媒介、广告活动、搜索引擎、关键字、社交信息、引荐来源、来源路径等。

② 访客数据：是指所有访客属性和特征数据信息，包括访客特征（如用户 ID、年龄、性别等）、访客兴趣、地理位置、忠诚度（访问频率、访问时间间隔等）、访问设备、移动设备属性、

移动设备行为等。

③ 网页数据：是指所有站内页面和非转化行为信息，包括访问页面、进入页面、退出页、站内搜索词数据（搜索词、搜索返回结果数等）、页面事件等。

④ 转化数据：是指所有转化类信息，包括目标转化、电子商务转化（商品浏览、加入购物车、提交订单、结算）等。

（3）网站运营数据。网站运营数据是网站运营管理者的后台操作数据，这些数据反映了站内各个数据对象的特征，是分析站内资源运营效果的重要过程性数据。网站运营数据主要包括商品管理数据、促销管理数据、订单管理数据、广告管理数据和会员管理数据，如图 5-8 所示。

图 5-8　网站运营数据

① 商品管理数据：是所有线上商品的管理信息，包括时间、商品数据（商品名称、商品属性、商品类别、品牌、卖家等）、折扣数据（价格、促销价、会员优惠价、赠送积分）、促销数据（促销时间、促销类型、促销位置、运费、排序、展示次数）、库存数据、商品状态（上架、下架、删除、过期）、关联促销管理（绑定促销商品、关联促销商品）等。

② 促销管理数据：是所有站内促销活动的管理信息，包括促销起止时间、促销活动类型（抢购、团购、预售、试用、拍卖、二手等）、优惠券/积分管理（类型、金额、发送条件、有效时间、发放数量、限制品类、限制金额、费用、积分兑换比例等）、活动专题管理（具体活动、活动主题、参与商品）等。

③ 订单管理数据：是所有订单的管理信息，包括订单号、审核状态（审核中、未通过、等待审核、已提交等）、流转环节（订单进行步骤，如已出库、已派件）、支付信息（支付类型、支付银行、分期付款信息等）、订单拆分、人工订单（大客户订单处理操作）、订单补货登记等。

④ 广告管理数据：是所有站内广告资源的信息，包括广告资源类型、广告位置、广告排期、广告内容、上下架时间、轮播次数、广告描述、广告卖家等内容。

⑤ 会员管理数据：是所有线上会员管理的信息，包括会员基本信息（会员 ID、邮箱、性别、年龄、QQ、手机号等）、会员行为信息（注册时间、登录时间、购买时间、评论、投诉、咨询、收藏、降价通知、分享、留言等）、会员等级、积分信息、优惠券信息、会员促销数据（EDM、短信发送数据）等。

（4）企业销售数据。企业销售数据是销售类企业的核心，交易数据涉及订单信息、商品信息、客户信息、交易支撑环节信息、购物车信息等，如图 5-9 所示。

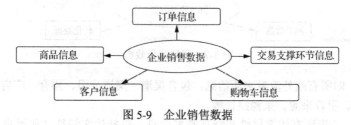

图 5-9　企业销售数据

① 订单信息：包括交易 ID、交易日期、订单价格、订单数量、优惠信息（优惠券、积分）、折

扣信息（满减、满返）、订单状态等。

② 商品信息：包括商品 ID、商品名称、商品品牌、商品类别、商品数量、商品厂商、商品销售平台、成本价、销售价格等。

③ 客户信息：包括用户 ID、用户姓名、注册日期、登录日期、用户 QQ、电子邮箱、联系方式等。

④ 交易支撑环节信息：包括支付信息（支付平台、支付银行账号、支付状态、支付金额）、联盟销售信息（CPS 联盟、自有平台、第三方平台等）、配送状态信息等。

⑤ 购物车信息：包括购物车 ID、用户 ID、购物车商品 ID、购物车内商品名称和数量、状态步骤等。

（5）线下会员数据。O2O 电子商务类型企业或有线下业务支持的电子商务企业，往往拥有大量的线下用户群体，其中很多数据是线上无法获得的宝贵财富，如会员性别、年龄等。线下会员数据比网站运营数据的范畴更大，包含的数据内容更多。

线下会员数据除了包含线上会员的所有数据类型外，还包括退换货数据（退换货金额、订单 ID、商品 ID、时间、费用等）、订单拒收数据（拒收时间、会员 ID、订单 ID、订单价值、运费）等，部分线下店铺甚至通过监控视频收集用户线下店内行为，或通过无线 Wi-Fi 免费开放等方式进行线下用户身份识别等，从而获得更多的会员数据。

（6）呼叫中心数据。大型企业一般都有呼叫中心业务，通过客服代表完成针对特定客户的特定业务目标，如处理投诉、推销广告、销售线索跟进、客户关系维系等。

呼叫中心数据既包括话务类型（投诉、咨询、建议、查询等）、话务时间（起止时间和持续时间）、排除时间、通话时长、内部接口人员等结构化数据，也包含大量的非结构化数据——语音内容。此外，呼叫中心的数据可能还包含所有客户、网站运营、销售订单、物流配送等方面的数据。例如，用户电话咨询订单取消的原因，呼叫中心就需要对网站运营中的订单管理相关数据记录进行查询和反馈。

（7）仓储物流数据。仓储物流数据由仓储数据和物流数据两部分组成。在电子商务交易过程中，企业仓储和物流作业是紧密相连的，仓库内商品的周转必须通过物流进出实现。

企业仓储数据主要包括基本数据、入库数据、出库数据、调拨数据；物流数据主要包括客户数据、订单数据、车辆数据、路线数据等，如图 5-10 所示。

图 5-10   企业仓储物流数据

① 基本数据：通常是仓库内的静态数据，包括商品信息（商品编码、商品名称、规格参数、计量单位、有效期等）、仓库信息（仓库编号、仓库名称、仓库地址、库管员等）、供应商信息、商品库存信息（商品编号、库存类型、库存量、库存金额、有效期）等。

② 入库数据：包括时间、入库类型（采购、补货、退货）、批次信息、商品信息、采购商信息、关联订单信息、关联配送单信息等。

③ 出库数据：包括时间、仓库信息、出库信息、商品信息、客户信息、关联订单信息等。

④ 调拨数据：包括单据编码、日期、调出仓库、调入仓库、制单人员、复查人员、审查人员、

关联配送信息、调拨商品信息。

⑤ 客户数据：包括客户姓名、联系方式、发货地址等。

⑥ 订单数据：包括订单编号、送货时间、货物重量、收货人姓名和地址及联系方式、配送方式、配送状态、配送费用等。

⑦ 车辆数据：包括交通方式、车队编码、配送车辆编码、配送人员、生产日期、购买日期等。

⑧ 路线数据：包括配送路线、路线长度、地理位置、预计时间、配送区域、配送站点、交换数据等。

2. IT 数据整合

IT 整合的数据主要是网站日志以及基于现有网站架构的数据。IT 数据整合的意义是拓展网站工具缺乏的数据维度和指标。

（1）日志数据。网站分析工具可以提供用户的访问日志数据，主流工具一般采用 SAAS 模式，通过页面标签来记录用户信息。但很多信息，如 HTTP 状态码数据和 User-Agent 数据无法通过页面标签记录，即使可以实现，也相对复杂。

① HTTP 状态码数据：是用于表示网页服务器 HTTP 响应状态的 3 位数字代码，所有状态码的第一个数字代表响应的状态。状态码可以提供"发生了什么"的过程数据。例如，1 开头的状态码是临时响应状态码，表示请求已被接受，需要继续处理，常见的是 100、102 等；2 开头的状态码是成功状态码，表示请求已成功被服务器接收、理解并接受，常见的是 200、206 等，在日志文件中通过 206 码可以检测整个下载过程；3 开头的状态码是重定向状态码，表示需要客户端采取进一步的操作才能完成请求，常见的是 301、302 等；4 开头的状态码是请求错误状态码，表示客户端看起来可能发生了错误，妨碍了服务器的处理，常见的是 404 等，发生 404 错误的页面通常页面退出率和跳出率高且停留时间短；5 开头的状态码是服务器错误状态码，表示错误发生在服务器，常见的是 503、504 等。

② 用户代理数据：即用户代理（User Agent，UA）数据，是代表用户行为的软件提供的一个标识自己身份的标识符，包含用户正在使用的设备以及软件的一些数据信息（诸如操作系统及版本、CPU 类型、浏览器及版本、浏览器渲染引擎、浏览器语言、浏览器插件等），据此可分析用户的购买力、属性、职业等信息。基于用户代理的访问，网站能够针对不同的用户进行个性化的定制；UA 在控制搜索引擎"蜘蛛"程序抓取网站服务器资源信息方面也有关键作用。

在 Chrome 浏览器中访问网站时可以按 F12 键查看 UA 数据。

（2）网站架构数据。网站分析工具能跟踪所有标记的页面信息，但这些页面信息都是孤立的信息点，其中很多可通过 IT 拓展出更多的分析维度。

例如，某网站页面的 URL 结构数据如下。

http://www.\*\*\*.cn/category/cat10000049-10-0-36-1-0-0-0-1-14VF18fP18wv18wF-0-0-0-0-0-0-0-0.html

该 URL 包含了商品列表名、品牌、价格、屏幕尺寸、商品类型、排序方式、商品库存类型、送货地域、分辨率、功能、属性等信息，并通过 URL 参数表示，如"cat10000049"代表平板电脑，"14VF"代表某品牌，"18wF"代表 1 000 元以下的价格区间。

以上参数可以通过页面自定义变量提取出来并整合到数据系统中，从而得到更多深层次的数据价值点，诸如品牌喜好、价格敏感特征、屏幕尺寸偏好等；如果用户有登录行为，则可以直接通过用户 ID 关联到用户的真实信息。对用户的分析不应局限于页面、商品这些粗粒度的数据，而应细化到商品的价格、品牌、尺寸、属性等具体参数上。这种数据无论对改善网站运营和用户体验，还是实施用户定向营销，都有重要价值。

再如，网站结构数据（包括页面结构数据和商品功能数据）也可以整合到数据系统中，进而划分网站功能或页面对象，方便日后优化网站功能和用户体验等。

除了企业内部数据外，企业外部数据如市场数据、行业数据、竞争对手数据等，也是企业数据整合的重要部分，其包含的企业在市场中的地位、作用、竞争策略等信息，能够帮助企业建立整个行业级的数据视角。

## 5.4.3　电子商务网站在线数据整合的方法

在线数据整合是指借助现有的网站数据分析工具，整合其他相关数据资源的过程。电子商务网站在线数据整合常用于部门或业务层次的数据分析应用。

### 1. 在线数据整合的适用场景

网站数据分析工具处理行为大都是基于在线用户行为产生的，其提供的数据支持对象也以线上业务对象为主，因此，在线数据整合的适用场景主要有两种：一种是以网站为载体的部门应用；另一种是以用户为对象的数据应用。

（1）以网站为载体的部门应用。这类应用是指各业务部门的业务活动都围绕网站展开，包括网站销售、网站运营、用户体验、商品功能设计、在线销售等。通过这种具有明确业务目标和需求的网站数据整合，在线数据可被各部门有效地理解和直接使用，从而实现对这些业务部门的数据支持。这是典型的业务应用场景，也是最基本的在线数据整合需求。

（2）以用户为对象的数据应用。这类应用侧重围绕用户的所有数据展开整合，包括用户获取、用户访问与用户体验、用户维系（会员维系、运营支持、售后咨询）的整个环节，具有全局性。这个层级的应用由于以用户为主线关联了所有与之相关的业务环节，并使各个环节之间在分析数据时不仅仅停留在分散的业务节点上，还将点连成线，从而提供了业务流的线条视角。

### 2. 在线数据整合的数据源

所有参与整合的在线数据都必须具有一定的关联性，否则无法形成整体数据。在线数据整合的最佳数据源包括营销数据、会员数据、运营数据和外部环境数据 4 类，如图 5-11 所示。

图 5-11　在线数据整合的最佳数据源

（1）营销数据。网站分析工具通过插码标记来识别不同的推广渠道，不同的渠道通过代码区分。渠道代码是营销数据关联的主键，需要整合的营销数据包括推广渠道分组、营销费用、营销媒介信息等。

（2）会员数据。大多数网站都有登录注册系统，用户发生登录或注册行为后，可以记录该用户的唯一识别标识（如用户 ID），通过该标识可以把会员或 CRM 数据上传到在线网站分析系统进行整合。

（3）运营数据。网站运营数据整合涉及众多的数据信息，主要包括以商品 ID 为主键的商品属性（品类、品牌、参数、尺寸、颜色等）；以订单 ID 为主键的订单信息（订单状态、订单来源、配送地域、配送用户信息、使用优惠券等）；以促销 ID 为主键的促销信息整合（促销活动 ID、时间、应用品类、限制金额、发放优惠券类型、促销费用等）；以站内资源位 ID 为主键的站内广告信息整合（资源位 ID、页面、位置、排期、对应内容、轮播次数）等。这些信息是网站端分析的重要拓展属性，从某种程度上来说，网站的所有业务元素只要存在对应关系，都可以进行数据整合。

（4）外部环境数据。外部环境数据整合通常是指通过一定的关联特征（如时间）将外部客观环境的数据整合到网站分析工具中的操作。这些外部数据一般是业务认定的对网站目标影响较大的因素，如外部搜索引擎收录的数据、天气数据等。

3. 在线数据整合的常用方法

在线数据整合的常用方法主要有 Excel 上传、账户整合设置、API 单独开发等几种。

几乎所有的付费网站分析工具都支持 Excel 上传功能，Excel 按照一定的格式进行数据整理后，可采取手动或自动的形式将之传输到固定服务器或后台界面。

下面以 Adobe Analytics 的 SAINT 功能上传商品类别信息为例，介绍使用 Excel 上传数据的基本步骤。

（1）建立分类字段。登录 Adobe Analytics 后台管理员管理界面，进入"转化分类"页面。在"选择分类类型"中选择"产品"（要扩展的字段），依次建立产品名称、产品品牌，以及一级、二级、三级分类，如图 5-12 所示。

图 5-12　建立商品的扩展字段

（2）下载数据模板。打开"管理员—SAINT"菜单，进入"SAINT 分类"页面。单击页面下的"下载模块"选项卡，出现"下载模板"页面，这时选择要导入数据的报表包和欲分类的数据集（步骤（1）中设置的转化变量），然后单击"下载"按钮，如图 5-13 所示。

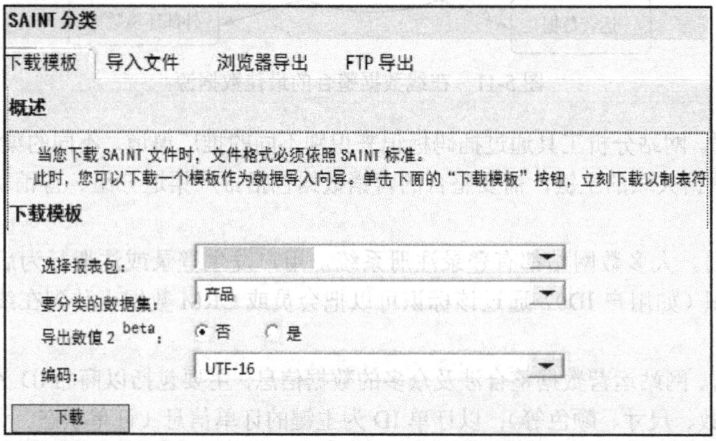

图 5-13　下载 SAINT 中的数据模板

（3）打开数据模板并按照模式整理好原始数据，如图 5-14 所示。数据模板提供了在步骤（1）中设置的字段，只需在 Key、产品名称、产品品牌、一级分类、二级分类、三级分类列中显示相应的字段即可。

SiteCatalystClassIfications.tab x

| A | B | C | D | E | F | G |
|---|---|---|---|---|---|---|
| ##SC | SiteCatalv:2.0 | | | | | |
| ##SC | ##SC'indicates a SiteCatalyst pre-process header. | | | | | |
| ##SC | D:2019-02 A:166022:51 | | | | | |
| Key | 产品名称 | 产品品牌 | 一级分类 | 二级分类 | 三级分类 | |

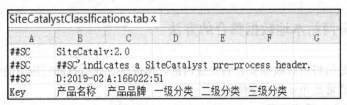

图 5-14　SAINT 数据模板

（4）上传数据。上传 Excel 数据通常有两种方式，即直接通过浏览器界面导入和通过 FTP 导入。通过浏览器导入非常简单，单击图 5-13 中的“导入文件”选项卡上传即可。Adobe Analytics 提供了通过 FTP 上传数据的功能。

① 建立 FTP 账户。单击“FTP 导入-新增”，在弹出的对话框中进行图 5-15 所示的设置。建好 FTP 地址后会显示 FTP 地址信息，包括主机、登录名和密码等。

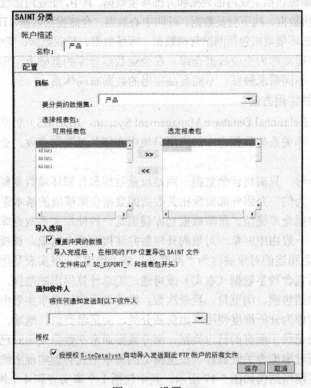

图 5-15　设置 FTP

② 创建与 SAINT 数据文件同名的扩展名为.fin 的空文件。

③ 使用工具或通过程序自动上传文件。将创建的 SAINT 数据文件（扩展名为.tab 的数据文件）和扩展名为.fin 的空文件上传到根目录下，图 5-16 所示为数据文件和触发文件。

| 名称 | 修改日期 | 类型 | 大小 |
|---|---|---|---|
| SiteCatalyst Classification.fin | 2019/2/6 11:18 | FIN文件 | 0KB |
| SiteCatalyst Classification.tab | 2019/2/6 12:38 | TAB文件 | 8KB |

图 5-16　数据文件和触发文件

至此，通过 Excel 上传数据便完成。这时，图 5-15 中指定的收件人邮箱会收到 Adobe 发送的 SAINT 数据处理信息，处理成功后的数据可在相应的报表字段中看到。

### 5.4.4 电子商务网站本地数据整合的方法

本地数据整合是指将所有数据整合到企业内部，形成供企业所有部门应用的企业数据仓库。因此，本地数据整合通常是企业级数据应用。

1. 本地数据整合的适用场景

本地数据整合与在线数据整合相比，是在原始业务节点、初始汇总数据流的基础上形成的全面业务数据流，也是企业数据整合的最终阶段。

企业级数据集成大多基于本地实现：一方面很多企业数据更有价值，且大量的数据产生于线下（诸如交易数据、付款数据等）；另一方面出于安全性考虑，数据在企业内部通常更安全。

2. 本地数据整合的数据源

本地数据整合的数据源包括企业内部数据和外部环境数据。其中，企业内部数据包括网站流量数据、网站运营数据、企业销售数据、线下会员数据、呼叫中心数据、仓储物流数据、IT日志、网站架构数据和企业财务数据等；外部环境数据包括网站营销数据、市场数据、行业数据、竞争对手数据等。

整合后的本地数据通常称为企业数据仓库。在企业数据仓库的基础上，形成针对企业不同层级决策、不同业务优化、不同需求触发、不同商品应用的数据布局体系。

3. 本地数据整合的常用方法

关系型数据仓库（Relational Database Management System，RDBMS）仍然是目前企业数据整合的主流数据结构形式，非关系型数据仓库的应用只集中在部分互联网企业，企业数量只占所有企业的一小部分。

企业进行数据整合时，只需将营销数据、网站流量数据和外部环境数据整合到企业本地即可。下面以关系型数据仓库为例，介绍外部流量相关数据的数据仓库模型的基本逻辑。

（1）典型的星型数据仓库模型。星型数据仓库模型是一种使用关系数据库实现多维分析空间的模式，也称星型模式，一般由中间单一对象向外辐射并连接到多个对象。该模型中间的单一对象是唯一的"事实表"，与之相连的对象被称为"维度表"或"维度"。事实表是用来记录发生了某些事实的数据表，表中通常包含数字数据（事实）或可通过汇总计算得出的数据，在用户使用时通常作为列即指标的部分，如销售额、浏览量、登录次数。维度表用来记录事实表中事实数据的描述性特征，在用户使用时通常作为分析维度使用，如商品分类、浏览器类型、地域、推广模块等。

星型模型的事实表记录了所有的日志数据，部分数据通常在数据采集时已经被处理成具有特定代表意义的数字，并通过维度表关联解释。星型模型的基本形式必须实现多维空间，以使用关系数据库的基本功能。星型模型结构如图5-17所示，其中包括1个事实表和4个维度表。

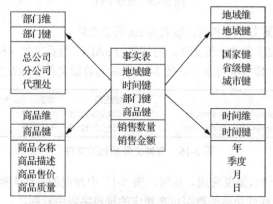

图5-17 某销售数据仓库中的星型模型结构

不同网站分析工具对原始日志的处理不同，因此所有事实表和维度表的字段也不尽相同。星型模型数据仓库的好处在于底层数据表结构一致且字段完整，在做 ETL 时方便程序设计，并能降低数据抽取时程序的复杂程度和出错的概率，是一种执行效率较高的数据结构模型。这种模型也有坏处，如果事实表的数据量过大，就会导致每次更新数据时压力集中并发，数据查询的响应及时性变差，同时，数据冗余过多会降低储存效率。

星型结构不用考虑很多正规化的因素，设计与实现也都比较简单。星型模型数据仓库适合网站流量较小的电子商务网站，或企业初期以简单数据提取和整合为主的需求；并且这种设计模型的数据提取相对简单，更加利于业务导向的数据仓库应用，即数据仓库搭建完成之后直接提供给业务方使用。

（2）雪花型数据仓库模型。当有一个或多个维度表没有直接连接到事实表上而是通过其他维度表连接到事实表上时，其图解就像多片雪花一样连接在一起，故称雪花型模型。雪花型模型是对星型模型的扩展，它是对星型模型维度表的进一步层次化，原有的各维度表都可能被扩展为小的事实表，形成一些局部的"层次"区域，这些被分解的表都连接到主维度表而不是事实表。如图 5-18 所示，将地域维度表分解为国家、省份、城市等维度表。雪花型模型的优点是：去除了数据冗余，最大限度地减少了数据存储量，并将典型星型数据仓库中唯一的事实表拆分成围绕访问和转化的事实数据表，改善了查询性能。星型模型因为数据冗余，所以很多统计查询不需要做外部的连接，一般情况下效率比雪花型模型要高。因此，在冗余可以接受的前提下，星型模型比雪花型模型使用得更多，也更有效率。

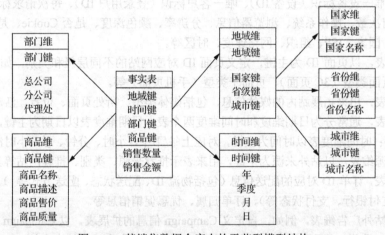

图 5-18　某销售数据仓库中的雪花型模型结构

（3）混合型数据仓库模型。混合型数据仓库模型是星型模型和雪花型模型的混合模式，大多数企业在业务复杂的背景下，其数据仓库都属于混合型。在混合型模型下，所有的用户行为都将被拆分，并按照行为属性归类到事实表和维度表。通常情况下，事实表分为引荐来源事实表、搜索事实表、普通点击事实表、购物车事实表、订单事实表、表单事实表、媒体事实表等；维度表分为访问维表、页面维表、媒体维表、时间维表、推荐来源维表、订单维表、自定义站外广告维表、自定义客户维表、自定义商品维表等。

不同事实表的数据组成如下。

① 引荐来源事实表，记录每一次请求的引荐来源，包括网站内部引荐（页面上下游路径）和外部引荐（直接进入来源渠道）；每次请求的请求和访问 ID、引荐次数、站外来源 ID、站内来源 ID 信息。

② 搜索事实表，记录用户搜索行为数据，包含搜索类别（站内搜索或站外搜索）、搜索引擎、搜索关键词、搜索次数、搜索结果数等。

③ 普通点击事实表，记录用户页面点击行为，诸如每一次查看页面的页面 ID、元素 ID、触发位置、引荐来源、次数、用户信息等。

④ 购物车事实表，记录购物车流程页面数据，包含购物车识别 ID、购物车内商品 ID、数量、购物动作（加入、删除、结算、提交订单）、总价格等。

⑤ 订单事实表，记录订单数据，包括订单 ID、优惠信息 ID、商品 ID、总价格等。

⑥ 表单事实表，记录表单数据，包括表单 ID、触发次数、表单字段、表单内容、返回代码、是否放弃等。

⑦ 媒体事实表，记录站内媒体事件数据，包含站内媒体 ID（如 Flash、视频等）、媒体动作类型（初始、开始、暂停、结束）、点击次数、时长、播放起始时间、音量、最大时长（总时长）、是否静音、屏幕信息等数据。

不同的自定义事件一般都归属到上述不同类别的事实表中。除此之外，如果有热力图功能，还会包括热力图事实数据，记录每次鼠标点击的请求 ID、访问 ID、访问次数、$x$ 坐标、$y$ 坐标等数据；如果自定义站内促销跟踪，则会包括站内促销事实表，用来记录每次资源位的点击数据，如促销活动 ID、活动类型、周期、起止时间、点击位置、点击次数等。

不同维度表的数据组成如下。

① 访问维表，记录每次访问用户的基本属性，包括唯一用户识别标识（UV ID）、访问识别标识（Visit ID）、唯一设备标识（设备 ID）、唯一客户标识（登录用户 ID）、每次请求标识（请求 ID）、新老访客、访问次数、操作系统、浏览器信息、分辨率、颜色深度、是否 Cookie、是否 Java、浏览器语言、城市、国家、ISP、组织、网络速度、时区等。

② 页面维表，以页面 ID 为主键，定义页面 ID 对应网站的不同层级和类别，如 A 商品的商品终端页对应了页面类型（3C 页面）、页面子类型（手机页面）等。

③ 媒体维表，用来拓展站内的媒体信息，包括媒体类型、所处页面、位置、活动、名称等。

④ 时间维表，通常分为日期维度和时间维度两个表，日期维度表以日期为主键，对应日、周、月、季度、年等；时间维度表以时间为主键，对应上午/下午、小时、分钟、秒、小时制（12/24）等。

⑤ 推荐来源维表，以站外来源为主键，用来表示推荐来源、类别、推荐网站等具体信息。

⑥ 订单维表，订单 ID 对应的配送信息（包括物流 ID、配送状态、配送方式等）、支付信息（包括支付平台、支付银行、支付状态等）、订单归属、优惠促销信息等。

⑦ 自定义站外广告维表，例如，自定义 Campaign 信息的扩展表，以 Campaign ID 为主键，可以定义 Campaign 分组、类型、位置、尺寸、推广方式、付费内容、促销卖点等。

⑧ 自定义客户维表，是以 Customer ID 为主键，记录登录后用户唯一识别信息（如用户 ID），该 ID 是与 CRM 关联信息的主键。

⑨ 自定义商品维表，是以商品 ID 为主键，扩展商品类别（一、二、三级）、品牌、名称，甚至可以包括颜色、尺码等自定义标签和属性。

混合型模型中的所有事实表和维度表都可以进行一定程度的再次拆分或合并，这种模型的优点是可以减少数据冗余从而提高存储利用率，但缺点在于数据间的关联较为复杂，后期维护以及用户访问难度较大。

通常，大型企业需要做完整的企业数据整合将企业所有环节完全打通；或者要基于流量数据做二次系统（如站内推荐系统、站内广告竞价等）开发时，需要如此细粒度的数据整合及应用。

# 5.5 电子商务网站营销数据挖掘分析

## 5.5.1　电子商务网站营销数据挖掘分析的常见类型

电子商务网站营销数据挖掘分析属于电子商务数据分析在辅助决策中的实践应用，按照触发情况和频率，其可分为临时分析、实时分析、日常分析、专题分析和项目分析等类型。

**1. 临时分析**

临时分析是为了满足营销的需要而临时增加的需求，包括数据提取、数据咨询、数据报告等。临时分析是数据分析日常工作中的一部分，其需求来源包括上级领导部门的临时需求、平等部门的临时需求和数据中心内部的临时需求。

**2. 实时分析**

实时分析是电子商务网站营销数据分析的重要内容，也是数据发挥作用的重要输出窗口。实时分析具有特定的作用范围和要求，常见于企业大型营销活动开展的过程，通过实时监测和反馈信息来辅助业务实时优化。

**3. 日常分析**

日常分析是针对一定周期的数据进行汇总和统计，以便获得关于整体和细分数据的趋势和变化。日常分析报表按频率和数据时间范围可分为小时报（如店庆、周年庆等）、日报、周报、季报、半年报和年报，其内容要求在常规化的前提下做出特色，着重关注整体趋势、重要事件、潜在因素等核心关注点。

**4. 专题分析**

专题分析的作用对象是营销中心或营销部门，围绕特定专题或进行专项数据挖掘分析，包括广告类专题分析、SEM 专题分析、SEO 专题分析、新媒体专题分析、商务合作专题分析、会员营销专题分析等。

**5. 项目分析**

项目分析通常是基于跨中心的主题需求或基于整体营销需求产生的专项数据分析，侧重于全局。项目分析根据服务对象可分为两部分：一是服务于高层领导的专项分析，如营销结构优化、营销费用预测、最优营销费用与收益等分析，目的是辅助企业决策层做出营销决策；二是服务于公司其他中心的专题分析，如运营分析、商品分析、订单分析、仓储库存分析、物流配送分析、客户服务分析等，目的是满足公司内部多部门的协作分析需求。

## 5.5.2　电子商务网站营销数据挖掘分析的常见场景

在企业电子商务网站营销应用实践中，数据发挥价值的场景主要可分为 3 类：营销前的媒体规划与效果预测、营销过程中的异常检测、营销后的结果总结与项目分析。这 3 类场景贯穿于每个营销活动的始末，使得数据分析工作与营销业务活动成为一个完整的、密不可分的有机整体。下面分别从这 3 类场景的服务对象、分析内容、注意问题或分析方法等方面进行介绍。

**1. 营销前的媒体规划与效果预测**

（1）营销前的媒体规划与效果预测的服务对象：通常是营销部门或中心负责人以及更高级别的领导层，它是典型的针对决策层的服务项目，适用于每个企业的营销体系。

（2）营销前的媒体规划效果预测的内容通常包括：①整体营销费用和成本规划，包括总费用、各细分媒介费用、单次管理成本（UV 成本、访问成本、每次转化成本等）；②整体和细分媒体目标与 PKI 度量，包括总预计收益/订单、各细分媒介收益/订单、转化率（目标转化率、订单转化率等）；③整体营销策略和各细分媒介策略，包括总营销任务、各细分媒介任务、媒介选择、媒介 排期、投放侧重点、广告诉求重点等。

（3）营销预测需注意以下问题。

① 营销预测需要基于特定目标展开。通常是以企业目标为出发点，分析品牌推广、流量获取、订单获取、转化需求等。例如，某企业下个季度目标 UV 为 600 万，现需要根据需求预测各媒介流量、费用，并制定媒介组合策略。

② 营销预测只对可控媒介有意义。可控媒介包含测试投放媒介、紧俏资源媒介等。测试投放媒介是企业为降低营销风险、营销投入与产出而进行的合作尝试，但这类媒介由于测试时间较短，通常很难具备严谨的数据事实；资源媒介虽然效果较好，但媒介资源是否可用是需要慎重考虑的问题。

③ 营销预测不能基于未发生的事实。由于营销预测只能基于已有的投放数据进行，因此很可能出现历史数据无法实现企业预期营销效果的情况。

2. 营销过程中的异常检测

异常检测是营销辅助决策的重要功能点，由于其具备实时跟踪、实时反馈、实时优化等特点，因此常被企业营销业务人员重点关注。

（1）异常检测的服务对象。通常是企业执行层，有时也汇报给营销领导层。当异常情况发生后，数据部门一般会协助业务部门一起研究并解决异常问题。

（2）异常检测的内容。核心内容是检测流量作弊问题，具体包括站外点击作弊和站内订单作弊两种情形。站外点击作弊即通过作弊的形式产生大量站外点击以赚取广告费或赢得合作信任的情况，最常见于 CPC 类合作广告；站内订单作弊即通过作弊的形式产生大量恶意订单以赚取佣金的情况，常见于 CPS 类返佣、返利合作渠道。

（3）异常检测的特征。初级作弊的特征是其流量来源过度集中，数据表现为地域异常集中、时间异常集中、页面过度集中、新老访问过度集中，与此同时，往往还伴随有跳出率、退出率、停留时间等指标也相对异常的表现（图 5-19 所示为流量异常情况）；高级作弊的上述访问数据往往表面看起来不具备异常特征，有些甚至还具有较好的二跳率，但通过宏观的、关联的视角进行分析能找到作弊点。

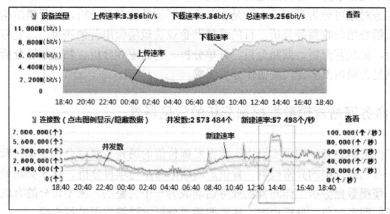

图 5-19　流量异常情况

（4）异常检测的方法。对于初级作弊行为，只需要查看特定媒介下的各个细分数据即可发现异常；对于高级作弊行为，常用页面热力图、页面路径、漏斗等方法检测作弊点。

① 页面热力图。大多数时候，广告投放都会追求过程转化效果，如注册转化、Call to action 转化、试用转化等，正常情况下，一般程序可以自动识别这些动作并完成转化事件。存在高级作弊行为时，作弊者可以制作循环点击程序，使得不管按钮放到哪个位置，程序都能捕捉并使页面点击热力图呈现异常特征。

② 页面间路径。页面间路径除了可以做导游分析、页面跳转分析、用户行为分析外，还可以做异常检测分析。在某种情况下，恶意流量可能沿着网站的某个或某些非主流路径转换，呈现异常特征。

③ 漏斗异常。按照正常数据，网站各个漏斗节点间的相对转化率（下一步相对而言于上一步的转化率）和绝对转化率（下一步相对于起始步骤的转化率）较为稳定，如果在某个环节转化率突然升高或下降，则很可能是异常数据。此时，可通过异常漏斗节点结合渠道来源进行排查。

（5）异常检测的业务实施。异常检测是实时分析的主要应用，可通过自动触发或手动触发进行业务提醒和优化。手动触发是在建立自定义预警条件（如通过邮件及短信进行预警）后，触发预警时自动提醒，但这种应用只针对已知且简单逻辑下的预警判断，如针对整体或细分下某个指标进行预警；手动触发是对自动触发信息的补充，用于检测计算机无法识别的预警情况，尤其适合排除路径类、关联访问类的信息。

3. 营销后的结果总结与项目分析

（1）营销总结分析的服务对象。营销总结分析发生在每次营销活动之后，服务于领导层和执行层。针对领导层的汇报，一般侧重于整体成本和收益、目标完成度、部门间沟通和协作问题；针对执行层的总结，则侧重于各细分模块投放效果、优化和改进分析。

（2）营销总结分析的内容。用于总结营销活动的优劣得失，主要包括整体及细分目标完成情况、存在问题及改进空间、新增投放效果评估、模块间协作等。营销总结分析通常需回答以下问题：

① 营销活动的整体及各媒介效果如何？是否达到目标？

② 影响各媒介效果发挥的主要因素有哪些？

③ 哪些渠道存在优化空间？优化因素是什么？

④ 渠道和媒介间的流程协作是否通畅？存在哪些整合问题？

⑤ 各媒介除了完成活动目标之外，还有哪些新、奇、特的优势和特征可以应用？

⑥ 新增投放渠道特征和用户画像是什么样的？

（3）营销总结分析的建议如下。

① 以全局的、联系的、发展的角度看待营销，牢记流量质量的评估不仅是重点也是难点。

② 对于数据分析从业者，在实际应用中既可以采用对比分析等评估流量的实用方法了解相关质量问题，也可以通过建立复合指标评估体系、采用 A/B 测试（双变量测试）方法找到最佳方案或发现影响渠道质量的关键因素。

### 5.5.3 电子商务网站营销数据挖掘分析的常用维度

维度是度量的环境，通常用来反映业务的一类属性，这类属性的集合就构成一个维度，也可以称为实体对象。维度属于一个数据域，如地理维度（包括国家、地区、省以及城市等级别的内容）、时间维度（其中包括年、季、月、周、日等级别的内容）。电子商务网站营销数据挖掘分析的常用维度主要包括目标端、媒体端、用户端、网站端和竞争端几种。

1. 目标端

目标是指营销所要实现的目的，目标分析既是营销分析的起点，也是评价营销活动是否成功的唯一标志。常见的营销目标包括品牌推广、活动促销、流量引入、完成转化（如订单转化、试用转化、预订转化等）4 类。每次营销活动都存在一个或多个目标，大多数情况下会以一个目标为主，其他目标为辅。例如，某企业做一次营销活动，核心目标是品牌宣传，辅助目标是流量引入和活动促销。

此外，在通常情况下，不同的投放渠道也会有不同的子目标。例如，广告类渠道侧重于品牌推广、活动促销和流量引入，会员类渠道则侧重于会员回访和订单完成等。

### 2. 媒体端

媒体端是指营销活动投放的媒体，分析要素包括媒体渠道、媒体位置、媒体排期与特质、媒体预算、营销对象、投放素材、投放链接和跳转、特殊分析要素等。

（1）媒体渠道。媒体渠道是指投放的媒介，部分特殊媒介需要进一步细分，以便分析哪些投放渠道存在问题。例如，返利网实际上是一个媒介渠道，其可进一步细分到更细的投放载体，即旗下的网站级别。

（2）媒体位置。媒体位置即投放网站页面上的广告位置，不同位置的广告效果不同。一般来说，首屏的广告效果要好于其他屏，底部广告会好于中间位置，左侧的广告好于右侧。此外，广告效果还会受用户成分、广告内容、位置**接触成本**等因素的影响。

> 【知识卡片】接触成本：用户为了看到广告需要付出的成本，受移动鼠标、滚动页面、查找时间、耐心等因素影响。位置对于广告效果的影响可总结为，当位置产生的接触成本较低时，影响较小，当位置产生的接触成本较高时，影响较大。

（3）媒体排期。媒体排期是指站外广告宣传的起止时间因素，其对广告投放效果的影响也会呈现出一定的规律性。一般来说，很多媒体广告短期的测试效果往往不稳定，需要通过较长时间的投放积累来培养用户的认知习惯。从时间上来看，正常上班时间投放广告往往比节假日投放广告效果好，工作日投放广告比休息日投放广告效果好，一天内的两个 10 点（早 10 点和晚 10 点）、下午 3 点的投放效果好于其他时间点。因此，可以分析时间因素分析对广告效果。

（4）媒体特质。每一类媒体都有其特质，如豆瓣网的慢文化、人人网的学生气、微博的陌生关系和媒体属性、微信的熟人网络等，这些媒体因特质而聚集人气，具备不同特质的人群往往也具有不同的价值观念和行为趋向，从而影响媒体与广告主的用户重合度、需求匹配度、信息表达与接收、行为表现等。

（5）媒体预算。媒体预算对广告效果的直接影响是，预算多则曝光时间长、流量大，因此产生的转化较多。在业务实践中，预算问题可能是由财务付款、业务沟通等因素导致的，在进行数据分析时，可能会发现存在异常数据。例如，当对广告按照时间进行趋势分析时，若发现某时段流量突然降低，那很可能是预算限制导致的。

（6）营销对象。营销对象主要是指广告宣传的对象，如品牌推荐、活动促销、单品爆款等。营销对象是影响广告效果的核心要素之一，主要表现为符合用户需求的营销对象可以与用户产生共鸣，从而产生好的营销效果。共鸣点一般包括优质且低价的商品；免费领取的红包、优惠券、电影票、餐券等；行业龙头企业的促销商品，如 iPhone 手机、联想小 Y 笔记本系列等。一个契合用户需求与企业营销目标的对象，是成功营销的基础；但如果营销对象不被用户认可，则很难产生良好的营销效果。

（7）投放素材。投放素材主要是指站外广告投放时的广告素材，其中，素材设计是吸引用户关注和点击的重要环节。素材对广告效果的影响主要有广告创意、素材大小、标语口号、价格和内容等因素。例如，与众不同的创意往往更能获得用户的关注，大型图片或素材更容易被用户发现，好的广告促销语可以让用户产生驱动效应，而清晰、关注度高的广告内容和图片则更能获得用户的认可等。

（8）投放链接和跳转。投放链接是指用户点击广告后的链接页面，用户点击广告之后一般可以直接到达着陆页，但有时也会发生跳转。

链接和跳转会影响以下几个方面：①跳转前的页面数据指标异常，表现为跳出率低、停留时间短、退出率低等；②跳转页面和之前的页面路径过度集中，页面访问关联性强；③跳转之后的页面丢失渠道跟踪标记，且无法还原进入渠道信息。

跳转产生的原因通常包括以下几个方面：①网站通过特定技术监测重复和异常订单；②业务方为了提高审核效率而率先给媒体提交了测试页面，真正的着陆链接尚未确定；③营销活动进入另一阶段而重复提交广告链接更换需求，导致无法及时跟进排期。

识别跳转链接是进行数据排查和异常监测的重要步骤，同时也是理解业务工作的必然途径。

（9）特殊分析要素。除了上述分析维度以外，还有一些渠道的特殊分析维度，如广告类渠道、CPS 渠道、新媒体渠道等。其中，新媒体渠道包含微信、微博等，其转发路径、粉丝质量、帖子内容等，都会影响其投放效果。

3. 用户端

用户端的分析维度包含用户属性和用户行为两个方面。

（1）用户属性。用户属性是指用户本身的特征和要素，包括性别、年龄、收入、地理位置、设备、新老特征等人口社会属性数据。其中，真实的性别、年龄和收入数据可主要通过企业本身的 CRM 系统获得；地理位置属性数据可基于真实用户 ID 匹配的真实地理位置获取，也可借助网站分析工具获取基于 IP 地址匹配的地理位置数据，但后者可信度较低；设备属性主要作用于用户的操作环境，包括设备浏览器、操作系统、设备类型、设备名称等，相关数据对于网站设计具有重要的参考意义；网站分析工具可提供基于用户访问次数的新老访问、客户留存、访问活跃度等数据，这些是评估用户活跃度的重要维度。

（2）用户行为。用户站内行为包括普通页面访问行为、搜索行为、转化行为、电子商务行为 4 类。其中，页面访问行为包括页面查看、点击等基本行为；搜索行为是用户喜好和需求的重要表现；转化行为是订单、下载、接受服务等网站自身定义的转化目标；电子商务行为是与付款相关的核心转化。用户行为数据挖掘是电子商务网站营销数据分析的重点，也是所有基于网站分析工具提供价值的联系纽带。

4. 网站端

网站端的分析维度主要包括着陆页设计、关键表单设计和站内流程设计 3 部分。

（1）着陆页设计。着陆页设计是影响站外营销到达站内的第一要素，也是站内漏斗的第一环节。着陆页设计的好坏，会直接决定用户在着陆页是马上跳出、浏览后跳出、浏览其他页面还是浏览目标页面。因此，仅仅使用跳出率、二跳率（即从着陆页开始到第 2 个页面的相对转化率）等指标很难评估商业目标的完成程度，还需要从更多维度分析。例如，从着陆页到上一步（通常是站外点击链接）的相对转化率可用来评估到达率，而到达率是站外流量入站效果的重要指标。着陆页的跳出无法准确评估页面的停留时间，可通过页面点击热力图、页面浏览百分比、下一步访问路径、页面重复刷新率、特殊事件检测、页面加载时间等方法来分析用户在页面上的行为。着陆页具有较强的目标性和一定的导流意义，因此，分析从着陆页到其他页面的分流效果也是重要环节。除了定量分析外，定性分析也是必不可少的分析角度，可借助信息匹配度、页面设计体验、页面引流等感性因素辅助分析。

（2）关键表单设计。关键表单设计是影响营销效果的节点因素，包括注册表单、登录表单、试用表单、预订表单、购物车表单等，关键表单设计会影响营销及整站转化率。关键表单设计对营销效果的评估主要体现在两个方面。

① 表单是否对营销效果产生影响。由于不同媒体的用户具有不同的偏好，对于填写复杂的电子商务表单，有些用户得心应手，有些用户却望而生畏，因此，进行表单分析的第一步是判断站内表单是否对营销转化产生影响。

② 表单对营销效果的影响是否显著。判断方法是通过对比营销表单数据与非营销表单数据及全站表单数据，来判断这种影响是否显著。如果发现营销渠道从表单到下一步的转化效果要显著差于非营销渠道，那么说明不是表单本身的问题，而可能是营销渠道用户属性的问题。

（3）站内流程设计。站内流程设计对营销效果的影响是潜在的，原因是大多数相同类型的网站流程都是相似的。如果说表单设计是"点"的影响，流程设计就是"线"的影响。营销数据分析中流程设计的分析维度主要有：①站内流程共分几种路径，每种路径对于营销的转化影响如何；②营销渠道在站内流程的哪个环节存在问题？问题点有哪些？该问题点与网站其他群体相同或类似还是不同？诸如此类。

此外，网站自身知名度、市场占有率、品牌美誉度及口碑等因素，也会影响用户的消费和转化信心。

### 5. 竞争端

竞争对手的营销投入是影响企业本身营销效果的重要因素，主要体现在广告影响、活动冲突等方面。

（1）广告影响。当竞争对手与企业在相同媒介投放广告时，品牌认知度的差异会导致用户点击趋向的差异，尤其是当两个广告投放的内容类似时，会造成用户选择的冲突。例如，当某个媒介同时投放知名企业 A 和不知名企业 B 的广告时，用户会更倾向于点击 A 的广告。

（2）活动冲突。当竞争对手与企业存在相同或相似的营销活动时，用户会被分流而产生两个不利结果：一是用户提前被竞争对手透支了能力，企业的营销活动效果大打折扣；二是被竞争对手占得先机，长此以往用户会产生一种趋向，认为对手有更多优惠和促销活动，从而产生品牌偏好，这是对企业长远发展的不利因素。

当然，广告冲突、活动冲突有时也可能会存在一种"共赢"效果。当社会整体对某个事物或活动尚未形成大规模的认知时，大量企业一起协作并集中推出活动会形成一种人为的促销节日气氛，此时未产生购买意愿的用户可能会被激发出购物欲望，从而使参与企业都得到不同程度的收益。例如，"双十一"网购狂欢节源于淘宝商城（天猫）2009 年 11 月 11 日举办的促销活动，近年来每年的"双十一"已成为中国电子商务行业的年度盛事，大多数参与企业都能从中获利。

## 5.5.4　网站商品销售数据挖掘分析与诊断

单品运营或爆款运营是电子商务网站关注的重要环节，针对商品的销售诊断同样必不可少。下面将围绕网站商品销售诊断展开分析。

### 1. 业务需求

某网站业务部门提出针对 A、B、C 单品销售策略实施效果进行分析，目的是找到商品 P 的销售短板，并给出弥补短板的提高策略。该运营部门的核心需求有两点：第一，运营的核心是提高销量；第二，找到关键短板并改善。

### 2. 数据准备

在分析商品之前，数据部门需要有以下几类数据。

（1）商品站外投放数据，包括商品投放的渠道、排期、素材卖点、着陆页等。

（2）商品站内资源位支持数据，包括站内资源位位置、排期。

（3）商品库存数据，包括每日的商品库存量。

（4）商品数据，包括商品属性、参数、价格、促销折扣等。

（5）用户数据，包括用户基本属性、行为、购买等数据。

（6）订单数据，包括订单商品、子订单、优惠券等数据。

（7）竞争对手数据，包括竞争对手商品促销、价格、库存、行为、售卖量等。

**3. 整体汇总**

相关数据准备就绪之后，就要进行数据汇总了，整体观测数据统计区间内的商品销售情况。从表 5-2 所示的数据来看，整体销售日均目标销量为 18 349 元，实际销量仅为 12 336 元，完成率为 67%，与 A、B、C 单品销售完成率对比，可以看出 P 单品的完成率处于偏低水平。

表 5-2　　　　　　　　　　　商品 P 日均销量与达成结果数据对比分析

| 维度 | 目标销量（元） | 实际销量（元） | 完成率（%） |
|---|---|---|---|
| 7 月汇总值 | 18 349 | 12 336 | 67 |

在分析完成率偏低的原因时，分析人员首先想到的是是否存在某天的完成率特别差而拉低了整个水平，因此，按日分析当月的目标销量和实际销量，结果发现商品 P 分解到每日的销售计划也都没有完成，其完成率在 41%~89% 范围内波动，这意味着不存在个案影响导致完成率偏低的情况。

既然不是个案影响，那么下面就要从引流（包括站外引流和站内引流）、转化漏斗和竞争对手 3 个维度进行分析了，以了解到底是哪些全局性因素导致了销售不理想的结果。

**4. 站外引流分析**

商品要想完成一定规模的售卖，必须有相当的流量支持。下面首先分析站外资源对该商品的引流支持。

从网站分析工具中的进入页面（着陆页）报表，运用**数据钻取**方法下钻站外来源渠道，可得到该商品页的站外接入流量来源，经过整理后的数据如表 5-3 所示。

> **【知识卡片】数据钻取**：在分析时改变维的层次和变换分析的粒度层层深入查看数据，包括向上钻取（Roll Up）和向下钻取（Drill Down）。在建立分析模型时，设定好钻取的维度和层次，在查看时通过鼠标点击某个数据点就会捕捉到某个页面。
>
> 向上钻取是在某一维度上将低层次的细节数据概括到高层次的汇总数据，或者减少维数，是一种自动生成汇总行的分析方法。向下钻取则从汇总数据深入细节数据进行观察或增加新维。例如，分析不同地区、城市的销售情况时，可以将某一个城市的销售额细分为各个年度的销售额，某一年度的销售额可以继续细分为各个季度的销售额。钻取功能使用户更深入了解数据，从而更容易发现问题，做出正确的决策。

表 5-3　　　　　　　　　　　站外引流日均数据汇总表

| 来源渠道 | UV | 站外渠道流量占比（%） | 整体流量占比（%） | 销量（元） | 站外渠道销量占比（%） | 整体销售占比（%） | 销售转化率（%） |
|---|---|---|---|---|---|---|---|
| 媒介 A | 87 942 | 45 | 21 | 2 571 | 47 | 21 | 2.92 |
| 媒介 B | 64 797 | 33 | 16 | 1 213 | 22 | 10 | 1.87 |
| 媒介 C | 28 472 | 14 | 7 | 1 594 | 29 | 13 | 5.60 |
| 媒介 D | 16 355 | 8 | 4 | 46 | 1 | 0 | 0.28 |
| 站外来源汇总 | 197 566 | 100 | 48 | 5 424 | 100 | 44 | 2.75 |
| 商品汇总 | 411 291 | — | 100 | 12 336 | — | 100 | 3.00 |

由表 5-3 的数据可知，站外推广资源带来的 UV 合计占比为 48%，但带来的销售量占比仅为 44%，主要问题在于转换率低。细分不同媒介的效果，可以发现两个异常值：一是媒介 C 的销售转化率高达 5.6%；二是媒介 D 的销售转化率低至 0.28%。

根据分析可知，媒介 C 属于 CPS 类渠道，即用户通过该渠道下单后可直接获得返还的佣金（返现），这类渠道的用户目标性强；而媒介 D 只有一个来源位置，进一步查阅网站相关数据发现，该位置进入商品 P 页面之后的跳出率高达 89%，新访客占比为 92%，页面停留时间仅为 6s。这些数据说明在跳出页的表现极差，渠道或页面可能存在某些问题。

网页显示该渠道的基本投放情况：投放时间是 8 月 1 日—8 月 7 日；投放渠道为某客户端广告平台；投放内容是以低价为主要卖点，广告素材内容如图 5-20 所示。

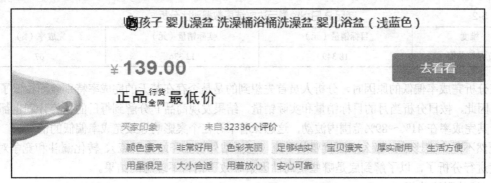

图 5-20　媒介 D 的客户端广告

单纯从该广告本身来看不存在明显问题，但点击测试并与业务部门沟通后，发现以下两个关键信息点。

（1）信息不一致问题。点击广告之后的商品页面如图 5-21 所示。

图 5-21　媒介 D 的客户端广告

从图 5-21 可以看出，站外广告标价 139 元，但商品页面标价 149 元，之前在站外看到的 139 元价格在商品页面变成了 Plus 会员专享价，价格不一致会让普通用户产生被文字游戏欺骗的感觉。经过与业务部门沟通得知，如果用户领取并应用满 100 元减 10 元的优惠券，那么最终成交价格确实是139 元。但是，这个信息没有明确告知消费者，从而导致信息传递有误差。因此，可以考虑在商品描述中加上一句"进入**页面领取 10 元优惠券，即可享受最低 139 元"，或通过其他方式告知用户如何享受最低价。

（2）新资源的效果沉淀问题。媒介 D 为新增资源，想达到稳定的投放效果，需要更多的测试和磨合，客观上也存在新用户比例较高但网站认可度较低的问题。

5. 站内引流分析

站内引流有两种处理方法：一是通过页面路径分析商品 P 页面导流的数量；二是监测订单转化情况分析导流的质量。

（1）通过页面路径分析商品 P 页面导流的数量。这种方法只能看到页面级别的导流数据，如果同一个页面存在多个资源位，则无法区分；另外，该方法只能分析基于流量的引流，即从 PV 的角度来分析不同页面或来源给商品 P 带来的 PV 量，其他角度无法分析。页面导游数据可从网站分析工具的流量路径报表中获得，本书在此不作介绍。

（2）监测订单转化情况分析导流的质量。通过自定义监测代码，获得具体商品的位置信息；再通过自定义跟踪参数，可将站内运营资源位作为内部推广渠道进行跟踪。以下是某工具对站内广告位的跟踪。

www.example.com?intad=sy-C-1-1-1-app

其中，sy-C-1-1-1-app 参数表示表示站内资源位的页面、资源位 ID、品类特征、活动特征等。整理内部参数数据，可得到表 5-4 所示的结果。

表 5-4　　　　　　　　　　站内资源位引流日均数据

| 来源渠道 | UV（个） | 站内资源流量占比（%） | 整体占比（%） | 销量（元） | 站内资源销量占比（%） | 整体销售占比（%） | 销售转化率（%） |
|---|---|---|---|---|---|---|---|
| 首页位置 1 | 127 942 | 60 | 31 | 3 542 | 53 | 29 | 2.77 |
| 首页位置 2 | 53 441 | 25 | 13 | 1 466 | 22 | 12 | 2.74 |
| 超市页 1 | 32 342 | 15 | 8 | 1 651 | 25 | 13 | 5.11 |
| 站内引流汇总 | 213 725 | 100 | 52 | 5 659 | 100 | 54 | 3.12 |
| 商品汇总 | 411 291 | — | 100 | 12 336 | — | 100 | 3.00 |

从站内引流数据分布来看，整体转化率差异较小：商品 P 所在的超市页 1 由于人群更加精准所以转化率较高，首页位置 1 虽然流量较大，但转化率一般。站内引流暂时没有明显短板。

从目标实现的具体情况来看，在保持转化率不变的前提下，要达成目标需要提高流量规模。测算流量规模一般有两种方法。

第一种方法是较为基本的均值算法。要实现日均 18 349 元的销量，按照目前 3% 的转化率测算，需要 UV 日均达到 611 633 个。计算公式如下。

目标 UV = 18 349/0.03 = 611 633。

第二种方法是通过模型拟合出 UV 与销量的关系，进而计算出目标 UV。下面以 Excel 2013 为例介绍这种方法。

① 打开附件原始数据中的"商品销售诊断"，选中其中的实际销量（件）和实际 UV（个）两列，如图 5-22 所示。

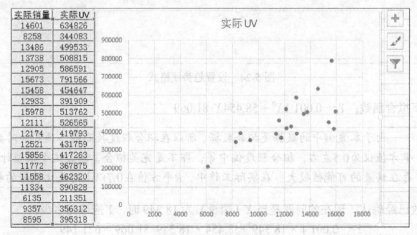

图 5-22　数据散点图

② 选择"插入"→"散点图"，得到图 5-22 所示的图形。通过散点图可以发现实际销量和 UV 大体呈线性关系或指数型分布。

③ 单击图中的"添加"按钮"　"，在"图表元素"中选择"趋势线"→"线性"，效果如图 5-23 所示。

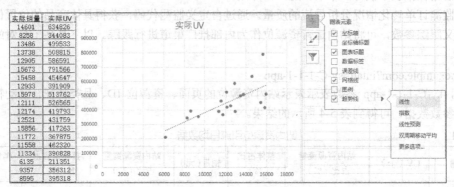

图 5-23　拟合趋势图

④ 选中趋势线，右击选择"设置趋势线格式"，在弹出的设置窗口中选择"显示公式"和"显示 $R$ 平方值"。为了验证线性拟合是否是最佳拟合，可以选择其他趋势线，观察其中 $R$ 平方值的变化。从 $R$ 平方值可以看出，当拟合函数为多项式或对数时，拟合程度较高（$R$ 平方值较高），这里选择二次多项式（多项式顺序设置为2），效果如图 5-24 所示。

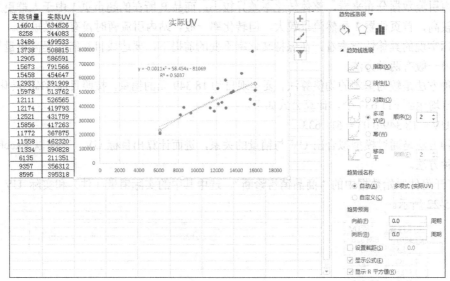

图 5-24　设置趋势线格式

得到以下拟合函数：$Y = -0.0011X^2 + 58.454X - 81069$

　由于本案例中的数据是拟合数据，所以在拟合程度较高的二项式和对数模型中，$R$ 平方值仅为0.5左右，拟合程度偏中等，即不是完美拟合，通过这个模型计算出的结果存在误差的可能性较大。在实际工作中，$R$ 平方值在0.7以上时是比较好的拟合结果。

拟合函数已经确认，现在的问题是当 $X$（销量）为 18 349 时，$Y$ 应该是多少。

$$Y = -0.0011 \times 18349^2 + 58.454 \times 18349 - 81069 = 621149$$

与使用均值计算方法相比，该值更加准确，因此可得缺口流量为：

$$缺口流量 = 621\ 149-411\ 291 = 209\ 858$$

由此得出结论：在保持转化率不变的情况下，要想实现目标，日均 UV 额外需要 209 858 个才能实现。这些额外流量既可以通过增加站外投放渠道获得，也可以通过增加站内推荐资源位实现。

6. 转化漏斗分析

上述结论是从提高流量的角度达成目标的，还可以通过提高转化率的方法达成目标。提高站内转化效果的一种方法是找到目前转化漏斗中的关键节点，通过弥补短板来提高商品销量。通过网站分析工具，可以将到达商品页的用户数、加入购物车用户数、结算用户数以及最终提交订单的用户数提取出来，形成转化漏斗。站内商品转化漏斗数据如表 5-5 所示。

表 5-5　　　　　　　　　　　　　站内商品转化漏斗数据

| 全部流量（%） | 商品页浏览转化率（%） | 加入购物车转化率（%） | 结算转化率（%） | 销售转化率（%） |
| --- | --- | --- | --- | --- |
| 100 | 24 | 8 | 5 | 3 |

表 5-5 中的数据显示，用户到达商品页的转化率为 24%，但到达购物车的转化率仅为 8%，相对转化率（加入购物车转化率/商品页浏览转化率）仅为 33.3%，大部分用户在这个环节流失；而其他环节的相对转化率均超过了 60%。因此，现在的关键问题是如何提高用户看过商品 P 之后加入购物车的目标转化率。

通常可以考虑从以下几个维度提高加入购物车转化率。

（1）库存检查。通过库存数据分析是否存在库存不足导致无法下单的情况，这个问题对于新品和爆款商品尤为重要。值得注意的是，很多时候即使库存充足，也会出现无库存而导致无法下单的情况。例如，在仓储管理中都会根据流转模式将库区划分为卸货区、库存区、退货区、滞销区、畅销区等，商品正常进入仓库之后可能并未直接进入库存区，而是首先放到卸货区暂存；当订单产生后，仓储人员在分拣过程中无法在库存区找到该商品（因为商品在卸货区，而不是库存区）。这种情况在企业举办大型促销活动，仓储进出压力大时出现的可能性很大。

（2）促销策略。例如，"满减""满返"、搭配销售、组合套装等，都是常用的促销方式。

（3）商品价格。例如，比竞争对手低的商品价格更容易吸引用户下单。

（4）良好的用户评论信息。例如，较多的正面信息往往更容易获得用户的信赖。

（5）通过分析商品页的用户点击热力图发现用户关注的信息。例如，通过热力图可能会发现用户对于商品评价、快捷支付、包装配送的点击率或点击热度较高，此时，可以有针对性地在站内外广告宣传时，发掘该商品在这些方面的优势并对用户曝光。

（6）通过提高用户的精准度来提高转化率。例如，通过关联模型推算出购买了其他商品还会购买商品 P 的规则，然后将购买了其他商品但没有购买商品 P 的用户提取出来，向他们精准推送广告，如 EDM、短信等。

（7）通过数据找出已经将商品加入购物车但未完成购买的登录用户，并重点关注他们以提高转化率。例如，通过邮件或短信等提示其继续完成购买流程；配合限时抢购、优惠券使用期限等促销刺激方式挽回用户。

（8）在商品 P 页面加入 Re marketing 跟踪标记，定向推荐以提高转化率。例如，根据跟踪标记锁定浏览过商品 P 页面但未完成购买的用户，当在站外做定向广告推送时，有针对性地向其推荐商品 P。

上述前 4 种策略属于感性分析，即依靠业务经验和数据经验得到的结论；数据分析师应侧重于对数据的归纳、推理和演绎，用更精准的方法提高加入购物车的目标转化率。

7. 竞争对手分析

通过上述步骤分析完自身数据之后，接下来需要分析竞争对手，核心维度是商品、价格、渠道、促销等方面的数据。

（1）商品数据分析。关注竞争对手推销的与本网站类似或相同的商品有哪些，自身具有哪些优势和不足。

（2）价格数据分析。如果竞争对手推销的是与本网站相同的商品，其价格差异度如何，考虑是否更低的价格更容易被用户认可。

（3）渠道数据分析。竞争对手在站内外的哪些资源和渠道进行了推广，其推广力度和效果如何。

（4）促销数据分析。系统地分析竞争对手采用了哪些促销策略，这些策略是否对本网站产生了严重威胁等。

### 8. 沟通落地

经过以上分析，基本可以得出以下结论：就目前流量来看，站外渠道（媒介 D）仍有优化空间。要实现预期销售目标，可以从以下两个方面入手。

（1）提高商品页流量，预期日均 UV 额外需要 209 858 才能实现。

（2）提高转化率，重点优化商品页到加入购物车的转化率，同时通过人群精准定位、选择、推送和找回等策略提高转化效果。

在实际实施过程中，以上两方面通常需要同时沟通并推进落实，以提高目标实现的可能性。

## 5.5.5 网站营销数据挖掘分析报告的撰写

网站营销数据分析得到结论后，需要及时撰写分析报告，以辅助决策。不同类型营销数据分析报告的撰写要求也不同。下面着重介绍专题分析报告和日常分析报告撰写中的关键问题。

### 1. 专题分析报告的结构

专题分析报告要求围绕某特定领域展开小而精的深入研究，其标准格式通常包括以下几个部分。

（1）封皮和封底。一般每个企业都会有自己的封皮和封底模板。

（2）摘要。摘要是对报告中内容的概述，只需阅读摘要而无须阅读整个报告便可直接了解报告的核心内容（事实上大多数领导都只看摘要）。

（3）目录。如果报告内容较多，则需要通过目录告诉阅读者报告包括哪些内容，并且可以快速地找到其重点关注的内容在第几页。

（4）说明。关于报告中数据时间、数据粒度、数据维度、数据定义、数据计算方法和相关模型等内容的特殊说明，目的是增强报告的可理解性。

（5）正文。正文是报告的核心，通常使用总→分→总的思路撰写报告的正文内容。专题分析报告除了陈列数据外，一定要有数据结论；而对于数据结论的挖掘，可根据阅读者的需求自行安排并酌情添加。

（6）附录。如果报告存在外部数据引用、原始数据、数据模型解释等，建议作为附录放在报告最后。

### 2. 专题分析报告输出的建议

专题分析报告的输出即可视化，以便于用户阅读、理解和应用为原则。下面给出能大大提高报告输出价值的建议。

（1）完善报告结构。完整的报告结构代表了完整和严谨的数据分析工作习惯，能在一定程度上增强报告的可信度。

（2）完善信息提示。除报告正文外，报告导航、页码、备注、角标等都是重要的信息输出源。

（3）合理使用模板。通过模板或母版统一全局配置是个好习惯，包括版面布局、文字和图片区域配比、字体、字号、颜色等，但一般不要使用 Office 默认模板。

（4）善于留白。为了突出报告主体并产生良好的阅读视觉，每一页报告都需要适度留白。

（5）适度使用立体图形。过多使用立体图形会分散注意力，同时可能会造成页面视觉混乱的后果。

（6）采用深入浅出的数据模型或方法。常用的是便于业务理解的决策树、线性回归、相关分析、聚类分析等模型，神经网络、主成分分析、SVM 等挖掘算法结果需要优化输出。

（7）提供言简意赅的数据结论或解释。直接使用业务场景中的常用词汇进行解释，会更有利于业务理解，举例子、打比方等都是非常实用的方法。

（8）选择合适的报告形式。图形较多时 PPT 更合适；数字较多时 Excel 比较好；流程较多时 Visio 更方便；文字较多时 Word 和 PDF 更恰当；设计流程原型时，Axure RP（一个专业的快速原型设计工具）也可以考虑；表达发散思维用 Mindmananer（一款创造、管理和交流思想的通用标准的绘图软件）等思维导图表达会更简洁、清晰。在通常情况下，除了纯说明性报告外，不建议数据分析报告中出现大篇幅文字，原因是文字过多不便于阅读和理解，尤其是汇报给领导层时，"图形+关键文字说明"通常是较好的表达方式。

（9）明确结论产生的条件和时效。每个专题分析报告的结论都有产生的客观条件，当客观条件发生变化时，结论就不一定适合了，因此，专题分析报告应明确结论产生的条件，并应根据已有数据周期及业务场景的变化及时更新相关内容。

3. 日常分析报告的核心关注点

日常分析报告的作用是数据汇总和趋势把控，进而得出下一步的行动方向。日常报告内容通常采用相同的输出框架和模板，呈现出程式化、常规化和周期性的特点，因此不建议在日常报告中加入大篇幅的分析。

日常分析报告的内容需要在常规化的前提下做出特色，建议做好以下 3 个方面。

（1）关注整体趋势。周期性报告一定要有关于整体趋势的定论，对比、环比、定基比都是比较好的趋势观察方法，关于整体趋势的变化结论，除了要描述涨落以外，还需要确定有无涨落异常的情况。另外，确定标杆值也是描述日常数据的重要途径和参照点。

（2）关注重要事件。报告周期内的重要事件是汇报对象普遍关注的模块，因此有必要简要分析重要事件的数据及其对整体的影响。

（3）关注潜在因素。除了整体数据外，数据分析师还一定要能通过数据发现报告周期内的潜在因素，该因素可能是与整体趋势相近或相反，但对整体产生重要影响的业务节点。

4. 撰写其他分析报告应注意的问题

（1）项目分析报告与专题分析报告既密切相关又相互区别。项目分析在某种程度上可以看作更偏全局性的一类专题分析，两者都是针对特定主题的深入研究，且都是通过数据分析和数据挖掘发现潜在价值的辅助决策形式。但是，项目分析报告服务于公司领导层或平行中心，专题分析服务于营销体系内部，两者的服务对象和作用范围都不同；项目分析涉及面广，处理周期通常以月为单位，专题分析由于处于同一中心内部，沟通和协作更为方便，花费时间通常以周为单位，所以两者时间花费也不同。因此，项目分析报告需要花费更长的时间且应注意报告内容在服务对象与作用范围方面与专题报告的区别。

（2）实时分析报告侧重于实时数据统计和异常数据监测。实时数据统计是基础的数据输出功能，根据时间跨度可输出一定时间内的数据；异常数据监测是实时数据分析的核心，其价值在于可以从实时数据中提炼异常情况，并提请相关业务人员注意。实时分析报告中应说明异常数据监测中常用的异常流量、异常订单监测、异常页面访问等情况，以及实时分析发挥作用的落地渠道。

（3）临时分析报告要注意正确处理各类临时需求。对待临时需求，在处理原则上既要兼顾其紧迫性和重要性，以保证日常工作正常开展，又不可把过多的时间花费在临时需求处理上；在处理方法上，对于临时需求中的一些规律性工作可将其合并到日常工作中，对于必须处理的工作可根据其时间要求与工作量安排输出周期，而对于没有必要处理的临时需求要坚决驳回。

# 5.6 应用实例：恶意流量分析

## 1. 专题背景

某企业与 A 媒介合作采买流量，合作周期结束后发现 A 媒介虽然拥有较高的流量与较低的流量成本，但其在线订单转化效果较差。因此，该企业营销部门决定针对 A 媒介进行深入分析，以确定 A 媒介是否存在恶意流量问题。

【解析】专题背景中 A 媒介有 3 个特点：流量数量高、流量成本低、订单转化效果差。由此可见，A 媒介是营销的重要关注点。专题分析通常针对此类对全局有重要影响的业务展开。

## 2. 前期沟通

数据部门接到需求后提出了以下几个问题。

（1）A 媒体的在线转化效果具体数据如何？为什么认为效果不好？

（2）A 媒介的投放起止时间及业务效果评估时间分别是什么时候？

（3）A 媒介的投放标记（跟踪代码）是什么？

（4）A 媒介的站外投放网站、素材、着陆页分别是什么？投放活动共有几次？有几种投放形式？

【解析】问题（1）是了解业务判断效果"好坏"的标准；问题（2）是通过时间判断业务的数据评估时间是否合理；问题（3）和问题（4）的目的是了解业务具体实施规则，为后期数据工作做准备。

通过与业务部门的多次沟通，发现结果如下。

问题（1），A 媒体的在线订单转化率为 0.4%，正常情况下，A 媒介的转化率为 0.8%。

问题（2），A 媒介的投放时间是整个 5 月份，效果评估时间是 6 月 10 日。

问题（3）和问题（4），是针对 A 媒介的实施规则，在此略过。

【解析】经沟通发现，A 媒介统计周期内的转化率与正常相比差异大（一倍的差距），且数据评估时间可以较为科学地反映数据事实。注意：通常情况下，不同转化目标的转化周期不同，如注册等动作类转化周期较短，通常发生在单次访问过程中；订单转化类转化周期稍长，根据商品属性存在明显差异化的转化周期，一般情况下，客单价越高转化周期越长。在此案例中，项目背景发生在针对快消商品的大型促销活动中，因此 10 天的周期已经可以说明数据的稳定性了。

## 3. 数据准备

通过业务提供的针对问题（3）、（4）的反馈，从网站分析系统开始调取数据并进行数据准备工作。准备数据时发现了以下几种异常情况。

（1）5 月 1 日的转化率仅为 0.01%，远远低于日常平均水平。

（2）在广告数据准备过程中，数据部门发现了其他符合业务标志特征的数据，而这些数据不在业务提供的检测和统计范畴。

【解析】经沟通发现，转化率仅为 0.01% 是由于统计周期开始时进行了大量测试；第 2 个问题中的数据确实应该归属到本次统计周期之内的，业务方由于广告投放素材过多导致了统计数据遗漏。

对于此类问题，处理方法如下。

（1）直接将 5 月 1 日的数据排除，以避免对整体数据的影响。

（2）将数据直接归纳到整体数据中重新评估。

【解析】在大多数情况下，数据前期准备时需要排除数据异常值、默认值等情况，常见原因是业务操作过程中存在测试错误、人工误操作、遗漏数据、标记错误甚至未标记等问题。

4. 初步分析

在数据准备过程中发现了数据处理问题，这些问题是否会影响业务最终对结果的判断？如果剔除异常数据并重新统计遗漏数据，是否仍然与业务方最初的判断一致？

针对这一问题，数据部门重新评估了数据结果，结果发现整体转化率为 0.5%，虽然较之前的评估结果有所提高，但仍然与理想水平有所差异。

【解析】如果重新评估之后发现转化率已经达到 0.7% 甚至更高的水平，那么该专题需求已经结束——业务方的结论假设不成立，因此没有论证分析的必要。注意：结论评估是数据工作开展的基本前提，如果缺少该步骤，则很可能导致在报告完成之后才发现结论是错的，使本次数据分析工作失去意义。

5. 深入分析

（1）找到对全局有影响的细分要素。

媒介 A 标记的细分要素如表 5-6 所示。

表 5-6 　　　　　　　　　　　　　　媒介 A 细分的标记数据

| 跟踪代码 | 查看页面数 | 访问量 | 访问量占比（%） | 转化率（%） |
| --- | --- | --- | --- | --- |
| 标记 1 | 283 984 | 66 223 | 17 | 0.97 |
| 标记 2 | 230 610 | 203 266 | 51 | 0.29 |
| 标记 3 | 228 028 | 100 276 | 25 | 0.80 |
| 其他标记 | 75 890 | 29 032 | 7 | 0.27 |
| 汇总 | 818 512 | 398 797 | 100 | 0.53 |

观察表 5-6 中的数据可以发现，标记 2 的转化率仅为 0.29%，其他标记转化率仅为 0.27%。初步判断标记 2 和其他标记拉低了媒介 A 的整体转化率。

（2）判断对全局影响最大的细分要素。

标记 2 和其他标记到底哪个是最重要的影响因素呢？进一步观察表 5-6 中的数据，可以发现标记 2 的访问量占比为 51%，是最主要的流量贡献者，而其他标记占比仅为 7%，对整体影响较弱。因此，基本上可以确定标记 2 的数据出现问题且对全局产生关键影响。

（3）找到该因素的关键影响节点。

标记 2 的漏斗数据如表 5-7 所示。标记 2 的转化率为什么这么低？是否具有明显的漏斗节点或数据特征？

表 5-7 　　　　　　　　　　　　　　标记 2 的漏斗数据

| 指标 | 值 | 指标 | 值 |
| --- | --- | --- | --- |
| 访问（次） | 203 266 | 加入购物车转化率（%） | 0.5 |
| 访问深度（层） | 1.1 | 结算（件） | 870 |
| 跳出率（%） | 88 | 结算页转化（%） | 0.4 |

续表

| 指标 | 值 | 指标 | 值 |
|---|---|---|---|
| 商品页（个） | 36 456 | 订单（份） | 584 |
| 商品页转化率（%） | 17.9 | 转化率（%） | 0.3 |
| 加入购物车（件） | 1 078 | | |

通过分析表 5-7 中标记 2 的不同指标值，能明显看出跳出率数据异常。跳出率高达 88%，这说明用户到达着陆页之后立即离开的比例过高，即使后面的环节转化率较高，也无法形成较高的订单转化率。同时，标记 2 的访问深度只有 1.1，这更加验证了上面的结论。因此，着陆页效果异常是导致标记 2 转化率低的主要原因。

【解析】对于跳出率高的判断，源于两方面的经验：一是其他广告渠道的跳出率；二是本渠道的历史数据。另外，如果跳出率不存在问题，同样可以通过分析漏斗数据依次排查商品页的转化率低、加入购物车转化率低、结算转化率低等问题，最终找到关键漏斗节点。

（4）诊断跳出率高的问题。

现在已经确认是标记 2 的高跳出率导致了媒介 A 的转化效果差，那么高跳出率就一定是标记 2 的问题吗？是否存在着陆页本身的设计问题？

用户到达着陆页之后的第一反应是立即离开，还是查看了着陆页的大部分内容或停留了较长时间？众所周知，针对跳出页面，无法通过平均页面停留时间来分析用户行为，但可以通过其他方法和途径来分析用户浏览数量以及停留时间。

① 通过页面浏览百分比分析用户浏览页面比例。通过表 5-8 所示的标记 2 的着陆页浏览百分比，可以发现 52.4% 的用户浏览停留在首屏，有 81% 的用户只浏览了整个屏幕的 20%。这些数据说明用户不是到达着陆页之后马上离开，最起码有 50% 的用户浏览了首屏以下的内容。那么，会不会是页面本身存在一定的问题导致用户缺乏在页面停留甚至是向下一步转化的动机呢？

表 5-8　　　　　标记 2 的着陆页浏览百分比

| 指标 | 值 | 指标 | 值 |
|---|---|---|---|
| 0 | 52.4% | 60 | 0.9% |
| 10 | 15.9% | 70 | 1.6% |
| 20 | 12.8% | 80 | 3.8% |
| 30 | 2.0% | 90 | 3.2% |
| 40 | 2.0% | 100 | 4.6% |
| 50 | 1.0% | | |

② 通过页面像素热力图和链接点击热力图进一步验证上述结论。分析发现，大部分用户只停留在页面上部而较少浏览到页面中间或底部，链接点击热力图显示了首屏的链接点击比例仅占 20%，说明在看到内容的用户中，点击链接的比例过低。

③ 通过自定义时间收集器跟踪用户停留时间。企业可以在着陆页不同位置（如顶部、四分位处等）通过 JS（即 JavaScript）记录时间戳，当用户浏览到不同位置时做相应触发并记录时间，最终将不同时间戳数据相减得出用户停留时间的数据。

【解析】JS 获取当前时间戳的方法有以下几种。

方法1：var timestamp = Date.parse(new Date());

方法2：var timestamp = (new Date()).valueOf();

方法3：var timestamp=new Date().getTime();

　　除了以上 3 个定量分析因素之外，经数据部门分析发现：站内外的广告宣传信息基本一致，排除信息不对称导致的用户信任和跳出问题后，还得到一个重要的信息，即同样的一批站外广告素材在其他网站投放广告后，到达着陆页时均未出现如此高的跳出率。

　　这些结论使得标记 2 的作弊特征进一步突出，但这仍然不具有充分的说服力，因为作弊特征没有被清晰地描述出来。

　　(5) 异常流量来源特征分析。

　　① 日期分布特征。针对标记 2 在 5 月的访问数据，按日分析流量趋势，目的是发现标记 2 的流量是否具有明显集中于某天的情况，结果如图 5-25 所示。从标记 2 每日访问量走势图中可以发现，在 5 月 8 日、5 月 18 日和 5 月 28 日 3 天其流量较大，当天访问量超过正常情况的一倍左右，流量较为异常。

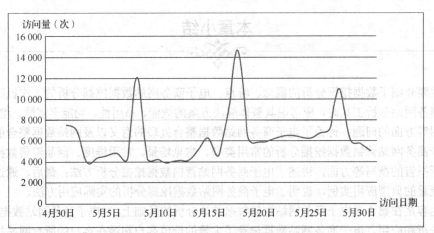

图 5-25　标记 2 每日访问量走势图

　　② 时段分布特征。将这 3 天的数据分离出来，分析时段特征，分别获得 3 天数据的 24 小时流量分布趋势，结果发现，这 3 天的数据呈现截然不同的分布状态。

　　5 月 8 日：8—10 点，数据异常增长，呈现指数级趋势，不符合正常流量增长特征。

　　5 月 18 日：数据整体较为平稳且符合正常时段的访问特征，但在 20 点时数据异常增加，经过与该来源其他时间数据的对比，发现该时间点数据为异常增长数据。

　　5 月 28 日：4—7 点，流量处于较高的状态，明显不符合用户的实际情况。

　　3 天的异常数据已经剖析完成，但这似乎还不具有不可辩驳的说服力，我们再通过其他数据强化这一论证。

　　③ 来源新访问比例。标记 2 的新访问比例在 90% 左右，新访问保持较高的比例。

　　④ 地域分布比例。标记 2 流量的主要地域来源除了北京、上海、广州这 3 个流量区域外，还有一处是 Not Set。

　　至此，可以判断标记 2 恶意流量嫌疑较大了，换句话说，可以得出标记 2 基本上是恶意流量。

--------------------------------------------------------------------------------
　　【解析】针对着陆页的跳出率分析，涉及投放媒介、用户、网站 3 个主体，其中任何一个因素出现问题，都会导致高跳出率，因此跳出率高不一定是媒介的问题。
--------------------------------------------------------------------------------

　　6. 沟通落地

　　通过以上分析得出结论：媒介 A 的效果差主要是标记 2 的来源造成的；而标记 2 的来源在着陆页存在跳出率异常高的情况，导致其转化率低，从而影响媒介 A 的整体转化效果；标记 2 的异常高跳出率背后存在异常流量来源，其嫌疑时间段主要是 5 月 8 日的 9—10 点、5 月 18 的 20 点和 3 月

28 日的 4—7 点。同时，标记 2 的新用户比例过高，且其中 Not Set 的异常地域集中，这些都说明了存在较大的用计算机刷流量的可能性。

通过与业务方的深入沟通，发现标记 2 还存在其他影响其高跳出率的因素。

① 标记 2 属于新增投放媒介，广告效果沉淀需要一定的周期，这期间需要用户熟悉和信任网站，因此效果可能存在一个蓄积时间。

② 标记 2 来源中的新访问比例高于媒介 A 的整体水平，即使同属于媒介 A，不同标记来源也存在差异性特征，新用户转化效果要弱于老用户；如果标记 2 的来源长期集中于老用户但转化效果依然很低，那么说明标记 2 不适合再做针对转化的效果投放。

综合上述所有结论，数据部门、业务部门和媒介投放部门一起召开了三方沟通协调会议，以本次数据分析的结论为依据进行了相关决策的调整和布局。

# 本章小结

本章主要介绍了数据挖掘分析的概念、特点、电子商务网站数据挖掘分析的工作机制；阐述了选择电子商务网站分析工具时，应考虑其整体解决方案的效能、易用性、功能丰富性、增值服务性、价格和费用等方面的问题；讨论了电子商务网站数据整合处理的意义以及网站数据整合的范畴和方法；从电子商务网站营销数据挖掘分析的常用类型、常见场景、常用维度、商品销售数据的分析与诊断、分析报告的撰写等方面，讲述了电子商务网站营销数据挖掘分析方法；最后，通过分析一个网站恶意流量的典型应用实例，说明了电子商务网站数据挖掘分析的实际应用方法。

本章内容是在第 4 章电子商务网站访问数据统计分析的基础上，对电子商务网站数据的进一步、深层次的分析和应用。电子商务网站数据记录了大量的价值客户和潜在客户的所有网站行为信息，因此，电子商务网站数据的价值巨大。电子商务网站数据挖掘分析的价值主要体现在：所有用户（即使还是潜在用户）的行为都是可跟踪、可回溯、可量化、可分析的，并且分析结果可以直接应用到相关业务节点，这直接弥补了传统企业数据局限于已经完成特定转化如付款、交易之后的数据短板，使得企业业务对象的所有行为形成数据闭环，可以建立基于完整闭环的业务认知。

# 复习思考题

## 一、判断题

1．数据挖掘所获取的知识通常以模型或数据泛化的形式给出，数据挖掘的过程实质上是一个采用基于归纳的学习通过观察所学概念的特定实例形成一般概念的过程。（　　）

2．不管采用何种数据采集方法，任何网站分析系统的数据都不可能与企业内部数据系统中的数据完全一致，数据不一致存在于任何网站的分析系统。（　　）

3．电子商务数据必须在数据采集规则、数据处理规则的约束下，经过处理后才能形成满足数据挖掘请求的数据仓库。（　　）

4．网站数据发挥价值的方式之一是通过相关系统对接，直接通过数据驱动的方式将数据价值输入业务系统，实现数据的自我价值。（　　）

5．营销时的异常检测由于不具备实时跟踪、实时反馈、实时优化的特点，所以在企业营销辅助决策中很少应用。（　　）

6．数据分析报告只是一个数据陈列文档，不需要有明确的事实、观点和结论。（　　）

## 二、选择题

1. 数据挖掘是在没有明确假设的前提下去挖掘信息、发现知识，所得到的模式一般具有（　　　）3 个特征。

    A. 隐含性        B. 未知性        C. 普遍性        D. 潜在价值性

2. 完整的网站数据挖掘分析系统一般包括（　　　）三大子系统。

    A. 数据展示层    B. 数据采集层    C. 数据处理层    D. 数据报告层

3. 选择网站分析工具，需要综合考虑其整体解决方案的效能、（　　　）等问题，特别是需要结合企业自身的需求进行有效评估。

    A. 易用性                        B. 功能丰富性

    C. 增值服务价值              D. 价格和费用

4. 电子商务网站数据整合的意义在于（　　　）。

    A. 提高决策层的决策效率        B. 提高业务层的市场把控能力

    C. 降低 IT 部门的数据维护成本    D. 彻底消除数据安全风险

## 三、问答题

1. 一个典型的数据挖掘系统一般由哪些模块构成？各模块的主要功能是什么？

2. 外部数据主要有哪些接入方式？接入外部数据的一般工作流程是怎样的？

3. 电子商务网站数据包括哪些数据范畴？简要说明其特点。

4. 电子商务网站营销数据挖掘分析有哪些常见的分析类型？分别应用于什么场所？

## 四、应用分析题

将 5.5.4 节中"站内引流分析"处理方法（2）中的第 2 种方法"通过模型拟合出 UV 与销量的关系"实际操作一遍，并写出分析报告。

# 第6章 | 电子商务大数据分析

 **本章学习目标**

- ☞ 理解大数据的含义和基本特征。
- ☞ 熟悉大数据分析的基本流程与关键技术。
- ☞ 了解移动电子商务大数据分析的常用方法。
- ☞ 熟悉京东电子商务大数据平台的技术体系构成、数据工具与应用领域。

 **引例**

### 农夫山泉借助大数据优化供应链

农夫山泉股份有限公司是总部位于浙江杭州的一家饮用水生产企业，于1996年成立，如今"农夫山泉"已成为具有行业影响力的品牌。起初，农夫山泉在销售上采用的是经销商模式，这导致其对终端零售信息常常掌握不准确，而且因为每次都需要所有经销商将自己的销售情况反馈给农夫山泉，农夫山泉才可以开始预测下一销售季节的销售，这也产生了预测和实际销售的时差问题。在某个城市的销量预测不到位时，公司以往通常是通过大区间的调运来弥补终端货源不足的问题。但若是某地发生突发事件，很容易导致成本上升以及库存不足等问题。

面对这个问题，农夫山泉于2011年进行了改变，动启大数据应用机制。农夫山泉在全国有十多个水源地，将很多数据如道路等级费用、天气及季节变化、不同区域的售价调整、人力成本、突发事件的需求等，都纳入数据。农夫山泉利用大数据分析，计算出最优的仓储运输方案，使各条线路的运输成本、物流中心设置最佳地点等信息及时呈现，将几百家办事处和配送中心整合到一个体系之中，形成一个动态网状结构，进行即时管控，相大地优化了供应链。

近年来，农夫山泉以30%～40%的年增长率在饮用水市场份额中占比遥遥领先于同行企业。可见，借助大数据优化供应链，给农夫山泉带来了质的飞越。

（资料来源：根据网络资料改编，2019-03-1）

【案例思考】

1. 大数据分析帮助农夫山泉解决了什么样的难题？收到了怎样的效果？
2. 案例说明了什么问题？

电子商务大数据伴随着消费者和企业的行为实时产生，广泛分布在电子商务平台、企业内部系统、智能终端、社交媒体以及其他第三方服务平台。大数据分析技术的应用，将推动来自各个渠道的跨界数据整合，促使价值链上的企业相互连接，形成一体。

# 6.1 大数据的含义与特征

大数据时代企业间通过信息开放与共享、资源优化、分工协作，地理上分布各异的企业以消费者需求为中心，可以组成动态联盟，将研发、生产、运营、仓储、物流、服务等各环节融为一体，协同运作，形成智能化和快速化的反应机制，实现新的价值创造。

扫一扫：

视频 6-1

## 6.1.1　大数据的含义

　　数据在以越来越快的速度不断增长，面对海量、复杂的数据，Google 首席经济学家 Hal Varian 指出："数据已经变得无处不在，而数据创造的真正价值在于我们是否能够提供数据分析这种增值服务。" 2011 年，麦肯锡公司发布的全球报告给大数据下了一个定义，大数据是具有大规模、分布式、多样性和时效性的数据，这些特点决定了只有采用新技术架构的分析方法，才能有效挖掘这些新资源的商业价值。也就是说，大数据需要新的处理模式才能在合理时间内撷取、管理、处理并被整理成为人类所能解读的数据资讯。

　　大数据是人类发展的重要经济资产，其中隐含着很多在小数据时代不具备的深度知识和价值。大数据价值链的关键就是对数据进行分析，其目标是发现数据的规律，挖掘数据中隐藏的信息，从而辅助制定决策。对大数据的智能分析与挖掘，将带来可观的经济效益。

　　电子商务大数据类型多种多样，既包含消费者交易信息、消费者基本信息、企业的商品信息与交易信息，也包括消费者评论信息、行为信息、社交信息和地理位置信息等。

## 6.1.2　大数据的基本特征

扫一扫:

视频 6-2

　　大数据对数据规模和传输速度的要求都很高，一般单个数据集在 10TB 左右，其结构不适合传统的数据库系统。大数据与海量数据也有区别，业界将大数据的基本特征归纳为数据容量大、数据类型多、价值密度低、处理速度快 4 个方面，如图 6-1 所示。

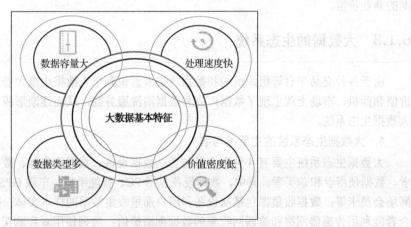

图 6-1　大数据的基本特征

### 1. 数据容量大

　　大数据的数据体量巨大，动辄几十亿行、数百万列，数据量从 TB 级别跃到 PB 级别。这究竟是什么样的概念呢？为此，有必要先了解下面几组关于数据衡量单位的公式。

1B = 8 bit

1KB = 1024 Byte ≈ 1 000 byte

1MB = 1024 KB ≈ 1 000 000 byte

1GB = 1024 MB ≈ 1 000 000 000 byte

1TB = 1024 GB ≈ 1 000 000 000 000 byte

1PB = 1024 TB ≈ 1 000 000 000 000 000 byte

1EB = 1024PB ≈ 1 000 000 000 000 000 000 byte

1ZB = 1024 EB ≈ 1 000 000 000 000 000 000 000 byte

1YB = 1024 ZB ≈ 1 000 000 000 000 000 000 000 000 byte

例如，一部《红楼梦》约有 87 万字（含标点），每个汉字占 2 字节，即 1 个汉字=2B，由此计算 1EB 约等于 6 626 亿部红楼梦。再如，某图书馆藏书约 1.5 亿册，收录数据 235TB，而 1EB 约等于 4 462 个这样规模图书馆的数据存储量。

### 2. 数据类型多

大数据的类型和结构复杂，包括各种各样新的数据源、数据格式和数据结构，诸如结构化数据和类似文本文件、多媒体文件以及网页上留下的各种商务活动数字痕迹、地理位置信息等半结构化和非结构化数据，对数据的处理能力提出了更高的要求。

### 3. 价值密度低

价值密度高低与数据总量成反比。以网络视频为例，1 小时的视频中可能只有 1 分钟甚至几秒钟的数据有价值。因此，如何通过强大的机器算法更迅速地完成数据的价值"提纯"，是目前大数据背景下亟待解决的难题。

### 4. 处理速度快

大数据能够描述高速数据，其新数据的创建和增长也非常快，因此，大数据处理需要遵循"1秒定律"，可以快速地采集数据和近乎实时地分析数据，从各类型数据中快速获得高价值信息，这是大数据区分于传统数据挖掘最显著的特征。速度快就能赢得商机，从而实现企业的盈利。

由于大数据的非结构化和数据规模庞大等特点，使用传统的数据分析方法已经很难有效地分析大数据了。因此，需要运用新的工具和技术、新的大数据生态系统来存储、管理大数据与实现大数据的商业价值。

## 6.1.3  大数据的生态系统

由于各种交易平台等组织机构和数据收集者意识到个人数据中蕴含着巨大的价值和商机，市场上就出现了数据厂商和数据清洗服务商，从而逐渐形成了新的大数据生态系统。

扫一扫：

视频 6-3

### 1. 大数据生态系统的主要参与者

大数据生态系统主要有 4 种生态参与者：数据设备、数据收集器、数据整合者、数据使用者和购买者。其中，数据设备包括 PC、智能手机、车载 GPS 设备、商场会员卡等；数据收集器包括从设备和用户那里收集数据的样本实体；数据整合者能利用传感器网络和物联网收集的数据创造价值；数据使用者和购买者能直接受益于数据价值链上其他人收集和汇总的数据。

### 2. 大数据生态系统中的关键角色

大数据生态系统需要 3 类关键角色：深层分析人才、数据专业人员、技术和数据支持人员。

（1）深层分析人才。这类人才深入学习过各种量化学科，精通技术，具有较强的处理原始结构化数据和非结构化数据的能力。符合这个群体的职业包括统计学家、经济学家、数学家和新兴的数据科学家。

（2）数据专业人员。这类人才具有统计学或机器学习的基本知识，了解部分数据科学家和其他深层分析人员所做的工作。数据专业人员包括金融分析师、市场研究分析师、生命科学家、运营经理以及业务和职能部门的经理。

（3）技术和数据支持人员。这类人才掌握的专业技术知识可以用于支持分析项目，例如，配置和管理分析沙盘，以及管理企业和其他组织内的大规模数据分析架构，这类人员需要具备计算机工程、编程和数据库管理相关的技能。

## 6.1.4 大数据分析的生命周期

扫一扫：

视频 6-4

大数据分析的生命周期可分为 6 个阶段，依次为发现问题、数据准备、规划模型、建立模型、沟通结果、实施等阶段，如图 6-2 所示。项目工作可能同时处于其中的若干阶段，并且伴随着新信息的出现。项目可以正向移动，也可以反向移动。

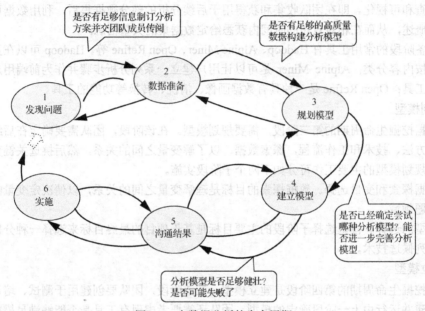

图 6-2　大数据分析的生命周期

### 1. 发现问题

在发现问题是大数据挖掘生命周期的第一阶段，在这个阶段主要需完成如下工作。

（1）团队成员需要学习业务领域的相关知识，熟练掌握应用于各种业务和概念问题的方法。

（2）团队需要评估可以用于项目实施的人员、技术、系统、工具、时间和数据等资源，理解或了解项目所需的和可以获得的数据源，了解该组织或者业务单位以前是否进行过类似项目，能否借鉴相关经验。

（3）设定问题，研究构建问题的语境，识别项目的主要目标，明确哪些业务需求需要实现，需要做哪些工作才能满足这些需求，制定项目成功或失败的标准。

（4）确定利益相关者，弄清每个人期望参与项目的方式。

（5）采访分析发起人，更多地了解背景和业务，了解团队需要解决哪些业务问题？项目的预期结果是什么？哪些行业问题可能影响到分析？

（6）形成初步假设并生成更多的潜在解决方案。

（7）明确潜在数据源，考虑用于检验假设的数据体量、类型和时间跨度，评估数据结构和所需工具，并选择团队后续阶段使用的分析方法。

### 2. 数据准备

数据准备是大数据挖掘生命周期的第二阶段，这个阶段需要对数据进行建模和分析前的探索、预处理和治理，这一阶段的主要工作包括以下 5 个方面。

（1）准备分析沙盘。分析沙盘可以方便团队在不干扰到生产数据库的前提下探索数据。

（2）执行 ETLT。为了将数据导入沙盘，团队需要执行对数据的提取、转换操作和加载工作，即 ETLT。E（即 Extract，提取）从源系统中提取数据，L（即 Load，载入）将数据载入模型，T（即 Transform，转换）是 ETL 过程中最复杂的部分。数据应在 ETLT 过程中被转换成可以被团队使用和分析的格式。

（3）研究数据。分析团队需要彻底熟悉数据，了解数据集的细微差别，并对团队可以访问的数据进行归类，识别团队可以利用但暂时无法访问的其他数据源。

（4）数据治理。即清洗数据、标准化数据集和执行数据转换，涉及关联数据和整合数据集。

（5）调查和可视化。即在团队收集和获得用于后续分析的部分数据集后，利用数据可视化工具获得数据的概述，从而在相对较短的时间内获悉给定数据集的大量信息。

数据准备阶段的常用工具有 Hadoop、Alpine Miner、Open Refine 等。Hadoop 可以在互联网上将搜索关键字按内容分类；Alpine Miner 是可以让用户建立一系列分析步骤并作为前端用户界面操控大数据源的工具；Open Refine 是一种具有数据画像、清洗、转换等功能的工具。

3. 规划模型

在大数据挖掘生命周期的第三阶段，需要规划模型。在该阶段，团队需要确定在后续模型构建阶段采用的方法、技术和工作流程，探索数据，以了解变量之间的关系，然后挑选关键变量和最合适的模型。规划模型的主要工作可分如下两个子阶段实施。

（1）数据探索和变量选择。数据探索的目标是理解变量之间的关系，以便决定变量的选择和方法，了解问题领域。

（2）模型的选择。模型选择子阶段的主要目标是基于项目的最终目标来选择一种分析技术，或者选择一系列候选技术。

4. 建立模型

大数据挖掘生命周期的第四阶段是建立模型。在该阶段，团队要创建用于测试、培训和生产的数据集，构建并运行由上一阶段确定的模型。团队还需要考虑现有工具是否能够满足模型的运行需求，是否还需要一个更强大的模型和工作流的运行环境，诸如更快的硬件和并行处理系统等。

5. 沟通结果

大数据挖掘生命周期的第五阶段是沟通结果。在沟通结果阶段，团队需要与主要利益相关者合作，以第一阶段制定的标准来判断项目结果是成功还是失败。团队应该鉴别关键的发现，量化其商业价值，并以适当的方式总结发现并将结果传达给利益相关人。

6. 实施

大数据挖掘生命周期的第六阶段是实施。在该阶段，团队应该提交最终报告、简报、代码和技术性文档，也可以选择在生产环境中实施一个试点项目来应用模型。

在团队成员运行模型并产生结果后，根据受众采取相应的方式阐述成果非常关键。此外，阐述成果时，展示其清晰价值也非常关键。如果团队进行了精准的技术分析，但是没有将成果转换成可以与受众产生共鸣的表达，那么人们将看不到成果的真实价值，这也将浪费许多项目中投入的时间和精力。

# 6.2 大数据分析的关键技术

大数据分析的技术是从各种类型的数据中快速获得有价值信息的技术。根据大数据分析的流程，大数据分析的关键技术可分为数据采集、数据预处理、数据存储与管理、数据挖掘分析、数据可视化等技术，如图 6-3 所示。

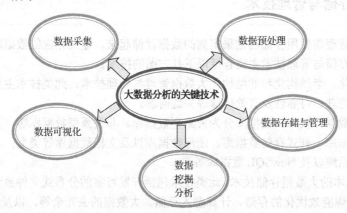

图 6-3　大数据分析的关键技术

## 6.2.1　大数据采集技术

　　大数据采集是指通过射频识别（Radio Frequency Identification，RFID）数据、传感器数据、社交网络交互数据、移动互联网数据等渠道或方式，获得各种类型的结构化、半结构化（或称弱结构化）以及非结构化的海量数据的过程。大数据采集需要突破分布式、高可靠数据采集，高速数据全映像等大数据收集技术，突破高速数据解析、转换与装载等大数据整合技术。此外，还需要设计质量评估模型，突破开发数据质量技术。

------

　　【知识卡片】射频识别（Radio Frequency IDentification，RFID）是自动识别技术的一种，它通过无线射频方式进行非接触双向数据通信，利用无线射频方式对记录媒体（电子标签或射频卡）进行读写，从而达到识别目标和数据交换的目的。

------

　　大数据采集系统主要由大数据智能感知层、基础支撑层等组成。

　　（1）大数据智能感知层：主要包括数据传感体系、网络通信体系、传感适配体系、智能识别体系及软硬件资源接入系统，实现对结构化、半结构化、非结构化的海量数据的智能化识别、定位、跟踪、接入、传输以及信号转换、监控、初步处理和管理等。在该层必须着重攻克大数据源的智能识别、感知、适配、传输、接入等技术。

　　（2）基础支撑层：提供大数据服务平台所需的虚拟服务器，以及结构化、半结构化和非结构化数据的数据库与物联网资源等基础支撑环境。在该层需要重点攻克分布式虚拟存储技术，大数据获取、存储、组织、分析和决策操作的可视化接口技术，大数据的网络传输与压缩技术，大数据隐私保护技术等。

## 6.2.2　大数据预处理技术

　　大数据预处理技术主要完成对已接收数据的辨析、抽取、清洗等操作。

　　（1）抽取。因获取的数据可能具有多种结构和类型，数据抽取过程可以帮助人们将这些复杂的数据转化为单一的或者便于处理的结构和类型，以达到快速分析处理的目的。

　　（2）清洗。大数据并不全都是有价值的，有些数据并不是人们所关心的内容，而另一些数据则可能是完全错误的干扰项，因此，要对数据进行过滤"去噪"从而提取出有效数据。

## 6.2.3　大数据存储与管理技术

大数据存储与管理需要用存储器把采集到的数据存储起来，建立相应的数据库，并管理和调用数据维护。大数据存储与管理技术主要包括以下几方面的技术。

（1）复杂结构化、半结构化和非结构化大数据管理与处理技术。此类技术主要解决大数据的可存储、可表示、可处理、可靠性及有效传输等关键问题。

（2）开发新型数据库技术。数据库分为关系型数据库、非关系型数据库等，其中，非关系型数据库可分为键值数据库、列式存储数据库、图形数据库以及文档数据库等类型；关系型数据库包含传统关系至数据库系统以及 NewSQL 数据库等。

（3）高效、低成本的大数据存储技术。此类技术包括开发可靠的分布式文件系统（Distributed File System，DFS），实现能效优化的存储、计算融入存储、大数据的去冗余等，以及突破大数据移动、备份、复制等技术。

（4）大数据可视化技术。此类技术包括分布式非关系型大数据管理与处理技术、异构数据的数据融合技术、数据组织技术、大数据建模技术、大数据索引技术等。

（5）大数据安全技术。此类技术包括改进数据销毁、透明加解密、分布式访问控制、数据审计技术等，以及突破隐私保护和推理控制、数据真伪识别和取证、数据持有完整性验证等技术。

## 6.2.4　大数据挖掘分析技术

大数据让人们摆脱了对算法和模型的过度依赖，弱化了数据的因果关系，并且可以处理半结构化或非结构化数据，使计算机能够分析的数据范围迅速扩大。

#### 1. 大数据挖掘分析的任务、对象及方法类型

大数据挖掘分析涉及的任务、对象及方法很多，有多种分类法。

（1）挖掘任务分类。大数据挖掘分析的挖掘任务可分为预测模型发现、数据总结、聚类、分类、关联规则发现、序列模式发现、依赖关系或依赖模型发现、异常和趋势发现等。

（2）挖掘对象分类。大数据挖掘分析的挖掘对象可分为关系数据库、面向对象数据库、空间数据库、时态数据库、文本数据源、多媒体数据库、异质数据库、遗产数据库等。

（3）挖掘方法分类。大数据挖掘分析的挖掘方法，可粗分为机器学习方法、统计方法、神经网络方法和数据库方法。其中，机器学习方法可细分为归纳学习方法（决策树、规则归纳等）、基于范例学习、遗传算法等；统计方法可细分为回归分析（多元回归、自回归等）、判别分析（贝叶斯判别、费歇尔判别、非参数判别等）、聚类分析（系统聚类、动态聚类等）、探索性分析（主元分析法、相关分析法）等；神经网络方法可细分为前向神经网络（BP 算法等）、自组织神经网络（自组织特征映射、竞争学习）等；数据库方法主要包括多维数据分析或 OLAP 方法、面向属性的归纳方法。

#### 2. 大数据挖掘分析的关键技术

从挖掘任务和挖掘方法的角度，大数据挖掘分析的关键技术如下。

（1）可视化分析。数据可视化无论对于普通用户还是数据分析专家而言，都是最基本的功能。数据图像化是将机器语言以人类能够理解的形式呈现出来，让用户直观地看到结果。

（2）数据挖掘分析。数据挖掘采用机器语言，通过分割、集群、孤立点分析等算法精练数据、挖掘价值。要求这些算法既能够应付大量的数据，还要具有很高的处理速度。

（3）预测性分析。可以让数据分析师根据图像化分析和数据挖掘的结果做出一些前瞻性判断。

（4）语义引擎。语义引擎需要有足够的人工智能，以便它能从数据中主动提取信息。语义处理技术包括机器翻译、情感分析、舆情分析、智能输入、问答系统等。

（5）数据质量和数据管理。数据质量与数据管理也是大数据挖掘分析的重要实践内容，通过标准化流程和机器对数据进行处理，可以确保获得与预期质量相符合的分析结果。

## 6.2.5　大数据展现与应用技术

大数据展现与应用技术能够将隐藏于海量数据中的信息和知识挖掘出来，为人类的社会经济活动提供依据，从而提高各个领域的运行效率，大大提高整个社会经济的集约化程度。在我国，大数据重点应用于人工智能、政府决策、公共服务三大领域。

# 6.3 移动电子商务大数据分析

移动电子商务数据分析有助于商品设计与迭代优化、用户转化与增长。移动终端的移动性、便捷性和私人性等特征，促进了移动电子商务快速发展，产生了大规模的商务数据。对移动电子商务大数据进行挖掘、创造价值，将成为电子商务企业的主要竞争力。

## 6.3.1　大数据基于位置的服务营销的商业价值分析

基于位置的服务（Location Based Service，LBS）是通过电信移动运营商的无线电通信网络或外部定位方式（如 GPS），获取移动终端用户的位置信息，在地理信息系统平台的支持下，为用户提供相应服务的一种增值业务。LBS 包括两层含义：①移动设备或用户所在的地理位置的定位；②提供与位置相关的各类信息服务。

### 1. LBS 大数据蕴含巨大的商业价值

在大数据时代，移动 LBS 为营销带来了巨大的商业价值。LBS 的结构是移动终端通过移动通信网络发出请求，经过网关传递给 LBS 服务平台，然后服务平台根据用户请求和用户当前位置进行处理，并将结果通过网关返回给用户。使用 LBS 地理位置服务的用户，会在应用平台留下大量行为数据，这些数据是分析用户生活消费轨迹、行为轨迹的主要依据，可为大数据建模分析提供重要参数。

大数据的商业价值体现在个性化精准推荐、数据搜索、对客户群体细分、模拟实境、提高投入回报率、数据存储空间出租、管理客户关系等方面，如图 6-4 所示。

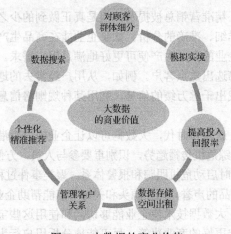

图 6-4　大数据的商业价值

移动互联网时代的商业营销是企业基于 LBS 平台，借助相应的大数据处理技术采集大量的用户行为数据，帮助企业找出目标受众，并据此对广告投放的内容、时间、形式、地点等进行预判与精确调配，并最终完成广告投放的营销过程。

【微型案例6-1】

大众点评网的广告推广业务，曾作为一种成熟的商业模式使大众点评网盈利，每年能给大众点评网带来约几亿元的收入。随着用户数据逐渐转向移动客户端，大众点评网也将重心转移到移动端和团购方面，开发大众点评App。而转移到移动端的大众点评网，最主要的广告模式就是基于大数据和LBS的广告投放模式，精准定位技术使移动互联网端的营销变得更加精准。

大数据营销衍生于移动互联网行业，这些行业依托 LBS 数据采集以及大数据技术的分析与预测能力，使企业的广告更加精准、有效，从而给品牌企业带来更高的投资回报率。

2. 移动 LBS 营销的具体方法

传统的营销观点是吸引到店铺来的才是客户，如今由于 LBS 应用的存在，情况已经完全不同了。用户随时可以通过手机或其他移动终端搜索周边的商品或服务，快速下订单或付款，完成购买行为，这就是大数据下的 LBS 营销方便、快捷优势的重要表现。

企业只有掌握大数据 LBS 营销的具体方法，才能达到想要的营销效果，LBS 营销的具体方法包括洞察用户特征数据、跟踪危机传播趋势、数据预防客户流失、用数据发掘新业务等，如图 6-5 所示。

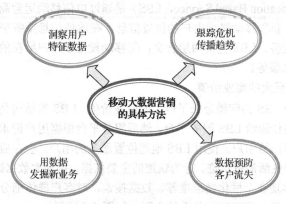

图 6-5　移动大数据营销的具体方法

（1）洞察用户特征数据。精准营销总被提及，但是真正做到的少之又少，究其原因，主要是缺少用户特征数据支撑及没有详细、准确的分析。如果企业能在商品生产之前了解潜在用户的主要特征及其对商品的期望，那么企业的商品生产便可更好地满足用户需求。除此以外，通过大数据洞察用户特征，还可以帮助企业筛选出重点客户。例如，从用户经常去的地点可判断其最近关心的东西是否与企业相关，可以从中找出千丝万缕的信息，利用某种规则将信息关联及综合起来，就可以帮助企业筛选出重点目标用户。

（2）跟踪危机传播趋势。新媒体时代，大数据可以让企业提前对潜在的危机有所洞悉。在危机爆发过程中，最需要的就是跟踪危机传播趋势，识别重要参与人员，方便快速应对。例如，利用大数据技术采集负面定义内容，及时启动危机跟踪和报警体系，聚类事件过程中的观点，识别关键人物及传播路径，进而保护企业或商品的声誉，抓住源头和关键节点能帮助企业快速、有效地处理危机。

（3）数据预防客户流失。大数据技术使企业能够访问和使用这些宝贵的大规模数据集，以应对越来越复杂的数据分析，制定更好的商业决策，尽可能地分析用户行为，把握用户动态，牢牢拴住所有老客户，预防客户流失。随着用户规模的不断增大，无论是生活类 LBS 应用，还是团购类 LBS 应用，数据采集的时间越久，对用户的需求分析就越精确。随着移动 LBS 应用功能的不断增加，它们分析用户的各种行为会更加精确，这也便于各种 LBS 应用快速成长。

（4）用数据发掘新业务。不论是优化现在的业务，还是发掘新兴业务模式，大数据和新的数据技术都为企业打开了机会之门，它可以个性化、精准地服务好每一个客户。

总之，基于大数据的分析与预测，对企业洞察新市场和把握经济走向都是极大的支持。

## 6.3.2　基于手机App大数据的用户分析

随着智能手机的普及和移动互联网技术的进步，人们开始习惯使用移动 App 访问互联网。一款 App 在开发完成后，一定需要通过数据来分析用户量、访问量、点击量、转化率等指标。与 Web 网站分析相比，App 数据分析更为困难，因为对于 Web，只要每一页都部署了网站分析的基础代码，就能够收集很多有价值的数据，但 App 分析如果只是加入基础的统计 SDK，则只能收集到日活跃用户、留存率等一些基本的数据，而完全无法进行深入分析。

### 1. App 数据采集方法

通过前面章节的学习，我们已经了解到数据分析处理的一般流程为数据生产→数据采集→数据处理→数据分析和挖掘→数据可视化等，其中，数据采集是很重要的一个环节，数据采集质量直接决定了数据分析结果的广度和质量，影响着后续的所有环节。如果采集的数据维度很少，则进行深入分析就会无处着手。例如，想要分析一款 App 某个功能的使用情况，但是根本没有采集相关的数据，就不能进行后续的分析了。如果数据采集是错误的，如漏报、误报等，则会误导基于数据的决策。

（1）App 数据采集主要通过埋点采集。简单来说，埋点就是在网站或 App 中加入一些程序代码，用于收集和统计用户在该网站或 App 中的浏览、访问数据和应用使用情况，分析用户交互行为，从而帮助商品和运营的后续优化。埋点主要有前端埋点和后端埋点之分，随着越来越多的用户倾向于在移动端上网和使用 App，App 数据采集就显得更加重要了。

（2）埋点采集 App 数据首先要弄清楚 App 的哪些地方需要埋点。思考要埋哪些点时，要紧密结合商品、运营需求，并与数据分析、ETL 人员等进行充分沟通。例如，需要监控哪些指标、需要通过哪些埋点来实现、怎样埋点更符合统计需求等。因此，埋点不是技术人员单方面的工作，而需要业务人员和分析人员共同配合，从商品和运营层面确定埋点逻辑，根据自身商品的任务流和业务目标形成明确的埋点方案，再由技术人员按具体的埋点方案将其落实到代码中，最后通过数据统计平台收集和呈现出具体的数据信息。

（3）埋点根据数据来源大致分为页面埋点和事件埋点两种。页面埋点主要是统计应用页面的用户访问情况，包括访问人数、访问时间、停留时间、页面路径等信息，从而判断一个页面的总体流量情况以及用户对于该页面的定位——是一个具有具体功能的操作页面还是一个用来进入具体功能的转接页面。事件埋点主要统计应用内的具体点击和操作行为，更关注针对某一个具体功能、模块、区域的用户访问情况，通过统计页面上不同功能区的流量分布，判断用户对于商品功能和内容的偏好，分析业务流程设计对用户漏损的影响以及不同用户在 App 中的使用路径，从而指导商品优化。页面埋点和事件埋点分别从"面"和"点"的角度来统计用户的访问情况。完成页面埋点后，业务人员可以登录埋点落地的数据统计平台查看页面的访问情况。事件埋点将商品经理和运营人员从"拍脑袋"和"凭感觉"做决策的境地中解脱出来，业务人员及分析人员可以在相关的数据统计平台上看到埋点事件在一段时间或某个特定活动下的用户点击行为，分析用户对于商品功能的选择和点击频率，或活动流程中用户的转化情况，从而有效地评估活动设计。

（4）常见的埋点技术有 3 种。

① 代码埋点：控件操作发生时通过预先写好的代码来发送数据。该方法的优点是可以控制发送数据时间，自定义事件属性；缺点是时间、人力成本高，数据传输具有时效性。

② 可视化埋点：利用可视化交互手段，通过可视化界面配置控件操作与事件操作发生关系，通过后台截屏的方式采集数据。该方法的优点是成本低、速度快，缺点是行为记录信息少，支持的分析方式少。

③ 无埋点：用户展现界面元素时，通过控件绑定触发事件，事件被触发时，系统会有相应的接口让开发者处理这些行为。现在市面上的主流无埋点做法有两种，一种是预先跟踪所有渲染信息，另一种是滞后跟踪渲染信息。该方法的优点是无须埋点，方便快捷，缺点是行为记录信息少、传输压力大。

（5）App 数据埋点的步骤：①注册一家统计网站；②新建应用；③获取 KEY 和 SDK 代码包；④将埋点需求和 SDK 包发给研发人员；⑤自定义埋点需求并加以完善；⑥研究开发并完成 App 上线；⑦在后台查看数据。

目前有多种埋点工具（统计网站）可供用户选择。对数据安全性要求较高的企业，大多会选择自主开发或者使用支持私有化部署的埋点工具，如 Piwik、神策分析等。对想要以更少的投入和更快的速度完成 App 数据埋点的企业来说，可以选择免费的以第三方服务形式提供的统计平台，如百度统计、诸葛 IO 等。

2. App 数据分析指标

进行数据分析离不开分析指标，无论是商品的功能迭代还是运营活动的推广评估，都需要数据指标去衡量。App 数据分析的主要指标如表 6-1 所示。

表 6-1　　　　　　　　　　　　　　App 数据分析指标

| 指标类别 | 一级指标 | 二级指标 |
| --- | --- | --- |
| 核心指标 | 商品规模 | 商品下载量 |
| | | 注册激活用户总数 |
| | | 日均活跃用户数 |
| | 市场运营 | 活跃用户比例 |
| | | 用户主要来源 |
| | | 留存率 |
| | | 用户使用时长 |
| | 商业效果 | 日均流水 |
| | | 订单转化率 |
| | | 客单价 |
| 非核心指标 | 用户特征 | 性别、年龄、地域 |
| | | 手机型号 |
| | | 网络型号 |

数据分析的目的是通过数据指标反映商品运营的现状，找出存在的问题。因此，数据分析必须和日常运营结合。App 与其他信息产品一样，存在初创期、成长期、成熟期、衰退期这样的生命周期。不同时期数据分析的重心也应有所区别。

初创期要检验商品定位和运营对用户与市场判断是否正确，即要验证商品或服务是否解决了某个群体的问题，也即常说的痛点。对于运营人员来说，要做的是找到用户与商品的契合点，并根据用户的反馈快速迭代、调整商品，以此获取第一批种子用户并扩大他们的影响力。

初创期的关键指标是用户留存情况，在前期没有参考指标的情况下，可以通过了解行业数据来感知自己的 App 在整个行业的水平，然后从新增用户、活跃用户、启动次数、使用时长等多个维度对比自己商品与行业平均水平的差异，以及自己商品的对应指标在整个行业的排名，再考虑优化、调整商品。通过对商品中的用户交互行为进行统计分析，深入剖析宏观指标，可以发现指标背后的问题，寻找人群的行为特点和关系，洞察用户行为与提高业务价值之间的潜在关联，了解组成特定数据现象的原因，并据此构建商品优化和运营迭代策略。

因此，在初创期，应主要留意留存率、使用时长或频率、用户的黏性等指标。

经过了商品打磨的初始阶段，商品有了一定的用户累积，这时运用病毒式营销等运营手段，可以实现用户自增长，让商品进入快速成长期。这一时期，需要关注用户留存、用户时长、用户画像的变化等数据，但可以侧重关注用户的整个生命周期管理，其中，以新用户的增长、激活、转化到商品稳定活跃用户的整个漏斗分析为主。

当商品技术稳定，成本降低，实现了规模化生产，潜在的购买者逐渐转为现实的购买者，有很多的忠实用户，竞争对手也比较多和强大时，便进入了商品的成熟期。通常，在成熟期，运营工作的目标是延长成熟期，这时候需要关注的数据主要有总用户数、新增用户、流失用户、回流用户、各渠道的日活跃（Daily Active User，DAU）、周活跃（Weekly Active Users，WAU）、月活跃（Monthly Active User，MAU）等。

3. 利用手机 App 数据进行营销推广

手机大数据的分析仅限特定 App。现实情况中还存在另外一种应用，即 App 之间互相推广，它通过挖掘 App 之间的隐含关系，将一个 App 推送到另外一个相关类的 App 上。因为整个移动端 App 的应用人数通常动辄好几十万，所以手机 App 数据包含的信息是相当丰富的。

App 互相推广，一方面可以获取用户的全局信息，利用这些信息可以更好地为用户做个性化的推荐；另一方面由于 App 的互推能更好地将用户、App 进行聚类，这样更加方便用户选择类似应用。

那么，如何更好地利用手机上的 App 数据分析用户特征进而进行营销推广呢？在此总结了 3 种方法，如图 6-6 所示。

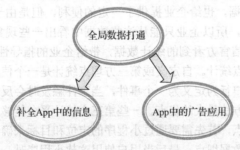

图 6-6　利用 App 用户数据互相推广的方法

（1）全局数据打通。单独的 App 数据就像是孤立的小岛，企业不太关心用户在其他 App 中有什么样的行为特征。当企业拥有数十万个 App 用户时，如果能将各 App 数据打通，那么获得的数据将是无穷无尽的。因此，如果将全局数据打通，让数据在不同 App 之间相互流通，那么整个移动互联网上产生的数据对于移动互联网营销企业来说将会是一笔巨大的财富。

（2）补全 App 中的信息。用户信息不全是棘手的问题，因为不能有效地给用户推送合适的商品。而用户信息不完整的主要原因就是用户在该 App 中留下的信息量过少，如果能利用用户在其他 App 的信息来补全，就多了一条信息获取的渠道，缓解了信息不全的问题。因此，利用 App 互推是解决此问题的有效途径。

（3）App 中的广告应用。App 的广告一般都是根据 App 的关键词原则投放的，不同用户在登录同一个 App 时可能接收到同一个广告。这种投放方法只抓住了 App 的匹配性，并没有抓住 App 上消费者个体的匹配性。例如，某客户刚从携程 App 上看到了一条酒店预订的广告，然后便转入另外一个音乐类的 App，该音乐类 App 大多投放音乐类广告，而不是酒店类的广告。当把 App 数据打通后，上述情况发生时，音乐网站就可以根据用户在携程 App 上的浏览记录为其投放与之喜好最接近的广告了。这样才能更加准确地抓住用户的心理，让用户、公司以及广告达到三赢的效果。

需要强调的是，移动端由于屏幕小，移动广告更需要注重如何提供好的用户体验。在移动互联网的发展中，4G、5G 的普及与应用，将会带来整个移动互联网的变革，给移动电子商务用户带来更好的消费体验，从而有效激发用户需求，进而改变用户在移动互联网使用上的行为习惯，使用户能随时随地下载 App 和产生移动购物等消费行为。

## 6.3.3　基于小程序的大数据分析

小程序数据分析是面向小程序开发者、运营者的数据分析工具，能提供关键指标统计、实时访问监控、自定义分析等，帮助小程序商品迭代优化和运营。

【知识卡片】小程序：是一种不需要下载安装即可使用的应用，它实现了应用"触手可及"的目标，使得应用无处不在、随时可用，但又无须安装或卸载。用户扫一扫或者搜一下即可打开应用。此外，也体现了"用完即走"的理念，用户不用关心是否安装太多应用的问题。

### 1.　小程序数据统计方法

小程序数据统计方法有 3 种：小程序官方数据统计方法、自定义或第三方埋点统计方法、无埋点统计方法。

（1）小程序官方数据统计。微信小程序，数据分析变得更加简单，因为微信官方给小程序提供了基础的统计功能，在微信小程序的后台不仅可以实现一定的数据统计功能，而且可以看到比较全面的概览实时数据，让企业能够实时观察有多少人正在使用其小程序。虽然微信官方为微信小程序提供了一定的统计数据，也给企业提供了一定的便利，但是由于官方没有提供来源统计数据，具体的数据也不够细化，所以企业只能从这些数据中看出一些现象，并不能看出小程序运营效果的全貌。因此，通过微信官方看到的统计数据，带给企业的指导性价值还是有很大局限性的。

（2）自定义或第三方埋点统计。自定义或第三方埋点统计是一个使用时间比较长、受到广泛认可的统计方法，它将每个用户行为定义为一个事件，当事件触发时会反馈出一定的数据。什么样的数据都能统计，是埋点统计方法最大的优点。一些第三方统计平台能够使小程序的数据统计发挥出更大的作用。对数据进行埋点，首先需要通过小程序的定位和目标来确定自己需要哪些数据，然后在小程序的各个流程中设置数据埋点，最后当用户使用这款小程序时，就可以在后台不断地收集到这些反馈数据了。

① 数据埋点包括初级、中级和高级 3 个等级。数据埋点不同等级的数据有不同的作用，其中，初级用来追踪用户每一次的行为，统计关键环节的使用程度；中级用来追踪用户的连续性行为，用模型把用户的操作行为具体化；高级的数据埋点能够还原出"用户画像"和用户行为。建立数据分析的后台，对数据进行分析和优化。

② 数据埋点的类型可以分为小程序内部埋点和市场埋点。内部埋点分析用户的行为和流程，用于提高用户的体验；市场埋点以小程序在市场中的表现以及使用场景为主。

③ 小程序流程有主干流程和分支流程之分。相应的数据埋点也就可以在这里分别埋点，数据埋点不会一步完成，在小程序第一次上线时一般有以下几个点需要埋：日活跃人数、注册量、主要流程页面之间的转化率等。在第二次埋点时，会根据小程序的目标和上线后的问题进行分析，比如，当企业发现小程序首页的 UV 很高但注册量很低时，就需要分析用户在首页的行为，如果大多数的

用户进入了注册页，但是只有一部分人注册，那就说明小程序的注册流程出现了问题。

④ 数据埋点的方式。数据埋点主要有两种方式：一种是在自行研发的小程序中注入代码统计，并搭建相应的后台查询；另一种是借助第三方统计工具，如友盟、APP Annie、Talking Data 等。

**【微型案例6-2】**

Talking Data是利用第三方埋点的数据统计方法。Talking Data是一家专门进行移动互联网数据分析的公司，旗下有许多优秀的数据服务商品线。在微信后台数据统计中，通过添加小程序用户使用场景和小程序的使用情况，可以对小程序用户进行各方面分析。Talking还具有自定义事件的分析能力，可以分析出设备的分布和地理位置的分布等社会属性，帮助开发者深入了解用户的操作，全面了解"用户画像"，从而制定出更加精准的推广策略。

但是，埋点统计也有一定的缺点，由于开发人员需要加入，需要很多开发时间，不埋点就没有数据，而且埋点的数据可以回溯，这就需要非常精心的设计，这在操作中需要很高的成本。开发者在使用这种方法时，应该注意到这一点。

（3）无埋点统计。无埋点数据统计方法是近些年比较流行的统计方法，无论是在网页中还是在App、小程序中，通过一次性集成软件开发工具包（Software Development Kit，SDK），就可以采集到页面访问、用户点击行为和用户特征等全量性的数据。对企业来说，只需要设置一些定义指标，就可以灵活地进行自定义分析。在无埋点的基础上，补充必要的人工配置，就可以非常轻松、高效地完成主要的数据统计及监控工作。无埋点和埋点相比，能够大幅度地降低小程序数据分析门槛，帮助企业快速而低成本地获取用户行为数据，数据分析的效率也显著提高。

2. 分析指标

基于小程序的数据分析指标主要包括运营基础数据指标、用户特征数据指标、用户行为数据指标三大类，每一类又包含若干次级指标。小程序的数据分析指标体系如表 6-2 所示。

表 6-2　　　　　　　　　　　　小程序的数据分析指标体系

| 一级指标 | 二级指标 | 一级指标 | 二级指标 |
|---|---|---|---|
| 运营基础数据指标 | 打开次数 | 用户行为数据指标 | 打开、访问 |
| | 页面浏览量 | | 页面点击、按钮点击 |
| | 访问人数 | | 分享 |
| | 新访问用户数 | | 注册、登录 |
| | 入口页 | | 搜索、收藏 |
| | 受访页 | | 加购物车 |
| 用户特征数据指标 | 用户的人口属性 | | 表单提交、支付 |
| | 用户渠道来源数据 | | 评价、下拉刷新 |

（1）运营基础数据指标。运营基础数据是微信官方提供的一些比较常见的指标，与网页或 App 中的指标类似，是一些基础性的数据指标。具体如下。

① 打开次数，是指打开小程序的总次数，用户每次由打开小程序到主动关闭视为打开一次，超出时间退出也被计算为一次。

② 页面浏览量，是指小程序内所有页面被浏览的总次数，多个页面之间的跳转和同一页面的重复访问，都可以被计成多次访问。

③ 访问人数，是小程序内访问所有页面的用户总数，但是不会对同一用户进行重复计算。

④ 新访问用户数，是指第一次访问小程序页面的用户数，同一用户进行多次访问也不会重复计算。

⑤ 入口页，是指用户进入小程序后访问的第一个页面。入口页其实是一个比较新的指标，因为

小程序中每一个页面都可以设置成二维码进行推广，这和落地页的概念很类似。用户通过扫描不同的二维码，就可以进入不同的入口页。

⑥ 受访页，是指用户进入小程序访问的所有页面。

⑦ 分享次数，是指小程序被分享的总次数。

⑧ 分享人数，是指小程序被分享的总人数。

可以看出，这些指标都还呈现在表面上，局限于运营概况和结果，对于用户更深层次的行为还不能体现。因此，这也是运营概况指标数据的一个缺点，它无法告知用户在使用小程序时发生了什么事，从而缺乏行动的引导性。例如，小程序的访问人数指标下降了，但是为什么会下降，指标是无法给出答案的，这需要经营者通过其他数据分析。

（2）用户特征数据指标。用户特征包括用户的人口属性和用户渠道来源。

① 用户人口属性。每个小程序用户都带有各自的共性和个性，获取用户属性，能够生成完整的用户数据库，构建出"用户画像"，从而便于对用户的管理和运营。

② 用户渠道来源数据。主要包括设备机型、网络类型、地域特征等，通过对用户的渠道方式进行区别，就能够得出一些有用信息。例如，用户使用的设备机型能够在一定程度上反映出用户的经济水平、使用习惯，了解用户的这些内容，可以设计相应的功能，诸如在某些内容上增添付费功能等。

用户来源渠道分析，主要解决用户来自哪里的问题。例如，根据用户地区分布的数据，可以得出一个小程序现有用户的80%都来自上海，那么可以针对上海地区的用户专门举办一些活动，从而提高小程序用户的活跃度。

小程序的用户来源有二维码（含参数渠道二维码）、好友分享、微信群分享、公众号关联、搜索，通过调查、埋点以及追踪的形式，可以获得用户的来源数据，进而知道小程序的用户来自哪里。

统计来源数据，以及对用户多维度数据进行分析，包括留存率、转化率，可以衡量小程序拉新渠道的效果，判断小程序用户的主要来源地，以及哪个地方的用户质量最高。

小程序运营人员可以根据用户来源数据和行为数据对渠道效果进行评估，从而找到适合小程序的渠道，并有针对性地进行投放，以使推广更加精准、有效，进而快速吸引有价值的用户。

（3）用户行为数据。用户行为数据也是反映核心问题的关键性因素，如果得到有效的用户行为数据，小程序的数据分析就会非常有意义。有效的用户行为数据指标具体包括打开、访问、页面点击、分享、按钮点击、注册、登录、搜索、收藏、加购物车、表单提交、支付、评价、下拉刷新等，在不同的时间和场景中，用户的行为都会发生变化，以上这些数据被称为动态行为数据。运营者捕捉用户的动态行为数据，如浏览次数、评论等，可以对用户进行活跃程度归类，从而区分出活跃用户和不活跃用户。把这些行为串联起来，放在时间维度上，就可以很清楚地看到用户的行为流程和事件流程。

3. 小程序数据分析工具

（1）小程序数据助手。小程序数据助手是微信公众平台发布的官方小程序工具，支持相关的开发和运营人员查看自身小程序的运营数据，小程序数据助手当前功能模块包括数据概况、访问基础分析（用户趋势、来源分析、留存分析、时长分析、页面详情）、实时统计和用户画像（年龄性别、省份城市、终端机型）。

（2）微信小程序统计。微信小程序统计是腾讯移动分析推出的微信小程序分析工具，可以帮助开发者实时统计、分析微信小程序流量概况、用户属性和行为数据等，辅助商品优化以及运营推广。

（3）GrowingIO 小程序统计分析。GrowingIO 是一款支持小程序无埋点数据采集和分析的工具，无埋点大幅降低了小程序数据分析的门槛，可以帮助企业快速、低成本地获取全量实时用户行为数据，数据分析效率大大提高。

# 6.4 电子商务大数据分析平台——"京东大数据"

随着大数据分析应用的价值为企业、社会所认知，各类大数据分析应用平台如雨后春笋般成长起来，如阿里云大数据、网易一站式大数据平台、数巢（DATANEST）电子商务大数据平台、"京东大数据"平台、母婴电子商务"贝贝网"的大数据平台等。本节主要介绍"京东大数据"平台。

京东拥有全渠道零售和端到端的高质量大数据，包含了用户的浏览和消费行为、商品制造和销售、物流仓储配送以及客服与售后等丰富、完整的信息。同时，京东业务包含大量丰富的大数据应用场景。

## 6.4.1 "京东大数据"的技术体系

"京东大数据"平台的技术体系如图6-7所示，包括数据源、数据接入、数据存储、数据处理、数据分发、在线存储、业务系统等功能模块和数据开发套件等数据运营工具。其中，数据处理模块包括 JDW-离线数据平台、JRC-实时计算平台和机器学习平台，用以满足多种复杂应用场景的计算任务；数据开发套件包括数据标注系统、数据开发平台、流程中心、统一监控、数据质量管理、元数据管理、任务管理和调度、统一报表等。该平台覆盖 Hadoop、Kubernetes、Spark、Hive、Alluxio、Presto、Hbase、Storm、Flink、Kafka 等技术，用以满足各类应用场景对数据平台的要求。

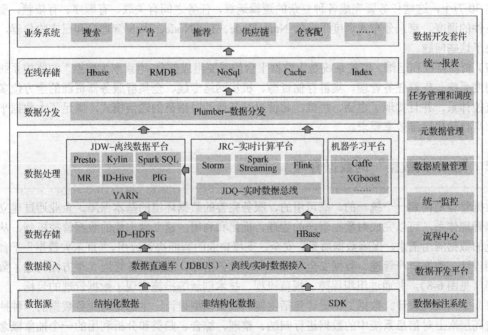

图6-7 "京东大数据"平台的技术体系

"京东大数据"的应用已渗透到其业务的各个环节，利用大数据分析和挖掘，京东打造了个性化商城和智能供应链体系，研发了智能门店解决方案，可提高物流配送的效率，实现知人、知货、知场景的购物体验。

（1）数据采集和预处理。数据采集是大数据的基石，流量数据采集是"京东大数据"的一个重要环节。京东搭建了一套标准化的数据采集系统——数据直通车，可根据不同业务场景对数据时效性的不同要求，支持离线数据采集和实时数据采集两种数据采集方式。

（2）数据存储体系。JDHDFS 是京东基于 HDFS 自研的大数据分布式存储平台，采用分布式存储技术，满足大数据高效可靠的存储需求，提供较高的持久性、较高的吞吐量和较低的延迟速度，具备高可用性和高可靠性的特点，且容易扩展，支持水平扩展至百 PB 级存储容量，同时拥有较高的硬件故障容忍能力，可以提供全面的安全性和多样化的权限功能。

（3）离线计算环境。"京东大数据"离线计算为多种应用场景提供基础计算功能，支持 Hiv、Pig、SparkSQL、Presto、MapReduce 等计算工具，并支持 Alluxio 的存储架构，形成了离线计算引擎。

（4）实时计算环境。尽管传统数据仓库的 T+1（以天为计算周期对数据进行批处理）机制在一定程度上能满足数据处理的日常需求，但是这种处理方式毕竟具有一定的滞后性，针对时效性要求更高（实时计算）的诸如 6·18、"双十一"的实时大屏、实时预测、风控预警等诸多场景，T+1 的处理方式不免显得有些力不从心。因此，亟须一种降低整个数据处理链路延迟的计算方式来弥补 T+1 计算的不足。"京东大数据"实时计算平台（JRC）采用复合事件模型构建分布式流数据计算框架，具有处理实时数据流的能力，实现了计算过程的低延迟、高吞吐，计算结果可复用和计算任务开发简单化的目标，可以为智能营销、个性化推荐等应用提供实时计算数据。

（5）机器学习平台。"京东大数据"的机器学习平台依托大数据底层的基础架构设施，将大数据平台中的计算、存储、调度等系统协同起来，为用户提供数据标注、数据清洗、数据建模、模型上线等一站式服务。用户可以依托机器学习平台，轻松地在 PB 级数据上快速进行算法研究和落地，在供应链、用户画像、无界零售等领域有着广泛应用。

（6）任务管理和调度。"京东大数据"应用在各种业务当中，大数据平台每天运行的数据处理任务超过 30 万个，这些任务要完成各种复杂的逻辑运算，任务之间有关联、有顺序、有依赖，要满足不同条件的调度。京东分布式调度平台的 NameNode、TaskNode、Web 管理端和日志收集器，很好地解决了这些问题。

（7）资源监控和运维。监控系统是大数据平台的重要组成部分，"京东大数据"的监控系统实现了对调度系统、集群任务管理、集群存储资源、机房网络专线、全集群服务器资源的全方位多维度统一监控体系，并且实现了电话、短信、邮件以及其他即时信息的通信模式，满足了大数据平台自动化、半自动化运维效率要求。

## 6.4.2 "京东大数据"的数据管理

数据管理是构建一个统一的、高可用的、服务完善的数据环境的基本保障。企业通过建立良好的数据管理体系，可以完成对数据资产的管理、优化和利用，建立常态化的数据管控机制，从而应对广泛的数据应用需求，保障数据质量、安全，支撑企业的智能决策应用。"京东大数据"平台从数据架构设计、数据资产管理、数据安全管理、统一业务指标、数据服务管理 5 个方面构建了数据管理框架（见图 6-8），并通过组织保障、规范流程、技术创新等措施实现了数据管理的目标。

（1）数据架构设计。数据架构设计包括主题和数据模型设计。主题是对业务数据的一种抽象，是在较高层次上对信息系统中的数据进行归纳、整理、综合、归类和分析利用的一个抽象概念。在实际应用中，可以根据业务的特点抽象出主题，也可以根据源系统业务数据的内容确定每个主题包含的数据内容。数据模型设计要充分考虑性能、可用性和可维护性等问题，确保为业务需求提供全面、一致、完整的高质量数据。"京东大数据"平台的数据模型，通过设计不同的数据层次和数据汇总粒度，可以满足不同业务应用的需求，从而提高数据的可用性。

（2）数据资产管理。数据资产管理的目的是强化数据的管理运营能力，提高数据质量，更好地实现大数据赋能。京东电子商务平台有完整的仓储、物流、营销、交易、用户、售后、金融等全链路数据，经过多年的沉淀，已经形成了宝贵的资产。数据资产管理要求从数据资产盘点出发，厘清数据之间的关系，建立数据资产管控的标准和体系，实现京东全域数据的资产地图，为数据进一步的应用和挖掘奠定基础。"京东大数据"管理平台包含模型搜索、模型基本信息、血缘关系、相关调度任务等功能模块。

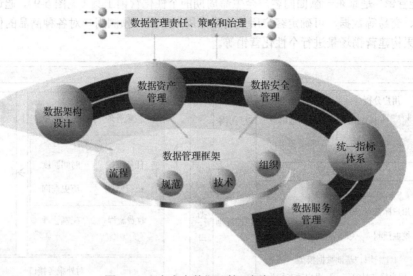

图 6-8　"京东大数据"管理框架

（3）统一指标体系。数据指标口径的管理是数据应用管理范畴的核心一环。京东建立了指标统一管理平台，对上百个数据商品的指标口径进行盘点核对，按照主题规范数据指标口径，避免歧义和重复开发，提高数据共享和一致性，并且支持标准化的数据模型检索、离线和实时 API 服务，以及人货场标签的共享。

（4）数据安全管理。"京东大数据"平台集中了京东业务运营中的所有数据，其中包含用户信息、商品成本、利润等信息，平台数据安全非常重要。针对数据安全保护的措施主要包括敏感数据集市建设、IP 黑白名单机制、员工账号绑定、最小化授权策略、数据导出统计、全面的日志审计、用户保密协议等。

（5）数据服务管理。"京东大数据"平台为京东集团的所有业务部门提供数据服务，其数据服务的种类包括数据集市服务、数据商品服务等，并通过签署 SLA 服务协议来保证服务质量。

## 6.4.3　"京东大数据"的数据工具

"京东大数据"的数据应用体现在业务的各个环节，如采销、搜索、推荐、广告、供应链、金融、物流等。数据服务于京东内部业务人员，可用于实现个性化的搜索和推荐、极致的用户体验、精准的广告投放、快捷的物流服务等；服务于卖家，可用于指导卖家的数据化运营，协助其优化营销策略，提高店铺销售额。京东服务于卖家和内部运营人员的数据工具，包括京东商智、智能营销、数据管家、祖冲之等，它们能提供更方便、快捷的大数据应用服务。

### 1．京东商智

"京东商智"是京东向第三方卖家提供数据服务的工具，包含 PC、App、微信、手 Q 购物、M 端 5 大渠道的数据，从行业及店铺两个视角，涵盖销量、流量、用户、商品、行业、竞品 6 个维度数据，可以有效帮助卖家实现精准化决策，提高精细化运营效率。"京东商智"还提供购物车营销、精准客户营销等工具，研发了实时洞察、交易分析、商品分析、供应链分析、流量分析、行业分析、消费者分析、营销分析八大功能模块，实现了对实时销售追踪、经营诊断预警、库存监控警报、营销评估365、消费者360°、商品360°六大场景的全面覆盖。

2. 智能营销

"智能营销"是京东一款面向客户全生命周期的个性化营销工具（见图6-9），通过分析和挖掘客户的浏览、交易等数据，可确定客户所处的生命周期阶段，预测用户对各种商品的促销响应，并基于预测结果构建营销场景进行个性化营销等。

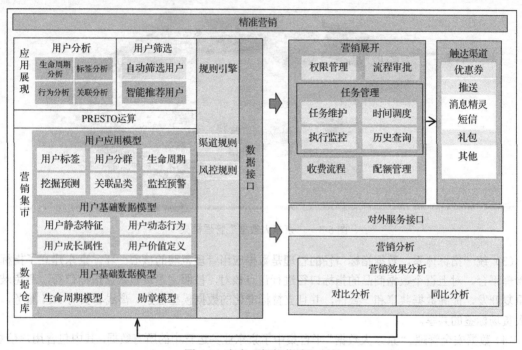

图6-9 京东"智能营销"工具

"智能营销"采用了大数据技术来预测用户流失、用户对促销的响应程度，并结合全程的准实时数据跟踪，做到了针对每个用户的个性化营销。该工具不仅提高了用户体验，而且能帮助运营方和商户选择合适的用户进行营销活动，增强了营销效果，有利于提高商品销量。

3. 数据管家

京东"数据管家"是专门为一线业务运营人员及管理层打造的一款提高运营效率和决策效率的数据化运营工具，其具备数据全面、支持个性化管理、支持预测诊断3个特点。在数据方面，其整合了订单交易、物流、售后等多个业务单元的相关指标，为采销和运营提供一站式全链条数据展现服务；在维度方面，其覆盖SKU、店铺、品类、品牌、区域等，便于业务人员从不同维度对比分析数据指标，探索数据变化背后的深层次原因；在权限设计上，它引入了岗位角色，建立了SKU、店铺与岗位之间的关系以及人员到岗位的映射，以适应人员的调整和变动。

"数据管家"支持业务人员设置个人业绩目标，每日销售数据匹配相对应的目标值，让业务人员随时掌控任务达成进度。对于名下运营的SKU或店铺数量众多的情况，提供了自定义分组功能，对于重要的SKU和店铺，可以设置成重点关注，从而第一时间掌控数据指标变化信息，并可以通过邮件自动发送预警通知，实现高效管理。

"数据管家"还可以利用预测模型对重点指标进行预测，让业务人员提前感知其数据变化，提前做出判断和决策。基于收入贡献、成长贡献、服务能力等维度建立的店铺诊断、商品诊断、品类诊断等健康诊断体系,是运营人员的得力助手,阶段性的诊断报告是运营人员日常巡店和店铺运营指导工作的重要参考。

为便于业务人员和管理层随时随地掌握数据,"数据管家"也提供移动端的数据展示,为用户提供更方便的使用方式。

### 4. 祖冲之

京东"祖冲之"的定位:通过线上、线下各类数据的沉淀、融合、洞察,为线下门店业务提供数字化、精细化的运营指导。"祖冲之"能够为卖家提供从选址、开店、引流到商品货架规划等全方位的指导。

"祖冲之"提供选址分析功能,帮助品牌商确定线下业务落地范围,选址分析首先从全国范围提供网络布局指导,从区域品牌消费差异到市场容量,筛选目标区域和城市,然后聚焦城市商圈,从人口规模、消费能力、交通状况、周边设施等多个维度对不同商圈进行评级,帮助品牌筛选目标地址。在用户引流方面,"祖冲之"提供目标用户选取功能,辅助门店快速获取核心用户。例如,基于线上的消费信息,对店铺周边一定范围内的用户进行画像分析,指导线下门店开展客户引流工作;提供的商品筛选功能,可以针对目标人群进行精准营销。

商品货架的陈列是用户购物转化率的重要因素。"祖冲之"已实现的功能中包括门店热力图分析和货架陈列分析,通过分析店内用户关注和购买的商品,提供优化货架建议和货架内布局陈列建议,并结合线上热销商品数据提供上新建议。

## 6.4.4 "京东大数据"分析的应用领域

### 1. 营销领域

作为实体经济和数字经济深度融合的创新型企业,京东拥有电子商务全产业链及高价值的数据,这些数据覆盖了用户从浏览、下单、配送到售后的完整过程。京东大数据分析在营销领域可帮助实现用户个性化推荐、智能广告投放、数据开放和智能数据分析、改善用户的购物体验等。京东将目前的商品推荐扩展到精准个性化、实时化、全覆盖、平台自学习等层次,即使是第一次来京东购物的用户,系统也能根据用户的地域、浏览痕迹和行为,实时为用户打造专属页面,推荐个性化的商品。

### 2. 物流领域

在大数据技术的支持下,人与物流设备之间、设备与设备之间更加密切地结合,形成了一个功能庞大的智能物流系统,实现了物流管理与物流作业的自动化与智能化。在终端配送规划阶段,"京东大数据"通过全网干支线路由规划,科学布局分拣中心,实现全链条渠道下沉、全网点高效衔接;通过车辆路径规划,保证站点高效履约,保障配送路径与多车型成本最优;通过站点路区最优规划,保障路区产能科学平衡。

### 3. 供应链领域

京东零售供应链系统依托大数据平台基础,通过大数据集成采销知识、经验和思维决策,应用人工智能深度学习算法驱动选品、定价、采购、结算等各个供应链环节,为业务提供全供应链的智能解决方案。这种动态定价工具借助大数据模型,权衡季节性、生命周期、友商价格等多重因素,从销售额和毛利等多个方面衡量商品定价调整的空间,做到了更加缜密、有效的商品价格设定。此外,"京东大数据"还能有效提高行业和社会的效率和品质。对于品牌商和供应商来说,京东将销售数据和消费者数据的分析转化为对消费趋势的把握和前瞻,通过大数据精准预测商品的销量,指导厂商实现智能生产,提高市场竞争力。

#### 4. 智能零售

近年来大数据、人工智能和物联网等技术结合传统零售激发了层出不穷的各种零售创新，京东也陆续推出了无人便利店、无人超市、京东之家、7fresh 生鲜超市等无界零售新业态，将线上种类丰富的商品汇集于线下的零售创新体验店。与传统零售门店不同的是，它们能够基于对大数据的深度挖掘，实现消费者行为分析和店内智能化选品，不仅带来了销量的提高，也给客户带来了全新的用户体验，实现了线上线下的融合。京东智能门店解决方案由智能货架、智能感知摄像头、智能称重结算台、智能广告牌、Take 系统、智能无人货柜、电子价签、人脸支付等多个模块组成，实现了知人、知货、知场景的购物体验。智能门店科技解决方案不仅能够实现"无人店"的体验效果，更重要的是能够针对现有的线下实体店铺进行低成本的改造，实现智能化；其独有的模块化组装模式，还可扩展到超市、便利店、加油站、机场、酒店、购物中心等各种应用场景。

#### 5. 金融业务创新

京东数科充分利用京东集团超 3 亿活跃用户的交易数据及几十万供应商与合作伙伴数据，通过统一的大数据平台实现数据集中，在集中整合分散在供应链金融、人人贷、保理等各个业务系统中的数据后，京东数科建立了客户、商品的统一视图，有效促进了业务的集成和协作，并为企业级分析、交叉销售提供了基础。数科集团业务人员可以基于这些数据进行多维分析和数据挖掘，为金融业务创新（客户服务创新、商品创新等）创造有利条件。京东数科大数据的分析和挖掘，不仅满足了京东对金融业务布局的需求，还进一步实现了风控体系、支付体系、投研体系、投顾体系等一整套金融底层业务体系的建设。

#### 6. 时尚创新

京东电子商务拥有海量的电子商务服饰数据、用户行为偏好数据等，基于时尚大数据，京东打造了以智能搭配算法为驱动的个性化服饰搭配服务。京东的用户画像、线上消费者行为数据以及用户评价数据，使智能搭配能够更加精准地定位用户需求，实现个性化推荐。智能搭配服务满足了用户的穿搭需求，同时提高了线上卖家的运营效率。此外，京东通过与品牌的联合，打破了线上线下的数据壁垒，将电子商务数据与线下实体零售数据融合，搭建线上线下一体的时尚大数据，从而使智能算法能够应用于更加多元化的场景。京东时尚技术不仅应用于服装零售行业，还应用到设计领域，为时尚创作者提供更多的灵感和可能性。

## 6.5 应用实例：如何利用大数据精准营销找到大客户

每个企业都希望可以充分利用大数据让企业既省时又省力地实现精准化营销，找到心目中的大客户。精准营销一直以来都是互联网营销业务在细分市场下快速获取用户和提高转化的利器。在互联网和电子商务应用爆发的今天，数据量呈指数增长，如何在大数据场景下用数据驱动进行精准营销，提高营销效能，是营销业务部门面临的主要挑战之一，也是大数据应用的一个重要研究方向。下面通过数据体系架构和技术实现案例，分享"美团大众点评"数据应用团队在这个方向上的一些尝试和实践经验。

### 6.5.1 数据是找到大客户的基础

数据是企业的重要资源。企业每天都会从行业和相关业务中获取大量数据，但是传统的数据分析方法会有相当一部分数据被当作"废气"排放掉，这样也就会漏掉许多有价值的信息。因此，在大数据时代要想通过数据找到大客户，数据分析时要注意四大要点，如图6-10所示。

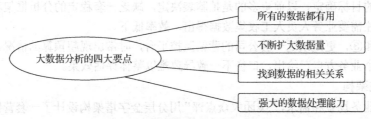

图6-10　大数据分析的四大要点

（1）所有的数据都有用。在大数据分析时，不能仅仅依靠一小部分数据采样，而是要利用所有的数据。

（2）不断扩大数据量。找到并分析大客户，要求企业拥有足够多的数据信息，并且在面对快速的、多源的、复杂结构的海量信息时，要根据企业的发展需要，以力所能及的各种方法不断扩大数据的分析量。

（3）找到数据的相关关系。随着数据的增多，数据分析人员面对枯燥的数据时要学会分析事物之间的相关关系，而不是一味地探求难以捉摸的因果关系。

（4）强大的数据处理能力。拥有强大的大数据分析处理能力，是企业运用大数据的关键环节。企业可以从以下方面入手来提高大数据分析的处理能力：高质量的数据、先进的工具、精通数据的员工、支持分析决策的流程和激励机制。

## 6.5.2　如何利用数据

如何更好地利用数据呢？这就要求企业做到以下3个方面：判断正确的数据、剔除不需要的数据、适当利用随机采样。为此，企业需要相应的技术平台系统为其提供相应的功能支持。

### 1. 系统规划各个环节

一个站内用户运营活动的生命周期可以归纳为确定目标、选取对象、设计方案、配置和上线、精准营销、效果监控与评估6个环节，如图6-11所示。

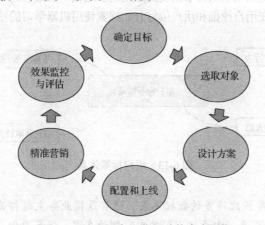

图6-11　站内用户运营活动的生命周期

在这个周期中，数据都有巨大的发挥空间与价值。平台运营维护人员在项目启动后与业务方进行充分沟通，了解到其业务痛点，确定尝试借助数据分析帮助运营和财务人员主要解决以下几个问题：①营销活动前确定目标和选取活动对象；②营销活动中注意效果监控和跟踪，以及用户和商户端策略的输出；③营销活动后的效果评估和优化建议。

对于问题①的目标确定，以前更多的是拍脑袋决定，缺乏一套稳定的分析框架和模型。而活动对象的选取，往往需要业务人员人工收集数据得出，效率低下。

而对问题②和③，更是缺乏一套公司的营销监控平台，时常出现超预算的情况。活动结束后，效果数据也是各个业务方自己给出，口径不一致导致难以整体评估效果。

2. 设计系统架构

基于上述的业务场景和需求，"美团大众点评"用分层金字塔架构设计了一套营销数据系统和服务，如图 6-12 所示，有效满足了业务的诉求并具有很好的平台扩展性。

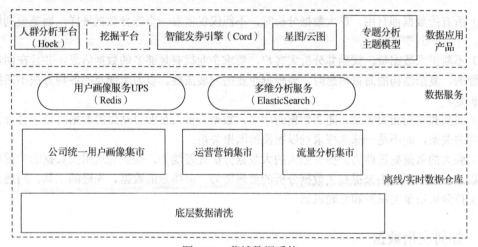

图 6-12　营销数据系统

（1）数据仓库和模型层。位于系统最底层，大致可以分为 3 个主题：用户画像集市、运营营销集市、流量分析集市。它们是运营活动必不可少的数据组成部分。

对于用户画像集市。"美团大众点评"的做法是部分自主建设，同时集成业务方开发画像标签，形成统一的画像**宽表**。目前用户标签体系包括基本信息、信息获取行为、消费行为、特征人群 4 个大类（见图 6-13），在标签的实现上秉承从需求出发的原则逐步迭代，从最初的以统计和基本的营销模型如 **RFM** 为主，到现在基于潜在用户挖掘和用户偏好开始探索使用机器学习的挖掘方法。

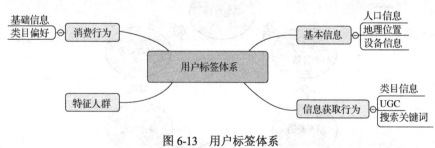

图 6-13　用户标签体系

【知识卡片】宽表即字段比较多的数据库表，通常是指业务主题相关的指标、维度、属性关联在一起形成的一张数据库表。由于把不同的内容都放在同一张表存储，宽表已经不符合传统三大范式的数据库模型设计规范，随之带来的主要坏处就是数据大量冗余，与之相对应的好处就是查询性能提高。这种宽表的设计广泛应用于数据挖掘模型训练前的数据准备，把相关字段放在同一张表中，可以大大提高数据挖掘模型训练过程中迭代计算时的效率问题。

在营销运营集市上，"美团大众点评"与财务和支付系统协作，开发了一套公司预算流水号系统。运营人员在配置活动时，从财务申请预算流水号，并在优惠后台配置与对应活动关联，用户享受优惠的每一笔订单都会在业务表中进行打点，做到在最细粒度上的预算监控。

活动评估的另一个维度就是流量，活动页的点击、转化漏斗、不同渠道来源等指标，是运营人员时刻关心的，也是数据中心数据仓库的核心环节。"美团大众点评"参考了其他公司的做法，建立自己的 PV、UV 以及路径树转化等模型，以很好地满足运营需求。

（2）数据服务层。数据服务层位于数据仓库和模型层之上，"美团大众点评"针对不同的应用，选择差异化的数据存储和查询引擎。例如，在画像服务中，为满足线上业务系统的实时访问需求，达到毫秒级的并发和延迟要求，选用了 Redis 作为存储；相较之下，分析类商品对并发和延迟要求相对较低，但对数据在不同维度上的聚合操作要求较高，因此，决定使用设计和架构简洁、运维方案简单、有专门的工具支持的 ElasticSearch（简称 ES）系统。

（3）数据商品和应用层。位于系统最上层，针对前面提到的运营活动的不同阶段，提供人群分析平台、智能发券引擎、云图或星图等相应的数据平台和工具。

① 人群分析平台：用户可以通过选择画像服务提供的不同标签组合快速创建人群包，创建的人群包可以提供给其他不同业务和形态的营销工具，如 Push、促销工具等。

② 智能发券引擎：通过配置后台和 Hoek 平台，运营人员可以完成定向活动受众和策略的配置，而无须开发接入。具体细节在后面的案例分享中再详细介绍。

③ 云图或星图：完成活动效果数据查询和分析的工具平台，构建基于 ES 的查询引擎，提供多维度的实时指标查询。

除了系统化的建设，在运营活动的迭代中，"美团大众点评"与业务方合作，进行了大大小小 20 多个专题分析，产出了包括闪惠预算动态分配、闪惠立减梯度优化、用户价值分以及免费吃喝玩乐选单等主题模型，有效地帮助业务方提高了预算使用率和用户价值。

## 6.5.3　用数据全面分析客户

### 1. 挖掘潜在用户实现精准营销

精准营销的一个主要方向就是挖掘潜在客户，"美团大众点评"平台现阶段已有美食、外卖、丽人、教育等近 20 个业务，如何在平台近一亿的活跃用户中挖掘垂直频道的潜在用户，进而实现精准化营销，就成了一个很现实的问题。Facebook 和腾讯的广告系统都提供类似的 Lookalike 功能，帮助客户找出和投放人群相似的用户群，其广告的点击率和转化率都高于一般针对广泛受众的广告，这里可以借用。

目前常用的潜在用户挖掘方案，主要就是基于画像或者关系链的挖掘，"美团大众点评"团队从需求出发，结合点评的画像体系，从关联规则、分类模型、和聚类模型 3 个算法上进行了效果对比分析，如表 6-3 所示。

表 6-3　　　　美团大众点评的画像体系不同算法模型的效果对比分析

| 挖掘模型 | 优点 | 缺点 | 效果 |
|---|---|---|---|
| 关联规则（Apriori 算法） | 方法简单、快速，通过连接产生候选项及其支持度，然后通过剪枝生成频繁项集 | 维度低，特征有效性难扩展 | 综合试验平均转化率较随机提高 5 倍 |

续表

| 挖掘模型 | 优点 | 缺点 | 效果 |
|---|---|---|---|
| 分类模型<br>（决策树 C4.5 算法） | 原理简单，容易理解 | 样本少导致模型准确度较低（有效模型要求正例 2 000+，负例 1 000+）特征工程工作量大 | 转化率提高 2.7 倍 |
| 聚类模型<br>（K-Means 算法） | 无监督，适用于样本少、正负样本不确定的情况 | 聚类个数评估耗时 | 28 维综合性特征，14 个人群，转化率提高 2 倍 |

因此，"美团大众点评"系统可在分类和聚类上进一步优化，还可以利用点评好友关系，使用 Spark 的 GraphX 建立标签传播的算法进一步深挖高质量的相似用户。

2. 借助智能优惠券引擎发微信红包实现精准营销

背景问题："美团大众点评"欲在微信群或朋友圈中用红包发放各种优惠券，但是当好友来领券时，发哪个业务什么面值的优惠券更容易转化？

这本质上是一个简化的推荐问题。为此，"美团大众点评"参照广告系统的架构设计了智能优惠券引擎（Cord 引擎）。Cord 引擎主要包含分流模块、召回模块、过滤模块、推荐模块。

分流模块：用于灰度发布和 AB 测试。

召回模块：负责从画像服务和优惠配置系统获取人和券的物料信息。

过滤模块：负责进行两者的匹配。

推荐模块：可以根据业务规则或者挖掘策略对结果进行排序，返回活动系统最合适的优惠券进行发放。

整个系统实现了完全服务化和可配置化，外部的活动系统可以根据配置的开关启用或者在特殊场景下禁用 Cord 服务；Cord 内部也可以根据配置中心的设置动态调整推荐策略。在数据挖掘上，目前除了业务配置规则外，"美团大众点评"针对公司主流的运营方式，基于画像中的用户偏好和优惠敏感等标签进行综合打分，优化了以拉新用户为目的的推荐策略。

精准营销是目前大数据落地的一个重要应用场景，在实际应用中应注意从需求出发，建立准确和易用的数据底层模型，统一指标体系和口径，并针对不同需求和场景选择适合的技术组件。

# 本章小结

本章主要介绍了大数据分析的基本含义与特征、大数据分析的基本流程与关键技术、移动电子商务大数据分析的常见方法及应用，以及京东电子商务大数据平台的技术体系构成、数据管理与商品、具体应用领域等内容。

在大数据背景下，数据信息的提炼与整理为电子商务的发展带来了新的机遇，将大数据分析结果应用于电子商务运营的各个环节，根据消费者消费过程提供的数据进行分析，充分利用大数据带来的信息资源，整合消费者个人的消费习惯，能够为消费者提供性价比更高的、更符合其消费意愿的商品，从而最大限度地刺激其消费，有效提高电子商务企业的效益。

# 复习思考题

## 一、判断题

1. 大数据需要新的处理模式才能在合理时间内撷取、管理、处理并整理成人类能解读的数据资

讯。（　　）

2．大数据预处理技术主要完成对已接收数据的辨析、抽取、清洗等操作。（　　）

3．大数据存储与管理需要用存储器把采集到的数据存储起来，建立相应的数据库，并进行数据的维护管理和调用。（　　）

4．LBS 包括两层含义：一是提供移动设备或用户所在地理位置的定位；二是提供与位置无关的各类信息服务。（　　）

5．在小程序数据统计方法中，数据埋点包括初级、中级和高级 3 个等级。数据埋点等级不同的数据所起的作用基本相同。（　　）

**二、选择题**

1．大数据的基本特征包括（　　）。

　　A．数据规模大　　　B．数据类型繁多　　　C．价值密度低　　　D．处理速度快

2．大数据生态系统的主要生态参与者包括（　　）。

　　A．数据设备　　　　B．数据收集器　　　　C．数据整合者　　　D．数据使用者和购买者

3．大数据生态系统需要 3 类关键角色，包括（　　）。

　　A．深层分析人才　　　　　　　　　　　B．数据专业人员

　　C．电子商务业务人员　　　　　　　　　D．技术和数据支持人员

4．大数据分析的生命周期可分为发现问题、数据准备、（　　）等几个阶段。

　　A．规划模型　　　　B．建立模型　　　　　C．沟通结果　　　　D．实施阶段

**三、问答题**

1．什么是大数据？大数据有何商业价值？

2．利用 App 用户数据互相推广的方法有哪些？简要说明其特点。

3．"京东大数据"提供的数据分析工具主要有哪些？分别有什么特点？

4．如何利用大数据精准营销找到大客户？

**四、应用分析题**

课程格子 App 是一款基于课程表的移动社交产品，能在帮助学生了解课程安排的同时使其有机会认识一起上课的同学。找到这款 App，了解其主要功能，结合自身实际需求和特点，思考以下问题。

（1）课程格子 App 的最大特点是什么？它是通过什么方式获取用户数据的？

（2）你认为应该如何利用课程格子 App 收集用户数据开展营销活动？

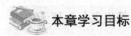

# 第7章 电子商务数据可视化

📖 **本章学习目标**

☞ 理解数据可视化的含义，掌握常用的数据可视化方法。

☞ 熟悉数据可视化图表类型，了解电子商务数据可视化图表设计技巧。

☞ 掌握使用Excel实现电子商务数据分析结果可视化输出的方法，了解可视化数据挖掘工具
SPSS Modeler的功能特点及其使用技巧。

 **引例**

### 数据可视化之美——360"骗子地图"

据新华社天津2月10日电 中国首个用大数据追踪网络诈骗的"中国网络骗子地图"9日正式上线，网民可以通过该地图实时发现所在地区的钓鱼网站等网络诈骗方式，从而提高警惕，避免上当受骗。

该地图是互联网安全公司奇虎360在5亿PC用户和7亿手机用户安全大数据基础上，结合网盾对钓鱼网站的实时监控拦截数据和手机卫士对诈骗短信、垃圾短信的拦截数据，对和老百姓息息相关的安全大数据进行分析处理，将晦涩难懂的"机器语言"翻译成通俗易懂的视图，以可视化的方式直观地加以展现，只要登录网址，就能了解当下的网络安全情况和实时的诈骗术，让用户不仅能看到，还能看懂。"骗子地图"可以实时地为用户呈现各种基于大数据的可视化变化图，还能帮助用户找到相关的"防骗技巧"。

（资料来源：根据网络资料改编，2015-02-11）

【案例思考】

1. 360"骗子地图"是对什么数据进行可视化处理的成果？

2. 其主要功能是什么？

3. 数据可视化就是将数据简单地用图形表示吗？

电子商务数据分析的结果需要通过数据可视化的方式输出，即借助图形化等手段，清晰、有效地传达与沟通数据包含的信息，从而使信息被更有效地识别和使用。

## 7.1 数据可视化的含义

数据可视化（Data Visualization）是指将大型数据或集中的数据以图形图像形式表示，并利用数据分析和开发工具发现其中未知信息的处理过程。从技术的角度来看，数据可视化借助于图形化的手段，能清晰、快捷、有效地传达与沟通信息；从用户的角度来看，数据可视化可以让用户快速抓住要点信息。数据可视化的目的是借助图形化手段，清晰、有效地传达与沟通信息。

扫一扫：

视频 7-1

数据可视化的基本思想：数据库中的每一个数据项均可作为单个图元元素表示，大量的数据集构成数据图像；将数据的各个属性值以多维数据的形式表示，并可以从不同的维度观察数据；对数据进行更深入的观察和分析，并输出结果。

数据可视化分析能通过视觉化方式快速抓住要点信息，是获得商务信息的有效方式之一。由于

电子商务数据往往不可能通过简单统计就轻易看到模式和结论,因此特别需要视觉化呈现数据,把信息变成了一道可用眼睛来探索的风景线,从而揭示令人惊奇的信息模式和观察结果。图 7-1 所示为应用大屏数据可视化展示技术输出的数据分析结果。

数据可视化与信息图形、统计图形、信息可视化以及科学可视化密切相关,一般具有准确性、创新性和简洁性等特点。数据可视化通常需要同时具备美学形式与信息解释功能,通过直观地传达关键特征,实现对复杂数据集的深入洞察。

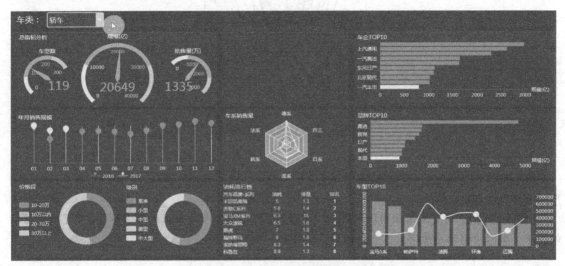

图 7-1    电子商务数据分析结果的可视化输出

# 7.2    常用的数据可视化方法

数据可视化有许多方法,根据其可视化原理不同可分为基于几何技术的方法、面向像素技术的方法、基于图标技术的方法、基于层次技术的方法、基于图像技术的方法和分布式技术的方法等类型。从实用的维度总结,数据可视化常用的方法有以下 5 种。

1. 面积与尺寸可视化

这种方法通过对同一类图形(诸如柱状、圆环、蜘蛛图等)的长度、高度或面积加以区别,清晰地表达不同指标及其对应的指标值之间的对比信息,让浏览者对相关数据及其之间的对比情况一目了然。制作这类数据可视化图形时,一般需要用数学公式计算,以便表达准确的尺度和比例。

【案例7-1】图7-2是天猫店铺动态评分图。天猫店铺动态评分模块右侧的条状图按精确的比例清晰地表达了不同评分用户的占比情况。从图7-2中,第一眼就可以强烈地感知到5分动态评分的用户占绝对高的比例。

图 7-2    天猫店铺动态评分图

【案例7-2】图7-3是某企业能力模型蜘蛛图。通过蜘蛛图的表现，该公司综合实力与同行平均水平的对比一目了然。

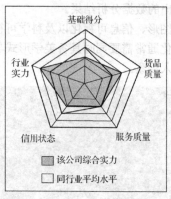

图 7-3　某企业能力模型蜘蛛图

## 2. 概念可视化

概念可视化是将抽象的指标数据转换为人们熟悉的、容易感知的数据，使用户更容易地理解图形所要表达的意义。

【案例7-3】图7-4是某工业园区厕所里贴在墙上的提醒员工节省纸张的环保贴士，用了概念转换的方法，让人清晰地感受到员工一年的用纸量之多。

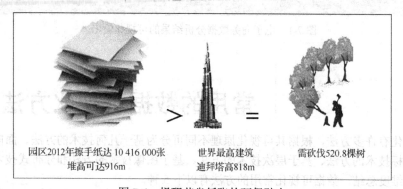

图 7-4　提醒节省纸张的环保贴士

如果只是描述擦手纸的量及其堆积可达到的高度，人们还没有什么显性化概念。但当员工看到用纸的堆积高度比世界最高建筑还高，同时需砍伐 500 多棵树时，想必其节省纸张的情怀便油然而生了。由此可见，用概念转换的方法将数据分析的结果可视化输出，是多么的重要和有效。

## 3. 颜色可视化

通过不同的颜色来表达指标值的强弱和大小，是数据可视化设计的常用方法之一。这种方法可让用户一眼看出数据信息的整体特征，如哪一部分指标的数据值比较突出等。

应用颜色辅助数据图表的可视化输出来选择颜色时，不可过于随意，具体选择哪种颜色最终取决于用户所要表述的信息特征，以使数据形成有效的对比。在一个图表中使用太多的颜色会造成混乱和过度修饰，应该选择和谐的组合。

一般而言，选择颜色应注意以下问题。

（1）不要在条形图中使用红色代表正数，因为在商业范畴内，红色往往与损失紧密联系，而用红条代表负收益则是非常有效的。

（2）不要使用多种颜色来表示同种数据，应使用同种颜色表示同一变量，这样可以让用户更好地集中注意力去比较数据。

（3）如果需要使用不同的颜色来区分图表的不同元素，或者是表明数据的变化，一定要使用更明亮或更暗的色彩，确保明度有足够的对比度，使所有用户都能更容易地阅读图表。

可以将图表打印成黑白色，或影印成灰色以测试明度（不是颜色）对比度是否充分。如果黑白图或灰度图情况良好的话，就说明颜色设置是合理、有效的。

【案例7-4】图7-5是2018年和2019年中国网民年龄结构对比图，通过颜色的差异，人们可以直观地看到这两年不同年龄段中国网民人数的相对变化情况。

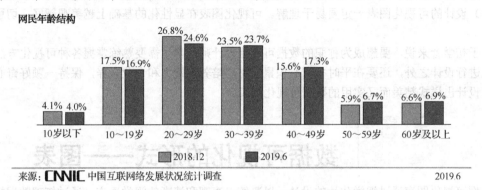

图 7-5　中国网民年龄结构对比图

### 4. 图形可视化

在人们设计指标及数据时，若结合、使用有相应实际含义的图形，往往会使数据图表的内容展现得更加生动，更便于用户理解图表要表达的内容。

【案例7-5】图7-6是人人网用户网购情况调查分析结果的可视化输出。从图7-6中可以看出，该数据可视化的设计直接采用男性和女性图形分类，同时采用了面积与尺寸可视化方法，将不同的比例用不同长度的条形表示，再结合使用颜色可视化，让调查分析的结果一目了然，大大加强了数据的可理解性。

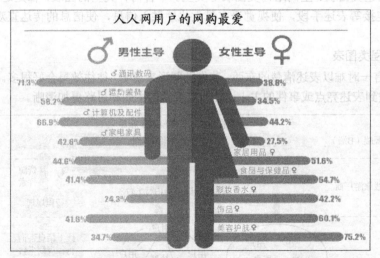

图 7-6　人人网用户网购情况调查分析结果的可视化输出

### 5. 地域空间可视化

当指标数据要表达的主题与地域有关联时，一般可以选择用地图作为大背景来可视化输出数据分析的结果。这样，用户既可以直观地了解到整体的数据情况，也可以根据地理位置快速定位到某一地区查看详细数据。

需要强调的是，在进行数据可视化设计时，应注意以下事项。

（1）设计的数据可视化方案一般要求至少适用于两个层次。其一，要求能够整体展示大的图形轮廓，让用户快速了解图表所要表达的整体概念；其二，要求能以合适的方式对局部的详细数据加以强化呈现，例如，当鼠标指针悬停在目标上方时，能够弹出窗口展示相关详细信息。

（2）上述 5 种数据可视化方法在实践中经常混合使用。例如，在展示一些复杂图形和多维度数据时，需要综合应用多种可视化方法，以便收到比较理想的效果。

（3）设计的可视化图表一定要易于理解。可视化图表在显性化的基础上越美观越好，切忌华而不实。

对于初学者来说，要想成为称职的数据可视化设计师，除了需要熟练掌握各种可视化方法有针对性地进行设计之外，还要在平时多留心积累素材，培养创造力和专业素养，保持一颗好奇心，才能真正设计出样式精美而又实用的数据可视化图表。

# 7.3 数据可视化的形式——图表

数据可视化图表通过视觉传达的设计，以凝练、直观和清晰的视觉语言，通过梳理数据构建图形，通过图形构建符号，通过符号构建信息，并以视觉化的逻辑语言表达信息。

## 7.3.1 数据可视化图表类型

数据可视化图表能使复杂的问题简单化，能以直观方式传达抽象信息，使枯燥的数据转化为具有人性色彩的图表，从而更好地抓住阅读者的眼球，并方便其更好地理解和应用分析结果。

按图表设计的形式特点，通常可以把图表分为关系流程类图表、叙事插图型图表、树状结构类图表、时间表述类图表、空间结构类图表等类型。不管何种类型的图表，都是运用列表、对照、图解、标注、连接等表述手段，使视觉语言最大化地融入信息，使信息的传达直观化、图像化、艺术化。

### 1. 关系流程类图表

通常用语言一时难以表述清楚的东西，若借助图形来说明，往往效果会好很多。如图 7-7 所示，人们可以迅速找到表述亮点或事件的主干，让所要表达的主题和思路更加清晰。

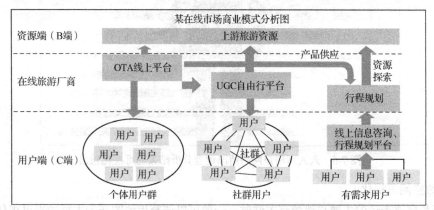

图 7-7　某在线平台业务关系流程辅助表述图

## 2. 叙事插图型图表

叙事型图表主要强调的是时间维度，一般是指随着时间的推移，信息也不断变化的图表。插图型图表是用诙谐幽默的图画表达信息的图表。图 7-8 所示为一种常用的叙事型图。

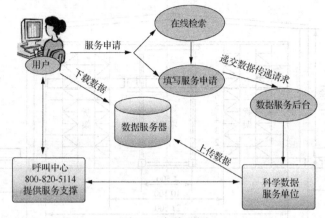

图 7-8　叙事型图

## 3. 树状结构类图表

树状结构类图表具有非常有序的系统特征，可以把繁复的数据通过分支梳理的方式表达清楚。运用分组，每组再次分类的主体框架表示主从结构，让数据与示意图有效地结合在一起，如图 7-9 所示。

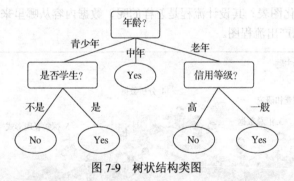

图 7-9　树状结构类图

## 4. 时间表述类图表

时间表述类图表只要以时间轴为中心加入文字数据即可，图 7-10 所示是一种时间表述类图模板。从设计的角度来看，将主题融入图形设计，挑选重要事件点解读，可以使画面精美、加深理解力度。

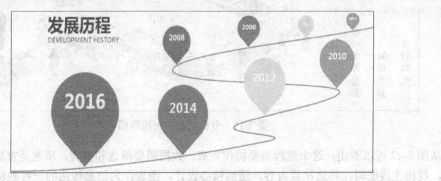

图 7-10　时间表述类图

### 5. 空间结构类图表

运用设计语言把繁杂结构模型化、虚拟化，是空间结构类图表存在的意义。大篇幅的文字讲不清楚的事情，也许仅需一个简单的空间结构类图表。图 7-11 所示为某立体仓库的空间结构图。

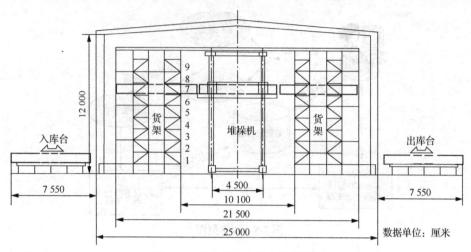

图 7-11　某立体仓库的空间结构图

## 7.3.2　数据可视化图表制作技巧

如何制作数据可视化图表？其设计流程是怎样的呢？数据内容从哪里来？图表内容怎么取舍？图 7-12 所示为分析信息产出流程图。

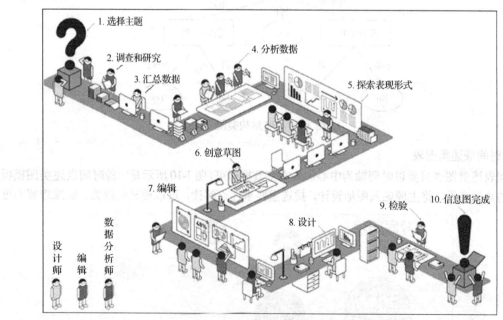

图 7-12　分析信息产出流程图

从图 7-12 可以看出，这个流程需要协作完成，数据需要筛选和整理，精准是首要条件，其次是梳理，找出主线逻辑，筛选次要内容，进而精心设计。图表作为信息传达的一种独特的表现方式，已经渗透到各个方面，它不仅是对文字的补充说明，还可以独立表现内容。要想制作出完美的数据可视化图表，必须重视基础图形创意、创设高吸引度与视觉亮点、使画面简洁明了、坚持视觉导向；
用好象征图释等要素。

### 1. 重视基础图形创意

在数据可视化图表设计中，基础图形创意是重中之重，柱状图和饼状图是最常用的两种基础图形，但是简单的几何形态很难给人以设计感。通过对基础图形的创意来突出设计主题（见图 7-13），就可以取得一举多得、事半功倍的效果。

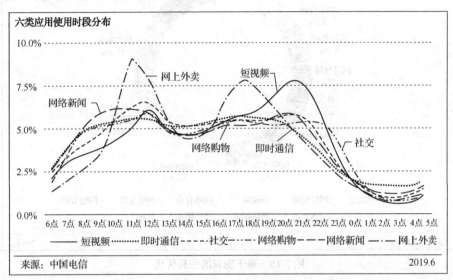

图 7-13　基础图形通过创意来突出设计主题

### 2. 创设高吸引度与视觉亮点

在阅读过程中，如果想要让设计的作品始终占据视觉的主导地位，就需要作品本身具有很好的表现力，能帮助读者以最直观的方式理解作品所要传达的信息内容。互联网的发展，使信息的更新速度非常快，从传统网页到社交微博，用户浏览信息速度也越来越快，高吸引度便是最宝贵的财富点。图7-14 所示的最新热点视觉吸引效果图采用的风趣幽默的表现手法，选取的时下最新热点，都是数据可视化设计的有效切入点。

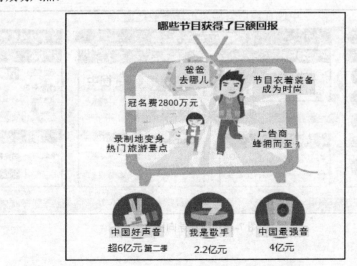

图 7-14　最新热点视觉吸引效果图

**3. 使画面简洁明了**

图表设计是直观的、形象的、准确的、明了的，它的表现手法虽然多种多样，但是在信息传达方面始终要坚持可读性和条理性共存的原则。基于图表的信息表达示例如图 7-15 所示。

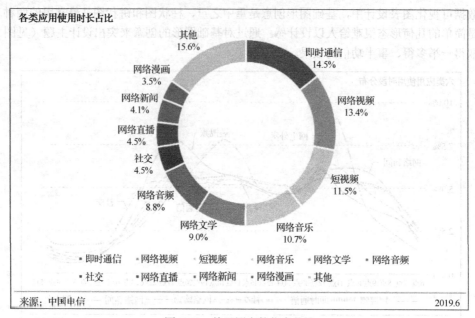

各类应用使用时长占比

来源：中国申信                                                     2019.6

图 7-15　基于图表的信息传达

信息的整理和归纳也并不是越多越好，而应力求以最精简的数据产出最清晰的效果，使人一目了然。

**4. 坚持视觉导向**

图表的版面设计要充分尊重人们的阅读习惯，当一张图表充斥了大量的信息时，需要设计者合理利用视线移动规律，将信息顺畅、有效地传达给读者。如图 7-16 所示，遵循视觉导向规律的设计，往往可以提高人们对信息的理解力，给人以舒适的阅读感受。反之，则会失去图文重点，让人不解其意，给人杂乱无章的感觉。

图 7-16　视觉导向图

**5. 用好象征图释**

在图表设计中，应尽可能少用文字来表达信息含义，而是用图说话、用图沟通。其实在人们的日常生活中，部分公共标志就已经很好地做到了这一点。公共场所出现的各种导视图形，起到了很好的指示说明作用，象征图释要以受众广为前提和目标。

如图 7-17 所示，在设计上要注重保持风格的统一，这样才能让人视觉连贯、赏心悦目。

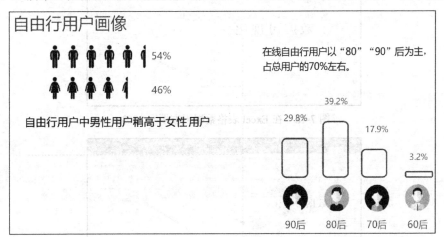

图 7-17　象征图释

数据可视化图表不仅优化了传统的图文阅读方式，而且成了当下视觉传达发展的必然趋势。数据可视化图表不仅把枯燥的文字、数据变成美好的阅读体验，而且能刷新设计师们的设计思维方式，唤醒其更丰富的设计潜能。

# 7.4 应用实例：电子商务数据分析结果的可视化输出

电子商务数据分析结果可视化输出，是数据分析处理过程的最后一个环节。数据分析结果如何被绘制成上述各种图表实现可视化展现呢？本节介绍 Microsoft Excel 和 IBM SPSS Modeler 的一些数据可视化功能的应用实例。

## 7.4.1　利用Excel实现数据分析结果可视化输出

Excel 是一款电子试算表程序（进行数字和预算运算的软件程序），具有强大的图形功能。在电子商务数据分析中，可以利用 Excel 表格、Excel 数据透视图等功能实现数据的可视化展示。

1. 利用 Excel 表格功能实现数据的可视化展示

很多时候使用 Excel 表格，看到的数据都是百分比，很不直观。如何可视化呢？

（1）首先，在 Excel 表格数据下方填写 100%，如图 7-18 所示，若数据中有 100%，则可不写。

（2）选中欲视图形化的数据，单击"条件格式"，在弹出的菜单中选择"数据条"选项，如图 7-19 所示。

（3）选择喜欢的颜色，如图 7-20 所示。

（4）选定数据的图形化显示结果如图 7-21 所示。图中多了一行"100%"，可通过操作将其隐藏起来。

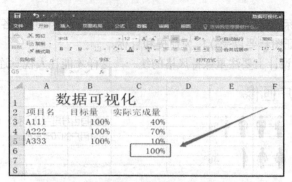

图 7-18　在 Excel 表格数据下方填写 100%

图 7-19　选择"数据条"选项

图 7-20　选择数据条的颜色

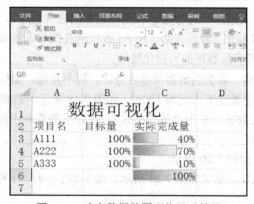

图 7-21　选定数据的图形化显示结果

（5）将鼠标指针移动到欲隐藏行的行标处（也就是显示行数的地方），选中行（注意不是选中单元格），如图 7-22 所示。

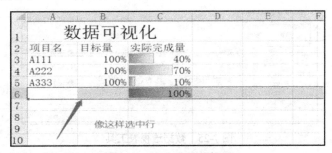

图 7-22　选中欲隐藏的行

（6）在选中行单击鼠标右键，在弹出的菜单中选择"隐藏（H）"选项，如图 7-23 所示。

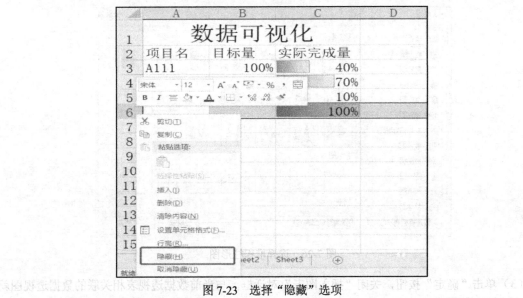

图 7-23　选择"隐藏"选项

（7）隐藏多余行以后的数据图形化效果如图 7-24 所示。

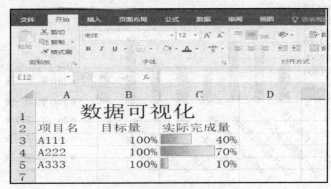

图 7-24　数据图形化效果

## 2. 利用 Excel 数据透视图实现数据的可视化展示

利用 Excel 数据透视图实现数据可视化展示的操作步骤如下。

扫一扫：

视频 7-2

（1）选中数据透视表中的任意单元格，然后在"数据透视表工具"的"选项"对话框的"工具"选项组中，单击"数据透视图"按钮，如图 7-25 所示。

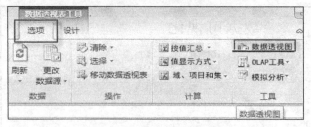

图 7-25　数据透视表工具

（2）在随即打开的"插入图表"对话框中选择"柱形图"中的"堆积柱形图"类型，如图 7-26 所示。

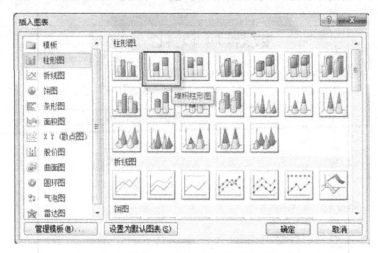

图 7-26　选择堆积柱形图

（3）单击"确定"按钮，关闭"插入图表"对话框，与当前数据透视表相关联的数据透视图就创建完成了，如图 7-27 所示。

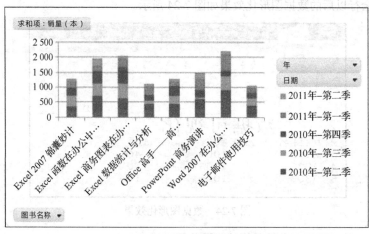

图 7-27　数据透视图

（4）为了更清晰地对比同一年度各种图书的销售情况，可直接在数据透视图中单击"年"按钮，进行快速筛选，如图 7-28 所示。

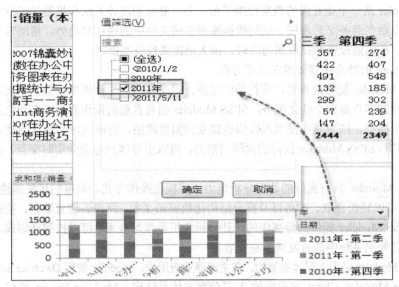

图 7-28    在数据透视图中按年快速筛选

（5）单击图 7-28 中的"确定"按钮，数据透视图中就显示出"2011 年"各类图书的销售数据，如图 7-29 所示。

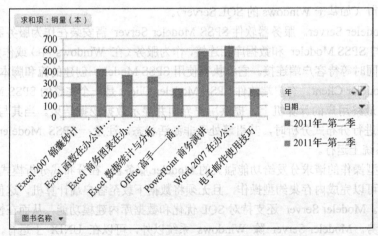

图 7-29    在数据透视图中按年显示的销售数据

以上介绍了两种利用 Excel 中相关功能实现数据可视化展示的简单操作方法。Excel 还有更多、更好的数据分析处理和可视化展示功能，请读者以此为入门学习的基础，进一步查阅相关资料学习运用，本书不做过多介绍。

## 7.4.2    使用SPSS Modeler实现可视化数据挖掘

可视化数据挖掘是一种从海量数据中提取隐含、潜在的有用信息和模式的方法。SPSS Modeler 是将数据挖掘理论应用到数据分析实践中的一款可视化数据挖掘软件，在应用该软件的过程中，一般不需要用户再编程。下面介绍 SPSS Modeler 的基本特点、主要功能、有关参数和全局量的设置技巧等内容。

1. SPSS Modeler 的基本特点

SPSS Modeler 是一个企业级的数据挖掘平台，它将复杂的统计方法和机器学习技术应用到数据分析中，揭示隐藏在商务交易系统、结构数据库和普通文件中的模式和趋势，帮助客户始终站在行业发展的前沿，在缩短投资回报周期的同时，极大地提高投资回报率。

SPSS Modeler 的特点主要体现在以下方面。

（1）SPSS Modeler 能够改善客户获得的满足感，提高客户的生命周期价值，识别并最小化风险和欺诈，给不同的客户提供个性化服务。SPSS Modeler 拥有直观的操作界面、自动化的数据准备和成熟的预测分析模型，结合商业技术可以快速建立预测性模型，进而应用到商业活动，帮助人们改进决策过程。应用 SPSS Modeler 获得的预测洞察力，可以引导客户与企业实时交互，并在企业内共享这些洞察力。

（2）SPSS Modeler 具有良好的数据分析能力、可视化操作方式、高度的可扩展性。使用 SPSS Modeler，用户可以轻松获取、准备以及整合结构化数据和文本、网页、调查数据，快速建立和评估模型，使用 SPSS Modeler 提供的最高级的统计分析和机器学习技术，可以按照计划或者实时地把预测模型有效地部署到系统中或者发送给决策者。

（3）SPSS Modeler 采用 3 层体系架构。在主流商业应用中，Modeler 使用 Database Server + Modeler Server 服务器 + Modeler Client 客户端的 3 层分布式体系结构，Modeler Server 能够与一个或多个 Modeler Client 端程序一起运行。

① Database Server 数据库服务器。 数据库服务器可以是某个现有的数据集市（如基于大型 UNIX 服务器的 Oracle 服务器），或基于为了降低对其他业务系统的影响，而建立的本地或部门服务器中的数据集市（如基于 Windows 的 SQL Server）。

② SPSS Modeler Server。服务器软件 SPSS Modeler Server 需安装在作为服务器的专门计算机上，并通过网络与 SPSS Modeler 和数据库相连接，作为服务（在 Windows 中）或作为守护进程（在 UNIX）运行，同时等待客户端连接。它将执行使用 SPSS Modeler 创建的流和脚本。

③ SPSS Modeler Client。客户端软件 SPSS Modeler Client 是一个完整的 SPSS Modeler 软件安装程序，安装在最终用户的计算机上，提供用户界面并显示数据挖掘结果。当其与 SPSS Modeler Server 连接起来进行分布式分析时，其引擎处于非激活状态。注意： SPSS Modeler Client 仅能在 Windows 操作系统上运行。

将资源集约型操作的请求分发给功能强大的 Modeler 服务器，在分布式分析模式下不间断运行，同时在服务器上可以完成内存集约型操作，且无须将数据下载至客户端计算机，这使大数据集的处理速度大大加快。Modeler Server 还支持对 SQL 优化和数据库内建模功能，从而在性能和自动化方面带来更多的优势。Modeler Server 除 Windows 系统以外，可以在 UNIX 上运行，这样在选择安装平台时更具灵活性。

SPSS Modeler 具有许多独特的性能，这使得它成为当今企业预测分析的理想选择。

2. SPSS Modeler 的主要功能

SPSS Modeler 可提供数据挖掘相关的数据读取、数据预处理、图形化数据输出、数据挖掘、模型评估、多种格式的数据导出等全过程的功能。

（1）数据读取功能。SPSS Modeler 提供方便、及时的数据访问，可以接入各种数据源和数据文件，在数据挖掘过程中无须考虑数据源、所在平台及其数据格式。SPSS Modeler 具备处理多种格式的数据的能力，能够从多种类型的文件（诸如可变长度记录、二进制文件、自由格式数据、Excel 等）读取任何格式的数据；同时，可通过 SPSS Data Access Pack 与大多数主流数据库（如 IBM DB2、Oracle、Informix、Sybase、SQL Server 等）直接连接，也可以通过第三方提供的开放数据库连接（Open DataBase Comectivity，ODBC）与其他数据库连接（如 Teradata 等）。若用户使用了 SPSS Modeler

白金版，则还可以接入文件或者 Web2.0（RSS feeds）等非结构化数据。

（2）数据预处理功能。SPSS Modeler 提供多种数据处理节点，分析人员可以通过拖拉方式实现数据的预处理，而无须精通数据库语言。其中，对记录的操作包括选择、抽样（随机、聚类和分层）、平衡、汇总、排序、合并、追加、区分；对字段的操作包括过滤、导出新字段、填充、集合字段重新分类、连续字段离散化、分区、重新结构化、转置、时间区间等。

（3）图形化数据输出功能。SPSS Modeler 提供了多种图形化技术和输出报告，帮助用户理解数据间的关键性联系，并指导用户以最便捷的途径找到问题的最终解决办法。SPSS Modeler 融合了 3D、图形和动画等多种可视化技术来处理多维数据，使得数据表现出的特征、模式和关联性等信息一目了然，可以生成散点图、分布图、直方图、堆积图、多重散点图、网络图、评估图和时间散点图等。SPSS Modeler 的输出包括数据表格、交叉列联表、数据审核报告、统计报告和质量报告等。

（4）数据挖掘功能。SPSS Modeler 提供了一系列的数据挖掘算法模型，可以满足任何数据挖掘应用。用户可以从多种算法中选择，以满足其预测、聚类、关联、分类等需求。

① 数据探索类模型。数据挖掘过程中通常包括成百上千个变量。但在建模过程中，大量的时间和精力都被花在检验模型包括哪些变量上。SPSS Modeler 的"特征选择"节点能够帮助减少对决策影响不大的不必要变量，创建一组更容易管理的、对决策直接相关的模型属性集合。"主成分/因子分析"算法提供了强有力的数据简化技术，能简化数据的复杂度。"异常侦测算法"（Anomaly Detection）能从群体的行为规则差异中侦测出不寻常的事例，这种算法通常被用来在数据分析探索阶段快速侦测不寻常的事例，从而满足数据审核的要求。

② 决策树模型。SPSS Modeler 的决策树模型允许用户开发分类系统，可以基于一组决策规则来预测或分类未来的观测值。如果将数据分成用户关注的类别（如高风险和低风险贷款、用户和非用户、投票人和非投票人或细菌类型），则用户可以使用自己的数据来构建规则，借此对新案例或旧案例进行准确性最高的分类。例如，可以基于年龄和其他因素构建对信用风险或购买意向进行分类的树。SPSS Modeler 提供多种算法，支持决策树分类。

③ 神经网络模型。神经网络是功能强大的一般函数预测器，可用于分类建模。

④ 最近相邻元素模型。"最近相邻元素分析"是根据观测值与其他观测值的类似程度分类观测值的方法，既可以用于类别目标，也可用于连续变量的分类。

⑤ 聚类模型。聚类模型主要用来确定相似记录的组并根据它们所属的组来为记录添加标签，无须事先了解组信息及组特征即可完成该操作。

⑥ 关联性分析模型。SPSS Modeler 可以通过 Apriori、GRI 及 CARMA 等算法发现关联规则。

⑦ 时间序列分析模型。SPSS Modeler 时间序列算法集成了指数平滑、单变量 ARIMA 和多变量 ARIMA 算法，用于预测基于时间序列的数据。SPSS Modeler 提供"专家模式"，自动侦测和评估出使用哪种算法能够得到最精确的预测结果。这种方式能够减少用户在模型训练中的误差和调试的时间。在所有情况下，专家模式都能给出一个匹配程度最好的模型。

⑧ 其他统计分析与数据挖掘模型。SPSS Modeler 还提供线性回归、逻辑回归、广义线性模型、判别分析、Cox 回归、支持向量机（Support Vector Machines，SVM）、贝叶斯网络等多种算法。

（5）模型评估功能。SPSS Modeler 提供的评估图包括收益图表、提高图表、投资回报图表、利润图表、响应图表。评估图表还可以被累积，累积图表通常可以使模型的整体运行状态更佳。此外，还可以利用 SPSS Modeler 输出面板中的分析、矩阵、统计等节点输出表格、统计量等，对模型进行评估。

（6）多种格式的数据导出功能。SPSS Modeler 可以提供多种格式的数据导出服务，导出的格式有与 ODBC 兼容的相关数据源、定长、分隔符、SPSS 文件、SAS 文件、Excel 文件等，方便用户使用结果数据。

（7）商品部署功能。SPSS Modeler 支持方便、灵活的部署方式，用户可以将模型直接发布到数据库中，进行高效的数据库打分，也可制订定期、定时的模型运行计划，还可以将模型保存为 PMML 的通用格式，支持对其进行二次开发。

### 3. SPSS Modeler 中参数的设置

在使用 SPSS Modeler 过程中有一些小技巧（如参数的设置等）可能容易被忽略，而它们却可以帮助用户更加高效、方便地实现所需功能。

（1）什么时候需要用到参数？在分析的过程中，如果用户需要根据不同条件来运行相同的数据流，而且这个条件是多个节点需要用到的，这时就可以使用参数来实现。

（2）参数类型。IBM SPSS Modeler 中的参数主要可分为两类：一是流参数，在流脚本中或在流属性对话框中设置，可用于流中的所有节点；二是会话参数，在独立脚本或在会话参数对话框中设置，可用于当前会话中使用的所有流（即在管理器窗格的"流"选项卡中列出的所有流）。

（3）流参数的设置。打开菜单栏，选择"工具"栏下的"流属性"选项，在弹出的"流 1"对话框中选择"参数"选项，如图 7-30 所示。

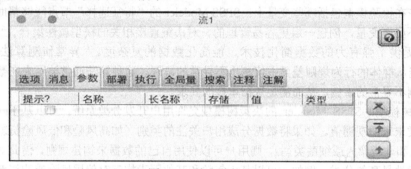

图 7-30　流参数的设置

（4）会话参数的设置。打开菜单栏，选择"工具"栏下的"设置会话参数"选项，如图 7-31 所示。

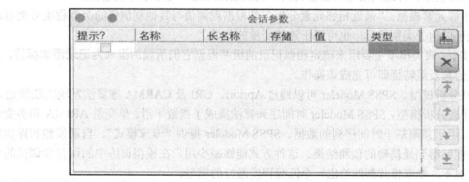

图 7-31　会话参数的设置

可以看到不管是流参数还是会话参数，设置的方法基本上都是一样的，只是影响范围不同。

（5）应用举例。设置流参数 Date_from 和 Date_to，每次运行时提示输入起始时间和终止时间。

① 菜单栏选择"工具"栏下的"流属性"，在弹出的"流 1"对话框中选择"参数"选项，输入流参数如图 7-32 所示。

② 在选择节点中，设置条件如图 7-33 所示，其中，$P-Date_from 和$P-Date_to 就是刚才设置的流参数。

③ 运行流时，会弹出对话框要求输入起始日期及终止日期，输入这两个日期，单击"确定"按钮后，系统会按照该日期条件运行相应的数据流并得出结果。

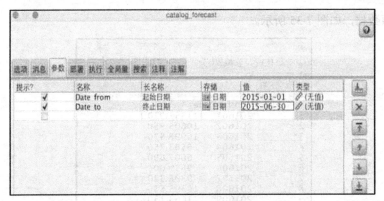

图 7-32　输入流参数

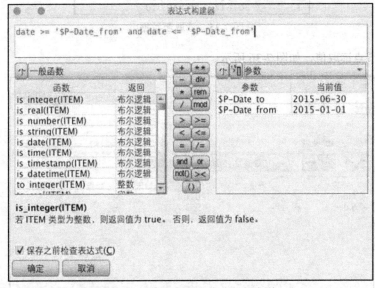

图 7-33　在选择的节点中设置条件

### 4. SPSS Modeler 中全局量的设置

什么时候需要用到全局量？当需要使用某个指标值的统计值如平均值、汇总值、最小值、最大值、标准差等进行"选择"或者"导出"计算时，使用全局量可以方便地帮助实现。

应用举例：设有 2016 年每个月销售金额的数据，现要新增一列"每个月销售金额的占比"，一般需要先通过汇总值把销售金额汇总，再将其合并到原来的表中。这样做比较麻烦，若设置全局量，就可以很方便地实现了。设置全局量的流程如图 7-34 所示。

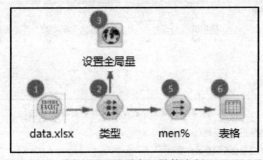

图 7-34　设置全局量的流程

（1）读取源数据，如图 7-35 所示。

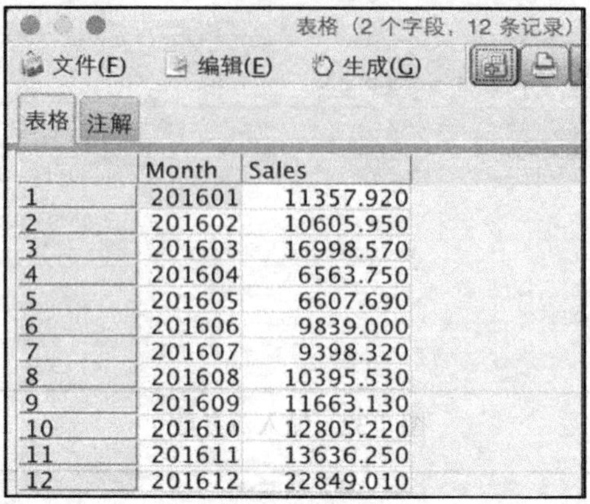

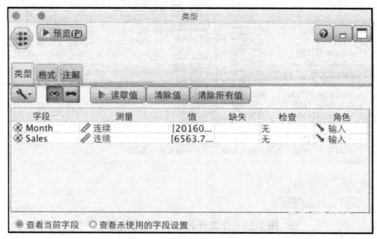

图 7-35　读取源数据

（2）用类型节点读取值，如图 7-36 所示。

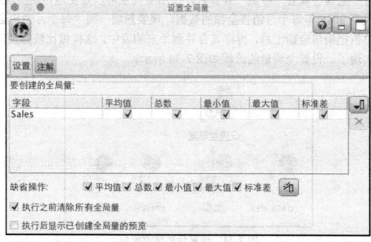

图 7-36　用类型节点读取值

（3）在"输出"面板中选择"设置全局量"，打开"设置全局量"对话框如图 7-37 所示。

图 7-37　设置全局量

（4）单击"运行"按钮后，选择菜单栏中"工具"栏下的"全局量"标签，自动生成全局量及相应计算好的数值，如图 7-38 所示。

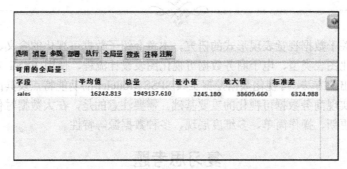

图 7-38　生成全局变量及相应计算好的数值

（5）使用导出节点，生成占比指标，在导出的表达式面板，右边下拉框中选择"全局量"，可以看到前面生成的全局量的值，如图 7-39 所示。

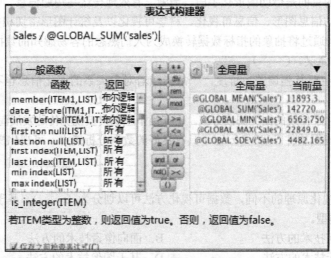

图 7-39　生成的全局量值

（6）使用表格查看结果，如图 7-40 所示。

图 7-40　使用表格查看结果

# 本章小结

数据可视化是关于数据视觉表现形式的研究。本章介绍了数据可视化的含义、常用的数据可视化方法、数据可视化图表类型、电子商务数据可视化图表设计流程、使用 Excel 实现电子商务数据分析结果可视化输出的方法、可视化数据挖掘工具 SPSS Modeler 的功能特点及其简单的使用技巧等内容，本章内容是实现商务数据可视化的重要基础。需要注意的是，在大数据时代，数据可视化工具还必须具备实时更新、操作简单、多维度展现、多种数据源等特性。

# 复习思考题

## 一、判断题

1．数据可视化的目的是借助图形化手段，清晰、有效地传达与沟通信息。（　　）

2．数据可视化与信息图形、信息可视化、科学可视化以及统计图形密切相关。（　　）

3．概念可视化是通过将抽象的指标数据转换成为人们熟悉的容易感知的数据，使用户更容易地理解图形所要表达的意义。（　　）

4．叙事型图表主要是强调关系维度，一般指随着对象关系的变化信息也不断有变化的图表。（　　）

5．信息图表优化了传统的图文阅读方式，但在当下呈现出被视觉传达发展淘汰的趋势。（　　）

6．可视化数据挖掘软件 SPSS Modeler 具有良好的数据分析能力、可视化操作方式、高度可扩展性。（　　）

## 二、选择题

1．根据数据可视化原理的不同，数据可视化方法可以划分为（　　）、基于层次技术和分布式技术的方法等多种类型。

  A．基于几何技术的方法    B．面向像素技术的方法

  C．基于图标技术的方法    D．基于图像技术的方法

2．数据可视化有许多种方法，从实用维度看，常用的方法包括（　　）以及地域空间可视化等几种。

  A．面积与尺寸可视化    B．概念可视化

  C．颜色可视化      D．图形可视化

3．当指标数据要表达的主题与地域有关联时，人们一般会选择用（　　）为大背景来可视化输出数据分析的结果。

  A．地图   B．热点图   C．趋势图   D．直方图

4．数据可视化图表通过视觉传达的设计，以凝练、直观和清晰的视觉语言，通过（　　），并以视觉化的逻辑语言表达信息。

  A．梳理数据构建图形    B．通过图形构建符号

  C．通过符号构建信息    D．通过信息还原数据

5．数据可视化一般具有准确性、创新性和简洁性等特点，与（　　）密切相关。

  A．信息图形  B．信息可视化  C．科学可视化  D．统计图形

## 三、问答题

1．在数据可视化图表设计中需要注意哪些要素？

2．如何在 Excel 中安装数据透视表工具？试说明其主要操作步骤。

3．SPSS Modeler 是一款什么样的软件？简要说明其特点。

4．SPSS Modeler 软件主要有哪些功能？

## 四、应用分析题

实战训练：某电子商务网站销售额的原始数据如表 7-1 所示，请你做一份数据分析报告。

表 7-1　　　　　　　　　　　　　　某电子商务网站销售额数据

| 订购日期 | 年份 | 发票号 | 销售部门 | 销售人员 | 工单号 | ERPCO 号 | 所属区域 | 商品类别 | 数量 | 金额 | 成本 |
|---|---|---|---|---|---|---|---|---|---|---|---|
| 2007/3/21 | 2007 | H00012769 | 三科 | 刘辉 | A12-086 | C014673-004 | 苏州 | 宠物用品 | 16 | 19 269.69 | 18 962.65 |
| 2007/4/28 | 2007 | H00012769 | 三科 | 刘辉 | A12-087 | C014673-005 | 苏州 | 宠物用品 | 40 | 39 465.17 | 40 893.08 |
| 2007/4/28 | 2007 | H00012769 | 三科 | 刘辉 | A12-088 | C014673-006 | 苏州 | 宠物用品 | 20 | 21 015.94 | 22 294.09 |
| 2007/5/31 | 2007 | H00012769 | 三科 | 刘辉 | A12-089 | C014673-007 | 苏州 | 宠物用品 | 20 | 23 710.26 | 24 318.37 |
| 2007/6/13 | 2007 | H00012769 | 三科 | 刘辉 | A12-090 | C014673-008 | 苏州 | 宠物用品 | 16 | 20 015.07 | 20 256.69 |
| 2007/7/16 | 2007 | H00012769 | 三科 | 刘辉 | A12-091 | C014673-009 | 苏州 | 宠物用品 | 200 | 40 014.12 | 43 537.56 |
| 2007/9/14 | 2007 | H00012769 | 三科 | 刘辉 | A12-092 | C014673-010 | 苏州 | 宠物用品 | 100 | 21 423.96 | 22 917.34 |
| 2007/10/19 | 2007 | H00012769 | 三科 | 刘辉 | A12-093 | C014673-011 | 苏州 | 宠物用品 | 200 | 40 014.12 | 44 258.36 |
| 2007/11/20 | 2007 | H00012769 | 三科 | 刘辉 | A12-094 | C014673-012 | 苏州 | 宠物用品 | 400 | 84 271.49 | 92 391.15 |
| 2007/3/21 | 2007 | H00012769 | 三科 | 刘辉 | A12-095 | C014673-013 | 常熟 | 宠物用品 | 212 | 48 705.66 | 51 700.03 |
| 2007/4/26 | 2007 | H00012769 | 三科 | 刘辉 | A12-096 | C014673-014 | 常熟 | 宠物用品 | 224 | 47 192.03 | 50 558.50 |
| 2007/4/28 | 2007 | H00012769 | 三科 | 刘辉 | A12-097 | C014673-015 | 常熟 | 宠物用品 | 92 | 21 136.42 | 22 115.23 |
| 2007/5/31 | 2007 | H00012769 | 三科 | 刘辉 | A12-098 | C014673-016 | 常熟 | 宠物用品 | 100 | 27 499.51 | 30 712.16 |
| 2007/6/13 | 2007 | H00012769 | 三科 | 刘辉 | A12-101 | C014673-019 | 常熟 | 宠物用品 | 140 | 29 993.53 | 32 726.66 |
| 2007/7/16 | 2007 | H00012774 | 三科 | 刘辉 | A11-155 | C015084-001 | 常熟 | 宠物用品 | 108 | 34 682.76 | 35 738.66 |
| 2007/9/14 | 2007 | H00012774 | 三科 | 刘辉 | A11-156 | C015084-002 | 常熟 | 宠物用品 | 72 | 12 492.95 | 11 098.92 |

提示：这张表的信息量很大，拿到了这张表，首先应思考可以从哪几个方向来分析，如不同年份的销售额、不同销售人员的销售额、各部门不同季度的销售趋势走向等。

方法一：先建立数据透视表，然后将数据透视表转换为普通格式，再插入图表。

方法二：创建数据透视图。数据透视图可以任意修改分析维度，变更横轴、纵轴类型，还可以轻松转换图表类型。例如，通过表 7-1 中的数据分析部门-销售额（可用折线图展示各部门销售额的趋势走向）、分析各地区的销售额情况等。

# 第8章　电子商务数据分析实验指导

 **本章学习目标**

- ☞ 掌握Excel、SPSS、SPSS Modeler等数据分析工具软件的安装方法。
- ☞ 掌握使用Excel采集和统计相关电子商务数据指标的方法。
- ☞ 掌握使用SPSS实现数据的描述性统计分析、一元线性回归分析的方法。
- ☞ 掌握应用"生意参谋"查询网店运营数据的操作方法。
- ☞ 掌握应用"阿里指数"分析市场销售数据的操作方法。
- ☞ 掌握应用"百度统计"分析网站运营数据的操作方法。

**引例**

## 2019年七夕爱情报告

2019年七夕当天，淘宝发布"爱情报告"，该报告显示，在过去的一年里，600万对情侣在淘宝亲情账号里甜蜜地绑定了"爱人关系"；当然，还有241万对情侣默默解绑。但分手后，消费者也能上淘宝找到美好的单身生活。临近七夕，淘宝上除了鲜花消费环比涨幅超过90%外，一系列含"单身"关键词的商品成交环比增幅更是高达382%。在淘宝，人们勇敢去爱，也勇敢地不爱。

从淘宝亲情账号的数据来看，在一段感情中，无论是表白还是分手，男性都显得更加主动：60%的"爱人关系"是由男性发起绑定的；而在解绑时，男性主动发起的比例虽然略低，但也超过了50%。当然也有例外，像上海女性就在表白时更主动，辽宁女性在分手时更果断。同时，淘宝还特别发现：光棍节是过去一年里的"分手高峰期"，在这一天，提分手的女性多于男性。

关于爱情的时长，淘宝也有话要说。超过33万对爱情在淘宝上只维持了不到24小时，除了这些可能还不太成熟的爱情外，爱情结束最多的一天是第249天。天长地久有多难？淘宝上有100万人的爱情没有从上一个情人节坚持到今年的七夕。

但分手后在淘宝上的生活照样美好。数据显示，在分手第1天，人们的消费额会比日常高出近12%，"买买买"成为舒缓情绪的良方。在七夕前，很多单身消费者会在淘宝上购买一些别致的"单身"商品，展示自己的爱情态度，由此带动含有"单身"关键词的商品成交大涨。

很多网友表示，分手后淘宝就成了联系前任的最后方式。淘宝数据记录爱情，也记录爱情破碎的声音。

（资料来源：根据网络资料改编，2019-08-07）

【案例思考】

1. 电子商务数据包含了哪些信息？
2. 如何采集电子商务数据？
3. 如何分析电子商务数据？
4. 如何解读电子商务数据分析的结果？

本章针对前面章节的主要内容，设计了相应的实验操作项目，方便授课老师安排本课程的实验内容，也便于自学者采用理论学习与实际动手操作相结合的方式来阅读本书，从而收到较好的学习效果。

# 实验1 | 常用数据分析工具的安装

## 任务1-1 在Excel中安装数据分析工具

当用户面对一堆数据时，要对其进行有效分析，需要掌握相应的数据分析工具和分析方法。Excel 是数据分析中最简单、最常用的一款软件，在数据分析和计算方面具有强大的功能，很多企业都用 Excel 进行数据分析和管理，因此，本实验主要介绍 Excel 2010 数据分析工具的安装知识。

分析工具库是在安装 Microsoft Office 后可用的 Microsoft Office Excel 加载项程序（为 Microsoft Office 提供自定义命令或自定义功能的补充程序），但是，要在 Excel 中使用它，还需要先加载，因为 Excel 在默认状态下这个工具是没有打开的。

在 Excel 中添加"数据分析"工具的具体操作步骤如下。

（1）单击"文件"选项卡，在弹出的中页面单击"选项"进入"Excel 选项"对话框。

（2）在"Excel 选项"对话框中，单击"加载项"选项卡，在弹出的标签页"加载项"界面中单击"转到"按钮，如图 8-1 所示。

图 8-1 "Excel 选项"对话框

（3）在弹出的"加载宏"对话框中，选择"分析工具库""分析工具库 - VBA"和"规划求解加载项"复选框，然后单击"确定"按钮，如图 8-2 所示。

图 8-2 "加载宏"对话框

（4）查看"数据"菜单就可以看到其中已经添加了"数据分析"工具选项。

## 任务1-2  数据分析软件SPSS的安装

1. SPSS 24.0 的安装

将 SPSS 软件安装盘放入光驱，如果系统设置为自动运行光盘，则光盘自动执行 steup .exe 应用程序，出现安装界面，单击"下一步"按钮自动安装。

若 SPSS 软件不能自动运行，则运行 Windows 资源管理器，打开光盘中的 Windows\setup.exe 文件，出现安装界面。注意：如果是在 SPSS 官方网站下载的试用版，则可直接运行安装文件（setup.exe），进入安装过程。

2. 设置安装选项

单击 Install IBM SPSS Statistics 24 选项，进入 SPSS 安装界面，按照安装向导，根据提示依次设置安装信息。

（1）正版 SPSS 需输入 SN 序列号，试用版不需要。

（2）安装过程中会询问许可证的不同类型，即用户的不同类型。根据实际购买情况，如果是单机用户，选择 "单个用户许可证"选项；如果是企业购买了这款软件，同时给个人一个试用号码，则选择"站点许可证"选项；如果企业购买的软件是网络版则选择"网络许可证"选项。

（3）选择"我接受该许可协议中的条款"单选按钮，如图 8-3 所示。

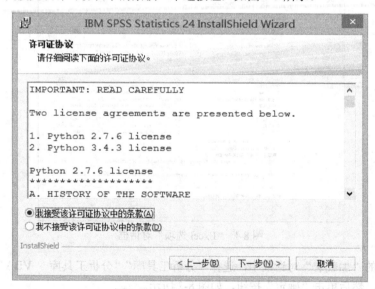

图 8-3  SPSS 安装许可证协议

（4）单击图 8-3 中的"下一步"按钮，在弹出的对话框中填写用户名、单位名称；如果是网络版，则需设置许可证服务器名称或地址。

（5）选择帮助语言，默认是"英文"＋"中文"，试用版需要单独下载帮助语言包。

（6）系统默认的安装路径是 C:\Program Files\IBM\SPSS\Statistics\24\，如图 8-4 所示。如果需改变安装路径，则可以单击"更改"按钮来自定义安装位置，并单击"下一步"按钮。

（7）单击图 8-5 中的"安装"按钮，开始安装 SPSS 软件。

3. 软件授权

安装完毕后，启动 SPSS 授权过程，根据软件的授权码，连接 SPSS 公司的许可证管理服务器获取许可证。成功授权之后，软件方可正常使用。试用版有临时许可证，可供短期使用。

图 8-4　SPSS 安装目标文件夹

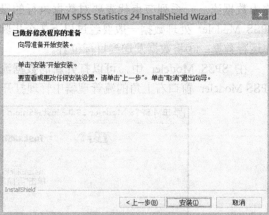

图 8-5　SPSS 安装界面

## 任务1-3　可视化数据挖掘软件SPSS Modeler的安装

扫一扫：

视频 8-1

下面以 SPSS Modeler 18.0 为例，介绍可视化数据挖掘软件 SPSS Modeler 的安装过程。

（1）打开软件安装包，双击运行 SPSS_Modeler_18（bit64）文件夹下的 setup.exe 程序，然后连续单击"下一步"按钮安装软件，如图 8-6 所示。

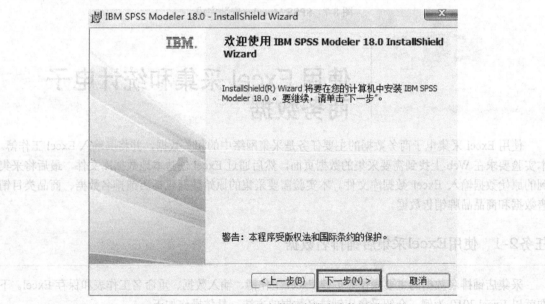

图 8-6　SPSS Modeler 安装程序的欢迎使用页面

（2）选择安装目录的位置，默认安装路径为 C:\Program Files\IBM\SPSS\Modeler\18.0\，建议使用默认安装路径，也可以单击"更改"按钮自定义安装位置，并连续单击"下一步"按钮，直至出现图 8-7 所示的界面。

（3）若不需要马上启动 SPSS Modeler，则不要勾选图 8-7 中 Start IBM SPSS Modeler/8.0 now 前的复选框，单击"完成"按钮，完成 SPSS Modeler 的安装。

使用 SPSS Modeler 进行数据挖掘，重点关注通过一系列节点运行数据的过程，这一过程通常被称为数据流，一系列节点代表要对数据执行的操作，节点之间的链接指示数据的流动方向。使用 SPSS Modeler 处理数据一般要经过以下 3 个步骤：①将数据读入 SPSS Modeler；②通过一系列操作运行数据；③将数据发送到目标位置。

在 SPSS Modeler 中，可以打开新的数据流一次性处理多个数据流；在会话期间，也可以在 SPSS Modeler 窗口右上角的流管理器中管理打开的多个数据流。

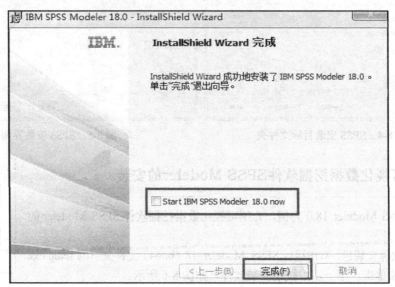

图 8-7    SPSS Modeler 安装完成

## 实验 2 使用 Excel 采集和统计电子商务数据

使用 Excel 采集电子商务数据的主要任务是采集网络中的相关数据，并将其输入 Excel 工作簿。本实验要求在 Web 上找到需要采集的数据页面，然后通过 Excel 创建本地数据库文件，最后将采集到的原始数据输入 Excel 数据库文件。本实验需要采集的原始数据包括店铺排名数据、商品类目销售数据和商品品牌销售数据。

### 任务2-1    使用Excel采集店铺排名数据

采集店铺排名数据的主要操作有创建 Excel 工作簿、输入数据、重命名工作表和保存 Excel。下面就以 Excel 2010 为例，介绍采集店铺排名数据的方法，具体操作如下。

（1）打开 Excel 2010，在左侧的列表框中选择"新建"→"空白工作簿"选项，创建一个新的 Excel 工作簿。在创建的 Excel 工作簿左上角单击"保存"按钮，命名新建文件。

（2）在工作簿左下角的 Sheet1 工作表标签上单击鼠标右键，在弹出的快捷菜单中选择"重命名"，然后输入"店铺排名"。

（3）在 A1、B1、C1 单元格中分别输入"排行""店铺名称""店铺平台"，然后打开采集到的网页中店铺排名的数据，将数据输入相应的单元格，如图 8-8 所示。

图 8-8　采集店铺排名数据

## 任务2-2　使用Excel采集商品类目销售数据

采集商品类目销售数据的操作与采集店铺排名数据相似，只需要重新打开一张 Excel 表，然后输入数据即可，具体操作如下。

（1）在 Sheet2 上单击鼠标右键，选择"重命名"，把 Sheet2 修改为"类目销售"。

（2）打开网页找到需要采集的商品类目数据，在工作表中输入采集到的商品类目销售数据，根据字段长度适度调整列宽，如图8-9 所示。

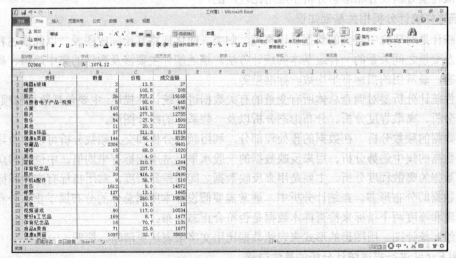

图 8-9　采集的商品类目数据

## 任务2-3　使用Excel采集商品品牌销售数据

采集商品品牌销售数据的方法与前两个任务类似，具体操作如下。

（1）打开 Excel 工作簿，用鼠标右键单击 Sheet3，选择"重命名"选项，输入"商品品牌"。

（2）打开网页中需要采集的品牌数据，在 Excel 中输入对应的品牌数据，根据字段长度适当调整列宽，如图 8-10 所示。

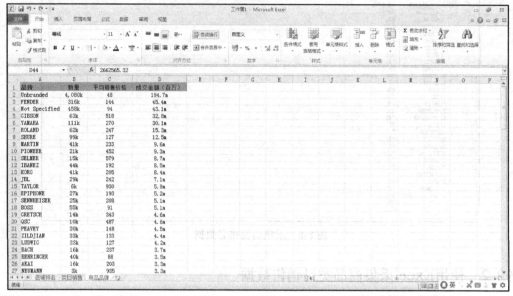

图 8-10　采集品牌数据

## 任务2-4　使用Excel实现数据的描述性统计分析

最常用的数据分析方法是描述性统计分析，它主要用来揭示数据的分布特性，并且在集中趋势分析、离散程度分析及分布形态分析中应用比较广泛。

### 1. 描述性统计分析相关基础知识

描述统计是对研究中得到的数据加以整理、归类、简化或将其绘制成图表，以此描述和归纳数据的特征及变量之间关系的一种最基本的统计方法。描述统计主要涉及数据的集中趋势、离散程度和分布形态，最常用的指标有平均数、标准差等。

描述性统计分析要对调查总体所有变量的有关数据进行统计性描述，主要包括数据的频数分析、集中趋势分析、离散程度分析、分布形态分析以及一些基本的统计图形。

（1）数据的频数分析。在数据的预处理部分，利用频数分析和交叉频数分析可以检验异常值。

（2）数据的集中趋势分析。用来反映数据的一般水平，常用指标有平均值、中位数和众数等。

（3）数据的离散程度分析。主要是用来反映数据之间的差异程度，常用指标有方差和标准差。

（4）数据的分布形态。在统计分析中，通常需要假设样本所属总体的分布属于正态分布，因此需要用偏度和峰度两个指标来检查样本数据是否符合正态分布。

（5）绘制统计图。用图形的形式来表达数据比用文字来表达更清晰、简明。

### 2. 用 Excel 进行描述统计分析的具体过程

（1）用 Excel 打开文件"商品成交金额表.xls"，表中成交金额为某平台月度数据，单位为元。首先判断数据的异常值，诸如是否有空值、最大值是否过大、最小值是否过小，以及数据类型是否一致等。描述性统计分析的前期工作是填充缺失值（保证数据的有效性），然后进行数据的描述性统计分析。

（2）单击"数据"→"数据分析"→"描述性统计"选项。

（3）在"描述统计"对话框中选择需分析的数据。在"输入区域"文本框中输入$B$2:$B$85，选择成交金额所在列；在"输出区域"文本框中输入$F$2。根据需要选择要输出的结论，这里选择"汇总统计"复选框，可给出一系列描述统计量；选择"平均数置信度"复选框，会给出用样本平均数估计总体平均数的置信区间；选择"第 K 大值"和"第 K 小值"复选框，会给出样本中第 K 个大值和第 K 个小值，如图 8-11 所示。

图 8-11 "描述统计"对话框

（4）填写完成后，单击"确定"按钮，即可得到想要的结果，如表 8-1 所示。

表 8-1 描述性统计结果

| | |
|---|---|
| 平均 | 30 708.654 76 |
| 标准误差 | 2 332.552 372 |
| 中位数 | 21 773.5 |
| 众数 | #N/A |
| 标准差 | 21 378.195 62 |
| 方差 | 457 027 247.8 |
| 峰度 | 0.716 043 844 |
| 偏度 | 1.240 796 443 |
| 区域 | 80 603 |
| 最小值 | 9 793 |
| 最大值 | 90 396 |
| 求和 | 2 579 527 |
| 观测数 | 84 |

在上面的结果中，"平均"是指这些商品成交金额的平均值，"标准差"是指商品成交金额的标准差，"峰度"即峰度系数，"偏度"即偏度系数，"区域"即商品成交金额数据的极差，或称全距。这些都是描述性统计关于数据的集中趋势、离中趋势和数据分布形态的测度统计量。从这些数据可以看出这 84 件商品成交金额的总体情况，商品成交金额的平均值在 30 708 元左右，偏度为 1.2408大于 0，数据分布呈右偏。

（5）基本结果的进一步检验。对于上述分析所得的基本结果，通常还需要进行 t 检验、F 检验等，检验时可以选择一项（一列或一行）数据进行分析；检验结果可以用数据图表描述，用图表描述的好处是直观、清晰。单击"插入"选项卡，可以根据需要选择"图表"选项下的柱状图、条形图、饼图等多种图示，这里选择"柱状图"作为范例，如图 8-12 所示。

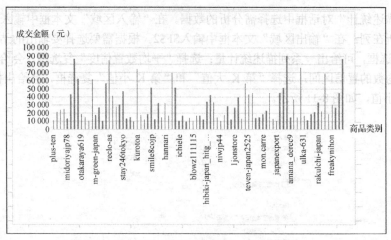

图 8-12  分析结果的进一步检验

# 实验3 | 使用 SPSS 分析电子商务数据

## 任务3-1  使用SPSS实现数据的描述性统计分析

SPSS 对数据的处理一般都是从基本的描述性统计分析开始的。通过基本描述性统计分析，用户对数据的基本特征有所了解，然后进一步判断数据的总体分布特征。SPSS 中常用的描述性统计分析包括频数分析、描述性分析、探索分析、交叉列联表分析等，下面主要介绍频数分析、描述性分析的操作方法。

### 1. 频数分析

频数分析的实验目的：了解变量取值的状况，为把握数据分布特征提供帮助。

频数分析的实验内容：根据"商品成交金额表.sav"数据，用 SPSS 软件分析该商场服饰类别商品成交金额的分布特征并绘制频数表、直方图（单位：元）。

频数分析实验的操作步骤如下。

（1）打开 SPSS 软件，依次选择"文件"→"打开"→"数据"，打开"商品成交金额表.sav"数据文件。

（2）选择"分析"→"描述统计"→"频率"对话框，并选择要进行频率分析的变量，这里选择"成交金额"，然后将其添加到右侧的"变量（V）"列表框中如图 8-13 所示。

图 8-13  "频率"对话框

数值型数据做成频率表的意义不大，因此，这里可以不用显示频率表；对于分类别的数据，如果做频数分析，则可以勾选"显示频率表"，然后选择"图表（C）"，选择所需图表类型。

（3）对于数值型变量，设置输出有关描述统计量。单击窗口右侧的"统计（S）"选项，显示图8-14 所示的对话框，在该对话框中设置输出描述统计量。

（4）设置相关图形的输出。单击"图表（C）"，在弹出的对话框中选择相应的输出图表，如图8-15 所示。

（5）选择图表类型。根据数据的分析类型，选择对应的图表显示格式，其中包括条形图、饼图和直方图等。

图 8-14 "频率：统计"对话框

图 8-15 "频率：图表"对话框

（6）解读分析结果。频率分析的输出结果，包括描述性统计量、频率分布表和直方图。

表 8-2 是描述性统计量的输出表格，由表 8-2 中的数据可以看出，成交金额的平均值为30 708.654 8 元，中位数为 21 773.500 0 元，众数为 9 793.00 元，标准差为 21 378.195 62 元，方差为457 027 247.800 元，偏度系数为 1.241，为右偏分布；峰度为 0.716，为尖峰分布，说明观察量更集中，有比正态分布更短的尾部。

表 8-2 统计量

| 成交金额（元） | | |
|---|---|---|
| 案数 | 有效 | 84 |
| | 缺失 | 0 |
| 平均值 | | 30 708.654 8 |
| 平均值标准误差 | | 2 332.552 37 |
| 中位数 | | 21 773.500 0 |
| 众数 | | 9 793.00[a] |
| 标准差 | | 21 378.195 62 |
| 方差 | | 457 027 247.800 |
| 偏度 | | 1.241 |
| 偏度标准误差 | | 0.263 |
| 峰度 | | 0.716 |

续表

| | | |
|---|---|---|
| 峰度标准误差 | | 0.520 |
| 范围 | | 80 603.00 |
| 最小值 | | 9 793.00 |
| 最大值 | | 90 396.00 |
| 总和 | | 2 579 527.00 |
| 百分位数 | 25 | 14 620.250 0 |
| | 50 | 21 773.500 0 |
| | 75 | 43 366.750 0 |

注：存在多个众数；显示了最小的值。

从直方图（见图 8-16）中可以看出，此次成交金额主要集中在 20 000 元左右，说明大家对服饰类商品的消费水平多集中在 20 000 元左右。

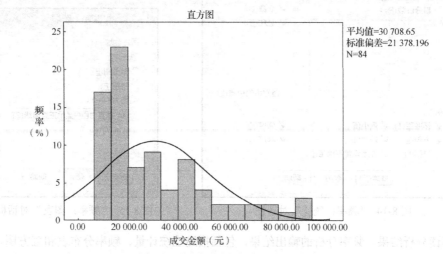

图 8-16　成交金额-频率分布直方图

分析变量的频率分布，可以方便、简洁地归类整理数据，并初步分析数据的分布形态。

2. 描述性分析

描述性分析的实验目的：通过计算得出一系列描述性统计量指标数据，了解变量取值的状况，帮助用户把握数据分布特征。描述统计量主要包括均值、极差、标准差、方差、最大值和最小值等。

描述性分析的实验内容：打开"商品成交金额表.sav"，对表中数据进行描述性分析，如均值、极差、标准差、方差、最大值和最小值等。

描述性分析实验的操作步骤如下。

（1）打开整理好的数据，选择"分析"→"描述统计"打开"描述"对话框，并选取需分析的变量。从左边的变量列表框中选择需要进行描述性分析的变量，移到右边的列表框，此处选取"成交金额"，如图 8-17 所示。

（2）设置是否对该数据进行标准化。数据标准化后的新变量名为相应原变量名加前缀 Z，表示一个新的数量标准化变量。若数据需要标准化，则可以在图 8-17 左下角选中"将标准化值另存为变量（Z）"复选框。

（3）设置输出的描述性统计量。单击"描述"对话框右侧的"选项"按钮，弹出"描述：选项"对话框，根据需要设置输出的统计量，如图 8-18 所示，设置完成后单击"继续"按钮返回"描述"对话框。

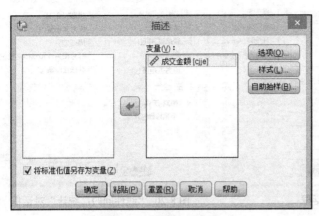

图 8-17 "描述"对话框

图 8-18 "描述：选项"对话框

（4）单击"确定"按钮，即可得到分析结果，如表 8-3 所示。

表 8-3 描述统计表

| | 个案数统计 | 范围<br>统计 | 最小值<br>统计 | 最大值<br>统计 | 平均值 | | 标准差<br>统计 | 方差统计 |
| --- | --- | --- | --- | --- | --- | --- | --- | --- |
| | | | | | 统计 | 标准误差 | | |
| 成交金额<br>（元） | 84 | 80 603.00 | 9 793.00 | 90 396.00 | 30 708.654 8 | 2 332.552 37 | 21 378.195 62 | 457 027 247.800 |
| 有效个案数<br>（个） | 84 | | | | | | | |

（5）结果解读。根据描述性统计结果，样本数为 84 个，极差为 80 603.00 元，最小值为 9 793.00 元，最大值为 90 396.00 元；均值为 30 708.654 8 元，标准差为 21 378.195 62 元，方差为 457 027 247.800 元。描述性统计分析过程对原始数据进行了标准化，标准化后的新变量可以在数据文件中看到。

## 任务3-2  使用SPSS实现一元线性回归分析

线性回归假设因变量（也称为被解释变量）与自变量（也称解释变量）之间为线性关系，用一定的线性回归模型来拟合因变量和自变量的数据，并确定模型参数来得到回归方程。一元线性回归模型是指只有一个解释变量的线性回归模型，用于表达被解释变量与另一个解释变量之间的线性关系。

扫一扫：

视频 8-2

本任务根据"商品类目销售利润表.sav"中的数据，用 SPSS 软件分析成交金额和利润之间的线性关系，具体操作步骤如下。

（1）选择"分析"→"回归"→"线性"命令，弹出"线性回归"对话框，这是线性回归分析的主要操作对话框，如图 8-19 所示。

（2）"统计量"对话框的参数设置。单击"统计（S）"按钮，打开"线性回归：统计"对话框，按图 8-20 所示选择相应的复选框。

（3）"图"对话框的设置。单击"图（T）"按钮，打开"线性回归：图"对话框，按图 8-21 所示选择相应的复选框。

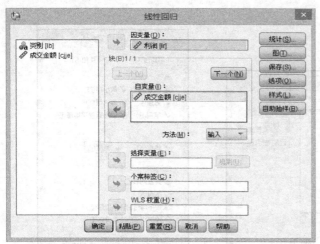

图 8-19 "线性回归"对话框

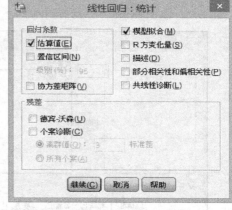

图 8-20 "线性回归：统计"对话框

（4）"保存"对话框的设置。单击"保存（S）"按钮，打开"线性回归：保存"对话框，并按图 8-22 所示选择相应的复选框。

（5）"选项"对话框的设置。单击"选项（O）"按钮，打开"线性回归：选项"对话框，按图 8-23 所示进行设置。

图 8-21 "线性回归：图"对话框

图 8-22 "线性回归：保存"对话框

（6）实验结果分析。表 8-4 是模型汇总表，主要是描述回归方程的拟合优度。表 8-4 中显示 $R$（相关系数）、$R^2$（决定系数）、调整后 $R^2$ 和标准估算的误差等信息，这些信息反映了因变量和自变量之间的线性相关强度。从表 8-4 中可以看出 $R$=0.898，说明自变量与因变量之间的相关性很强。$R^2$=0.807，说明自变量 $x$ 对因变量 $y$ 的解释能力达到 80.7%。如果自变量的个数是两个或两上以上，则看调整后的决定系数。

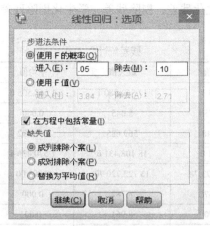

图 8-23　"线性回归：选项"对话框

表 8-4　　　　　　　　　　　　　　　模型摘要 b

| 模型 | R | R^2 | 调整后的 R^2 | 标准估算的误差 |
|---|---|---|---|---|
| 1 | 0.898[a] | 0.807 | 0.806 | 1 562.659 61 |

a. 预测变量：（常量），成交金额

b. 因变量：利润

表 8-5 是方差分析表，表 8-5 中显示因变量的方差来源、方差平方和、自由度、均方、$F$ 检验统计量的观测值和显著性水平。方差来源有回归、残差。从表 8-5 中可以看出，$F$ 统计量的观测值为 829.258，显著性概率为 0.000，小于显著性水平 0.05，因此拒绝回归系数等于 0 的原假设，说明因变量和自变量的线性关系是非常显著的，可建立线性模型。

表 8-5　　　　　　　　　　　　　　　ANOVA[a]

| 模型 | | 平方和 | 自由度 | 均方 | F | 显著性 |
|---|---|---|---|---|---|---|
| 1 | 回归 | 2 024 969 127.00 | 1 | 2 024 969 127.00 | 829.258 | 0.000[b] |
| | 残差 | 483 497 198.800 | 198 | 2 441 905.044 | | |
| | 总计 | 2 508 466 326.00 | 199 | | | |

a. 因变量：利润

b. 预测变量：（常量），成交金额

表 8-6 是回归系数表，表 8-6 中显示回归模型的常数项、非标准化的回归系数 $B$ 值及其标准误差、标准化的回归系数值、统计量 $t$ 值以及显著性水平。从表 8-6 中可以看出，回归模型的常数项为 53.361，自变量"成交金额"的回归系数为 0.114。因此，可以得出回归方程：$\hat{y}=53.361+0.114x$，其中 $x$ 为成交金额，$\hat{y}$ 为利润的估计值。

表 8-6　　　　　　　　　　　　　　　回归系数 [a]

| 模型 | | 未标准化系数 | | 标准化系数 | t | 显著性 |
|---|---|---|---|---|---|---|
| | | B | 标准误差 | Beta | | |
| 1 | （常量） | 53.361 | 122.384 | | 0.436 | 0.663 |
| | 成交金额 | 0.114 | 0.004 | 0.898 | 28.797 | 0.000 |

a. 因变量：利润

表 8-7 是残差统计表，表 8-7 中依次列出了预测值、标准预测值、预测值的标准误差、调整后预测值、残差、标准残差、学生化残差、剔除残差、学生化剔除残差、马氏距离、库克距离和居中杠杆值。

表 8-7                                残差统计[a]

|  | 最小值 | 最大值 | 平均值 | 标准偏差 | 个案数 |
|---|---|---|---|---|---|
| 预测值 | 54.043 7 | 17 662.080 1 | 1 568.505 0 | 3 189.941 11 | 200 |
| 标准预测值 | −0.475 | 5.045 | 0.000 | 1.000 | 200 |
| 预测值的标准误差 | 110.548 | 569.685 | 140.692 | 68.177 | 200 |
| 调整后预测值 | 54.371 0 | 18 108.431 6 | 1 570.436 4 | 3 204.315 49 | 200 |
| 残差 | −3 214.873 78 | 13 722.720 70 | 0.000 00 | 1 558.728 38 | 200 |
| 标准残差 | −2.057 | 8.782 | 0.000 | 0.997 | 200 |
| 学生化残差 | −2.170 | 8.961 | −0.001 | 1.017 | 200 |
| 剔除残差 | −3 576.314 70 | 14 287.607 42 | −1.931 38 | 1 622.280 05 | 200 |
| 学生化剔除残差 | −2.191 | 11.592 | 0.018 | 1.170 | 200 |
| 马氏距离（D） | 0.001 | 25.453 | 0.995 | 2.983 | 200 |
| 库克距离 | 0.000 | 1.653 | 0.021 | 0.138 | 200 |
| 居中杠杆值 | 0.000 | 0.128 | 0.005 | 0.015 | 200 |

a. 因变量：利润

图 8-24 是残差分布实测累积概率 P-P 图。在回归分析中，总是假定残差服从正态分布，这个图就是根据样本数据的计算结果显示的残差分析的实际情况。从图 8-24 可以看出，残差分布服从正态性。

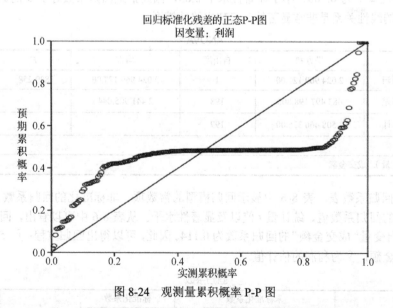

图 8-24   观测量累积概率 P-P 图

图 8-25 是 SPSS 做出的拟合散点图，可以看出，成交金额与利润基本服从一元线性分布。

我们可以看到预测值（PRE_1）、残差（RES_1）、库克距离（COO_1）和杠杆值（LEV_1）等，均已保存于原数据文件中。

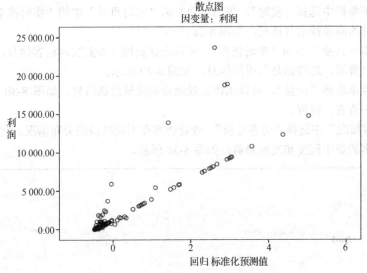

图 8-25　一元线性回归分析的散点图

## 实验 4

# 应用"生意参谋"查询网店运营数据

扫一扫：

视频 8-3

　　生意参谋作为店铺数据展示中心，其核心作用在于分析消费者行为数据，帮助卖家判断哪些环节可以改进，进而保持店铺的稳定与良性发展。生意参谋的功能可以在天猫商家中心调用，也可以在千牛卖家工作台中的千牛卖家中心调用。本实验以天猫商家中心为调用平台来说明如何用生意参谋查询网店运营数据。

　　进行网店数据分析，首先需要弄清楚要分析的数据有哪些。一般来说，网店的核心数据主要有流量数据、首页数据、收藏数据、订单数据、客服数据、评级数据（DSR 数据）、行业数据、宝贝数据、转化率数据 9 类。

## 任务 4-1　查看网店流量数据

　　网店流量即进入店铺的网络消费者的数量，包括免费流量、付费流量、自主流量、站外流量等。免费流量是指没有付费做广告推广而是通过关键词搜索等途径进入店铺中的客户流量。付费流量是指通过投放广告、按点击率计算费用等方法引入的客户流量。自主流量是指客户通过直接访问、收藏宝贝或店铺、购物车等渠道自动来访问店铺的流量。站外流量大多来自贴吧、论坛、社区、微博、空间等，可以通过店家亲自发帖推广或雇用他人推广获得。

　　对于淘宝网店的流量数据，可以利用生意参谋在淘宝的卖家数据中心查看，也可以在淘宝网官方数据工具"量子恒道—店铺经"中查看。

　　淘宝卖家查看店铺流量数据的步骤如下。

　　（1）进入天猫商家中心，在左侧菜单中选择"营销中心"下的"生意参谋"，如图 8-26 所示。

　　（2）进入"生意参谋"页面，选择顶部菜单栏中的"首页"，进入"首页"页面。在"首页"页面中可以看到实时概况信息，包括支付金额、访客数、支付买家数等，如图 8-27 所示。

（3）在顶部菜单栏中选择"实时"，单击页面左侧"实时直播"中的"实时榜单"，即可在"商品榜"下查看靠前的商品排名等情况，如图 8-28 所示。

（4）单击"实时直播"中的"实时访客"，可以在该页面下看到实时访客信息，包括访问时间、入店来源、访客位置等，这些都是有用的信息，如图 8-29 所示。

（5）在顶部菜单选择"流量"，可以比较直观地看到流量总览信息，如图 8-30 所示。当然，还有很多数据可以去查看、挖掘。

（6）在"流量概况"中选择"访客分析"，查看访客在不同时段的分布情况。利用图表展示，能更明显地描述访客的集中程度和发展趋势，如图 8-31 所示。

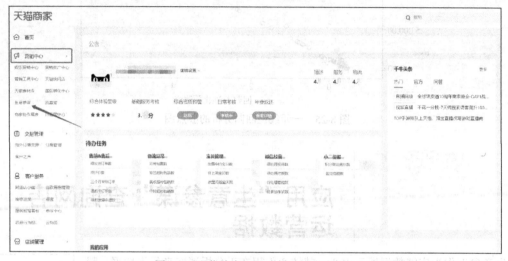

图 8-26 "营销中心"选择"生意参谋"

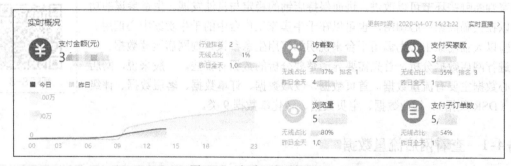

图 8-27 查看"实时概览"

图 8-28 查看"实时榜单"

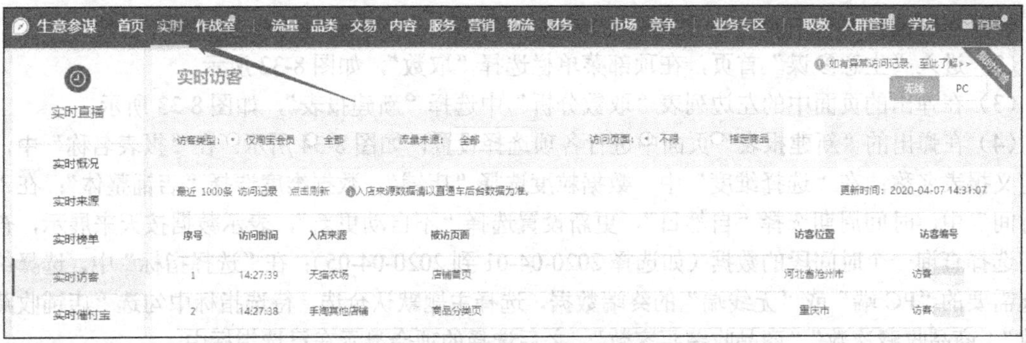

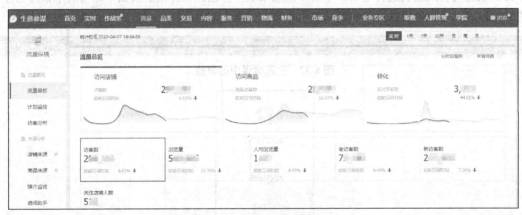

图 8-29　查看"实时访客"

图 8-30　查看"流量总览"

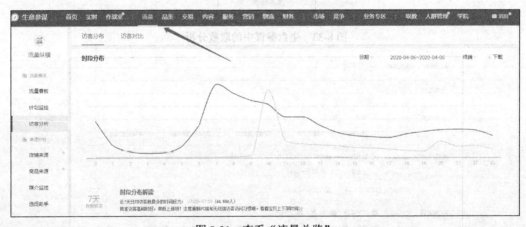

图 8-31　查看"流量总览"

## 任务4-2　查看网店收藏数据

店铺的收藏类数据，主要关注单品收藏数据和店铺收藏数据。客户进入店铺即使没有下单购物，但只要他收藏了宝贝或店铺，就证明其对店铺或店铺中的宝贝感兴趣或有购买意向。当其通过收藏夹再次进店访问时，达成交易的可能性就很高了。

通常收藏数据越大越好，这样可以为店铺带来自主访问量，而自主访问量的转化率往往较高。

淘宝卖家查看店铺收藏数据的一般步骤如下。

（1）在店铺的商家中心左边的快捷应用中的"营销中心"中选择"生意参谋"工具。

（2）进入"生意参谋"首页，在顶部菜单栏选择"取数"，如图8-32所示。

（3）在弹出的页面中的左边列表"取数分析"中选择"新建报表"，如图8-33所示。

（4）在弹出的"新建报表"页面中进行各项选择设置，如图8-34所示。在"报表名称"中，自己定义报表名称；在"选择维度"中，数据粒度选择"店铺"，数据维度选择"店铺整体"；在"选择时间"中，时间周期选择"自然日"，更新设置选择"不自动更新"，表示数据按天来展示，查询时间选择查询一个时间段的数据（如选择2020-04-01到2020-04-05）；在"选择指标"中，选择终端勾选需要的"PC端"或"无线端"的终端数据，选择主题默认全选，待选指标中勾选"店铺收藏买家数""商品收藏次数""商品收藏买家数"，之后选择的项会显示在已选指标中。

（5）以上内容均确认选择之后，单击"生成报表"按钮，在弹出的页面中即可展示该店铺在选定的时间段内，每个单日的店铺和商品的收藏数，如图8-35所示。

| 首页 | 实时 | 作战室 | 流量 | 品类 | 交易 | 内容 | 服务 | 营销 | 物流 | 财务 | 市场 | 竞争 | 业务专区 | 取数 | 人群管理 | 学院 |

图8-32　生意参谋中的取数

图8-33　生意参谋中的取数分析

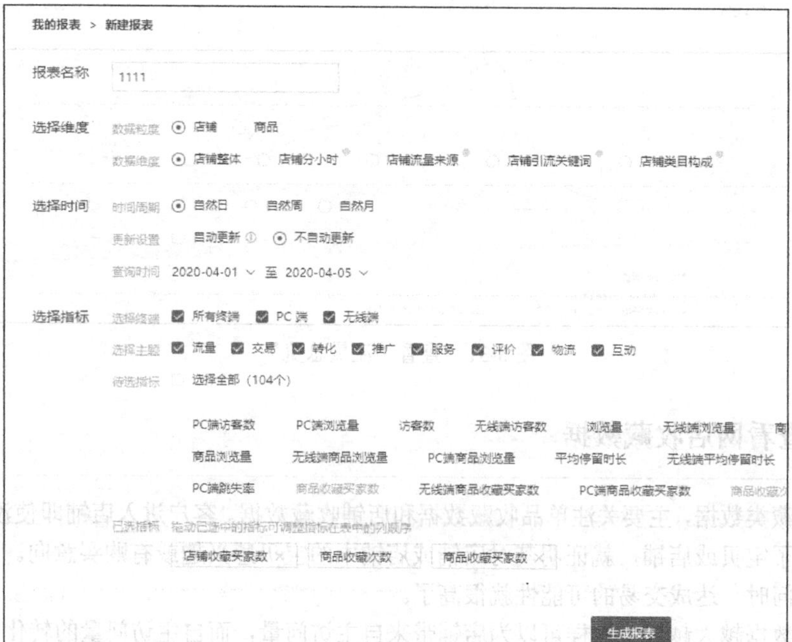

图8-34　生意参谋"取数"中的新建报表设置项

图 8-35  生意参谋"取数"中的生成报表内容

## 任务4-3  查看网店转化率数据

网店转化率数据是指进店的所有客户中成功交易的人数比例，它是衡量店铺运营健康与否的重要指标。与转化率有关的网店数据主要有全店转化率、单品转化率、转化率金额、转化笔数、退款率等。

利用生意参谋查看淘宝网店转化率的步骤如下。

（1）通过"淘宝后台"→"商家中心"→"营销中心"进入淘宝的"生意参谋"页面，在顶部菜单栏中选择"交易"，如图 8-36 所示。

（2）在"交易"页面左侧的"交易分析"中自动选择"交易概况"，当前页面即为"交易概况"的数据，如图 8-37 所示。

（3）将"交易概况"页面下拉到"交易趋势"处，会出现"不比较"和"同行对比"两个选项。我们选择"同行对比"选项之后，条件框可选择店铺内的不同类目，即比较店铺转化率与行业内的不同类目转化率数据。

（4）单击页面右侧的"指标"，在弹出的对话框中选择"所有终端"和"支付转化率"，然后单击"确定"按钮，这样就能看到选定日期的同行转化率和自家店铺的转化率了，如图 8-38 所示。其中，"日期"支持自定义选择"近 30 天""日""周""月"。

图 8-36  生意参谋中的交易

图 8-37  生意参谋中的交易概况

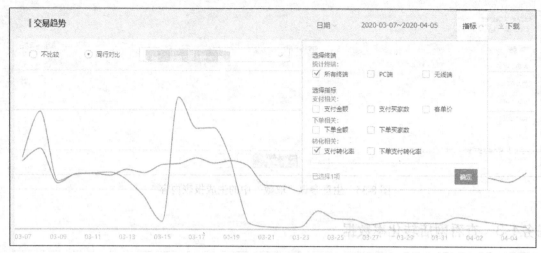

图 8-38　生意参谋"交易概况"中的交易趋势

### 任务4-4　查看网店首页数据

网店首页需要监控的数据主要有访客数、浏览量、支付买家数、支付子订单数等，如图 8-39 所示。

生意参谋查看的网店首页数据是一个大体的数据，卖家看明白了首页的数据，会让卖家对于自己的整体类目和店铺目前的状况有一个比较详细的了解。一个单独的数据放在那里，往往是没有任何意义的。因为没有比较，就不会知道它是大还是小，是多还是少，是增长还是降低，是合理还是异常。因此，查看网店首页数据，通常需要比较上述主要监控指标。

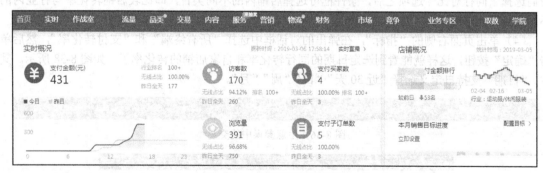

图 8-39　查看网店首页数据

此外，要查看网店客服数据、评级数据、行业数据以及宝贝页数据，请读者自行完成。

# 实验5

## 应用"阿里指数"分析市场销售数据

"阿里指数"是基于阿里巴巴的电子商务市场数据分析工具。对供应商来说，"阿里指数"可以提供对生产、销售的参考建议，以解决商品供应商在竞争和交易中信息不对称的问题；对采购商或者客户来说，通过"阿里指数"可以获得目标商品的销售趋势和潮流趋势，从而选择更加适合的商品卖家。

图 8-40 所示为"阿里指数"首页，本实验要求从供应商角度了解"阿里指数"的 4 个主要板块，即"行业大盘""属性细分""采购商素描"和"阿里排行"板块在分析市场销售数据中的应用。

图 8-40 "阿里指数"首页

## 任务5-1 "行业大盘"板块

"行业大盘"板块可反映在所选时间跨度内，关注商品的供需情况和搜索热度、同级行业的热搜商品排名和未来需求预测情况，其主要参考指标为淘宝采购指数，即根据在淘宝市场（淘宝集市+天猫）所在行业的成交量计算出的一个综合数值。淘宝采购指数越高，代表商品在淘宝市场上拥有越多的采购量，进一步说明了该类别商品在目标消费人群中有更多的需求。

### 1. 查看"行业大盘"板块的数据概况

图 8-41 是在左上角选定"我是 1688 供应商"后显示的"行业大盘"板块的数据概况。以"运动装备"商品类目为例，在页面上方选择"运动装备"后，仍可以进一步选择商品的二级细分目录。可以选择折线图上方的"淘宝采购指数"并拖动折线图下方的时间跨度选择想了解的时间范围，此时折线图会动态加载出"运动装备"近一年的采购情况。

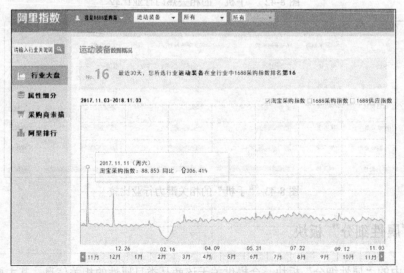

图 8-41 "运动装备"的淘宝采购指数趋势图

折线图上方给出了所选行业"运动装备"在全行业中的采购指数排名，可以定时记录此类信息，并据此判断近 30 天"运动装备"同比变动情况，以做出相应的商品供给策略。折线图左上角给出了所选的时间跨度为 2017.11.03—2018.11.03。从图 8-41 所示的淘宝采购指数趋势折线图，可以得出一年之内"运动装备"的采购情况变动趋势。可以明显看出，在 2017 年 11 月 11 日和 2017 年 12 月 12 日有明显的峰值，在 2018 年 2 月初有显著的下降，并于 3 月初逐渐好转，恢复到平时水平。"双十一"和"双十二"均为电子商务主要的促销活动时间，2 月为农历新年休假期。折线图上的异常点常与人们生活中特殊的时间点有关。正因如此，数据分析才更应结合数据和实际，以在变动趋势中了解消费者的消费习惯和购物趋势，帮助企业在市场竞争中占得先机。

2．查看"行业大盘"板块热门行业和潜力行业的相关数据

"行业大盘"板块还提供了热门行业和潜力行业的相关数据。图 8-42 为与"手机"相关的热门行业，从图 8-42 中可以看出购买手机的大多数买家同样选择了手机配件、数码配件、智能设备等行业的相关商品，且其指数依次递减。指数右侧有平台对各类商品未来的需求预测，手机需求将小幅下降，而手机配件的需求将保持平稳，商品卖家可据此调整上架的商品类别。

将右上角的"热门行业"切换到"潜力行业"之后，可以查看和搜索到商品相关的潜力行业，如图 8-43 所示。相关潜力行业排序是根据 1688 采购指数未来一个月的上升趋势，选择出的上升幅度最高的 5 个同级别行业。同样，以"手机"行业为例，其对应的潜力行业之后的预测需求均会小幅下降，所以应当适时采取一些有效的营销策略，刺激其销量回升。因此，商品卖家可以据此了解行业其他类别商品的动态变化情况，及时调整决策，以摸清行业趋势获得更多利润。

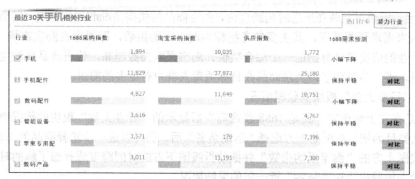

图 8-42 "手机"的相关热门行业比较

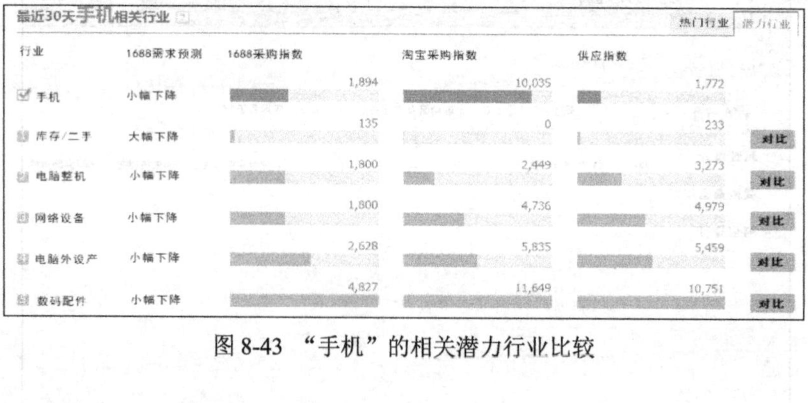

图 8-43 "手机"的相关潜力行业比较

## 任务5-2 "属性细分"板块

阿里指数中的"属性细分"板块，会提供关于该商品类目属性的相关信息，其主要参考指标为

1688 采购指数和 1688 供应商品数。1688 采购指数是根据 1688 市场中所在行业的搜索频率计算出的综合指数，指数越高表示具有此类属性的商品在 1688 市场中的采购量越多，1688 供应商品数是具有该属性的商品在阿里巴巴站内上架的供应商品数量。

1. 查看热门基础属性

在选定某商品类目之后，"属性细分"板块会提供关于该商品类目属性的相关信息。选择不同的商品类目，网页会动态加载出不同的热门基础属性。例如，选择一级类目"女装"和二级类目"女式衬衫"后，基础属性为袖长、服装风格、图案和工艺，而选择一级类目"数码、电脑"，二级类目"手机"，并将"智能手机"作为三级类目后，热门基础属性则变成了处理器核心、品牌、主屏尺寸和网络制式。

卖家上传商品属性时，可根据图 8-44 中热门属性增减相应货源。热门属性是按 1688 采购指数和 1688 供应商品数排序的。在图 8-44 右侧还有相应的数据解读。以"女装"-"女式衬衫"为例，袖长为长袖的采购和供应量都是最高的。切换其他基础属性如"服装风格"，具有"韩版"属性的商品在最近 30 天内具有较大市场。

2. 查看热门营销属性

除了"热门基础属性"，"属性细分"板块还提供了"热门营销属性"。"营销属性"是在 1688 市场推广时根据商品特性填写的营销属性标签。图 8-45 显示的热门营销属性都可以作为商品的关键词或者营销词。将合适的营销词添加到商品名称或者属性，可以提高曝光率，使客户点击商品的概率大大提高，从而提高商品销量。图 8-45 所示为以"女式衬衫"为例的热门营销属性，新款、创意款、风格款等标签，就可以作为营销词添加到名称或者属性中。

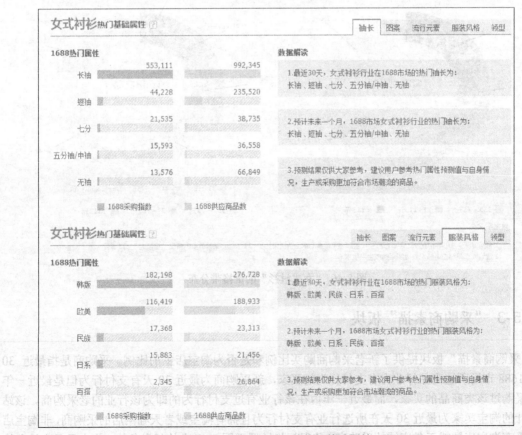

图 8-44 "女式衬衫"的热门基础属性

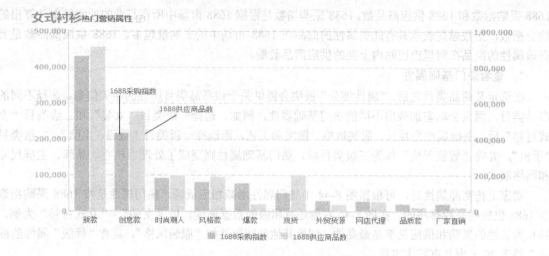

图 8-45 "女式衬衫"的热门营销属性

### 3. 查看价格带分布

"属性细分"板块还提供了"价格带分布"（见图 8-46）供卖家定价参考。图 8-46 左侧是买家浏览商品的价格分布，右侧是卖家上架的商品分布。单击不同的价格区间，将会加载出对应价格区间的比例。

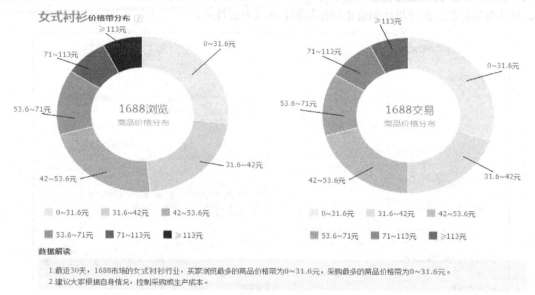

**数据解读**

1. 最近 30 天，1688 市场的女式衬衫行业，买家浏览最多的商品价格带为 0~31.6 元，采购最多的商品价格带为 0~31.6 元。
2. 建议大家根据自身情况，控制采购或生产成本。

图 8-46 "女式衬衫"的价格带分布

## 任务5-3 "采购商素描"板块

"采购商素描"板块提供了新老采购商购买比例和是否为淘宝店主的比例。采购商是指最近 30 天在 1688 市场所选商品行业内有支付行为的买家，新采购商为最近 30 天有支付行为但是最近一年没有采购过该类商品的买家，而最近一年内在该行业有过支付行为的即为该行业的老采购商。该站点统计的淘宝卖家为最近 30 天在所选行业有支付行为且拥有淘宝或者天猫网店的采购商，非淘宝店主为没有淘宝店铺或天猫店铺的采购商。将鼠标指针置于图 8-47 中的任意色块，将会显示出该色块代表的采购商或者淘宝店主比例。

图 8-47 "女式衬衫"的采购商身份分布

"采购客单价"(见图 8-48)统计了所选商品行业卖家在最近 30 天的客单价分布,客单价是指被支付订单金额除以支付买家数量的值。25%、50% 和 75% 的行业客单价,均可以作为混合批发策略的定价参考。

此外,"采购商素描"板块还提供了与选择商品行业相关的关联行业,关注关联行业有助于拓展商品深度和行业广度。图 8-49 是根据交易及浏览行为统计的不同行业之间的关联程度,关联越大的行业,圆圈越大。图 8-49 说明在最近 30 天采购女式衬衫的行业采购商,通常还会关联采购连衣裙,供应商可结合实际情况,对连衣裙等其他相关商品做关联生产和销售。

女式衬衫 采购客单价 ②

超过25%
>1605元

超过50%
>640元

超过75%
>260元

数据解读

1.最近30天,女式衬衫行业超过50%的采购客单价大于640元。

2.您可以通过产品排行榜,筛选最热卖的商品进行采购。

图 8-48 "女式衬衫"的采购客单价

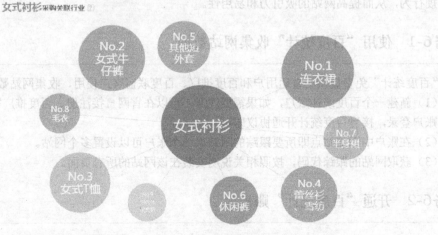

图 8-49 "女式衬衫"的采购关联行业

## 任务5-4 "阿里排行"板块

"阿里排行"板块共有 4 个排行榜，分别是搜索排行榜、商品排行榜、公司排行榜和企业官网排行榜，每个排行榜的内容都可以点击并链接进入相应的商品或公司页面。供应商商品如果可以和搜索排行榜中的商品关键词精准匹配，便可以通过一系列手段推动爆款商品的售卖。

页面提供了 7 天和 30 天的统计周期，尽量选择较长的统计周期，因为时间越长，数据越有参考价值。排行榜内的关键词应该定期收集，榜单支持 Excel 文件导出，按时了解关键词可以更加了解当前爆款商品的售卖趋势。

此外，经营者可以通过商品排行榜了解到当前行业的爆款商品详情，通过公司排行榜了解到主要竞争对手的页面情况等。这是了解、学习和模仿标杆卖家的便捷通道。当然，还可以从竞争对手页面中学习其美工设计、商品布局、营销方法等，以此提高自己店铺的竞争力。

## 实验6 应用"百度统计"分析网站运营数据

"百度统计"是百度推出的一款稳定、免费、专业、安全的网站流量统计分析工具，它能够为网站管理者提供权威、准确、实时的流量质量和访客行为分析，旨在助力网站优化和进步，提高网站的投资回报率。"百度统计"的主要功能如下。

（1）监控网站运营状态。百度统计能够全程跟踪网站访客的各类访问数据，如浏览量、访客数、跳出率、转化次数等，通过统计生成网站分析报表，展现网站浏览的变化趋势、来源渠道、实时访客等数据，帮助管理者从多角度观察网站运行状况是否良好。

（2）提高网站推广效果。百度统计可以监控各种渠道来源的推广效果，不但与百度的各种推广渠道完美结合，而且能通过指定广告跟踪来监控其他渠道推广效果。网站管理者可根据推广流量的后续表现，定制细分来源和访客，进而调整 SEO 和 SEM 策略，以获得更优的推广效果。

（3）优化网站结构和体验。可以通过统计中页面上下游、转化路径等定制分析，定位访客流失环节，针对性地查漏补缺，后续通过热力图等工具有效地分析点击分布和细分点击属性，摸清访客的常规行为，从而提高网站的吸引力和易用性。

## 任务6-1 使用"百度统计"收集网站数据

"百度统计"免费提供给普通用户和百度推广、百度联盟客户使用，收集网站数据的步骤如下。

（1）新建一个百度统计账户，如果需要注册，可以在官网直接注册。百度推广客户可直接使用推广账户登录，接受百度统计开通协议即可。

（2）在账户中添加站点即所要跟踪的网站，一个账户可以设置多个网站。

（3）获取网站的跟踪代码，按照相关说明安装在该网站的所有页面。

## 任务6-2 开通"百度统计"账户

开通"百度统计"账户的步骤如下。

（1）免费开通。注册站长版：在百度统计官网单击"注册"→"百度统计-站长版"按钮，如图

8-50 所示，填写账户信息提交即可。

图 8-50　站长版开通界面

（2）添加站点。新注册的百度统计站长版账户，会在注册时直接添加站点信息，如图 8-51 所示。

图 8-51　添加站点信息

（3）获取代码。在开通时添加站点，单击"获取代码"选项按钮，会直接进入获取代码页面，如图 8-52 所示，选择适合站点的代码类型，复制下来。如果开通时没有及时获取代码，则可以在网站列表中相应的站点下获取代码，单击"获取代码"选项后即可弹出代码弹窗。

图 8-52　获取代码页面

（4）安装代码。根据代码安装攻略，将复制的代码安装在所要跟踪的每个网页中。异步代码示例如图 8-53 所示。

```
<!DOCTYPE HTML>
<html>
 <head>
  <title> New Document </title>
  <meta name="Keywords" content="">
  <meta name="Description" content="">

  <!--您网站的样式表/脚本-->

  <script>
     var _hmt = _hmt || [];
     (function() {
        var hm = document.createElement("script");
        hm.src = "//hm.baidu.com/hm.js?09c5d4daddb9b6250ba93075257e58a2";
        var s = document.getElementsByTagName("script")[0];
        s.parentNode.insertBefore(hm, s);
     })();
  </script>
 </head>                                          访问分析代码
 <body>
  <!--您网站的页面代码-->
 </body>
</html>
```

图 8-53　安装代码页面

（5）查看网站统计数据。代码安装正确 20 分钟后，可在报告中查看网站分析数据，如图 8-54 所示。

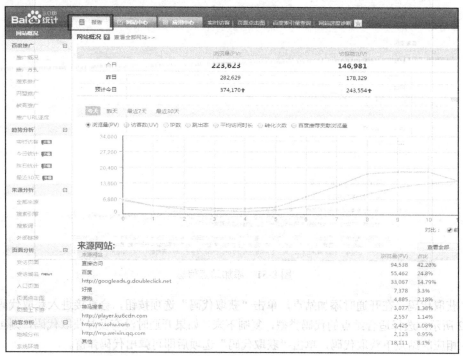

图 8-54　统计数据页面

## 任务6-3　"百度统计"报告解读

下面对"百度统计"提供的"网站概况"报告、"实时访客"报告、"流量趋势"分析报告、"优化分析"报告进行解读。

### 1. 网站概况

网站概况主要提供目标网站运营状况的整体情况，包括各个时间维度相关指标的趋势、访客来源、关注热点、访客属性等宏观数据，帮助用户了解网站的概括性数据。

网站概况报告一般包含网站的以下关键指标：①PV、UV、IP 数、跳出率、平均访问时长、转化次数；②今日、昨日、预计今日等数据；③网站指标的时间趋势；④网站的来源、关键词、入口页面、受访页面等；⑤访客的属性分布等。

### 2. 实时访客

实时访客报告提供的主要信息有网站当前在线人数、最近 30 分钟的访问趋势；流量指标如 PV、UV、IP；实时访问明细，可提供最近 500 条访问次数的详细数据，包括用户所在的地域、进入网站的时间、渠道来源、入口页面、关键词、搜索词、访问 IP、访客标识码、访问时长、访问页数等，如图 8-55 所示。

图 8-55　百度统计"实时访客"界面

在"实时访客"界面单击"查看详情"，可以了解以下具体信息。

（1）访客属性。新老访客、访问频次、上一次访问的时间、访问来路、入口页面、最后停留的页面。

（2）访客的浏览轨迹。打开的页面及停留的时间（停留时长=下一个页面的打开时间-本页面打开的时间）。

（3）访客客户端属性。主要包括访客客户端操作系统、网络服务商、浏览器、语言环境、屏幕分辨率、屏幕颜色、Flash 版本、是否支持 Cookie，是否支持 Java 等属性。

实时获取访客报告可进行如下操作。

（1）屏蔽 IP 和访客标识码。对于一些作弊的访问，用户可以在此设置屏蔽，屏蔽 IP 或者访客标识码后，搜索推广的广告将不再展现屏蔽的 IP 和访客，如图 8-56 所示。需要注意的是，屏蔽功能只针对搜索推广来源的 IP 或访客，如果用户通过保存历史链接进入网站的推广页面，则被屏蔽的访客或 IP 依然可访问网站页面。

图 8-56　屏蔽 IP 界面

（2）访客客户端属性。主要包括访客客户端属性的操作系统、网络服务商、浏览器、语言环境、屏幕分辨率、屏幕颜色、Flash 版本、是否支持 Cookie、是否支持 Java 等属性。

（3）查看推广屏蔽设置。可以在页面右上角的"推广屏蔽设置"中查看已屏蔽的 IP 或访客。

3. 趋势分析

趋势分析是基于时间序列的数据趋势分析。在"百度统计"的"趋势报告"等带有时间控件的报告中，可以选择任意两段时间的数据进行比较，依据网站实际业务指定基准线，划定时间范围，选择观察指标的变化情况。时间维度可以按小时、天、周、月等方式查看。

按小时查看数据，企业可以及时了解网民在各个时段对网站的关注度，并且可以将该数据作为设置推广时段的参考。例如，如果在某时段网站的访问量非常高，则可尽量提高在这个时段的推广排名，以获取更多访客；如果在某个时段没有进行推广但是网站存在流量，则说明在这个时段，潜在客户仍在关注网站，如果利用该时段进行推广，将有机会获得更多的客户。对于"百度统计"客户端，可以以推广趋势和全部趋势两种方式查看趋势分析报告，如图 8-57 所示。

图 8-57　趋势分析界面

通过按天查看数据，可以从以下几个方面提高推广效果。

（1）及时掌握并改进网站质量。如果长时间内网站流量都偏低且网民在网站上的平均停留时间很短，则说明网民对网站内容不感兴趣或者网民无法从网站迅速获取需要的信息，建议进一步丰富网站内容并建立更加合理的页面层次结构。

（2）及时制定合适的业务推广策略。如果近期网站流量增长，则可以考虑抓住时机在网站上加大宣传力度；如果近期网站流量降低，则可以考虑增加其他的辅助推广方式。

（3）及时了解各种业务活动的效果。如果近期在业务上推出了某项活动，则借助网站流量趋势数据可以及时了解这项活动是否取得了一定效果。

4. 优化分析

（1）SEO 建议。百度统计会从网站 URL 和页面内容两个方面来检查网站对百度搜索引擎的友好程度，并提出优化的官方建议。

（2）搜索词排名。用户可以在此设置想要跟踪的搜索词，搜索词报告会跟踪用户设置的搜索词，给出其在百度搜索和百度指数中的排名，帮助用户更好地优化推广效果。图 8-58 为"百度统计"中设置关键词和查看排名的界面。

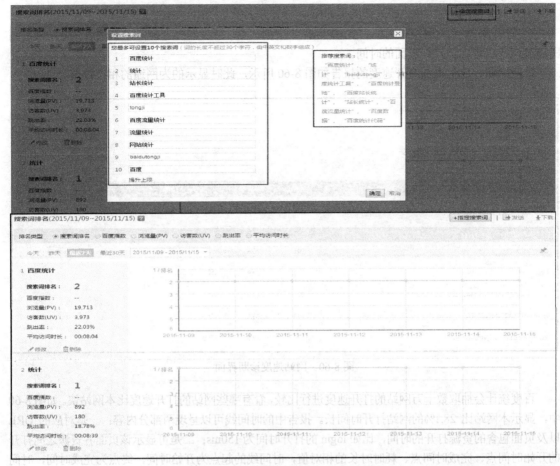

图 8-58 设置关键词和查看排名的界面

(3)网站速度诊断。提高网页或网站的打开速度，是网站建设的第一要务。百度统计推出的"网站速度诊断"功能，可以帮助客户更好地了解网站加载速度。当客户发现网站打开速度较慢时，可以快速定位原因，并提出优化建议，从而帮助客户及时改进。通过"百度统计"诊断网站速度的操作步骤如下。

① 进入"网站速度诊断"界面，如图 8-59 所示。

图 8-59 "网站速度诊断"界面

输入需分析的网站 URL 或具体网页 URL，设置其为默认的用户网站首页地址。

② 选择测试点。至少在网通、电信中选择一个测试点，或者同时选择两个测试点，可以查看网民通过网通或者电信打开页面的时间。

针对网通、电信页面打开速度的报告如图 8-60 所示，此时显示的为网通的相应数据。

| URL | | | 状态 | 大小 | 时间线 |
| --- | --- | --- | --- | --- | --- |
| 网通 78分 | 电信 79分 | | | | |
| 页面打开时间 3.33 秒 比 28.1% 的网站打开时间长 | | | | | |
| 页面域名：tongji.baidu.com ｜ 测试点：北京市 中国网通 ｜ 测试时间：2015-11-15 21:31 | | | | | |
| tongji.baidu.com | | 302 | 20 B | 85ms | |
| cas.baidu.com | | 302 | 0 B | 17ms | |
| tongji.baidu.com | | 302 | 20 B | 91ms | |
| login | | 200 | 7.5 KB | 150ms | |
| white_simple_layout.css?_v=20151022130051 | | 200 | 1.2 KB | 25ms | |
| login.css?_v=20151022130051 | | 200 | 2.8 KB | 21ms | |
| loginTypical.min.css?_v=1447594311 | | 200 | 528 B | 18ms | |

图 8-60　网站速度诊断界面

百度统计会抽取数十万网站的打开速度进行比较，看有哪些网站的打开速度比本网站快。如图 8-60 中，显示本网站比 28.1% 的网站打开时间长。报告中的时间线可以呈现两部分内容：一是对应的 URL 以及页面包含的资源打开的时间，比如 login 的打开时间为 150ms；二是可显示该页面各资源之间打开的开始时间点、完成时间点、耗时时长的相对值，时间线的起点为开始时间，终点为完成时间，时间线长度为耗时，两条线起点间的距离为两资源打开时间的相隔时间，如图 8-61 所示。

85ms

17ms

起始时间:0ms
结束时间:85ms

150ms

25ms

图 8-61　网站打开速度检测界面

③ 测试与诊断。单击图 8-58 中的"开始分析"按钮，若已分析过，则单击"重新分析"按钮，将出现针对测试点的速度测试报告和诊断建议。

④ 诊断建议。用户可以通过单击"诊断建议"页面各项前面的"加号"或"减号"将相应的详细内容展开与收起（见图 8-60），诊断建议会根据当前诊断的具体问题有针对性地提出建议。每个网站由于问题不同，呈现的"诊断建议"也不同。

"百度统计"还提供分别对"页面打开时长""连接网络""下载页面""打开页面"4 个方面进行打分的功能，各项总计 100 分，具体扣分规则如表 8-8 所示。

表 8-8　　　　　　　　　　　　　　　　　扣分规则表

| 评分点 | 具体问题 | 扣分规则 | 总分 |
|---|---|---|---|
| 页面打开时长 | 网通或电信 | 0～3s，打开速度很快，不扣分 | 60 |
| | | 3～7s，打开速度一般，扣 10 分 | |
| | | 7～15s，打开速度慢，扣 20 分 | |
| | | 超过 15s，打开速度很慢，扣 40 分 | |
| 连接网络 | 解析域名数 | 可以减少一个请求，扣 0.368 分 | 20 |
| | 合并相同静态资源 | 可以减少一个请求，扣 0.703 分 | |
| | 缓存静态资源 | 可以减少一个请求，扣 1 分 | |
| | 重定向次数 | 可以减少一个请求，扣 1 分 | |
| | 可合并的 JS 数 | 可以减少一个请求，扣 0.286 分 | |
| | 网站分析 JS 过多 | 可以减少一个请求，扣 1 分 | |
| | 可合并的 CSS 个数 | 可以减少一个请求，扣 1 分 | |
| | 无法打开链接 | 可以减少一个请求，扣 1 分 | |
| | CSS Sprite | 可以减少一个请求，扣 0.124 分 | |
| 下载页面 | 启用 Gzip | 可以减少 10%的体积，扣 1 分；可以减少 20%的体积，扣 2 分，以此类推，两项分别扣分 | 15 |
| | 可以压缩的元素 | | |
| 打开页面 | CSS 位置 | 出现一个问题，扣 0.821 分 | 5 |
| | JS 位置 | 出现一个问题，扣 0.257 分 | |
| | 图片大小声明 | 出现一个问题，扣 0.043 分 | |
| | 字符集声明 | 出现一个问题，扣 1 分 | |
| 总计 | | | 100 |

注意　　　一个页面 5 分钟只能检测 1 次，当想查看 5 分钟内已检测的某网页报告时，可以单击右上角的"最近诊断过的页面"进行切换。

# 本章小结

本章有针对性地设计了常用数据分析工具的安装、使用 Excel 采集和统计电子商务数据、使用 SPSS 分析电子商务数据、应用"生意参谋"查询网店运营数据、应用"阿里指数"分析市场销售数据、应用"百度统计"分析网站运营数据等实验项目，每个实验项目下都包含若干具体实验操作内容。读者或授课教师可以视需要酌情选择、安排相关内容进行操作训练。

# 复习思考题

## 一、判断题

1. 网店的核心数据主要有流量数据、首页数据、收藏数据、订单数据、客服数据、评级数据（DSR 数据）、行业数据、宝贝数据、变化率数据 9 类。（　　　）

2．一元线性回归的数学模型为 $y=\beta_0+\beta_1 x+\varepsilon$。（　　）

3．使用阿里指数对供应商来说可以找到更适合的买家，对消费者来说可以解决信息不对称等问题。（　　）

二、选择题

1．不属于阿里指数 4 个主要板块的是（　　）。

  A．"行业大盘"板块       B．"属性细分"板块

  C．"采购商素描"板块      D．"产业排行"板块

2．用 Excel 对数据进行描述性分析，具体的操作步骤为（　　）。

  A．数据→数据分析→描述性分析   B．数据→数据透视表→描述统计

  C．分析→描述统计→描述     D．分析→描述→数据透视表

3．在回归分析中，如果自变量的个数是两个或两个以上，则观察自变量对因变量的解释能力，可以看（　　）。

  A．相关系数 $R$         B．决定系数 $R^2$

  C．调整后 $R^2$         D．标准估算的误差

三、问答题

1．如何使用 SPSS 对数据进行描述性分析？

2．如何使用 Excel 对数据进行描述性分析？

3．如何使用"百度统计"分析网站运营数据？

四、应用分析题

表 8-9 是某平台一段时间内购买每种商品的浏览次数与商品销售利润的相关数据，以此为依据完成以下实验内容。

表 8-9      某平台一段时间内商品的浏览次数与商品销售利润的相关数据

| 商品类目 | 浏览次数 | 利润（万元） |
|---|---|---|
| 计算机 | 47 | 5 |
| 古董 | 129 5 | 125 |
| 家居 | 199 | 18 |
| 家居装修 | 87 | 7 |
| 家用电器 | 58 | 6 |
| 乐器 | 140 | 15 |
| 旅行 | 507 | 45 |
| 商业 | 206 | 27 |
| 食品&美食 | 25 | 3 |
| 收藏品 | 508 | 47 |
| 手机&配件 | 697 | 55 |
| 体育用品 | 46 | 3 |
| 玩具 | 338 | 31 |
| 消费者电子商品-其他 | 473 | 45 |
| 消费者电子商品-视频 | 136 | 12 |
| 艺术 | 33 | 2 |
| 婴儿 | 301 | 28 |

续表

| 商品类目 | 浏览次数 | 利润（万元） |
|---|---|---|
| 娱乐纪念品 | 16 | 1 |
| 照片 | 64 | 7 |
| 珠宝、手表 | 347 | 33 |

建立商品浏览次数与商品销售利润（万元）的一元线性回归模型并进行预测分析。具体要求如下。

（1）画出商品浏览次数与商品销售利润的散点图，并在图上添加线性趋势线。

（2）写出线性回归方程及判定系数 $R^2$ 的值，并检验回归模型是否显著。

# 参 考 文 献

[1]（美）Hector Cuesta. 实用数据分析[M]. 刁晓纯，陈堰平，译. 北京：机械工业出版社，2014.

[2] 杨伟强，朱洪莉. 电子商务数据分析[M]. 北京：人民邮电出版社，2016.

[3] 曹正凤. 从零进阶！数据分析的统计基础[M]. 2 版. 北京：电子工业出版社，2016.

[4] 宋天龙. 网站数据挖掘与分析：系统方法与商业实践[M]. 北京：机械工业出版社，2015.

[5]（美）EMC Education Services. 数据科学与大数据分析：数据的发现、分析、可视化与表示[M]. 曹逾，刘文苗，李枫林，译. 北京：人民邮电出版社，2016.

[6] 北京中清研信息技术研究院. 电子商务数据分析[M]. 北京：电子工业出版社，2016.

[7]（美）Bernard Marr. 智能大数据 SMART 准则：数据分析方法、案例和行动纲领[M]. 秦磊，曹正凤，译. 北京：电子工业出版社，2015.

[8] 王伏虎. SPSS 在社会经济分析中的应用[M]. 合肥：中国科学技术大学出版社，2009.

[9] 刘林波. Excel 在经济统计与分析中的应用实验指导书[M]. 北京：科学出版社，2015.

[10] 李军. 移动大数据商业分析与行业营销[M]. 北京：清华大学出版社，2016.

[11] 王万良，张兆娟，高楠，等. 基于人工智能技术的大数据分析方法研究进展[J]. 计算机集成制造系统，2019，25（3）.

[12] 李迅. 百度统计：网站数据分析实战[M]. 北京：清华大学出版社，2017.

[13] 陈晴光. 网络营销服务及案例分析[M]. 北京：北京大学出版社，2016.

[14] 吴元轼. 淘宝网店大数据营销[M]. 北京：人民邮电出版社，2015.

[15] 简祯富，许嘉裕. 大数据分析与数据挖掘[M]. 北京：清华大学出版社，2016.

[16] 王国平. 数据可视化与数据挖掘：基于 Tableau 和 SPSS Modeler 图形界面[M]. 北京：电子工业出版社，2017.

[17] 朱晓峰. 大数据分析概论[M]. 南京：南京大学出版社，2018.

[18] 王国胤，刘群，于洪，等. 大数据挖掘及应用[M]. 北京：清华大学出版社，2017.